Les populations carolingiennes (France, Nord-Ouest, VIIIe–Xe siècles)

Approche archéo-anthropologique

Carole Fossurier

BAR International Series 2831

2016

Published in 2016 by
BAR Publishing, Oxford

BAR International Series 2831

Les populations carolingiennes (France, Nord-Ouest, VIIIᵉ–Xᵉ siècles)

ISBN 978 1 4073 1575 1

Printed in England

BAR titles are available from:

      BAR Publishing
      122 Banbury Rd, Oxford, OX2 7BP, UK
EMAIL info@barpublishing.com
PHONE +44 (0)1865 310431
FAX +44 (0)1865 316916
      www.barpublishing.com

Table des matières

Table des figures

Table des tableaux source

Résumé

Les populations des VIIIe-Xe siècles du nord-ouest de la France, imparfaitement connues à travers les diverses sources écrites et iconographiques, peuvent être davantage comprises grâce à l'étude de leurs ossements. En effet, si divers documents textuels de la période carolingienne les caractérisent indirectement et partiellement, peu permettent de les appréhender en détail. Les populations les plus pauvres et les petits groupes échappent ainsi souvent aux sources les plus fréquemment utilisées. De même, ces documents approchent rarement la complexité du recrutement des sites et leurs changements. Ils laissent également de côté la majorité des phénomènes qui se produisent en zone rurale. L'examen d'une nouvelle source, les squelettes humains, possible grâce à des fouilles archéologiques récentes, apporte des données inédites.

Pour répondre à ces questionnements, la mise en pratique de l'anthropologie biologique nécessite une méthodologie rigoureuse tant dans l'estimation de l'âge au décès des individus que dans la détermination du sexe de ceux-ci. L'analyse des données concernant la santé et l'activité ne peut également se faire qu'à l'aide de critères nettement définis. Ceux-ci concernent ainsi, lorsque cela est observable sur les ossements, les informations d'ordre paléopathologique mais aussi les variations de forme et d'intensité que peuvent prendre les insertions musculaires. La sélection des éléments observés doit se faire selon des critères rigoureux et nettement reproductibles par un ou plusieurs observateurs. La mise au point de nouvelles méthodes permettant des analyses spécifiques aux informations recherchées est ici proposée. La création d'indices permettant de synthétiser ces informations pour les rendre lisibles et comparables d'un site à l'autre est ainsi présentée dans ce travail.

Les treize sites archéologiques du corpus correspondent à des situations très variées du point de vue de l'environnement et de leur topographie religieuse et présentent ainsi de nombreux cas de figure altomédiévaux. Ils sont issus de contextes ruraux, urbains et monastiques. La détermination de leur recrutement mais aussi l'étude de leur état sanitaire et de leur niveau d'activité donne la possibilité de les caractériser et de proposer des hypothèses sur leur nature. La comparaison des données au sein du corpus permet de les éclairer mutuellement. Elle identifie les critères discriminants pertinents comme les signes de stress non spécifique, les pathologies infectieuses et traumatiques, l'intensité de l'activité ou la pratique cavalière. Ces analyses mettent ainsi en évidence des caractéristiques pour chaque population ayant un nombre de squelettes bien conservés suffisamment élevé. Des variations inter-populationnelles sont également observées, selon les locations géographiques au sein d'un même site ou selon les périodes chronologiques.

Ces données, comparées aux études menées d'après les sources écrites et archéologiques, donnent alors une image précise des populations carolingiennes du point de vue de leur type d'alimentation, de leur état de santé, de leurs activités particulières, de leur accès aux différentes ressources. Apparaissent ainsi, grâce à des divergences ou points communs, des populations pionnières ou hospitalières, des groupes très défavorisés ou au contraire des ensembles correspondant à des populations nettement privilégiées. Les données permettent alors de comparer les divers ensembles funéraires et illustrent ainsi la grande variété mais aussi la hiérarchisation partielle des groupes populationnels carolingiens.

Abstract

The 8th to 10th century populations of the north-west of France, imperfectly known to us through various written and iconographic sources, can perhaps be better understood through the examination of human remains. Though various documents surviving from the Carolingian period characterize these groups indirectly and partially, few lead to a detailed understanding. The poorest populations and smaller groups often escape the notice of the most frequently used sources. Furthermore, these documents rarely approach the complexity of the selection of sites and their evolution. They also leave out the majority of the phenomena occurring in rural areas. The examination of a new resource – human bones, found in modern archaeological excavations – can furnish us with new information.

Before biological anthropology can be employed to fill these gaps, a rigorous methodology in the estimation of age at death and the determination of sex is required. The study of data concerning health and level of activity can be carried out only with the help of clearly defined standards. These standards must be applied to paleo-pathological findings, in those instances where it is possible to observe them on the bones, but also to variations in the form and size of muscle attachments. The selection of the elements to be observed must be based on strict criteria clearly reproducible by one or more observers. The development of new methods of analysis specific to the research data is proposed here. The creation of indices to synthesize this information in order to make them readable and comparable from one site to another is thus presented in this work.

The thirteen archaeological sites of the corpus correspond to a variety of environmental, topographical and cultural contexts, offering numerous case studies of late medieval life. They come from rural, urban and monastic contexts, illustrating the diversity of Carolingian society. Analysis of the selection (or acceptance) of individuals for burial at these sites and the study of their state of health and level of activity allows us to characterize the populations, and to suggest hypotheses about their origins. Comparison of the different types of data within the corpus leads to an improved understanding of each. It identifies the relevant distinguishing criteria, such as signs of non-specific stress, of infectious and traumatic disease, or of intense activity, such as horse-riding. These analyses thus highlight the characteristics of each population, as represented by a selection of well-preserved skeletons. Variations within a given population are also observed, according to their geographical location within the same site or, or to chronological periods.

These findings, in comparison with syntheses and studies of archaeological and written sources, can thus grant us a clearer picture of Carolingian populations, from the richness of their diet, through their state of health and their particular activities, such as woodcutting or horse-riding, to their degree of access to different resources. The differences or similarities thus found also serve to distinguish pioneer from established populations, or groups that may have been severely disadvantaged from those that were clearly privileged. Finally, these data allow us to compare various archaeological sites and burial situations, and thus to illustrate their broad variety, but also the organization of Carolingian populations into quasi-hierarchical groups.

Avant-Propos

Je prends l'homme, ébauche humble et tremblante qui pleure,
Le nerf qui souffre, l'œil qu'en vain le jour effleure,
Le crâne où dort l'esprit,
Le cœur d'où sort le sang ainsi qu'une couleuvre,
La chair, l'amour, la vie, et j'en fais un chef-d'œuvre,
Le squelette qui rit.

L'épopée du ver (vers 343 à 348)
in « La Légende des Siècles »
Victor Hugo

Ce qui signifie ou bien que l'univers recèle plus de merveilles qu'on puisse espérer en comprendre ou bien, plus vraisemblable, que les scientifiques inventent au fur et à mesure.

Les Annales du Disque-Monde
in « Pyramides » (p.255)
Terry Pratchett

Remarque

Ce travail correspond intialement à une thèse de doctorat soutenue en décembre 2011 (Fossurier C., 2011). Il n'a que très peu été retravaillé pour cet ouvrage. Il met en œuvre deux approches qui se rejoignent et se complètent grâce à une troisième, celles-ci étant respectivement l'anthropologie biologique, l'histoire et l'archéologie. Toutes trois étant concernées par cette étude, certaines notions seront explicitées pour faciliter la lecture de chacun, bien qu'elles soient parfois évidentes pour des spécialistes.

Remerciements

Un très grand nombre de personnes ont permis la réalisation de cette étude au premier rang desquelles se trouvent mes deux co-directeurs, Cécile Treffort et Michel Signoli. Sans eux, ce travail n'aurait jamais pu voir le jour. Cécile Treffort, ancienne directrice du C.E.S.C.M., UMR 7302, et professeure des universités en histoire médiévale, a accepté de m'inscrire en thèse au C.E.S.C.M. et m'a encadrée tout au long de ce travail, me fournissant de précieux conseils et remarques sans lesquels je n'aurais pas pu aboutir. Michel Signoli, directeur de l'unité d'anthropologie bioculturelle UMR 6578, m'a encouragée à faire de la recherche et sans lui cette étude n'aurait jamais débuté. Il m'a en outre dirigée et guidée efficacement tout au long de cette thèse. Qu'ils trouvent ici tous deux l'expression de ma gratitude.

Les membres du jury ont accepté de juger ce travail et je les en remercie grandement.
- Luc Buchet (Université de Nice Sophia-Antipolis) et Jean-Pierre Devroey (Université Libre de Bruxelles), ont donné leur accord pour être rapporteurs.
- Henri Dabernat (Université de Toulouse 3) et Michel Lauwers (Université de Nice Sophia-Antipolis), ont accepté de participer au jury. Ce dernier n'a malheureusement pas pu venir mais il a émit un rapport.
- Michel Signoli (Université de la Méditerranée) et Cécile Treffort (Université de Poitiers) ont dirigé ce travail.
Que tous lisent ici l'expression de ma reconnaissance pour leur disponibilté.

Plusieurs personnes m'ont également conseillée utilement au cours de ces quatre années et m'ont aidée dans la réalisation de mes travaux et je ne saurai jamais assez les en remercier. Ainsi, le docteur Yves Darton du Cépam UMR 6130 CNRS/UNSA m'a permis de réaliser de nombreux diagnostics paléopathologiques. Bérengère Saliba-Serre, de l'unité d'anthropologie bioculturelle UMR 6578, m'a également apporté son aide, pour de nombreuses questions sur le traitement statistique des données. Luc Buchet, Cépam UMR 6130 CNRS/UNSA, m'a aussi très bien accueillie lors de plusieurs séjours à Valbonne puis à Nice et m'a donné de précieux conseils.
Je souhaiterais également remercier toutes les personnes qui m'ont autorisée à étudier les ossements découverts lors des fouilles archéologiques, facilité l'accès aux différentes collections ostéologiques et fourni de nombreux renseignements.
- Amiens : Annick Thuet, responsable d'opération à l'Inrap, a accepté que j'étudie les ossements et m'a permis de les observer sur place. Elle s'est montrée très disponible. De même, Erick Mariette, Inrap, m'a fourni le plan et Ludovic Notte, Inrap, m'a communiqué toutes les informations qu'il avait trouvées en archives.
- Beauvais : Bruno Desachy (SRA) m'a procuré aimablement toute la documentation sur le site. Il m'a autorisée à accéder aux squelettes. Luc Buchet et Marièle Bouali qui les avaient étudiés précédemment m'ont aussi donné leur accord. Le service archéologique municipal de Beauvais et en particulier Jean-Marc Fémolant m'ont permis d'étudier les ossements sur place.
- Bondy : Je tiens à remercier Sébastien Poignant responsable Inrap de la fouille du site ainsi que toute l'équipe de fouille pour leur contribution à ce travail. Mes remerciements vont aussi à Cyrille Le Forestier responsable d'une autre opération sur le site.

- Cherbourg et Mondeville : Le laboratoire d'anthropologie biologique de Caen au CRAHM et en particulier Armelle Alduc-Le Bagousse et Cécile Niel ont été particulièrement chaleureuses lorsqu'elles m'ont reçue dans leurs locaux. Toute la documentation nécessaire à la réalisation de mon étude m'a été donnée et les caisses d'ossements ont été mises à ma disposition au fur et à mesure des besoins, ce qui nécessitait une grande disponibilité de leur part. Elles m'ont également généreusement conseillée et je leur en suis vraiment très reconnaissante. Je dois également remercier monsieur François Fichet de Clairefontaine (SRA) pour avoir été attentif à ma demande, recherché d'éventuels sites archéologiques et attiré mon attention sur l'existence du site de Mondeville.

- Escaudain : Je souhaite remercier Emanuelle Langelin-Leroy (Communauté d'Agglomération du Douaisis, Direction de l'Archéologie Préventive - CADDAP), Michel Signoli et Pierre Demolon (CADDAP) pour m'avoir donné l'occasion d'étudier cette série lors de mon Master 2 : mes premières recherches sur cette question ont débuté ainsi. Luc Buchet m'a également permis de revoir les ossements au Cépam lorsque cela a été nécessaire pour le bon déroulement de ce travail. Yves Darton, Cépam, m'a aussi beaucoup aidée en analysant toute la série ostéologique du point de vue paléopathologique.

- Hamage : Joël Blondiaux m'a parlé de la série ostéologique et m'a autorisée à l'utiliser pour mon travail. Etienne Louis (CADDAP) m'a également permis d'accéder aux ossements à Douai et m'a gracieusement donné les phasages permettant mon étude. Le pôle « anthropologie » de la CADDAP m'a aussi particulièrement bien accueillie et notamment Benoît Bertrand, William Devriendt et Sophie Vattéoni qui étaient présents à ce moment-là.

- La Tombe et Varennes-sur-Seine : Je tiens à remercier Valérie Delattre (Inrap) qui m'a parlé de ces sites et a accepté que j'en étudie les ossements. Je remercie également Patrick Gouge (Conseil Général de Seine-et-Marne), responsable d'opération sur le site de La Tombe, pour avoir transféré les ossements et permis leur étude ainsi que pour m'avoir fourni les renseignements nécessaires. Sa disponibilité m'a été d'un grand secours. Le Service Régional Archéologique d'Ile-de-France, et notamment Jacqueline Degros, a également autorisé le transfert au Centre Archéologique du Mont-Beuvray qui a accepté que je loue une salle d'étude.

- Mortefontaine : Au service archéologique départemental du Conseil Général de l'Aisne, Nadège Robin a accepté que j'étudie les ossements du site alors qu'elle-même en faisait déjà l'étude et Thierry Galmiche, responsable de l'opération, m'a donné son autorisation. Ils m'ont également très chaleureusement accueillie dans les locaux du service archéologique départemental de l'Aisne. Je souhaite également remercier Alexandre Audebert, responsable du service archéologique, pour m'avoir reçue ainsi que Vincent Buccio, Gilles Desplanque et Stéphanie Normant qui m'ont fourni le plan du site.

- Saint-Denis et Saint-Marcel : Véronique Gallien (Inrap) a tout de suite accepté que j'étudie le site qu'elle avait elle-même étudié durant sa thèse. Je remercie également l'Unité d'archéologie de Saint-Denis ainsi que son équipe et notamment Nicole Rodigues pour m'avoir reçue dans les locaux ainsi que Michaël Wyss pour m'avoir donné accès aux ossements et à tous les renseignements nécessaires pour le déroulement de mon travail.

- Villiers-le-Sec : Je remercie François Gentili et Cyrille Le Forestier qui ont travaillé sur le site et accepté que je l'étudie. Ma gratitude va aussi au service archéologique du Val d'Oise et notamment à Patrick Dubray et Jean-Gabriel Pariat qui m'ont procuré les locaux et permis d'accéder aux os.

D'autres personnes m'ont donné des informations ou aidée d'une autre manière et je leur dois beaucoup de remerciements. Henri Dabernat (Université de Toulouse) a permis d'orienter une partie de ce travail suite à une importante discussion. Bien que je n'aie pas utilisé cette série ostéologique, Florence Carré (SRA Haute-Normandie) et Mark Guillon (Inrap) m'ont autorisée à accéder aux ossements du site de Tournedos-Portejoie. De même, Nadine Mahé m'a parlé des sites de Seine-et-Marne. Vincent Legros (SRA Aisne) m'a donné des informations sur les sites archéologiques potentiels. Claire Mabire-La Caille (Université Paris 1) et Jean Roiseux m'ont renseignée à propos du site de Poigny qui malheureusement n'était pas utilisable. Valérie Delattre (Inrap) m'a également particulièrement conseillée, notamment au début de ce travail. Les remarques de Véronique Gallien (Inrap) et Geneviève Perréard (Université de Genève) m'ont également été très utiles.

De nombreux collègues de l'Inrap m'ont aussi apporté un certain nombre d'informations en particulier Laure Pecqueur, Aminte Thomann, Cécile Buquet-Marcon, Paulette Laurence-Dubovac et Hervé Guy. Certains m'ont aidée sur des problèmes plus techniques et notamment Yamina Amrane, Frédéric Krolikowski, Stéphane Alix, Robin Symonds et Didier Lamotte. D'autres m'ont relu dans de brefs délais : Cécile Buquet-Marcon, Céline Capdeville, Stéphanie Forel-Boëckler, Emmanuel Laborier, Laure Pecqueur, Romuald Pinguet, Je leur dois beaucoup de remerciements.

Je souhaite également remercier Patrick Périn (AFAM) pour avoir répondu rapidement à plusieurs emails concernant la publication de ce travail.

D'autres personnes m'ont aidée et notamment au C.E.S.C.M les bibliothécaires ainsi que Claude Arrignon. Je tiens également à remercier Gisèle Geoffroy pour m'avoir ouvert les portes de la bibliothèque du laboratoire d'Anthropologie biologique de l'Université de Marseille. Les étudiants en thèse que j'ai croisés m'ont aussi éclairée de leurs conseils et spécialement ceux de la salle du corpus au C.E.S.C.M. : l'ambiance amicale mais studieuse qui y régnait était particulièrement propice aux études. Je dois également remercier grandement Gaëlle Granier (UMR 7268 ADES) avec qui nous avons eu des conversations très constructives. Les nombreuses discussions que nous avons eues avec Emilie Perez (Cépam) m'ont aussi été très profitables.

Sans le soutien de personnes qui m'ont aidée matériellement, notamment en me logeant, je n'aurais également sans doute pas pu terminer ce travail et je dois ainsi remercier Gérard et Françoise Dauphin et la famille Gaudiot. Je tiens en outre à remercier l'auteur du dessin de couverture, Michel Dalery. Ma gratitude va aussi aux nombreux relecteurs de ce texte.

Je remercie également toutes les équipes d'archéologues qui ont participé aux fouilles archéologiques et ont exhumé les ossements étudiés ici : sans elles, ce travail n'aurait jamais pu être effectué.

Enfin, ma gratitude va à ma famille qui a aussi passé quatre années en thèse et contribué plus ou moins directement à ce travail, participant même à un transfert de squelettes !

Introduction

Le haut Moyen Age a suscité de nombreuses recherches, tant anciennes que récentes, en France et à l'étranger, utilisant des ressources aussi variées que les textes anciens, l'iconographie, l'architecture, les sites archéologiques. Parmi ces derniers, les nécropoles se sont révélées riches en informations. Leurs datations, pour les plus anciennement fouillées, presque toujours réalisées grâce au mobilier associé aux sépultures, ont manqué de précision dès lors que celui-ci se faisait plus rare. Ainsi pour le haut Moyen Age, les nécropoles se sont fréquemment vues attribuées à la période mérovingienne, la période carolingienne n'étant que peu abordée. Au sein de certains ensembles funéraires mérovingiens, des analyses très poussées du matériel, des ossements et de l'architecture funéraire ont permis de reconnaître la présence de différents groupes populationnels. Ainsi, à Saint-Martin de Fontenay, la présence de populations d'origines différentes a pu être envisagée (Pilet C., 1994) : l'étude croisée de déformations crâniennes, de morphologies ostéométriques et du mobilier indique la probable appartenance d'une partie des inhumés à un groupe migratoire. Les nombreuses recherches effectuées dans le nord-ouest de la France ont donc permis d'approfondir les liens entre les données morphologiques des os et les possibles origines ethniques de populations (Blondiaux J. et Buchet L., 1990 ; Buchet L., 1988) : à Vron, par exemple, la présence de populations d'origine germanique au sein de la nécropole a pu être supposée. La thèse de J. Blondiaux a abordé ces questionnements, se penchant également sur l'aspect paléoépidémiologique des populations, sans toutefois relier les résultats à la nature de celles-ci (Blondiaux J., 1988). D. Castex, au cours de son doctorat, examine rapidement les données paléopathologiques mais s'est davantage penchée sur les questions de gestion de l'espace funéraire *via* l'examen des pratiques funéraires, du recrutement des individus selon le sexe et l'âge (Castex D., 1994). Sur une aire géographique plus restreinte, M. Durand a étudié ces mêmes questions et a ensuite publié son travail (Durand M., 1998). Ces travaux, bien que très complets, ne présentent souvent que deux datations, soit altomédiévale, soit mérovingienne. La période carolingienne en tant que telle n'y est pas réellement étudiée. Les recherches n'y sont fréquemment menées que sous un seul angle, que ce soit celui des pratiques funéraires, du recrutement, de la paléopathologie ou de la paléoépidémiologie, et l'os n'y est pas totalement exploité. Les publications plus récentes n'abordent pas davantage les relations entre l'état sanitaire des individus, leurs activités décelables sur les ossements et la nature des sites archéologiques. Dans le très bon ouvrage collectif sur la Neustrie dirigé par L. Verslype, les relations entre la nature des ossements et celle du mobilier ne sont exposées que de manière marginale sans réel approfondissement sur le potentiel de cette source biologique historique (Verslype L., 2007). Très peu de données ont donc été recueillies à la période carolingienne proprement dite : les analyses réalisées sur les squelettes humains sont peu nombreuses et peu détaillées exception faite de la thèse d'A. Thomann et du mémoire de master 2 de R. Colleter (Thomann A., 2004 ; Colleter R., 2006). Ces travaux apportent des informations générales sur l'état sanitaire des populations mais sont rarement reliés au contexte carolingien. La plupart des recherches effectuées sur de vastes ensembles se sont davantage centrées sur les habitats, abordant souvent plus marginalement les sépultures (par exemple Peytremann E., 2003). En revanche, plusieurs historiens ont utilisé les sources textuelles ou iconographiques carolingiennes tant pour se pencher sur le monde des morts (Alexandre-Bidon D. et Treffort C., 1993 ; Treffort C., 1996 ; Lauwers M., 2005) que pour effectuer des recherches davantage socio-culturelles (par exemple Devroey J.-P., 2006 ; Le Jan R., 2003). En complément, des articles, publiés dans des revues éparses, abordent souvent l'un des nombreux aspects de la société carolingienne. Toutes ces études soulèvent de nombreuses questions, auxquelles les sources textuelles ne permettent que rarement de répondre. Les ossements humains paraissent donc une source inédite et totalement sous-exploitée de ce point de vue. Leur utilisation pourrait permettre de combler certains manques de la recherche. Mais, pour l'exploiter, l'utilisation d'une méthode scientifique rigoureuse est nécessaire.

En anthropologie biologique, si, depuis longtemps, de nombreux auteurs se sont penchés sur les questions de détermination du sexe, d'estimation de l'âge au décès ou de paléodémographie, très peu de recherches ont tenté de relier ces informations aux données paléoépidémiologiques sur un échantillon suffisamment vaste pour permettre des hypothèses à grande échelle. Les liens de l'état sanitaire avec les habitudes alimentaires et les conditions de vie n'ont presque jamais été explorés, en particulier pour donner une image partielle des sociétés. Si des recherches ponctuelles ont mis en évidence que certaines pathologies étaient plus répandues dans certaines classes sociales que dans d'autres, les analyses ont presque toutes été réduites à l'échelle des sites, limitant ainsi leur intérêt. La maladie hyperostosique, par exemple, a souvent été reliée à des contextes privilégiés, monastiques notamment, essentiellement au sein de publications d'origine européenne (Robert C., 2009, p. 172 ; Waldron T., 2009, p. 75). L'ouvrage *Le paysan médiéval en Rouergue* dirigé par E. Crubézy met, quant à lui, en évidence l'ensemble des données qu'il est possible d'obtenir sur un même site à partir de la collecte d'informations d'origines variées (biologiques, archéologiques, textuelles notamment) mais ne permet pas de faire d'hypothèses plus générales (Crubézy E., *et al.*, 1998). Les recherches paléoépidémiologiques conduites sur de vastes ensembles se sont quant à elles contentées de faire des comparaisons tout en limitant leurs conclusions finales aux domaines sanitaires (par exemple Rojas-Sepulveda C.-M., 2009). Seules des recherches effectuées sur le continent nord-américain ont tenté d'aller plus loin. L'ouvrage écrit par R.H. Steckel et J.C. Rose, *The backbone of history*, propose un indice de santé et a servi d'inspiration à une partie de ce travail (Steckel R.H. et Rose J.C., 2002). Ainsi, du point de vue méthodologique, la création d'un indice permettant de comparer des sites selon l'état de santé des individus a permis de présenter dans la présente étude une solution. La traduction de l'activité a également été abordée pour que de nouvelles questions se mettent en place. Une méthode inédite d'estimation de l'activité est ainsi proposée dans ce travail. Le but principal de tous ces procédés a été de mettre en évidence les points communs et les différences des diverses populations archéologiques : la recherche d'objectivité a nécessité une grande précision méthodologique, d'où une certaine redondance dans la description de celles-ci, permettant de les juger de manière claire, dans leurs faiblesses mais aussi dans leurs atouts.
La période carolingienne et le nord-ouest de la France ont donc paru poser de multiples questions et offrir un contexte historique favorable aux questionnements

méthodologiques. Les archives biologiques se révèlent être une source historique originale et inexploitée pour comprendre les populations de ce contexte géographique et chronologique. Aborder ce matériel sous l'angle anthropologique paraissait d'autant plus intéressant qu'il présentait une richesse potentielle très importante. En effet, la région correspondant à l'ancienne Neustrie mérovingienne, offre un cadre culturel *a priori* relativement homogène pour ces périodes. En outre, malgré la présence de plusieurs sources écrites, la majorité des connaissances ne porte que sur les élites, laissant fréquemment dans l'ombre les autres groupes populationnels. Une recherche biologique approfondie peut donc permettre de donner des informations inédites sur ces périodes. Les nombreux nouveaux travaux méthodologiques en anthropologie offrent la possibilité d'approcher ces questions plus globalement. En outre, les recherches archéologiques récentes offrent un *corpus* varié et diversifié. En effet, le développement de l'archéologie de sauvetage puis de l'archéologie préventive a permis la mise au jour de

nouvelles nécropoles et mis en évidence la diversité des sites archéologiques de ces périodes (figure 1). Ce travail vise donc à comprendre quelles étaient les populations des VIIIe-Xe siècles, dans le nord-ouest de la France. Pour ce faire, l'étude porte principalement sur l'analyse des ossements humains provenant de sites archéologiques à vocation funéraire. En effet, le squelette osseux reflète, dans une certaine mesure, la vie des hommes. Leur état sanitaire, leurs activités, et même parfois leur régime alimentaire peuvent le marquer durablement. Cette approche, au niveau de l'individu, souvent anecdotique, devient plus parlante à l'échelle des nécropoles, lorsque les effectifs sont importants. Les espaces funéraires, implantés en milieu rural, urbain, monastique, regroupent ainsi des populations très distinctes. Des proportions différentes, révélant présences ou absences selon de multiples critères biologiques, caractérisent alors chaque ensemble par son recrutement. Et, à travers cela, apparaît une première vision de l'état sanitaire général des populations, une source unique d'information sur la mort et sur les morts.

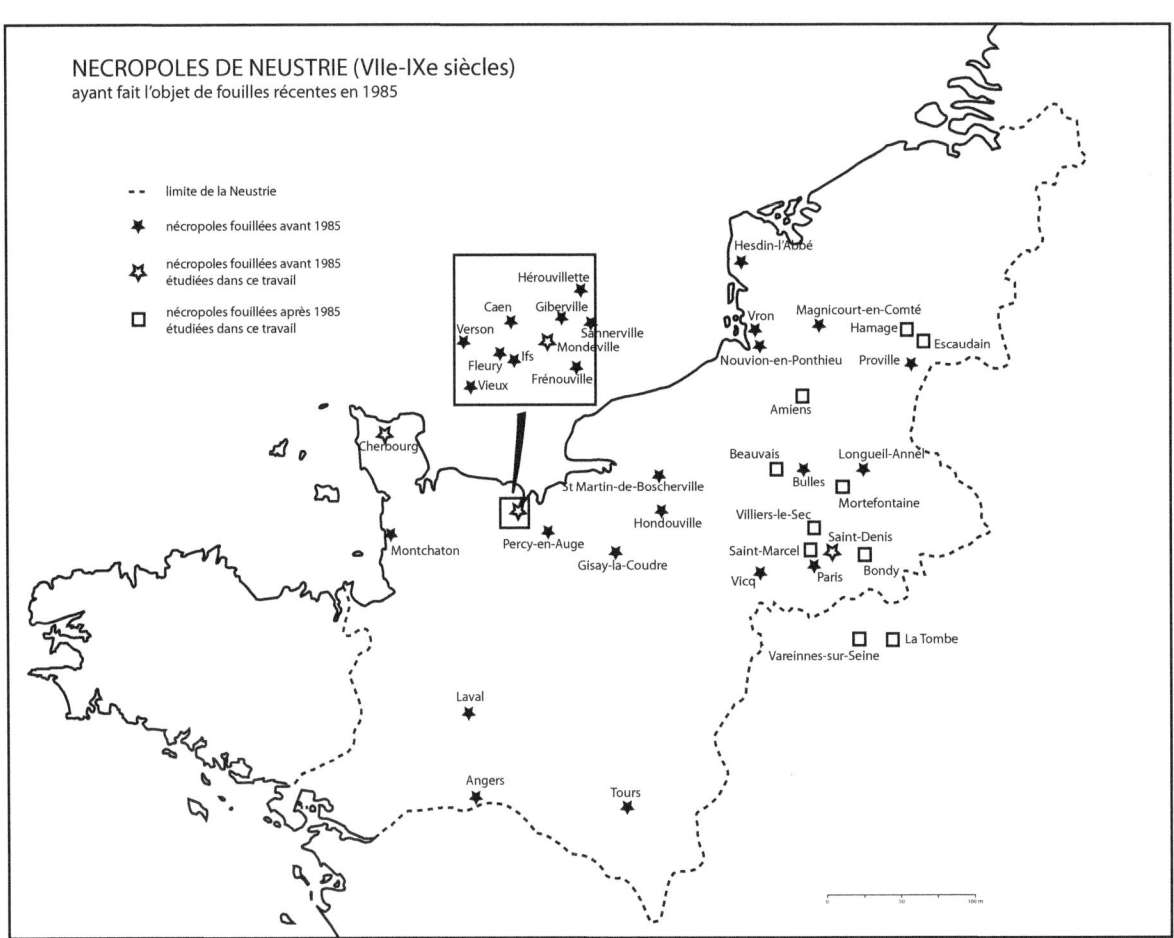

**Figure 1 : La Neustrie et ses principaux sites archéologiques en 1985 d'après Rouche M. (1985)
et les sites utilisés dans cette étude
(DAO Fossurier C. d'après Rouche M., 1985, p. 454)**

La méthodologie employée, cruciale pour permettre d'atteindre la précision nécessaire au recueil et à l'exploitation des données, doit être adaptée au matériel souvent fragmentaire issu de fouilles anciennes ou préventives, ces dernières constituant l'essentiel du *corpus*. Les critères d'examen osseux nécessitent donc un choix rigoureux, dans leur significativité et dans leur adéquation avec les moyens d'étude : ils doivent être facilement et systématiquement reproductibles d'une série ostéologique à l'autre, sur toute la durée de l'étude, la nécessité de leur application avec facilité et rapidité en éliminant alors certains. La sélection des méthodes à employer est également rendue complexe par le besoin de comparer des populations de tailles variables, parfois très lacunaires et d'état de conservation différent. Un choix raisonné est d'autant plus nécessaire que l'étude des données biologiques n'est jamais facile compte tenu du spectre de variabilités possibles. Ce dernier peut être géré à l'aide de codes génériques reproductibles sur de multiples échantillons et engendrant un minimum d'erreur inter et intra-observateur.

L'analyse des données biologiques est dès lors déterminante pour caractériser une population et son recrutement. Elle propose similitudes et différences entre les assemblages funéraires. Elle détermine les éléments pertinents du point de vue paléodémographique et paléoépidémiologique pour permettre d'appréhender l'état sanitaire des individus et leur niveau d'activité. Chaque nécropole se distingue par des données propres qui, replacées dans leur contexte archéologique, informent sur la nature des sites et sur leurs populations.

Quels sont alors les apports scientifiques, dans ces conditions, au regard des multiples recherches historiques, pour comprendre qui étaient les inhumés des nécropoles ? Quels étaient leurs accès aux ressources alimentaires, leurs états de santé et leurs charges de travail ? Quels éléments les rassemblaient ou les séparaient au sein de mêmes espaces funéraires carolingiens ? Et, ainsi, qui composait les populations carolingiennes du nord-ouest de la France ?

Cette étude, située au carrefour de plusieurs disciplines, utilisant une nouvelle approche, peut permettre d'apporter une première réponse à ces questions.

I. Méthodologie anthropologique

Je tombai malade.
Atteint de pustules malignes et de fièvre, et ne pouvant
plus ni boire, ni manger, je fus si souffrant, qu'ayant
perdu tout espoir de vivre en ce monde, je ne songeais
plus qu'aux soins de ma sépulture.

Grégoire de Tours - Miracles de Saint-Martin
(Traduction C. Lelong, 1995)

I.1 Préambule

L'analyse des ossements humains nécessite une méthodologie très précise, de manière à limiter au maximum les nombreuses possibilités d'erreur induites par l'étude d'un tel matériau. En effet, la source utilisée est d'origine biologique et, en ce sens, aucune généralité ne peut lui être appliquée. La variabilité individuelle humaine est telle que souvent seules des tendances peuvent être dégagées et qu'aucune certitude ne peut être proposée. Cette variabilité est liée au sexe, à l'âge, à l'environnement, à la population d'origine (Crubézy E., *et al.*, 2002). Le but de ce travail n'est en aucun cas de proposer des données chiffrées définitives et exhaustives mais bien de suggérer des comparaisons qui permettent de mieux connaître les populations carolingiennes. Cela est d'autant plus vrai que tous les sites fouillés n'ont pas été étudiés et que dans la plupart des cas l'intégralité des nécropoles n'a pas été mise au jour. Cette étude se fonde donc sur des fragments de fragments pas nécessairement représentatifs d'ensembles précisément définis.

L'un des problèmes majeurs dans l'analyse des données biologiques est la variabilité de l'observation. Il est très difficile d'éviter deux types d'erreur : l'erreur inter-observateur et l'erreur intra-observateur. L'erreur inter-observateur correspond à la disparité d'observation qui va se produire lorsque deux personnes, si spécialistes soient-elles, regardent un même caractère sur l'os. Cette erreur a été éliminée au cours de ce travail car un seul observateur, l'auteur, a examiné ou ré-examiné tous les os. L'erreur intra-observateur correspond à la dissemblance des résultats lorsqu'une même personne regarde successivement un caractère. Elle ne pouvait pas être contournée ici. La méthodologie décrite ci-dessous a visé à limiter le plus possible ce type d'erreur. Toutefois, à quelques occasions, les observations ont été répétées : il s'est avéré que la plupart étaient identiques mais que certains pouvaient varier. Plusieurs raisons peuvent expliquer les différences d'observations au cours de cette étude :
- La durée de l'étude : les observations se sont déroulées sur une période de trois années et il semble très probable que le regard de l'observateur a évolué en fonction des séries ostéologiques, de son expérience et de ses connaissances.
- Les conditions d'observations, de lumière et de temps essentiellement, ont beaucoup varié d'un endroit à un autre.
Pour obtenir des résultats reproductibles et les plus objectifs possibles, un système de cotation très simple dans ses définitions et ses critères a été utilisé. Toutefois, si les observations devaient être répétées, il est probable que certaines données varieraient légèrement[1].

I.2 Etat de conservation

Plusieurs facteurs peuvent influencer la conservation des squelettes : modes d'inhumations, lieux de conservation, facteurs biologiques. Ceux-ci sont externes (position du défunt, environnement de la sépulture, ...) ou internes (taille, forme, densité et composition minérale osseuse, âge et sexe, maladie, ...) (Gallien V., 1995 ; Roberts C., 2009, p. 56). La présence de ces derniers peut induire plusieurs biais dans l'étude en sous-représentant ou sur-représentant certaines catégories. Ainsi les enfants sont souvent moins nombreux, particulièrement dans la classe d'âge « 0-1 an » : cela peut avoir de multiples origines et notamment dépendre de plusieurs facteurs taphonomiques dont la plupart sont depuis longtemps identifiés (mauvaise préservation des os plus jeunes, perte d'information lors de la fouille avec notamment des os plus difficiles à retrouver, sépultures moins profondes, etc.) (voir par exemple Sellier P, 1996 ; Guy H. et Masset C., 1997)[2]. Les sujets âgés semblent aussi moins bien se conserver, surtout dans les collections mal préservées, le sexe n'ayant quant à lui peu ou pas d'influence sur ce point (Walker P.L., *et al.*, 1988).

La préservation des os est donc différente selon les sites. L'ensemble des ossements disponibles pour chaque nécropole a été observé et répertorié sur des fiches de conservation (figure 2).

L'utilisation des indices publiés tel que l'I.C.O. indice de conservation osseuse) (Dutour O., 1989) et l'I.Q.A (indice de qualité osseuse) (Bello S., *et al.*, 2003) demandait une mise en œuvre trop chronophage sur un tel *corpus*. Aussi, à partir des fiches individuelles et pour pallier les inégalités entre squelettes, une méthode de calcul de la conservation osseuse a été mise au point. Lors de l'enregistrement, l'état des os a ainsi été coté suivant deux paramètres : la quantité osseuse conservée et la qualité de conservation. La première a été mesurée à partir de la surface remplie et la deuxième a été estimée à l'aide d'un code de couleur (noir : os complet intact ; gris foncé : os fragmenté ; gris clair : os très fragmenté et surface osseuse non lisible ; blanc : absence d'os). Quand l'os était complet sur l'une de ses faces mais incomplet sur l'autre, il a été comptabilisé comme fragmenté[3]. Un chiffre a ensuite été attribué pour estimer la conservation de chaque os. Seuls certains ensembles osseux appartenant aux mêmes groupes anatomiques ont été rassemblés pour faciliter les calculs : les côtes ont été mises dans deux unités, droite et gauche, de même que les os des mains et des pieds. Chaque os ou ensemble d'os a reçu une cotation de 0 à 1, un os absent ayant une cotation de 0 et un os complet et totalement lisible sur sa surface extérieure de 1. Ce calcul a été mis au point à partir de la méthode de S. Bello et ses co-auteurs (Bello S., *et al.*, 2003) qui sépare chaque os dans le calcul de conservation du squelette. La valeur de la cotation a été attribuée en fonction de la quantité et de la qualité. Ainsi, si les os étaient pratiquement complets mais mal conservés en surface, ils n'étaient que peu pertinents pour la compréhension osseuse et ont donc reçu un faible

---

[1] L'ensemble des données a été inventorié sous Microsoft Excel : ce dernier logiciel a également été utilisé pour faire les calculs simples.

[2] Il n'est question dans ce chapitre que de conservation osseuse : de multiples paramètres culturels peuvent également expliquer leur sous-représentation ou sur-représentation.

[3] Cette méthode d'enregistrement avait l'avantage d'être rapide, exhaustive et facile à mettre en œuvre dans des conditions très variées.

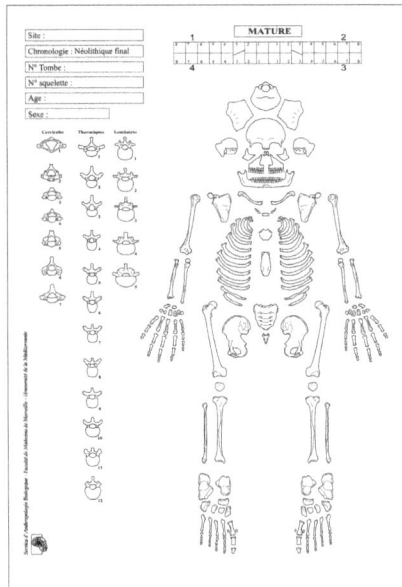 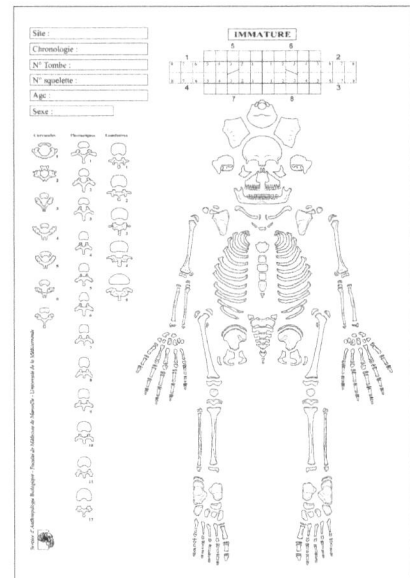

Figure 2 : Fiches de conservation de squelettes, adulte et immature (Université de la Méditerranée)

coefficient de représentation[4]. Pour un individu, la cotation finale correspond à la moyenne de la conservation de chaque os ou ensemble osseux et se trouve donc comprise entre 0 et 1. L'indice de conservation osseux d'un site correspond à la moyenne de conservation des individus ; il est donc lui-même compris entre 0 et 1.

I.3 Analyse biologique générique

L'analyse générique de toutes les séries a été effectuée pour les cerner préalablement à l'étude détaillée. Elle a reposé sur des méthodes fréquemment utilisées en anthropologie et a essentiellement visé à estimer l'âge des individus et déterminer leur sexe. Certaines données morphométriques, bien qu'enregistrées dans l'analyse préliminaire des ossements, n'ont pas été utilisées car elles ne permettaient pas nécessairement d'approfondir les questions soulevées par la problématique.

I.3.1 Estimation de l'âge au décès

La répartition par âge des individus pour chaque population est l'un des paramètres les plus importants dans une étude biologique car elle permet une première caractérisation du recrutement des sites archéologiques et parce que de nombreux paramètres dépendent de celui-ci. Malheureusement, aucune méthode n'est totalement fiable et toutes sont souvent discutées, n'offrant que rarement un consensus. Il est donc nécessaire de faire des choix méthodologiques raisonnés, choix qui se font en fonction de la problématique d'une étude mais également en fonction des moyens pratiques disponibles.
Concernant l'âge au décès, deux approches se complètent en anthropologie pour tenter de pallier les imperfections méthodologiques. L'approche individuelle essaie d'estimer au plus près l'âge au décès de chaque individu. Les méthodes étant imparfaites et approximatives (Buchet L. et Séguy I., 2008), l'approche probabiliste, peut être tentée lorsqu'un site présente un nombre suffisant d'individus.

Cette dernière semble plus précise pour approcher les répartitions par âge des populations inhumées. Elle reste toutefois fondamentalement liée à la population de référence (Masset C., 1982), les résultats obtenus variant d'une méthode à l'autre (Wittwer-Backofen U., *et al.*, 2008).

- Estimation de l'âge au décès individuel

L'approche de l'âge individuel est très complexe et les indicateurs servant à sa mise en œuvre sont multiples. Le problème essentiel qu'elle pose est d'établir une correspondance entre un âge « squelettique » c'est-à-dire biologique et un âge social (Bruzek J., *et al.*, 2004, p. 232). Aucune méthode n'est donc fiable, que ce soit pour les individus immatures ou adultes (Tillier A.-M., 2004 ; Bruzek J., *et al.*, 2004 ; Schmitt A., 2002) : il faudra donc prendre cela en compte lors de l'analyse des descriptifs des méthodes qui suivent. En outre, celles-ci n'aborderont donc pas l'âge social.
L'âge individuel se détermine différemment sur les sujets, suivant s'ils sont immatures ou matures[5]. La maturation totale d'un individu se termine généralement à 25 ans, quelques rares os du squelette n'étant pas totalement soudés précédemment (Ubelaker D.H., 1989 ; Bruzek J., *et al.*, 2004). Toutefois, pour les démographes, les classes d'âge des individus immatures se terminent à 19 ans révolus, celles des adultes débutant donc à 20 ans. C'est également à partir de cet âge que les méthodes paléodémographiques commencent de classer les individus adultes. Aussi, cette limite conventionnelle a-t-elle été choisie pour séparer immatures/ adultes (Bruzek J., *et al.*, 2004). Pour les individus immatures, les méthodes utilisent le développement et la maturation osseuse qui permettent d'attribuer les individus à des classes d'âge chronologiques. A l'inverse, l'estimation de l'âge des adultes repose davantage sur la dégénérescence et l'usure osseuse,

---

4 Par exemple, si l'ensemble des côtes était conservé mais dans un état très fragmenté avec une surface externe peu lisible, cet *item* a reçu une cotation de 0,2.

5 Le terme « mature » étant ensuite utilisé dans ce travail pour déterminer une classe d'âge précise, le terme générique d'adulte les désignera à présent lorsqu'ils ne sont pas attribués à cette même classe d'âge. En paraphrasant, le terme « adulte » correspondra aux individus ne présentant aucun signe d'immaturité.

extrêmement variables individuellement : celles-ci ne permettent en conséquence pas d'attribuer les individus à des classes d'âge chronologiques de manière totalement fiable (Schmitt A., 2002). L'estimation de l'âge individuel est surtout utile dans l'établissement du diagnostic paléopathologique. Elle permet également parfois d'avoir des précisions sur certains individus qui peuvent paraître particuliers au sein des nécropoles (localisation dans l'aire funéraire, matériel archéologique associé par exemple). Elle offre aussi la seule approche possible si les effectifs sont trop faibles.

* Les individus immatures

« *Age estimation of the human immature skeleton involves establishing the physiological age of the skeleton and then attempting to correlate it with chronological age at death. The accuracy of this process is greatly influenced by sexual and population variability in aging process* » (Ubelaker D.H., 1989, p. 55).
Il s'avère donc difficile de déterminer précisément l'âge individuel des sujets immatures. L'approche le nécessitant, les individus ont été répartis dans les classes d'âge quinquennales utilisées par les démographes. La classe d'âge des « 0-1 an » habituellement mise à part pour les déterminations de mortalité infantile a également été séparée. Dans cette étude, les classes d'âge sont donc les suivantes : 0-1 an ; 1-4 ans ; 5-9 ans ; 10-14 ans ; 15-19 ans.

Les individus âgés de « 0-1 an »

Plusieurs méthodes peuvent être utilisées pour estimer l'âge précis des individus âgés de « 0-1 an » mais l'utilisation de méthodes anciennes a paru discutable du fait des séries ostéologiques utilisées pour l'établissement des tables de comparaison (Adalian P., 2001). La méthode choisie a alors été celle mise au point par P. Adalian qui avait le mérite d'être créée à partir de données récentes bien établies d'un point de vue biologique sur les fœtus (Adalian P., 2001). Certaines méthodes utilisées pour les individus âgés de plus de 1 an placent également une partie des autres dans les moins de 1 an, permettant de les attribuer aux « 0-1 ans ».

Les individus âgés de « 1-4 ans », « 5-9 ans » et « 10-14 ans »

Plusieurs méthodes ont été employées parfois conjointement bien qu'il soit très nettement avéré que l'accumulation de méthodes n'apportait pas toujours plus de précisions (Masset C., 1982 ; Bruzek J., *et al.*, 2004 ; Buchet L. et Séguy I., 2008). Elles ont été utilisées ensemble parce qu'elles se complétaient parfois. En effet, ne correspondant pas aux mêmes éléments osseux, elles pouvaient permettre d'estimer l'âge de certains individus incomplets. Les méthodes sélectionnées sont les suivantes.

ANALYSE DE LA MINÉRALISATION ET DE L'ÉRUPTION DENTAIRE

La méthode est celle d'I. Schour et M. Massler revue par D.H. Ubelaker et permet de donner un âge individuel à partir des stades de minéralisation et d'éruption dentaire (Schour I. et Massler M., 1941 ; Ubelaker D.H., 1978). Elle a été préférée à d'autres méthodes pour

deux raisons : elle est très fréquemment utilisée en anthropologie ce qui peut faciliter les comparaisons avec d'autres sites archéologiques (voir par exemple Séguy I. et Buchet L., 2002 ; Buchet L. et Séguy I., 2008) ; elle propose un protocole aisé à mettre en place ne nécessitant ni de moyens radiologiques ni de casser les os pour voir les dents (ce qui se serait révélé difficile à justifier, le travail demandant de voir de multiples séries dans des endroits très différents et conservés par divers organismes)[6]. Elle est également peu coûteuse en temps et donne une première vision générale des répartitions par âge (Garcin V., 2009).

ANALYSE DE LA LONGUEUR DES OS LONGS

La variabilité individuelle et populationnelle, chronologique et géographique, s'exprimant beaucoup dans ce paramètre, deux méthodes ont été utilisées conjointement (Ubelaker D.H., 1989 ; Séguy I. et Buchet L., 2002). La première est celle M. Stloukal et M. Hanàkovà (Stloukal M. et Hanàkovà M., 1978). Elle a été choisie car elle est fréquemment utilisée en France pour ce type d'étude depuis qu'elle a été publiée par D. Ferembach et ses co-auteurs (Ferembach D., *et al.*, 1979). L'autre est celle mise au point par A. Alduc-Le Bagousse (Alduc-Le Bagousse A., 1988). Lors de l'application de cette méthode, les mesures maximales des os longs ont été comparées à celles des tables. Son avantage principal est qu'elle a été mise au point à partir de séries comparables, géographiquement et chronologiquement, à celles utilisées dans ce travail, l'une d'elle ayant d'ailleurs été étudiée ici et l'autre provenant d'un site situé à proximité mais s'étendant sur une période chronologique plus large. En outre, sa base méthodologique repose sur celle de D. H. Ubelaker également utilisée dans cette étude (Ubelaker D.H., 1978).

Les individus âgés de « 10-14 ans » et « 15-19 ans »

Après 15 ans, les classes d'âge obtenues à partir des données dentaires ou à partir des longueurs des os longs se révèlent moins fiables (Ubelaker D.H., 1989) : une autre méthode est alors utilisée, celle de J. E. Buikstra et D. H. Ubelaker (Buikstra J.E. et Ubelaker D.H., 1994). Elle consiste à comparer l'état des synostoses[7] des différents os du squelette d'un individu pour estimer son âge. Elle peut être utilisée dès l'âge de 12 ans, lorsque les méthodes utilisant les dents se révèlent moins précises et que l'état des synostoses commence à être suffisamment avancé pour être évocateur d'un âge. L'épiphysation[8] est considérée comme effectuée lorsque les deux parties de l'os sont reliées entre elles, la ligne d'ossification pouvant subsister jusqu'à l'âge adulte. Plus les squelettes sont complets et plus la méthode est précise (Mac Kern T.W. et Stewart T.D., 1957).

* Les individus adultes

Les individus adultes ont été répartis en plusieurs classes d'âge reflétant, dans la mesure du possible, leur réalité biologique osseuse. Ce classement nécessite des squelettes

---

6 De nombreux anthropologues utilisent la méthode mise au point par C. F. A. Moorees *et al.* (Moorees C.F.A., *et al.*, 1963a et 1963b) lorsque le but de la recherche est d'identifier très précisément les classes d'âge (voir par exemple Bruzek J., *et al.*, 2004).

7 Synostose : Union complète de deux os par ossification de la zone fibreuse ou cartilagineuse qui les séparent.

8 Epiphysation : Soudure des épiphyses à la diaphyse des os longs, la diaphyse étant la partie centrale allongée de l'os, les épiphyses étant les extrémités articulaires.

relativement complets ; aussi, certains n'ont pas pu recevoir de classes d'âge et ont été caractérisés seulement comme adultes.

Les autres ont été rangés dans les classes d'âge suivantes : jeune, jeune-mature, mature, mature-âgé, âgé. Les individus jeunes sont ceux qui, âgés de plus de 19 ans, présentent encore des traces de synostose diaphyso-épiphysaire. Les individus âgés sont ceux qui présentent des signes de sénescence importants tels que l'arthrose et la raréfaction osseuse. Les individus matures sont ceux qui ne présentent ni signes de jeunesse ni de vieillesse. Les classes d'âge intermédiaires permettent d'affiner ce classement. Les signes de sénescence sont des indicateurs généraux mais des changements osseux d'aspect similaire peuvent intervenir sur les individus jeunes (Schmitt A., 2005). La méthode d'estimation de l'âge au décès de A. Schmitt mise au point d'après celle de C.O. Lovejoy et ses co-auteurs (1985) à partir des modifications de la surface sacro-pelvienne[9] de l'os coxal a été utilisée en complément pour affiner les classes d'âge[10] (Schmitt A., 2005). La méthode consiste à attribuer des scores à quatre critères (organisation transverse, modification de la surface auriculaire, modification apicale, modification de la tubérosité iliaque) et à attribuer une classe d'âge probable aux individus en fonction de ceux-ci.

- Estimation de l'âge au décès populationnel

« *La faiblesse de la corrélation entre l'âge et l'évolution du squelette interdit donc de reconstruire la structure de mortalité d'une nécropole. Elle interdit à plus forte raison de remonter de cette donnée à la structure démographique de la population vivante correspondante : une telle démarche met en jeu d'autres hypothèses qui sont rarement vérifiées. Elle autorise pourtant les comparaisons entre cimetières ...* » (Masset C., 1994, p. 6).

L'analyse populationnelle permet d'approcher les répartitions par classes d'âge de manière plus juste que l'addition des répartitions individuelles. En effet, les estimations de l'âge individuel se cumulent pour conduire à un « *ensemble d'estimations* », les classes d'âge attribuées pour chaque individu correspondant à des classes d'âge modaux[11] (Buchet L. et Séguy I., 2008). La mise en œuvre des méthodes d'estimation de l'âge individuel est soumise à de nombreux problèmes mis en évidence par C. Masset comme l'absence de prise en compte de l'influence du sexe sur les indicateurs d'âge, le rôle de la composition par âge de la population de référence, l'effet de l'attraction de la moyenne[12] (Masset C., 1982). Certaines classes d'âge peuvent ainsi être sur ou sous-représentées. Différentes méthodes ont été mises au point pour pallier cela mais, il est nécessaire que les effectifs soient suffisamment importants pour que leur mise en œuvre soit possible (Masset C., 1982). Le problème majeur de l'utilisation des méthodes de paléodémographie reste cependant la nature de la population de référence servant à leur mise en place (Buchet L. et Séguy I., 2002). La meilleure solution serait d'utiliser des populations fictives gardant les caractéristiques de la population de référence utilisée par C. Masset pour M. Signoli et ses co-auteurs, ce qui est difficile à faire dans le cas de la plupart des populations

archéologiques en l'absence d'archives (Signoli M., *et al.*, 2005). Il reste ardu d'apprécier un échantillon qualitativement et quantitativement : des reconstitutions ou des estimations ne pourraient se faire qu'en connaissant la mortalité normale de la population ainsi que l'impact et la nature des crises vécues par celle-ci et en ayant une estimation fiable du taux de représentativité de l'échantillon (Signoli M., *et al.*, 2005).

* Les individus immatures

Concernant les individus immatures, le problème essentiel concerne la répartition en classes d'âge continues. En effet, les classes d'âge obtenues à partir du degré de minéralisation et d'éruption dentaire de D. H. Ubelaker selon la méthode décrite précédemment ne s'insèrent pas toujours dans les classes quinquennales (Ubelaker D.H., 1978 ; Buchet L. et Séguy I., 2008). La méthode probabiliste permet alors de répartir les individus avec des pourcentages de probabilités. Pour L. Buchet et I. Séguy, « *la méthode la plus simple, pour répartir les individus dans les différents groupes d'âges retenus, consiste à calculer la probabilité qu'a chaque individu d'appartenir à un groupe d'âges donné* » (Buchet L. et Séguy I., 2008, p. 29). Il suffit alors de calculer la probabilité qu'a un individu d'appartenir aux classes d'âge choisies selon un indicateur sélectionné préalablement. Les effectifs probables sont ensuite obtenus en ajoutant les probabilités. Pour cette étude, les stades d'éruption et minéralisation dentaire de la méthode de D. H. Ubelaker ont été sélectionnés, les distributions étant considérées comme suivant la loi normale[13].

* Les individus adultes

Concernant les individus adultes, l'approche paléo-démographique a été mise au point depuis longtemps par C. Masset selon la méthode des vecteurs de probabilité (Masset C., 1982). Elle consiste à attribuer à un individu non pas un âge mais tous les âges possibles et à lui affecter la probabilité qu'ils ont de se réaliser. L'effectif le plus probable de la classe est ensuite obtenu par l'addition des probabilités de tous les individus (Masset C., 1973). Suite à un travail statistique, C. Masset a mis au point la méthode sur une population de référence standardisée comportant sept cent onze hommes et sept cent quatre vingt onze femmes à partir d'une population originelle comportant trois cent quatre vingt treize hommes et cinq cent vingt et une femmes. Pour utiliser la méthode, il faut d'abord coter l'état de synostose des sutures crâniennes pour chaque individu. Le degré de fermeture de chaque portion de suture est coté de zéro à quatre (de l'ouverture totale à la fermeture totale) puis le résultat est pondéré en fonction du nombre de sutures cotées. Le résultat permet d'attribuer un stade à l'individu. Ce stade correspond à la probabilité pour l'individu d'appartenir à une classe d'âge. C. Masset a défini sept stades pour chaque sexe et pour les deux sexes réunis. Les stades de chaque individu sont ensuite ajoutés. L'étude a été faite à partir de la table exocrânienne qui permettait de conserver les crânes entiers. La méthode paraît relativement efficace même lorsque les effectifs sont relativement faibles, comme le prouvent les concordances entre les résultats obtenus et les données textuelles des périodes historiques bien documentées (Gallien V., 1995 ; Buchet L., *et al.*, 2003).

---

9 Surface sacro-pelvienne : Zone de contact entre l'os coxal et le sacrum, fréquemment appelée surface auriculaire.

10 Cette méthode s'est révélée parfois seulement indicative dans la mesure où, pour des raisons de conservation, les quatre critères nécessaires à sa mise en place n'étaient pas toujours observables sur les os coxaux.

11 Les méthodes classent les individus selon des classes d'âge modaux c'est-à-dire correspondant à l'âge le plus répandu.

12 Les erreurs déséquilibrent les résultats et tendent à sous-estimer les individus âgés et surévaluer le nombre d'individus jeunes.

13 Les répartitions se font selon la loi statistique normale c'est-à-dire en suivant les répartitions biologiques classiques. Les calculs ont été effectués avec le logiciel *Statistica*.

I.3.2 Diagnose sexuelle

Différentes méthodes permettent de déterminer le sexe d'un individu mais elles ne peuvent être appliquées qu'aux individus adultes : la détermination sexuelle est relativement difficile à mettre en œuvre sur les individus immatures, les critères morphologiques nécessaires à sa réalisation ne s'étant pas encore mis en place ou ne s'exprimant pas pleinement (Holocomb S.M.C. et Konigsberg L.W., 1995). Les méthodes reposent soit sur l'analyse morphoscopique du crâne et du bassin soit sur un calcul établi à partir de mesures prises sur le bassin et les os longs. L'un des objectifs de ce travail étant de travailler à partir de données dépendant du sexe des individus, seules les méthodes les plus fiables, établies à partir du bassin, ont été utilisées.

La méthode utilisée prioritairement dans ce travail, mise au point par J. Bruzek, repose sur l'analyse morphoscopique de cinq critères sur l'os coxal (Bruzek J., 1992). Les critères sont déterminés féminins ou masculins, le plus grand nombre d'arguments en faveur d'un sexe ou d'un autre désignant le sexe. Elle est rapide à mettre en œuvre et permet un diagnostic relativement sûr. Pour J. Bruzek, le complexe sacro-pelvien (critères 1+2+3) offre 91 % de réussite, le complexe ischio-pubien (critères 4+5) 86 %. Les cinq critères associés permettent d'atteindre 95 % de réussite. La méthode a l'avantage d'être facile à reproduire.

Toutefois, certains individus présentaient parfois des critères sexués peu marqués ne permettant pas un diagnostic à partir de la morphologie. L'analyse a alors été effectuée à partir de mesures prises sur l'os coxal selon la méthode de la DSP (Diagnose Sexuelle Probabiliste), un outil mis au point par P. Murail et ses co-auteurs qui offre 98 à 99 % de chances d'effectuer un diagnostic correct (Murail P., *et al.*, 2005). La méthode a également été utlisée pour certains os mal conservés, leur morphologie seule ne permettant alors pas de diagnose. Malgré une fiabilité plus forte que la première méthode, elle n'a pas été utilisée prioritairement car longue à mettre en oeuvre.

I.4 Caractérisation biologique

Plusieurs critères permettent d'approfondir la connaissance de l'état de santé des populations[14]. D'origines très variées, ils ont été réunis dans de grands groupes pour approcher le plus possible l'état sanitaire des différentes populations. Ils sont d'ordres très différents : signes de stress non spécifiques ; arthrose (atteintes dégénératives) ; infection ; traumatismes ; pathologies d'origine métabolique ; pathologies d'origine développementale et tumorale ; signes d'activité. Ils ne relèvent pas tous des mêmes origines étiologiques et peuvent s'exprimer à divers degrés sur le squelette.

I.4.1 Préambule : l'établissement du diagnostic

« *The ways in which the collected data are to be analysed should be decided in advance.* » (Waldron T., 2007, p. 134). « *In order to study trends in disease frequency successfully,*

however, it is essential that the results of different studies are strictly comparable. This means that the method by which the prevalence has been calculated must be the same in each study, and also that the disease has been diagnosed using the same criteria» (Waldron T., 2006, p. 78).

La méthode d'établissement des différents diagnostics est fondamentale pour permettre les comparaisons : il est donc nécessaire de la définir précisément en amont d'une étude. En effet, les critères diagnosiques ne sont pas uniformes et il existe une grande variabilité dans l'établissement et la description des paléopathologies (Waldron T., 2009). C. Kramar et C. Simon montrent qu'il peut par exemple exister trois images différentes d'une même pathologie au sein d'une seule population selon la méthode diagnosique (Kramar C. et Simon C., 1988) : les méthodes, distinctes, influencent considérablement la répartition de certaines maladies. Les pathologies peuvent également changer au cours des époques (Waldron T., 2006, p. 82) et les étudier sur un laps de temps relativement réduit pour une approche biologique, trois siècles en ce qui concerne ce travail, permet de diminuer l'impact de leurs variations[15].

Le diagnostic paléopathologique reste donc très difficile à établir. Celui-ci, pour être précis, doit prendre en compte l'ensemble du squelette : les os, touchés ou non, permettent de différencier les atteintes[16], par exemple de distinguer une infection localisée d'une plus généralisée. En outre, si certaines maladies peuvent facilement être reconnues et identifiées, la plupart d'entre elles sont non caractéristiques. Une même pathologie peut ainsi avoir plusieurs expressions osseuses et une même expression osseuse peut témoigner de pathologies différentes. Certaines atteintes peuvent aussi être liées entre elles : par exemple, la survenue d'un traumatisme peut amener le développement d'un foyer infectieux (Judd M.A. et Roberts C.A., 1999). Des compétences médicales très spécifiques sont également nécessaires pour reconnaître certaines lésions et établir les diagnostics différentiels. Des photographies ont été prises pour chaque atteinte non reconnue par l'auteur. Elles ont été montrées au docteur Y. Darton, paléopathologiste[17]. Certaines maladies ont pu alors être analysées d'après ces photographies et donc être comptabilisées. Dans d'autres cas, elles n'ont pas pu être diagnostiquées par ce moyen ; alors, soit elles sont restées indéterminées, soit les pièces osseuses ont été amenées au docteur Y. Darton, ce qui a permis un diagnostic plus précis. En outre, des pièces osseuses manquaient parfois au squelette du fait de la conservation pour établir un diagnostic clair ou des atteintes n'étaient pas toujours caractéristiques. Toutefois, dans de très nombreuses occurrences, les pathologies ont pu au moins être classées dans l'un des grands groupes nosographiques.

L'état de la sphère bucco-dentaire n'a quant à lui pas été analysé de manière exhaustive : en effet, il est soumis à d'importantes variations individuelles et ne reflète pas nécessairement l'état de santé populationnel. Cela

---

14 Les profils paléodémographiques des individus adultes, traités précédemment, sont également un indice pouvant témoigner de l'état de santé des populations (voir par exemple Olsen Kelley J. et Angel J.L., 1987).

15 Certaines pathologies pouvant exister sur des ossements humains ne sont pas présentes au sein de l'échantillon étudié : suite à leur absence, elles ne seront pas évoquées dans ce travail.

16 Il est à noter que toutes les pièces osseuses ont été examinées en détail du fait des cotations réalisées, ceci assurant ainsi une observation exhaustive des ensembles de squelettes.

17 Cépam (Centre d'études Préhistoire, Antiquité, Moyen Age), UMR 6130, CNRS-UNSA. L'auteur tient à renouveler ses remerciements à Monsieur Darton pour le temps accordé ainsi que pour sa bienveillance : sans lui, il est certain que la présente étude n'aurait pas pu voir le jour sous cette forme. Les éventuelles erreurs de diagnostic ne sont imputables qu'à l'auteur qui a identifié certaines pathologies et ne les a, en conséquence, pas toujours photographiées.

est particulièrement vrai pour les caries[18], maladies multifactorielles (Goodman A.H. et Martin D.L., 2002, p. 45). Seules des analyses biochimiques peuvent tenter de caractériser précisément la composition de l'alimentation des individus, ce qui permet ensuite de proposer des explications pour l'état de la sphère bucco-dentaire[19]. Dans la plupart des cas, il est seulement possible de noter que les prévalences des atteintes carieuses augmentent avec l'âge (Chazel J. C., *et al.*, 2005). L'influence du milieu et essentiellement la présence de fluor ainsi que le potentiel génétique des individus ont visiblement une importante relation avec le nombre de caries (Labhardt J., 1974). D'autres facteurs s'ajoutent également à ceux-ci : caractéristiques physico-chimiques de la salive, type et usure de la dent, micro-organismes présents dans la cavité buccale, régime alimentaire. Les pertes dentaires *ante mortem*, bien que n'ayant pas toujours exactement une étiologie identique, sont soumises aux mêmes problèmes.

I.4.2 Les signes de stress non spécifiques

Les signes de stress non spécifiques correspondent à des marqueurs osseux : ils signifient que le squelette a été touché par un stress[20] sans que celui-ci puisse être déterminé avec précision. Leur origine est biologique dans la plupart des cas mais la possibilité d'une influence psychologique ne peut totalement être écartée. Sur les populations contemporaines, leur source est exclusivement biologique pour A. Goodman et ses co-auteurs (Goodman A.H., *et al.*, 1988, p. 191). Les conditions d'apparition de ces signes sont toutefois très difficiles à déterminer d'où leur caractérisation de « non spécifiques ». Elles varient en fonction de la durée, de l'intensité et du type de stress. Leurs traductions diffèrent fortement entre les individus, selon plusieurs facteurs dont la susceptibilité génétique[21], l'âge, le sexe, la résilience et les épisodes de stress antérieurs (Goodman A.H., *et al.*, 1988, p. 177 ; Polet C. et Orban R., 2001, p. 42). L'absence de ces marqueurs n'indique pas forcément que l'individu n'a pas subi de stress mais plutôt qu'il n'a pas développé de stigmates osseux et/ou que son état de santé est resté satisfaisant (Buikstra J.E. et Cook D.C., 1980). Certains signes se développent différemment selon les individus sans qu'il soit possible de déterminer leur « intensité » au cours de la vie, la classification des sujets en fonction de leur degré d'atteinte n'étant alors pas réalisable (Wood W., *et al.*, 1992, p. 353-354). Enfin, il s'avère difficile de déterminer leur impact sur l'espérance de vie des individus (Goodman A.H., *et al.*, 1988, p. 195). Tous les signes de stress n'ont pas pu être retenus, ceux-ci étant nombreux, plus ou moins fiables et plus ou moins faciles à observer (figure 3) (Goodman A.H., *et al.*, 1988, p. 179). Ainsi, les lignes de Harris, correspondant à des

arrêts de la croissance des os longs (Larsen C.S., 1997), n'ont pas été étudiées car leur analyse aurait nécessité la mise en place de moyens d'imagerie médicale trop importants dans le cadre de la présente étude. Cet indicateur est en outre mal corrélé et peu fiable car visible même sur des enfants ne présentant pas, *a priori*, de stress notable (Billard M., 1994 ; Larsen C.S., 1997, p. 43). D'autres indicateurs ont été volontairement écartés car leur relation avec des conditions de stress n'a pas été mise en évidence de manière assurée : il semble par exemple que le métopisme[22] relève davantage d'une variation anatomique que d'une conséquence d'anémie[23]. Enfin, les évolutions de stature, parfois indicatrices de stress, présentent une grande variabilité inter-populationnelle ; compte tenu du champ d'étude, sur un vaste territoire et sur une durée de trois siècles, elle ne paraissait pas utilisable (Goodman A.H., *et al.*, 1988 ; Blondiaux J. et Buchet L., 1990).

Au total, trois signes ont essentiellement été utilisés pour ce travail car très présents dans la littérature et très étudiés : les *cribra orbitalia*, l'hyperostose porotique et l'hypoplasie de l'émail dentaire.

- Les *cribra orbitalia*

Les *cribra orbitalia* correspondent à un *pitting*[24] important sur le toit supérieur de l'orbite (figure 4). Elles doivent soigneusement être examinées pour les distinguer des pseudo-pathologies, très fréquentes à cette localisation (Wapler U., *et al.*, 2004). Leur présence peut avoir plusieurs causes : elles sont souvent le symptôme d'infections ou de maladies métaboliques en particulier d'anémies essentiellement en fer mais restent sujettes à de multiples discussions entre chercheurs (Walker P.L., *et al.*, 2009). Pour U. Wapler et ses co-auteurs, 56 % des *cribra orbitalia* ne sont pas liées à la présence d'anémie (Wapler U., *et al.*, 2004). Elles sont davantage fréquentes sur les populations les plus jeunes, leur disparition sur les individus adultes pouvant être consécutive à des remaniements osseux (Polet C. et Orban R., 2001, p. 121). Lors de cette étude, leur présence a systématiquement été observée quel que soit l'âge des individus, matures ou immatures, lorsqu'au moins une des orbites était suffisamment conservée pour en permettre l'observation. Elles ont été cotées soit présentes soit absentes pour faciliter la reproductibilité des résultats bien qu'il existe également des gradations dans l'intensité de leur expression (voir par exemple Stuart-Macadam P.L., 1985). Pour certaines pièces osseuses, il n'a pas été possible de déterminer si le *pitting* était d'origine pathologique ou taphonomique : dans ce cas, les *cribra orbitalia* ont été jugées non observables. Si une seule des orbites était bien conservée, celle-ci a été considérée comme représentative de l'individu, l'expression des *cribra orbitalia* étant très fréquemment bilatérale (dans approximativement 90 % des cas) (Stuart-Macadam P.L., 1989, p. 188).

---

18 Les caries et pertes dentaires *ante mortem* ont été recensées lors de l'examen des ossements mais n'ont pas été utilisées lors de l'étude pour ces raisons.

19 C. Polet et R. Orban détaillent particulièrement ces questions dans leur ouvrage *Les dents et ossements humains – Que mangeait-on au Moyen-Age ?* (2001). E. Herrscher et ses co-auteurs montrent également les liens possibles entre le nombre de caries et l'alimentation en comparant les résultats avec des analyses isotopiques (Herrscher E., *et al.*, 2007).

20 Stress : Etat réactionnel de l'organisme soumis à une agression brusque qui lui demande un certain travail d'adaptation et dont les manifestations non spécifiques viennent s'ajouter à l'action spécifique, quant à elle, de l'agent agressif.

21 La susceptibilité génétique correspond à la sensibilité latente d'un individu à une maladie au niveau génétique qui s'activerait dans certaines conditions.

22 Métopisme : Absence de synostose de la suture médiane de l'os frontal chez l'adulte.

23 E. Crubézy n'y voit par exemple pas d'association avec des traces d'anémie de l'enfance et/ou l'adolescence (Crubézy E., 1999, p. 69).

24 *Pitting* : Présence de nombreuses fines microporosités sur la surface d'un os. Le terme anglais a été choisi plutôt que le terme français car il correspond mieux à un usage descriptif pour la lésion paléopathologique.

Indicateurs	Partie de la population ou du squelette concernés	Groupes à risque	Sévérité et durée du stress	Commentaires généraux
Tables et schémas de mortalité	Population importante et complète ou échantillon représentatif	Tous	Chronique Sévère	Meilleur indicateur en cas d'adaptation globale Précision méthode estimation d'âge essentielle
Stature des adultes	Population adulte Squelette appendiculaire, surtout extrémités inférieures	Subadultes	Addition des facteurs pré-adultes	Une petite stature (petite taille du corps) peut être une réponse chronique à la sous-nutrition.
Courbes de croissance Retards Morphologie différente	Dentition des subadultes et os longs des subadultes	Subadultes	Chronique Chronique (1 année)	Peut aider à l'estimation de la durée des plus grands stress durant la vie d'un individu.
Dimorphisme sexuel	Adultes (hommes et femmes) Os coxal prioritairement, fémur et autres os longs secondairement	Subadultes	Addition des facteurs pré-adultes	Nécessité de tenir compte des facteurs génétiques. Le dimorphisme sexuel diminue avec l'augmentation du stress.
Lignes de Harris	Radiographie des os longs (tibia, fémur et autres) des adultes et subadultes	Subadultes Adultes	Stress grave Stress récurrent	Quelques preuves d'association inverse avec le statut nutritionnel Maximum d'occurence près du sevrage
Sténose canal vertébral	Vertèbres adultes	*In utero* à 3 ans	Chronique précoce	Association incertaine avec manques précoces
Hauteur base du crâne	Crâne adulte	*In utero* à 5 ans	Chronique précoce	Association incertaine avec manques précoces
Hypoplasie de l'émail dentaire et micro-anomalies de l'émail	Toutes les dents, plutôt les dents antérieures que les dents sensibles	0,5 *in utero* à 7 ans	Stress grave (poids lié à la sous-nutrition)	Association avec le statut nutritionnel et décroît avec la longévité Maximum près du sevrage
Asymétrie dentaire	Dentition	*In utero*	Précoce et sévère	Mesure du contexte développemental Nécessite un échantillon relativement grand
Chevauchement dentaire	Maxillaire et mandibule avec dents en place	Subadultes	Chronique Sévère	Peut être d'origine nutritionnelle, ne doit pas être confondu avec des origines génétiques courantes
Lésions traumatiques	Tous les os	Tous	Grave	Peut-être différencier les causes liées à la « violence » des autres causes
Infection du périoste	Tous les âges ; os longs	Tous	Chronique	Des infections peuvent ne pas être visibles sur l'os.
Hyperostose porotique et *cribra orbitalia*	Crâne, particulièrement la région des orbites	Les deux sexes 0,6-8 ans Sexe féminin 20-30 ans	Grave à sévère	En relation avec l'anémie en fer Potentielle synergie avec l'infection Plus hautes prévalences avant 5 ans
Ostéoporose	Segments des fémurs et des côtes habituellement utilisés	Jeunes Femmes fertiles Individus âgés	Grave à sévère Chronique, sévère Chronique	Preuves d'augmentation chez les femmes à la reproduction ; peut être en relation avec le calcium ou la malnutrition protéino-énergétique

Figure 3 : Résumé des indicateurs de stress squelettiques d'après Goodman A. H., *et al.*, 1988, p. 179

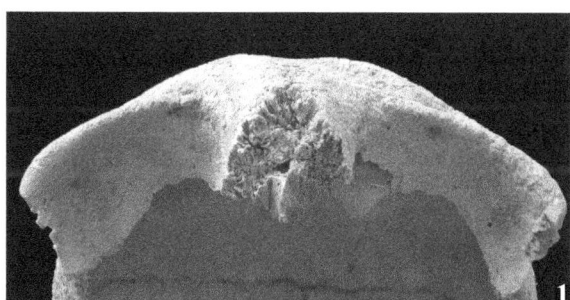 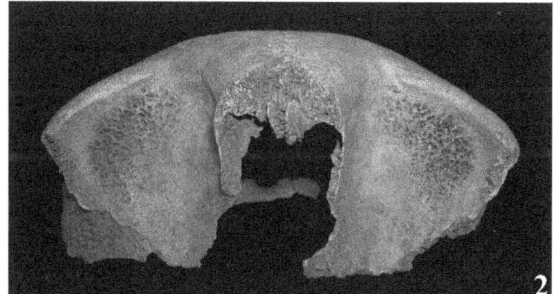

Figure 4 : *Cribra orbitalia* **A. Absence (La Tombe Sq 6) B. Présence (Cherbourg Sq 198A)**

- L'hyperostose porotique crânienne[25]

L'hyperostose porotique crânienne est une pathologie de la table externe du crâne : elle correspond à une « *hypertrophie du tissu osseux spongieux et à un amincissement du cortex* » (Polet C. et Orban R., 2001, p. 45) et se manifeste par la présence d'un *pitting* sur la voûte crânienne (figure 5).

Plusieurs causes sont envisageables : anémies héréditaires ou chroniques, malnutrition, hémorragies, parasitisme, maladie infectieuse, les anémies étant probablement à privilégier (Polet C. et Orban R., 2001, p. 42, p. 46 ; Larsen C.S., 1997, p. 34). Ces dernières ne doivent toutefois pas être reliées exclusivement à des manques nutritionnels : P. Stuart-Macadam rappelle ainsi qu'elles peuvent être la conséquence d'adaptations physiologiques à des maladies (Stuart-Macadam P.L., 1992). Trois facteurs majeurs semblent alors être en lien avec les prévalences d'hyperostose porotique : le climat, la géographie et le milieu écologique (Stuart-Macadam P.L., 1992, p. 41)[26]. Ces causes peuvent cependant être toutes mises en relation avec l'environnement biologique. Pour les individus matures, la présence d'un *pitting* crânien est également plus difficile à mettre en évidence, le tissu osseux reprenant un aspect normal lorsque l'anémie disparaît (Goodman A.H. et Martin D.L., 2002, p. 28). En effet, la majorité des cas adultes est remodelée et guérie, ce qui indiquerait que les lésions sont liées aux périodes d'anémie de l'enfance (Larsen C.S., 1997, p. 32).

Au cours de l'étude, l'hyperostose porotique s'est révélée difficile à examiner. En effet, son observation nécessite des ossements très bien lavés et non altérés taphonomiquement. En outre, l'importance des différences de cotation est un problème essentiel dans l'utilisation de cet indicateur : la présence d'un *pitting* prononcé ou celle de remodelage osseux peut souvent être étudiée (Larsen C.S., 1997, p. 35) mais leur importance respective est difficile à établir. Pour ce travail, même les signes bénins ont été considérés comme positifs pour faciliter les observations, l'hyperostose porotique étant seulement cotée présente ou absente.

Plusieurs études ont montré que les *cribra orbitalia* et l'hyperostose porotique crânienne avaient pratiquement la

---

25 Les *cribra orbitalia* étant parfois également désignées sous le terme d'hyperostose porotique, le terme « crânienne » est ajouté ici pour permettre de bien différencier les deux atteintes.

26 Il est même possible, sous toutes réserves, que la présence d'hyperostose porotique soit légèrement favorisée par une alimentation protéinée (Stuart-Macadam P.L., 1992, p. 42).

même si ce n'est totalement la même étiologie. P. Stuart-Macadam indique ainsi que les atteintes sont similaires des points de vue macroscopique, microscopique, démographique et radiographique (Stuart-Macadam P.L., 1989). De même, P. Walker et ses co-auteurs les relient nettement mais identifient une différence dans les carences vitaminiques qui en sont la cause (Walker P.L., *et al.*, 2009).

- L'hypoplasie : les « *defects* » de l'émail dentaire

L'hypoplasie de l'émail dentaire correspond à la présence de plusieurs stries, essentiellement sur la surface externe des dents. Ces stries sont matérialisées par un *pitting*, des lignes ou des dépressions (figure 6) (Goodman A.H., *et al.*, 1980 ; Lovell N.C. et Whyte I., 1999).

Elles apparaissent lors de la minéralisation et de la croissance de la dent avant son irruption et peuvent avoir plusieurs origines : anomalies héréditaires, traumatismes localisés et stress systémiques métaboliques (Goodman A.H. et Martin D.L., 2002). Les deux premiers étant très rares, les stress physiologiques en sont la cause principale (Larsen C.S., 1997 ; Lovell N.C. et Whyte I., 1999). Elles peuvent donc témoigner de la présence de maladies durant l'enfance et essentiellement de troubles de la nutrition (El-Najjar M.Y., *et al.*, 1978, p. 191). Ces « *dental enamel defects* » semblent ainsi bien corrélés avec le statut socio-économique, la diète et la maladie (Lovell N.C. et Whyte I., 1999). Elles correspondent alors foncièrement à des stress subis lors de la croissance (entre 2,5 et 3 ans sur les incisives et 3,5 et 4 ans sur les canines) (Polet C. et Orban R., 2001, p. 108). S. M. Duray constate également un lien entre les taux d'hypoplasie et la baisse de l'espérance de vie (Duray S.M., 1996). L'auteur considère en outre que les individus qui en présentent des signes sont probablement ceux qui sont socialement désavantagés car plus exposés aux stress environnementaux (Duray S.M., 1996, p. 281).

L'hypoplasie peut s'exprimer avec plus ou moins d'intensité et de nombreux individus en portent au moins de fines traces (voir par exemple Ribot I. et Roberts C., 1996 ; Danforth M.E., *et al.*, 1993). Ses taux varient à plusieurs niveaux : ils sont plus élevés sur les dents antérieures (incisives et canines) que sur les postérieures ; les dents déciduales sont moins atteintes que les

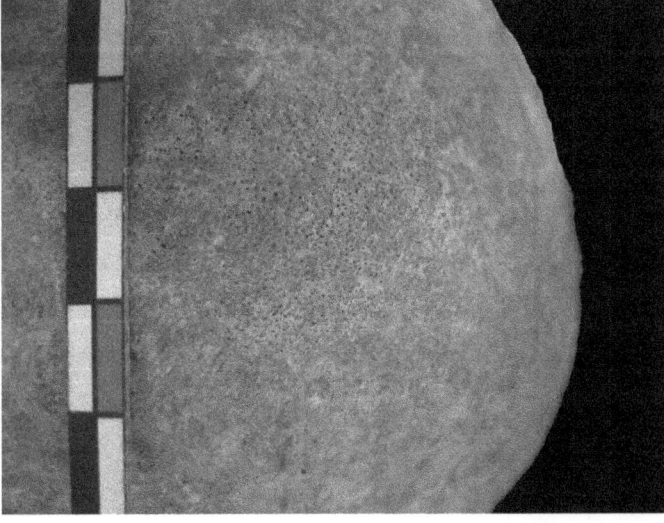

Figure 5 : Présence d'hyperostose porotique crânienne légère sur l'os pariétal (Bondy Sq 3060)

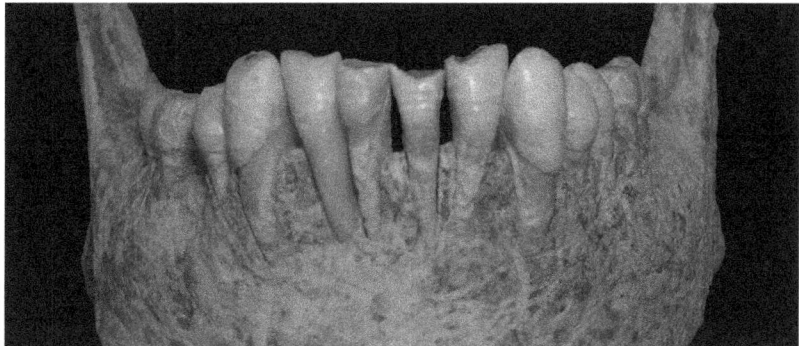

Figure 6 : Présence d'hypoplasie de l'émail dentaire à un stade élevé (Mondeville Sq 430)

définitives ; les surfaces vestibulaires sont plus affectées que les surfaces linguales (Polet C. et Orban R., 2001, p. 44 ; Goodman A.H. et Armelagos G.J., 1985). Suite à ces constatations, l'absence d'hypoplasie, dans cette étude, n'a été comptabilisée comme telle que lorsqu'au moins une canine et une incisive étaient présentes et que huit dents étaient conservées. De plus, à partir d'une usure supérieure à 5+ (selon l'échelle mise au point par D. H. Brothwell), la lésion a été considérée comme non observable (Brothwell D.R., 1972). En effet, la majeure partie des hypoplasies se situe en hauteur, sur le deuxième tiers de la couronne, les dents ne pouvant être lues lorsqu'elles sont trop usées suite à l'attrition dentaire[27] qui induit la disparition d'une partie de l'émail (Goodman A.H. et Armelagos G.J., 1985). Ce dernier critère s'est révélé particulièrement important pour l'examen dans la mesure où l'usure dentaire est fréquemment élevée, la nourriture étant particulièrement abrasive durant les périodes médiévales (Chazel J.-C., *et al.*, 2005). Il a cependant parfois été possible de coter les incisives et canines malgré une usure prononcée, les molaires étant prioritairement atteintes car exerçant une fonction masticatrice (l'usure dentaire a été mesurée sur la première molaire) (Polet C. et Orban R., 2001). En outre, le tartre n'a pas été enlevé pour permettre les observations[28] : si celui-ci s'est révélé trop important[29], l'hypoplasie a été considérée comme non observable.

Les stries ont ainsi été cotées sur toutes les dents en plusieurs stades facilement identifiables et reproductibles[30] lorsqu'au minimum huit dents dont au moins une canine et une incisive étaient observables avec une usure inférieure à 5+[31]. La mise au point d'une gradation en plusieurs stades paraissait importante dans la mesure où une intensité au moins moyenne semble plus significative (Ribot I. et Roberts C., 1996). En effet, l'importance de l'hypoplasie peut refléter la durée ou la sévérité du stress ou peut-être

même une combinaison des deux (Larsen C.S., 1997, p. 50). Les stades utilisés sont les suivants : absente : aucune strie ; faible : une seule strie faiblement marquée visible par dent ; moyenne : plusieurs stries faiblement marquées visibles par dent, stries faiblement marquées ou une strie profondément marquée sur les dents ; forte : plusieurs stries profondément marquées sur les dents. Toutes les dents ont été prises en compte. Si les dents d'un même individu présentaient des stades différents, seul le plus haut a été comptabilisé car représentatif de l'atteinte maximum subie par l'individu.

I.4.3 Les différents types d'atteinte

- Les atteintes d'origine dégénérative

Les os sont fréquemment atteints au niveau des articulations par des processus dégénératifs. Ceux-ci se traduisent par la production d'ostéophytes[32] ou/et par l'érosion des articulations[33] (figure 7) (Lagier R., 1987a). Pour reformuler, ils se manifestent par la présence d'ostéophyte, d'os « neuf » ou de *pitting* sur la surface articulaire, d'altérations sur le contour de celle-ci ou d'éburnation (Waldron T., 2009, p. 33, p. 34). L'ensemble de ces processus s'appelle l'arthrose. Cette dernière dépend de plusieurs facteurs liés à l'âge, au sexe, à l'hérédité, au poids, aux traumatismes, à l'activité physique, à l'influence hormonale et peut-être même à des composantes vasculaires (Jurmain R.D., 1977 ; Waldron T., 2007, p. 118 ; Waldron T., 2009, p. 28). Le mouvement est l'un des plus signifiants (Waldron T., 2007, p. 124) : les stress environnementaux et les modes de vie en influencent les prévalences (Jurmain R.D., 1977 ; Bridges P.S., 1991 ; Klaus H.D., *et al.*, 2009). Ainsi, dans les sociétés urbaines industrialisées, les facteurs de risques sont la répétitivité des gestes, les positions articulaires extrêmes, les efforts excessifs ou le travail statique de faible niveau maintenu dans le temps (Aptel M. et Gaudez C., 2006, p. 10). Actuellement, la prévalence de

---

27 Attrition dentaire : usure des dents par frottements et chocs.

28 Les séries osseuses étudiées étaient conservées par différents intervenants et il ne paraissait pas possible de l'enlever sans porter atteinte à l'état de conservation des ossements.

29 Le tartre a été coté en quatre stades : absent, faible, moyen, fort, cette cotation correspondant à l'ensemble de la denture. La présence de tartre est liée à de nombreux facteurs mais, concernant les populations archéologiques, elle dépend également fortement des conditions taphonomiques (il est parfois également enlevé lors du lavage des ossements) : sa prévalence relative entre séries est donc très difficile à étudier.

30 Il est très difficile de reproduire les cotations de l'hypoplasie même lorsqu'il n'y a qu'un seul observateur et il est important de les simplifier le plus possible pour limiter les variations (Mays S., 1998, p. 157).

31 L'hypoplasie a également été cotée sur les dents déciduales bien qu'elle soit très rare sur ces dernières (Goodman A.H., *et al.*, 1987).

32 Ostéophyte : Excroissance osseuse située sur le pourtour d'une articulation.

33 Plus précisément (et plus techniquement), elles se traduisent par la détérioration du cartilage dans la zone de charge, par le remodelage intrinsèque avec remaniement ostéomédullaire de la zone de charge, par le remodelage extrinsèque avec ostéophyte de la zone de charge et par hyperplasie réactionnelle de la synoviale (Lagier R., 1987a et 1987b). « *La conjonction variable de ces altérations tissulaires conditionne les différentes formes d'arthrose dans leurs diverses manifestations radiologiques et dans leurs diverses origines.* » (Lagier R., 1987b, p. 449).

Figure 7 : Eburnation, stries sur une patella avec ostéophytes sur le pourtour (Hamage Sq 2080)

l'arthrose est de 9 % à 20 ans, de 17 % à 34 ans et peut atteindre 90 % chez les individus âgés de plus de 65 ans (Theiler R., 2002, p. 555). Les taux les plus élevés se trouvent donc chez les sujets les plus âgés, celle-ci ne s'observant pas chez les sub-adultes (Palfi G.Y., *et al.*, 1994 ; Waldron T., 2009, p. 28). Sa prévalence semble également augmenter si les individus commencent à pratiquer jeunes une activité intense (Klaus H.D., *et al.*, 2009 ; Croft P., *et al.*, 1992)[34]. La fréquence et la sévérité des arthroses sont également différentes selon le climat (Moskowitz R.W., 1989). Les variations selon le sexe, perçues dans plusieurs analyses sont plus difficiles à identifier (Jurmain R., 1980). L'arthrose féminine paraît augmenter après la ménopause (Larsen C.S., 1997, p. 163), alors que d'autres études ne montrent pas de différences entre les sexes (par exemple Bridges P.S., 1991). Les prévalences en plusieurs localisations articulaires varient au cours des époques notamment entre les périodes médiévales et post-médiévales, sans qu'il soit possible de déterminer très précisément ces changements (Waldron T., 1995 ; Waldron T., 1997). Ainsi, si la présence de beaucoup d'atteintes arthrosiques au sein d'une population peut témoigner du vieillissement de celle-ci, la sur-sollicitation des articulations conduit également à l'apparition de l'arthrose : « *En ce qui concerne les facteurs mécaniques à l'origine de surmenages articulaires et de micro-traumatismes, ils jouent vraisemblablement un rôle dans l'arthrose en raison de sa prédominance à droite et de sa répartition spécifiques dans certaines catégories sportives et professionnelles* » (Crubézy E., *et al.*, 1998). Elle semble donc corrélée avec l'activité physique intense et la répétitivité des gestes (Rochcongar P., 1999, p. 4). Un lien fort paraît ainsi exister entre les pathologies articulaires et les modes de vie (Larsen C.S., 1997, p. 173). La présence de l'arthrose peut alors être théoriquement liée à des tâches particulières mais il reste toutefois très difficile de relier ses différentes localisations avec des activités qui sont multiples (Waldron T., 2009, p. 29)[35]. L'étude de sa répartition sur le squelette peut donc permettre de comprendre, dans une certaine mesure, le niveau de vieillissement et d'activité des populations. Toutefois, cet indicateur présente des informations de type divergent. En effet, la présence de beaucoup d'arthrose témoigne du vieillissement d'un groupe humain ce qui aurait tendance à indiquer une population non défavorisée (car ayant le temps de vieillir). A l'inverse, elle témoigne également de la sur-sollicitation des articulations et donc d'une population très active ce qui pourrait davantage correspondre à des groupes moins privilégiés. L'âge des populations étudiées est donc un paramètre important pour comprendre les taux d'arthrose.

Chaque squelette constitue un ensemble et il semble relativement vain de considérer chaque articulation isolément (Rogers J., *et al.*, 1987, p. 183). Plusieurs localisations sur le squelette permettent toutefois d'avoir une approche plus détaillée des facteurs initiant l'arthrose et cela d'autant plus que toutes les articulations ne réagissent pas de manière identique (Billard M., 2007) :
- Colonne vertébrale : L'arthrose vertébrale est très répandue, essentiellement au niveau lombaire (Bridges P.S., 1994). Ses fréquences pour les trois segments de la colonne vertébrale (segment cervical, thoracique, lombaire) varient selon les groupes (Bridges P.S., 1994). Mais il existe des similarités générales car certaines sources de stress sont communes, imposées par le bipédisme, ces stress étant du même type que ceux imposés aux populations modernes (Bridges P.S., 1994). Pour C. Knüsel et ses co-auteurs, sa présence reflète davantage cette posture et les contraintes biologiques associées que les stress impliqués par des activités spécifiques (les auteurs ne trouvent pas de différence statistiquement significative entre trois groupes populationnels différents) (Knüsel C.J., *et al.*, 1997). Les variations de fréquences peuvent toutefois être en partie liées à l'activité (Soafer Derevenski J.R., 2000). Ainsi, le « syndrome de Lucy » en lien avec la station érigée, entraîne chez le sportif des douleurs lombaires pouvant aboutir à l'arthrose (Pilardeau P., *et al.*, 1990). L'atteinte des charnières vertébrales dorso-lombaires et lombo-sacrées peut être consécutive à une suractivité fonctionnelle dont le facteur serait le « *surmenage du rachis lié aux activités de la vie quotidienne (travail, équitation, activités de guerre ou autre)* » (Palfi G.Y., *et al.*, 1994, p. 71). Le développement de l'arthrose cervicale est souvent relié au port de lourdes charges (Bridges P.S., 1994). Les atteintes vertébrales semblent également plus élevées dans les populations de mineurs (Anderson J.A.D., *et al.*, 1962).

34 Précisons toutefois que, pour C. Knüsel, l'activité physique commencée jeune prépare le squelette et permettrait de développer moins d'arthropathies (Knüsel C.J., 1993).

35 Pour T. Waldron, cela est même voué à l'échec (Waldron T., 2009, p. 29).

- Ceinture scapulaire : L'arthrose des articulations acromio-claviculaires est répandue chez les ouvriers du bâtiment qui portent de lourdes charges (Lagier R., 1996 ; Stenlund B., *et al.*, 1992). Mais cette atteinte est également très fréquente chez les individus âgés (Waldron T., 2009, p. 35). La présence d'arthrose sterno-claviculaire semble quant à elle essentiellement liée à l'âge (Silberberg M., *et al.*, 1959, p. 859) mais des traumatismes peuvent également expliquer sa présence (Noble J.S., 2003).

- Epaule : L'âge des individus semble jouer un rôle important dans le développement de l'arthrose de l'épaule bien que des facteurs mécaniques de stress puissent augmenter sa prévalence (Jurmain R.D., 1977 ; Bridges P.S., 1991). Par contre, il semble que, sur les populations modernes, elle soit plus rare en l'absence de traumatisme et davantage liée à l'âge (Nakagawa Y., *et al.*, 1999).

- Coude : L'arthrose du coude est probablement l'une des moins corrélées à l'âge alors que les effets de l'activité physique paraissent être un facteur causal plus important notamment à travers l'hypersollicitation de l'articulation (Jurmain R.D., 1977 ; Mansat P., 2007 ; Waldron T., 2009). Elle aurait ainsi une prévalence élevée par surmenage, notamment lors de l'utilisation d'outils provoquant des vibrations, chez les bûcherons, forgerons, tailleurs de pierre (Commandré F., 1977 ; Kihlberg S. et Hagberg M., 1997).

- Poignet : Une grande partie des cas d'arthrose du poignet est vraisemblablement liée à des traumatismes souvent par rupture ligamentaire (Billard M., 2007, p. 240 ; Weiss K.E. et Rodner C.M., 2007). Néanmoins, ses facteurs de risques sont les mêmes que pour l'arthrose générale : changements hormonaux, obésité, micro-traumatismes, hérédité (Saraux A. et Le Nen D., 2009).

- Main : Le surmenage semble avoir un rôle important dans la genèse des arthroses du carpe (arthrose radio-scaphoïdienne par exemple pour G. Palfi et ses co-auteurs) (Palfi G.Y., *et al.*, 1993, p. 7). Les efforts de préhension courants ou importants contribuent à leur développement (Saraux A. et Le Nen D., 2009, p. 3). Elles peuvent également être fréquentes suite à d'autres activités, essentiellement au niveau de l'articulation du pouce, tel que le tissage par exemple (Larsen C.S., 1997, p. 164). Le facteur héréditaire paraît également favoriser leur développement, particulièrement chez les femmes (Doherty M., 2000).

- Hanche : L'arthrose de la hanche semble avoir une prévalence de 3 % tant dans les populations médiévales que dans les populations plus récentes (Waldron T., 1997) et peut être corrélée à l'âge (Jurmain R.D., 1977). R. Lagier constate qu'elle est répandue chez les agriculteurs (Lagier R., 1996). Elle est également liée à l'obésité et paraît aussi se développer en fonction de la taille des individus (Waldron T., 2009, p. 38 ; Croft P., *et al.*, 1992, p. 1270). Le port de lourdes charges notamment lors de travaux à la ferme augmente vraisemblablement sa prévalence (Croft P., *et al.*, 1992, p. 1270). Toutefois, les taux élevés présents dans des populations travaillant dans les fermes restent difficiles à expliquer pour les auteurs : ils suggèrent l'éventualité selon laquelle les fortes prévalences retrouvées résulteraient de l'âge relativement jeune auquel ces travailleurs commencent à exercer leur activité (Croft P., *et al.*, 1992, p. 1271).

- Genoux : L'arthrose du genou est souvent liée à la surcharge pondérale et à de nombreuses maladies systémiques et métaboliques (Crubézy E., *et al.*, 1998 ; Waldron T., 2009, p. 28 ; Spector T.D., *et al.*, 1994). Elle est répandue chez ceux qui portent de lourdes charges (Lagier R., 1996)[36]. Elle est fortement corrélée à l'âge et fréquente chez les sujets âgés de plus de 60 ans,

jusqu'à atteindre une prévalence de 30 % au-delà de 80 ans (Jurmain R., 1980 ; Ravaud P. et Dougados M., 2000). Elle se développe aussi en fonction de l'activité (Jurmain R.D., 1977) : celle-ci est présente lorsque les sujets s'accroupissent, s'agenouillent ou grimpent beaucoup d'escaliers sans pour autant être liée à d'autres actions telles que la marche, la conduite et les positions debout ou assise (Cooper C., *et al.*, 1994, p. 91, p. 92).

- Cheville : L'arthrose des chevilles a presque exclusivement pour origine des traumatismes ou micro-traumatismes (Waldron T., 2009, p. 38 ; Palfi G.Y., 1992).

- Pieds : L'arthrose du tarse semble avoir essentiellement une origine traumatique (Waldron T., 2009, p. 39). Certaines arthroses concernant les phalanges pourraient davantage être liées à des malformations congénitales (Waldron T., 2009, p. 38).

Les arthroses peuvent être évaluées selon plusieurs gradations et selon leur mode d'expression (ostéophytes, éburnation par exemple)[37] : pour faciliter la reproductibilité de l'observation dans cette étude, pour chaque localisation anatomique, elles ont seulement été cotées présentes ou absentes, la présence étant considérée positive dès lors que le moindre indice d'arthrose pouvait être décelé. Lorsqu'il semblait qu'une articulation n'était pas suffisamment lisible, elle a été considérée comme non observable. Il est bien évident que ce mode d'enregistrement est peu précis pour décrire l'intensité de l'arthrose mais il a le grand avantage d'être reproductible dans de multiples conditions. En effet, les difficultés de cotations sont nombreuses et posent beaucoup de problèmes méthodologiques, la reproductibilité des observations s'avérant très difficile à réaliser (Spector T.D. et Hochberg M.C., 1994 ; Waldron T. et Rogers J., 1991).

Les vertèbres ont été regroupées selon les trois segments vertébraux (cervical, thoracique, lombaire), l'arthrose étant considérée présente si deux vertèbres sur sept étaient atteintes pour l'étage cervical, trois sur douze pour le thoracique, deux sur cinq pour le lombaire, et ce, quelle que soit la localisation des atteintes (corps vertébral ou apophyses) : le but de cette cotation était de s'assurer que l'arthrose était présente significativement. Elle a également été mesurée séparément au niveau de la dent de l'axis. Les individus portant des signes de pathologies autres que dégénératives n'ont pas été comptabilisés pour éviter toute interférence lors de l'analyse. Les microporosités isolées n'ont aussi pas été prises en compte car ne portant qu'une faible valeur diagnostique (Rothschild B.M., 1997). Dans la mesure où les os étaient présents, toutes les vertèbres ont été observées ainsi que les articulations suivantes, à droite et à gauche : extrémité sternale de la clavicule, extrémité latérale de la clavicule, cavité glénoïde de la scapula, tête humérale, extrémité distale de l'humérus, tête du radius, extrémité distale du radius, tête de l'ulna, extrémité distale de l'ulna, carpe, phalanges de la main, surface sacro-pelvienne de l'os coxal, acétabulum, tête fémorale, extrémité distale du fémur, patella, extrémité proximale du fémur, extrémité distale du fémur, extrémité proximale de la fibula, extrémité distale de la fibula, tarse, phalanges du pied (le carpe et le tarse étaient considérés comme analysables si au moins trois os étaient observables ; les phalanges, mains ou pieds, étaient considérées comme analysables si plus de la moitié des os étaient observables).

---

36 R. Lagier établit cette hypothèse à partir de sa forte prévalence chez les ouvriers du bâtiment.

37 Un exemple parmi tant d'autres est celui de R. Jurmain (Jurmain R., 1980). P.S. Bridges montre également que les résultats des études menées sur l'arthrose varient fortement en fonction du système de cotation adopté et des critères de diagnostic associés (Bridges P.S., 1993).

- Les atteintes d'origine infectieuse

L'infection correspond à l'intrusion et au développement d'un micro-organisme dans un corps sain créant ainsi des lésions. Elle peut souvent être locale, conséquence par exemple, d'une plaie ouverte mal soignée, ou au contraire généralisée, résultant d'une cause bactérienne, virale, parasitaire ou fongique. Les infections laissent pour la plupart peu de traces sur le squelette (figure 8-1) (Waldron T., 2009, p. 82, p. 84).

Les paramètres influençant leur prévalence sont variés : système immunitaire des individus, virulence des agents infectieux, milieu écologique, nutrition adéquate et densité de la population, les deux derniers facteurs semblant particulièrement importants (Bourbon C., 2006). Dans le cas d'une infection locale, elle se manifeste sur l'os par la présence d'une ostéite, excroissance osseuse présentant un *foramen* de suppuration. Le diagnostic différentiel des infections généralisées est quant à lui plus difficile à établir. Lorsqu'elles atteignent l'os, elles sont souvent non caractéristiques. Certaines peuvent parfois être distinguées comme la tuberculose ou la syphilis. La vie en milieu urbain, avec de mauvaises conditions sanitaires, conduit également à la dispersion des maladies infectieuses, les conditions d'hygiène souvent mauvaises dans les villes médiévales facilitant leur transmission (Molleson T., 1988 ; Mays S., 1997). Leur nombre global peut être partiellement révélateur de l'état général d'une population dans la mesure où il existe une synergie entre infection et malnutrition, les individus mal nourris étant moins résistants aux pathogènes (Larsen C.S., 1997, p. 88). Il n'existe toutefois pas réellement de différence significative entre les individus de haut et bas statut (Larsen C.S., 1997, p. 92).

Comptabiliser les cas de tuberculose peut se révéler intéressant dans la mesure où la maladie traduit partiellement certaines conditions de vie. Elle semble atteindre actuellement les individus vivant dans de mauvaises situations socio-économiques (Christmann D., *et al.*, 1997, p. 14) et est souvent endémique dans les populations disposant d'espaces restreints pour vivre. Par exemple, à Saint-Denis, V. Gallien constate une dégradation de l'état de santé entre les périodes mérovingiennes et carolingiennes avec notamment l'augmentation du nombre de cas de tuberculose (Gallien V., 1996, p. 175). En effet, sa présence témoigne de la pauvreté, de l'entassement et de la malnutrition et paraît particulièrement se développer en milieu urbain, dans de mauvaises conditions sanitaires (Waldron T., 2009, p. 91 ; Manchester K., 1992 ; Pertulset E., 2004). Plusieurs critères permettent de la diagnostiquer. Certains signes tels que les lésions costales peuvent fréquemment relever d'atteintes tuberculeuses sans en être caractéristiques (ces dernières permettent toutefois d'établir un diagnostic plus large d'infection intra-thoracique) (figure 8-2) (Kelley M.A. et Micozzi M.S., 1984 ; Bourbon C., 2006).

Les atteintes principales se trouvent sur les vertèbres (mal de Pott essentiellement) mais des signes peuvent également en être décelés sur les autres os : «*les localisations extravertébrales représentent la moitié des tuberculoses ostéoarticulaires*» (Pertulset E., 2004, p. 1) (figure 8-3). Cette pathologie peut en effet atteindre tous les os et articulations, sous forme d'abcès froids, de fistules (Pertulset E., 2004 ; Marcsik A. et Palfi G.Y., 1992 ; Santos A.L. et Roberts C.A., 2001).

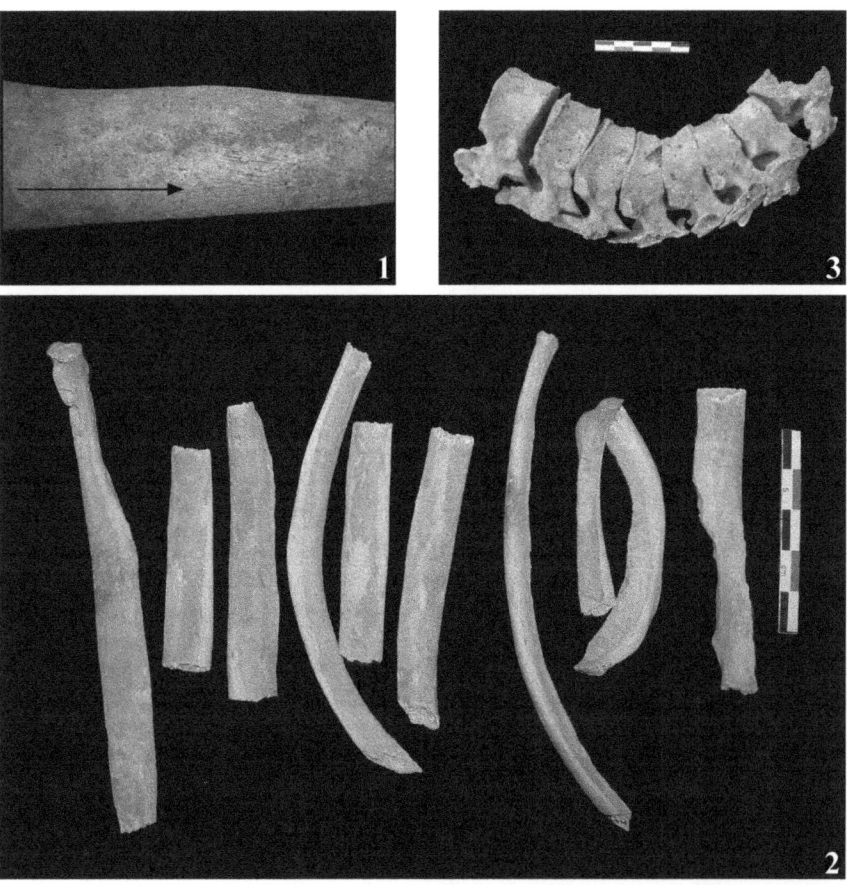

Figure 8 : Atteintes d'origine infectieuse
1. Réaction périostée sur tibia probable conséquence d'une infection localisée (Cherbourg Sq 259)
2. Atteintes infectieuses costales (Amiens Sq 20033)   3. Mal de Pott (Mortefontaine Sq 312)

- Les atteintes d'origine métabolique

Il existe de nombreuses maladies d'origine métabolique mais toutes n'atteignent pas le squelette. Parmi celles qui peuvent parfois être décelées se trouvent les ostéoporoses, la maladie de Paget, le rachitisme, l'ostéomalacie et le scorbut (Waldron T., 2009, p. 119 ; Mays S., *et al.*, 2006). Les anémies ne sont pas toujours diagnosticables précisément[38] mais la courbure des os longs peut en être une séquelle (Collet P., 2005). Les courbures latéro-médiales anormales de certains os longs (figure 9-1) ou la présence de très nombreuses fistules sur les vertèbres peuvent également révéler des pathologies d'origine carentielle (Collet P., 2005).

La maladie hyperostosique ou DISH (diffuse idiopathic skeletal hyperostosis) est fréquemment diagnostiquée. Cette pathologie se traduit de diverses façons mais essentiellement par des ossifications ligamentaires. Sa prévalence radiologique atteint 2 à 5 % chez les patients de plus de 40 ans et 11 % chez les plus de 70 ans alors qu'en autopsie 28 % des individus âgés de 50 à 90 ans en présentent des signes sur la colonne vertébrale (Banos G. et Fernàndez M., 2002). Du point de vue paléopathologique, cette maladie atteint davantage les hommes que les femmes (4 % pour les hommes contre 2,5 % pour les femmes) (Waldron T., 2009, p. 74). Dans les populations actuelles, elle est souvent liée à l'obésité et parfois au diabète de type II (Waldron T., 2009, p. 74). Son apparition semble favorisée par une grande longévité et une alimentation hyper-protéinée, bien qu'il faille prendre garde aux prédispositions génétiques de la maladie qui influencent sa fréquence (Cunha E., 1993 ; Vidal P., 2000 ; Kacki S. et Villotte S., 2006 ; Crubézy E. et Crubézy-Ibanez E., 1993).

Les études menées sur les populations contemporaines ne peuvent se généraliser aux populations anciennes mais, pour la période médiévale, la prépondérance de la pathologie augmente notablement en milieu monastique ou au moins, apparemment, dans les populations de statut élevé, conséquence probable de la diète et du manque d'exercice de ces individus (Roberts C., 2009, p. 172 ; Waldron T., 2009, p. 75). La maladie se développe selon plusieurs stades et le diagnostic peut être établi de manière plus ou moins certaine (Crubézy E. et Crubézy-Ibanez E., 1993). Plusieurs critères sont nécessaires pour établir un diagnostic de présence (Crubézy E. et Crubézy-Ibanez E., 1993) : trois vertèbres de la région thoracique sont atteintes (donc deux ponts vertébraux) ; quatre vertèbres sont atteintes (donc trois ponts vertébraux) ; ossification continue antéro-latérale d'au moins deux vertèbres successives ; enthésopathie bilatérale de la partie postérieure du calcaneus, de l'olécrâne et de la partie postérieure de la patella. Selon les auteurs, si l'un ou l'autre des deux premiers critères sont observés, la maladie est considérée comme présente. La maladie est probable si les deux derniers critères sont observés conjointement et la maladie est possible si seulement l'un d'eux est présent. Il est à noter que de nombreuses ossifications ligamentaires et tendineuses alliées à d'importants ostéophytes vertébraux témoignent également paléopathologiquement de l'existence de l'atteinte (figure 9-2 et figure 9-3) (Rogers J. et Waldron T., 2001 ; Thelier N. et Claudepierre P., 2007 ; Mariotti V., *et al.*, 2004, p. 157). Dans cette étude, elle a été répartie en trois stades : maladie absente, débutante ou prononcée, le stade étant déterminé selon le degré d'atteinte des vertèbres[39].

---

[38] Pour plus de détail, voir le chapitre sur les *cribra orbitalia* et l'hyperostose porotique (Les signes de stress non spécifiques).

[39] L'absence de la maladie a été considérée comme telle lorsque les individus avaient une colonne vertébrale suffisamment bien conservée pour permettre son observation.

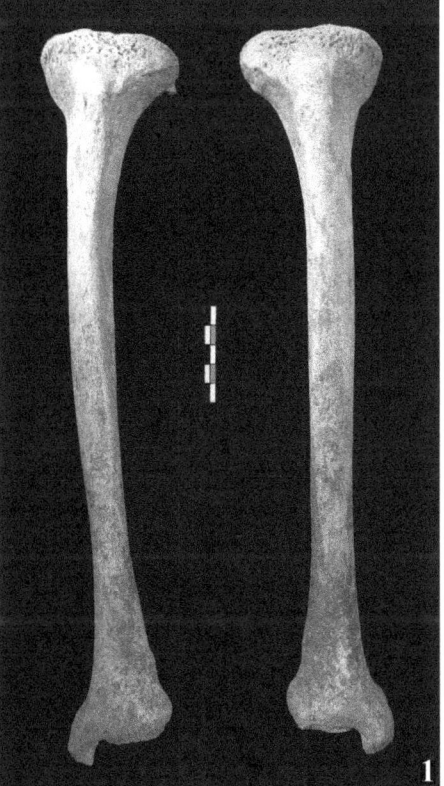

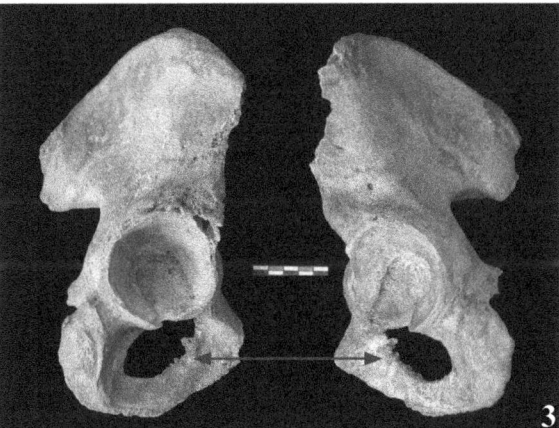

**Figure 9 : Atteintes d'origine métabolique   1. Courbure tibiale médio-latérale (Bondy Sq 2181)
2. Atteinte vertébrale résultant de la maladie hyperostosique (Saint-Denis Sq 15-4138)
3. Présence d'enthésopathies sur l'os coxal résultant de la maladie hyperostosique (Bondy Sq 2111)**

- Les atteintes d'origine développementale

Les pathologies d'origine développementale, appelées également fréquemment anomalies congénitales pour certaines, sont multiples sur le squelette (déformation, interruption, dysplasie) (figure 10) (Turkel S.J., 1989). Elles illustrent la plasticité de l'os humain (Usher B.M. et Norregaard Christensen M., 2000). En effet, elles peuvent introduire des variations de forme et de nombre suite à des changements ontogéniques[40], ceux-ci ayant souvent une origine génétique ou environnementale (Usher B.M. et Norregaard Christensen M., 2000). Elles sont parfois handicapantes et non létales mais elles sont relativement difficiles à identifier sur l'os car fortement liées à la conservation du squelette. Elles atteignent fréquemment le rachis (Turkel S.J., 1989). Ainsi, un défaut de soudure des première et deuxième vertèbres sacrées peut témoigner de conditions de vie intra-utérines difficiles (Buchet L., 1995). Les ostéochondroses de l'adolescent, quant à elles, semblent se développer pour certaines en liaison avec une activité physique intense et répétée (Rochcongar P., 1999, p. 1).

- Les atteintes d'origine tumorale

Les atteintes osseuses d'origine tumorale sont multiples bien qu'elles soient relativement rares sur le squelette (Waldron T., 2009, p. 168) : 2 % des individus masculins en présenteraient les signes et 4 à 7 % des sujets féminins. Leur diagnostic différentiel est très difficile à établir tant les possibilités sont nombreuses (Palfi G.Y., 1989). Cela est d'autant plus difficile que leur identification nécessite souvent des moyens radiographiques (figure 11). Le faible nombre de tumeurs observées sur les ossements pourrait être lié au fait que peu d'individus atteignent un âge suffisamment avancé pour en développer (Waldron T., 2009, p. 170). Leur étiologie commune et les différents types d'érosion et de multiplication osseuse restent cependant caractéristiques des affections tumorales (voir par exemple Palfi G.Y., 1989).

---

40 Ontogénique : relatif au développement de l'individu et ce depuis la phase foetale.

Figure 10 : Fusion congénitale de deux os du carpe (Beauvais Sq 1476)

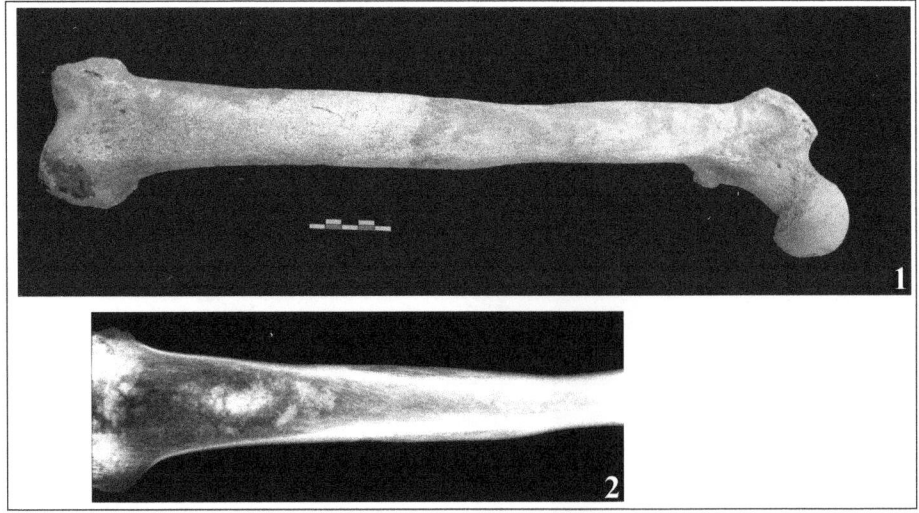

Figure 11 : Atteinte cancéreuse sur le fémur (1) et radio associée (2) (Bondy Sq 2138)

- Les atteintes d'origine traumatique

Les traumatismes peuvent atteindre l'ensemble des os du squelette. Ils sont multiples et variés (Lovell N.C., 1997) et s'expriment à des degrés divers allant de la simple plaie, très difficile à détecter, à la fracture non réparée (figure 12 et figure 13). Les plaies se traduisent souvent sur l'os par la présence d'une réaction périostée intense et localisée. Les fractures sont quant à elles nettement plus identifiables, le remodelage osseux conduisant à leur réparation pouvant durer jusqu'à sept ans (Waldron T., 2009, p. 148). Celles-ci, lorsqu'elles sont bien réparées, sont parfois pratiquement indétectables hormis à l'aide de moyens radiographiques mais elles présentent presque toujours au moins un cal osseux fracturaire (Waldron T., 2009, p. 148). Enfin, lorsqu'elles sont mal guéries et non réduites, elles se présentent sous la forme de pseudarthrose, des néo-articulations facilement identifiables.

Certaines sont plus fréquentes sur le squelette que d'autres : ainsi les fractures de côtes, puis des avant-bras, ont des fréquences relativement élevées en comparaison par exemple de celles du crâne, de l'humérus, de la colonne vertébrale ou du fémur (Waldron T., 2009, p. 149). Les modes de vie ont une influence sur les prévalences des traumatismes, de nombreux groupes humains présentant toutefois des fréquences plus élevées du radius et de l'ulna (Larsen C.S., 1997, p. 110, p. 112). D'une manière plus générale, leur nombre semble plus grand sur les hommes que sur les femmes (Larsen C.S., 1997, p. 110, p. 117). Le statut des individus joue également un rôle en diminuant ou augmentant les fréquences selon les sites (Larsen C.S., 1997, p. 117-118). Il existe finalement une grande variabilité des modèles de répartition fracturaire dans l'espace et le temps (Larsen C.S., 1997, p. 118). La vie dans les conditions difficiles augmente leur quantité dans la mesure où les circonstances induisent un grand nombre d'accidents (Larsen C.S., 1997, p. 160). Mais, de par leur nature accidentelle, il reste difficile d'utiliser les traumatismes comme marqueurs d'activité (Villotte S., 2008, p. 384). Les enfants ne présentent quant à eux que de faibles taux de fractures : d'une part, les remodelages osseux dus à la croissance sont plus importants et en font disparaître les signes (Waldron T., 2009, p. 150) ; d'autre part, ayant vécu moins longtemps, ils sont moins susceptibles d'avoir eu des accidents et donc d'en présenter les stigmates.

D'une manière générale, il semble que les pourcentages de fractures sur les populations archéologiques soient relativement faibles : sur six groupes de sites urbains, seul 1 % de la population a des fractures sur les os longs, les fractures se révélant finalement peu communes (l'un des groupes appartient à un cimetière d'hôpital et présente donc un taux de fracture relativement élevé) (Grauer A.L. et Roberts C., 1996, p. 537). Pour que les répartitions des traumatismes soient porteuses d'informations sur l'activité, il est nécessaire de comparer les prévalences. Ainsi, sur les populations modernes et contemporaines, les fractures masculines sont prédominantes sur le carpe tandis que chez les femmes, la plupart interviennent sur les radius et ulna, certaines sont plus présentes sur les individus jeunes (carpe, crâne) et d'autres sur les individus âgés (pelvis, fémur, hanche) (Van Staa T.P., *et al.*, 2001, p. 519, p. 520). Chez les enfants, toujours d'après des données modernes et contemporaines, des fréquences élevées, surtout sur les os longs, peuvent également indiquer la présence d'anémies (Collet P., 2005). De hautes prévalences de traumatismes au niveau des extrémités et du thorax témoignent d'une grande fréquence d'accidents (chutes ou accidents de combat) (Palfi G.Y., 1992, p. 214). Les populations urbaines paraissent moins sujettes aux fractures des os longs que les populations rurales, la différence étant significative chez les hommes et chez les femmes, les activités agricoles induisant souvent des blessures faites par les animaux et des chutes de cheval ou de véhicule (Judd M.A. et Roberts C.A., 1999).

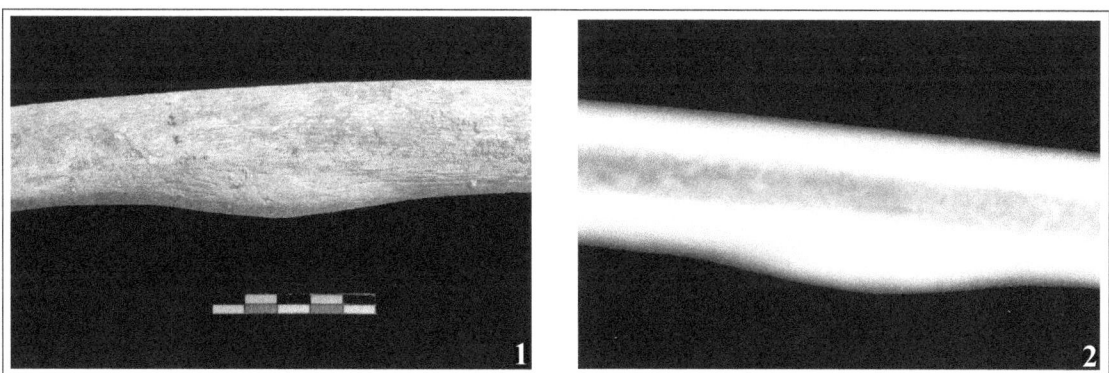

Figure 12 : Hématome sous-périosté sur un fémur (1) et radio associée (2) (Bondy Sq 2243)

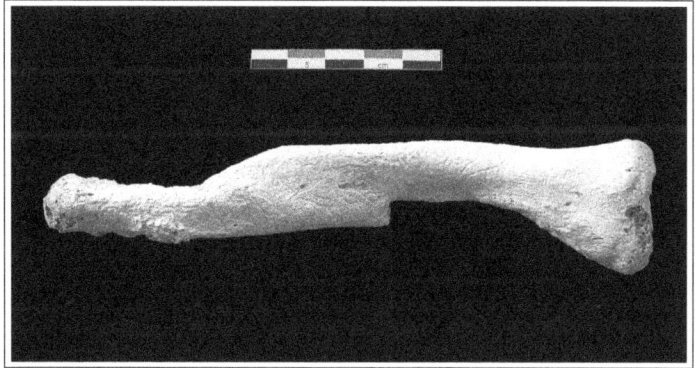

Figure 13 : Fracture déplacée d'une clavicule (La Tombe Sq 47)

Les fractures des populations masculines urbaines se caractérisent par une grande variété de localisations (Judd M.A. et Roberts C.A., 1999). Les prévalences des cassures de côtes vont quant à elles de 5,5 % à 31,3 % mais celles-ci paraissent dépendre fortement du mode d'observation et de la conservation du squelette (Matos V., 2009). Les répartitions sont différentes entre les milieux ruraux et urbains. M. Alonso et ses co-auteurs notent ainsi que les atteintes traumatiques sont plus nombreuses sur les membres inférieurs en milieu rural tandis que les atteintes en milieu urbain présentent une grande diversité (Alonso M., *et al.*, 2006). T. Mollesson montre dans le même esprit qu'une prévalence élevée des fractures tibia/fibula en spiroïde se trouve fréquemment dans les sociétés rurales et agricoles, conséquences possibles de chutes (Molleson T., 1988) : leur fréquence dans des sociétés urbaines pourrait indiquer le maintien d'activités agricoles au sein de celles-ci. Les pourcentages de fractures se révèlent d'ailleurs également peu élevés à Spitalfields qui correspond à un milieu urbain (Waldron A.H., 1993).

Les types précis de fractures n'ont pas été déterminés : en effet, ils nécessitent souvent l'utilisation de moyens radiologiques importants[41]. Des micro-traumatismes, des fractures de fatigue et des troubles dont l'étiologie est plus difficile à déterminer existent également. Ainsi les spondylolyses et spondylolysthésis, bien qu'ayant peut-être une composante génétique, sont souvent considérées comme résultant, dans la plupart des cas, de micro-traumatismes et donc probablement consécutives à une activité répétée (Turkel S.J., 1989 ; Palfi G.Y., 1992). Elles seraient ainsi un exemple particulier de fractures de fatigue et sont notablement présentes chez les sportifs de haut niveau (Merbs C.F., 1989 ; Vital J.-M. et Pedram M., 2005).

I.4.4 Signes d'activité

« *In 1892, Julius Wolff (1836-1902), a German anatomist, stated that "the form of the bone being given, the bone elements place or displace themselves in the direction of the functional pressure and increase or decrease their mass to reflect the amount of functional pressure"* » (Kennedy K.A.R., 1989, p. 134)[42]. L'architecture des os s'adapte donc aux conditions locales de pression et de traction et l'os s'édifie d'après sa fonction et son rôle dans le corps humain.

Il semble ainsi que l'activité physique, en exerçant des pressions sur l'os, peut jouer un rôle sur sa morphologie. La croissance osseuse est influencée par des différences hormonales et des agents pathologiques auxquels s'ajoutent des variables biomécaniques et certaines altérations qui ne sont pas liées à l'activité (locomotion, colonne vertébrale) (Mariotti V., *et al.*, 2004). Les altérations des articulations, des insertions musculaires, les signes de traumatismes variés peuvent donc révéler certaines activités (Bailly-Maître M-C., *et al.*, 1996). Selon la théorie du remodelage osseux, quand les sites d'insertion musculaire sont sujets au stress, le flux sanguin s'accroît ce qui stimule la formation osseuse (Weiss E., 2007, p. 931). Mais l'activité physique peut se traduire différemment selon les gestes, leur répétition

et leur intensité. Les indicateurs qui vont relever de l'activité peuvent être de divers ordres (dégénératifs[43], musculaires, articulaires, tissulaires, traumatiques) et sont très difficiles à caractériser biologiquement. Les marqueurs musculaires peuvent aussi avoir des expressions morphologiques complexes : variations dans l'architecture osseuse, rugosité de la surface, *pitting* et ossifications (Robb J.E., 1998). La multiplicité de ces types d'atteintes conduit D. Kennedy à en compter plus de cent quarante (il comptabilise également des atteintes d'origine dégénérative) (Kennedy K.A.R., 1989). Les ossifications de plusieurs éléments du squelette suite à des sollicitations intenses vont permettre d'établir la présence d'une forte activité. Elles se situent au niveau des attaches tendineuses et ligamentaires et sont plus ou moins marquées (elles se nomment enthèses[44]) (Stirland A.J., 1998, p. 354). Elles restent cependant difficiles à lier à une activité particulière et cela d'autant plus que les muscles travaillent en groupes (Stirland A.J., 1998, p. 358, p. 360). La présence d'insertions très marquées peut être la conséquence d'un surmenage musculaire faisant suite à des activités fréquemment pratiquées durant l'adolescence (phase de croissance) chez des individus sensibles (Palfi G.Y., *et al.*, 1993, p. 7). « *La persistance de ces traits, chez l'adulte, pourrait être due à plusieurs phénomènes environnementaux et/ou génétiques pouvant agir simultanément* » (Palfi G.Y., *et al.*, 1993, p. 7). L'insertion entre le muscle/le ligament/le tendon et l'os au niveau du périoste sur-sollicité réagit donc (Hawkey D.E. et Merbs C.F., 1995). Lorsque les enthèses sont soumises à un stress fonctionnel, elles provoquent une réponse osseuse dont le type et la magnitude dépendent du stress, de l'âge et du sexe (Mariotti V., *et al.*, 2004, p. 146). Elles présentent ainsi différents niveaux et morphologies (Mariotti V., *et al.*, 2004, p. 146). L'enthésopathie correspond alors à un statut pathologique de l'enthèse d'origine mécanique, métabolique, inflammatoire ou autre (Mariotti V., *et al.*, 2004, p. 146). Les enthésopathies présentent différents types (prolifération ostéophytique ou érosion notamment (crêtes, creux,...)) (Mariotti V., *et al.*, 2004, p. 148). Des variations existent selon les populations (Wilczak C.A., 1998). Elles semblent davantage développées sur les individus âgés que sur les individus jeunes[45], les hommes sont plus marqués que les femmes (Wilczak C.A., 1998 ; Weiss E., 2007, p. 931 ; Cardoso F.A. et Henderson C.Y., 2010). L'expression musculaire est toutefois fortement corrélée à la taille (Weiss E., 2007). La plupart des gestes ne laissent malheureusement pas de traces caractéristiques sur le squelette et seuls quelques-uns peuvent être identifiés (Dutour O., 1993). Ainsi, la validité des marqueurs ostéo-articulaires n'est pas certaine (Villotte S., 2008)[46]. Selon F.A. Cardoso et C.Y. Henderson, aucune corrélation ne semble vraiment exister entre les travailleurs manuels et non manuels (mais les travailleurs n'ont finalement pas des prévalences élevées) (Cardoso F.A. et Henderson C.Y., 2010).

Des taux élevés de traumatismes peuvent également indiquer un niveau d'activité très intense : chez des sportifs de haut niveau, des fréquences de blessures de 86 % ont

---

41 Les types précis de fractures permettent d'approcher au plus près des forces mises en œuvre lors des cassures et parfois d'en déterminer les causes (chocs, coup porté, torsion, ...).

42 Cette définition explique la « loi de Wolff », fréquemment évoquée en anthropologie (Wolff J., 1892).

43 Pour plus de détail sur les indicateurs d'origine dégénérative, voir le paragraphe « Les atteintes d'origine dégénérative ».

44 Les enthèses se divisent elles-mêmes en enthèses fibreuses et en enthèses fibrocartilagineuses (Villotte S., 2008, p. 385) mais cela ne paraît pas avoir de justification fonctionnelle (Dutour O., 1992).

45 La forte corrélation avec l'âge des marqueurs induit la nécessité de contrôler ce dernier au cours d'une étude (Cardoso F.A. et Henderson C.Y., 2010).

46 S. Villote précise également que, pour être validés, les marqueurs ostéo-articulaires doivent être fondés sur des données médicales, reproductibles et testés sur une série ostéologique de référence.

été relevées (Rochcongar P., 1999, p. 1). Les mécanismes lésionnels sont en liaison avec la répétition du geste, le nombre d'atteintes augmentant considérablement avec l'âge (lésions fréquentes après deux années d'exercice) et étant fortement lié avec l'intensité de la pratique (Rochcongar P., 1999, p. 1, p. 2). Les lombalgies sont également en nombre considérable chez les sportifs de haut niveau (présence par exemple de lyse isthmique[47] surtout chez les plongeurs, lutteurs, haltérophiles, gymnastes) (Rochcongar P., 1999, p. 4).

L'approche globale des marqueurs d'activité ne semble également pas toujours informative et seul le regroupement de certaines indications paraît révélateur de différences entre groupes humains au sein d'un même ensemble funéraire (Robb J.E., 1998).

- Analyse globale et marqueurs musculaires

Dans la mesure où l'une des questions posées est la caractérisation des différents groupes, l'étude menée ici ne porte pas sur la signification précise des marqueurs ostéo-articulaires mais seulement sur leur présence et leur fréquence. Pour cette raison, l'analyse a été effectuée de manière globale. La validation de leur signification par des critères médicaux n'a pas paru nécessaire dans la mesure où l'identification précise de mouvements n'est pas le but de l'analyse. Pour E. Crubézy, vouloir trop lier les enthésopathies aux activités est d'ailleurs une erreur méthodologique (Crubézy E., *et al.*, 1998). La reproductibilité de l'observation est quant à elle aisée car seule la présence ou l'absence ont été choisies. Il n'a également pas paru utile de tester chaque donnée individuellement dans la mesure où l'un des objectifs de ce travail est la comparaison relative entre les sites archéologiques du *corpus*.

Plusieurs zones d'insertions musculaires ainsi que d'autres signes d'activité ont été choisis pour tenter de caractériser les populations selon leur niveau d'activité. Cette sélection a été effectuée selon deux axes : sites anatomiques les plus souvent cités dans la littérature anthropologique[48] ou les plus facilement identifiables ; localisations se situant sur l'ensemble du squelette. Ce choix d'un large spectre a déjà été effectué par J. E. Robb pour représenter les groupes majeurs de muscles (Robb J.E., 1998). Ceux-ci sont à l'origine de mouvements variés comme la flexion, l'extension, l'abduction, l'adduction, la pronation (Churchill S.E. et Morris A.G., 1998, p. 398). Pour de nombreuses insertions, des gradations ont été établies par divers auteurs pour témoigner de l'intensité ou de la répétitivité du geste (Mariotti V., *et al.*, 2004). Cependant, une nouvelle fois, pour limiter les possibilités d'erreur et de variation du regard de l'observateur, les cotations ont seulement été effectuées entre présence et absence, bien que cela soit moins précis dans l'analyse. Cela a semblé d'autant plus nécessaire qu'il est souvent difficile de répéter les observations de manière identique (Stirland A.J., 1998)[49]. Certains individus observables n'ont en outre pas été comptabilisés car atteints par d'autres

pathologies induisant la présence des enthésopathies (Dutour O., 1986) : la maladie hyperostosique et la spondylarthrite ankylosante développent ainsi notamment les enthésopathies (Mariotti V., et al., 2004, p. 157 ; Thelier N. et Claudepierre P., 2007, p. 2)[50].

La présence de réactions périostées sur les tibias a été ajoutée. Ces dernières correspondent à des productions d'os d'origine pathologique par le périoste[51]. Dans leur forme bénigne, elles sont non caractéristiques et ont de multiples causes (Waldron T., 2009, p. 115-116)[52]. Elles peuvent être liées à une activité intense des membres inférieurs : une succession de petits traumatismes peut amener la présence de varices et d'ulcérations sur les jambes induisant de petites inflammations chroniques conduisant à des infections du périoste (Roberts C. et Manchester K., 2005). Elles résultent également d'une infection bactérienne ou d'un traumatisme, le tibia étant le plus souvent affecté (Larsen C.S., 1997, p. 83, p. 85). L'exercice physique développe aussi des pathologies musculaires particulièrement sur le tibia, celles-ci se présentant sous la forme de périostite chez les sportifs de haut niveau (Rochcongar P., 1999, p. 8).

Les facettes d'accroupissement des tibias et talus ont également été comptabilisées comme signe d'activité (Bailly-Maître M.-C., *et al.*, 1996) . Elles témoignent en effet de l'accroupissement répété des individus lorsque l'activité a commencé durant l'enfance, les pourcentages variant fortement entre les populations, une fréquence de 66 % étant relativement élevée dans les populations européennes (Ari I., *et al.*, 2003 ; Bailly-Maître M-C., *et al.*, 1996).

Les cotations n'ont été effectuées que lorsque le sexe des individus était déterminé : en effet, ces indications sont fortement dépendantes de celui-ci, le dimorphisme sexuel présentant une différence significative dans toutes les populations (Wilczak C.A., 1998). Les individus ont tendance à présenter des lésions bilatérales mais la latéralisation musculaire est essentiellement visible sur les individus de sexe masculin (Cardoso F.A. et Henderson C.Y., 2010 ; Wilczak C.A., 1998). C. A. Wilczak a mis en évidence des différences populationnelles. Les différences sexuelles paraissent davantage liées à l'environnement, au potentiel génétique qu'à l'activité. La croissance musculaire masculine semble plus sensible au milieu environnemental que celle des femmes. Des différences semblent exister selon l'âge des sujets (Robb J.E., 1998 ; Mariotti V., *et al.*, 2004). L'âge auquel l'individu commence les activités physiques intenses est aussi très important pour le développement musculaire et osseux. Celui-ci sera plus efficace avant la puberté mais il ne doit pas être intense au risque de causer des lésions squelettiques et des retards de croissance (Ducher G. et Courteix D., 2007). Plus précisément, les localisations et leurs significations sont détaillées ci-après.

---

47 Lyse ithmique : non soudure d'une partie des arcs vertébraux.

48 Les insertions sont citées notamment par J.E. Robb (Robb J.E., 1998), D.E. Hawkey et C.F. Merbs (Hawkey D.E. et Merbs C.F., 1995), S.E. Churchill et A.G. Morris (Churchill S.E. et Morris A.G., 1998).

49 On notera que pour D.E. Hawkey et C.F. Merbs, certaines méthodes graduées sont efficaces (Hawkey D.E. et Merbs C.F., 1995).

50 Pour plus d'informations sur la maladie hyperostosique, consulter le paragraphe « Les atteintes d'origine métabolique ».

51 Périoste : fine membrane osseuse se trouvant sur la surface externe des os sur les tissus vivants.

52 Dans leur forme plus pathologique, les réactions périostées peuvent être liées à des traumatismes atteignant le périoste, à des infections ou des pathologies plus complexes (Grauer A.L., 1993).

* Vertèbres

Ossification du ligament jaune : Ces enthésopathies, au niveau thoracique, peuvent être associées à des microtraumatismes dus à des mouvements liés à la dorsi-flexion et éventuellement à la rotation autour de l'axe vertébral (Crubézy E., *et al.*, 1998).

Ossification des ligaments inter-épineux (figure 14) : Les ligaments remplissent le même rôle que les ligaments jaunes.

* Clavicule

Creux au niveau du tubercule costo-claviculaire, ligament costo-claviculaire (figure 15) : Le ligament est tendu entre la clavicule et la première côte et sert à la stabilisation de l'articulation sterno-claviculaire lors des mouvements d'élévation / abaissement, d'antépulsion / rétropulsion, de rotation de l'articulation (Dumontier C., 2007). Il est donc mis en action lors des mouvements utilisant en force le membre supérieur (Dumontier C., 2007).

Reliefs sur la tubérosité conoïde, ligament coraco-claviculaire et muscle sous-clavier (figure 16) : Le muscle permet le maintien de l'articulation sterno-costo-claviculaire (Platzer W., 1998).

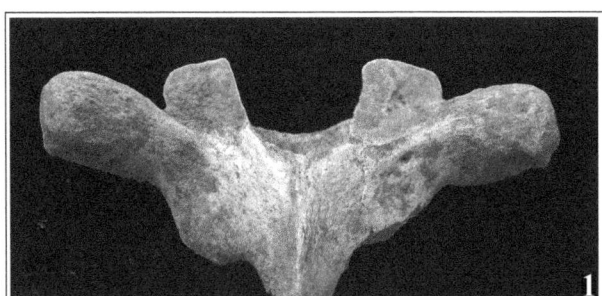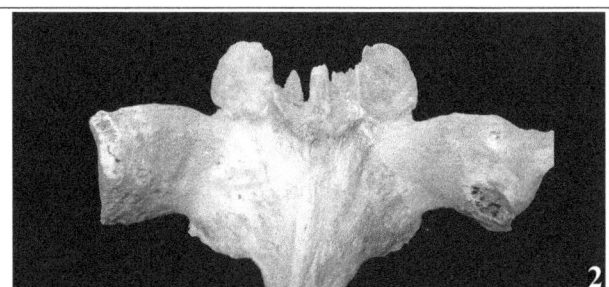

Figure 14 : Ossification des ligaments inter-vertébraux
(1. absence Escaudain Sq 3002 ; 2. présence Escaudain Sq 3287)

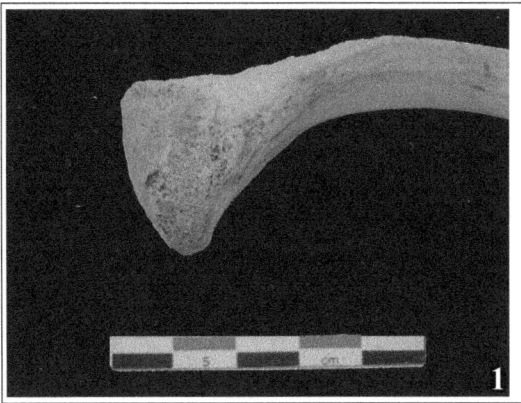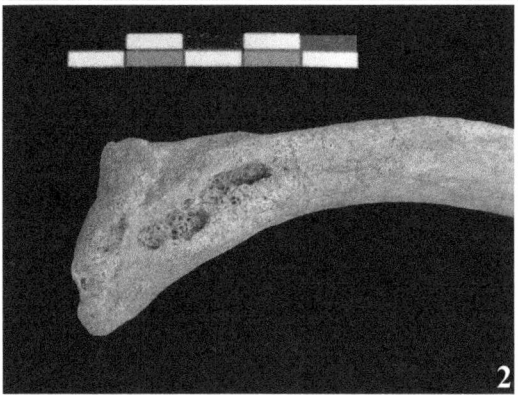

Figure 15 : Insertion en creux du ligament costo-claviculaire
(1. absence Escaudain 3305 ; 2. présence Bondy Sq 2164)

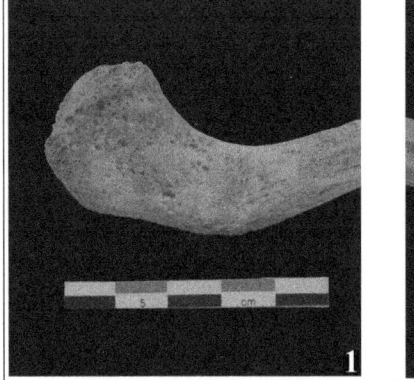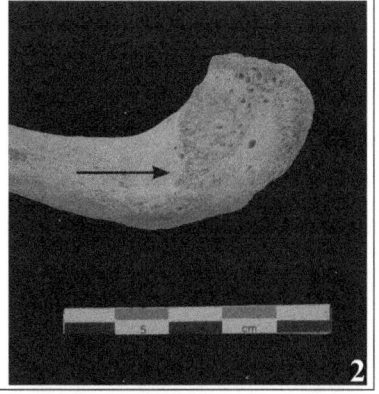

Figure 16 : Reliefs de la tubérosité conoïde
(1. absence ; 2. présence Escaudain Sq 3305 clavicules droite et gauche)

* Scapula

Présence d'un os acromial (figure 17) : La présence de cet os semble liée à une fracture de fatigue parfois associée à une déchirure de la coiffe des rotateurs suite à la mise en charge lourde et continue des membres supérieurs (présence notamment sur les archers) (Kennedy K.A.R., 1989).

* Humérus

Creux sous le tubercule majeur, muscle grand pectoral (figure 18) : Cette insertion a été reconnue comme marquée seulement lorsque la présence d'une fosse/d'un creux était visible, cet aspect de l'humérus pouvant témoigner d'une sur-sollicitation musculaire résultant d'un « *diagnostic de géodes osseuses dystrophiques poly-microtraumatiques par arrachement* » (Palfi G.Y., 1992, p. 223). Le muscle se développe avec une activité importante du membre supérieur en antépulsion et en rotation interne (travail par exemple avec une pelle) (Bailly-Maître M.-C., *et al.*, 1996).

Reliefs sous le tubercule mineur, muscle grand rond (figure 19) : La fonction principale du muscle est la rétropulsion du membre supérieur en rotation interne. Il intervient également dans le port de lourdes charges (Olsen Kelley J. et Angel J.L., 1987, p. 207).

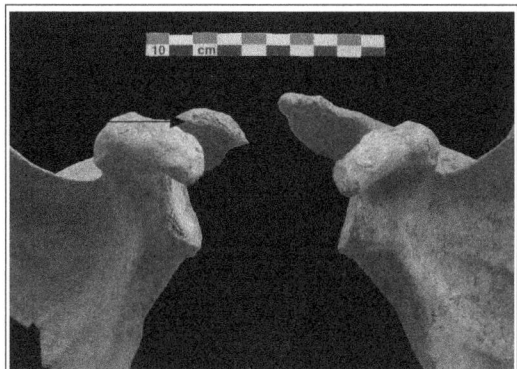

Figure 17 : Os acromial
Présence à gauche et absence à droite (Bondy Sq 2009) (photographie L. Pecqueur)

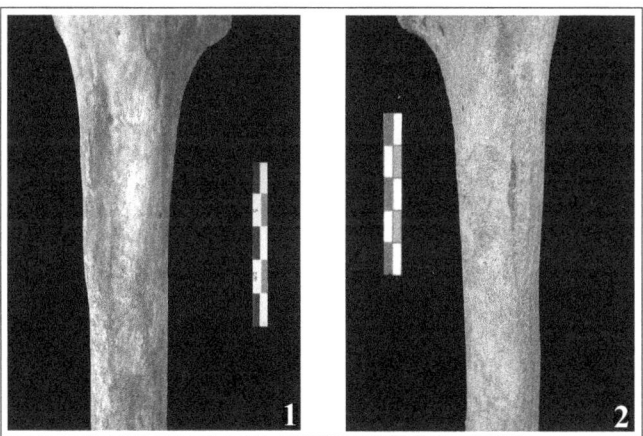

Figure 18 : Insertion en creux du muscle grand pectoral
(1. absence Escaudain Sq 3346 ; 2. présence Bondy Sq 2164)

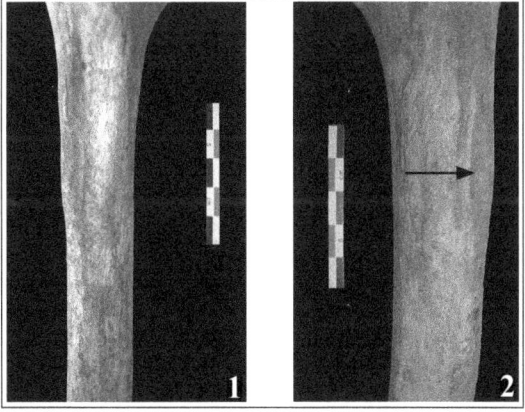

Figure 19 : Reliefs pour l'insertion du muscle grand rond
(1. absence Escaudain Sq 3346 ; 2. présence Escaudain Sq 3072)

Reliefs importants sur la tubérosité deltoïdienne, muscle deltoïde (figure 20) : Le muscle permet les mouvements de l'épaule et semble lié au port de lourdes charges (Bailly-Maître M.-C., *et al.*, 1996 ; Olsen Kelley J. et Angel J.L., 1987, p. 207).

Crête supracondylaire marquée avec rebord net, insertion des muscles radiaux (figure 21) : Les muscles sont fléchisseurs de l'articulation du coude (Platzer W., 1998).

Enthésopathie de l'épicondyle médial, insertion du ligament latéral interne (figure 22) : Ce ligament est solidaire des muscles extenseurs superficiels, ces muscles participant aux mouvements de flexion et d'extension du coude (utilisés par exemple dans le lancer de javelot) (Platzer W., 1998 ; Dutour O., 1986).

* Radius

Enthésopathie de la tubérosité bicipitale, muscle biceps brachial (figure 23) : Le muscle est lié à l'activité générale du coude et particulièrement au maintien de sa position fléchie contre résistance (utilisé par exemple dans le tir à l'arc) (Bailly-Maître M.-C., *et al.*, 1996 ; Dutour O., 1986).

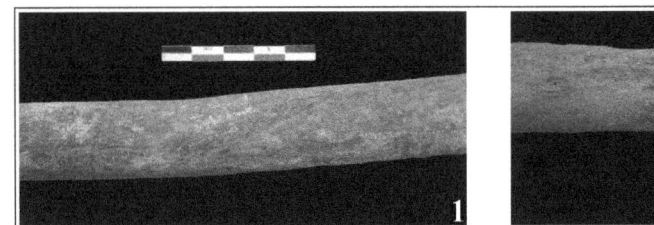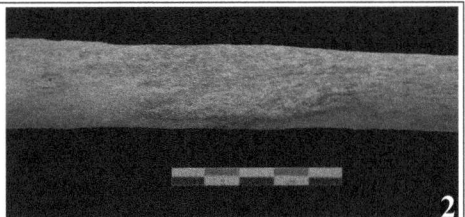

Figure 20 : Reliefs de la tubérosité deltoïdienne
(1. absence Escaudain Sq 3346 ; 2. présence Escaudain Sq 3305)

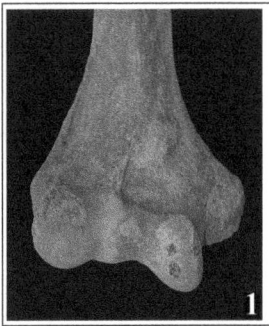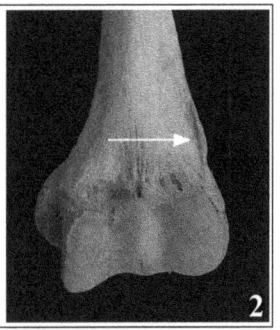

Figure 21 : Crête supracondylaire marquée
(1. absence Escaudain Sq 3346 ; 2. présence Escaudain Sq 3337)

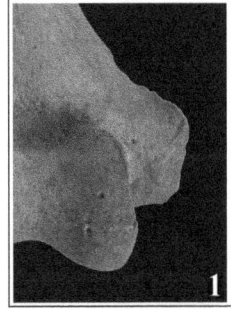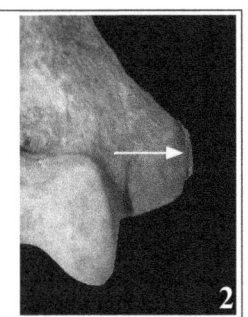

Figure 22 : Enthésopathie de l'épicondyle médial de l'humérus
(1. absence Escaudain Sq 3305 ; 2. présence Escaudain Sq 3306)

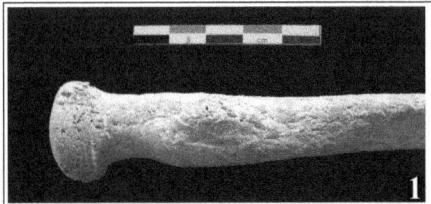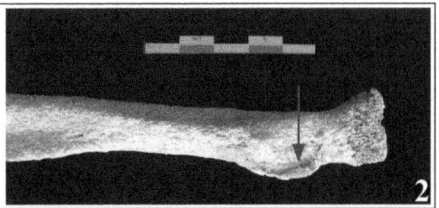

Figure 23 : Enthésopathie de la tubérosité bicipitale
(1. absence La Tombe Sq 33 ; 2. présence La Tombe Sq 37)

* Ulna

Enthésopathie de la partie supérieure de l'olécrâne, tendon du muscle triceps brachial (figure 24) : Le muscle est responsable de certains mouvements du coude et notamment de son extension complète. L'enthésopathie se développe par exemple chez les bûcherons et forgerons (Dutour O., 1986).

Reliefs marqués de la crête supinatrice, muscle supinateur (figure 25) : Le muscle permet la supination et l'hyperextension des membres supérieurs (utilisation lors du jet d'objets) (Kennedy K.A.R., 1989).

Reliefs marqués sur la tubérosité ulnaire, muscle brachial antérieur (figure 26) : Le muscle est surtout utilisé lorsqu'il s'agit de porter de lourdes charges (Platzer W., 1998). Il est lié à l'activité générale du coude et particulièrement au maintien de sa position fléchie contre résistance (Bailly-Maître M.-C., *et al.*, 1996 ; Dutour O., 1986).

* Main - phalanges

Présence d'enthésopathie sur les diaphyses phalangiennes, coulisses des muscles fléchisseurs (figure 27) : Les muscles sont particulièrement sollicités lors du serrage d'objet.

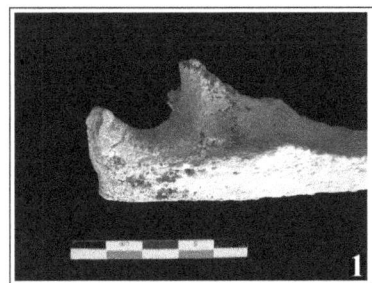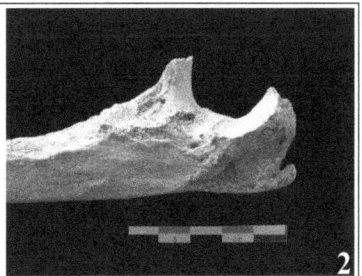

Figure 24 : Enthésopathie du muscle triceps brachial
(1. absence La Tombe Sq 6 ; 2. présence La Tombe Sq 47)

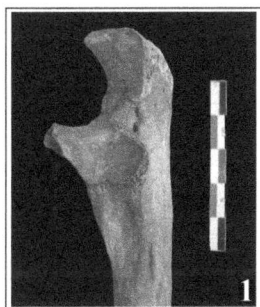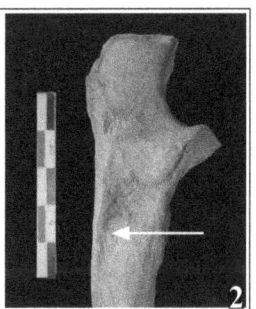

Figure 25 : Reliefs sur la crête supinatrice
(1. absence Escaudain Sq 3346 ; 2. présence Escaudain Sq 3305)

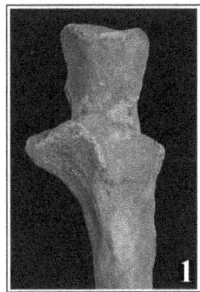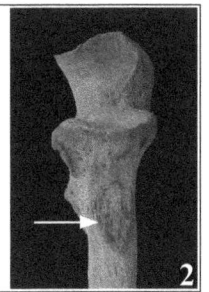

Figure 26 : Reliefs sur la tubérosité ulnaire
(1. absence Escaudain Sq 3346 ; 2. présence Escaudain Sq 3305)

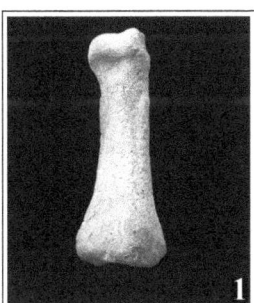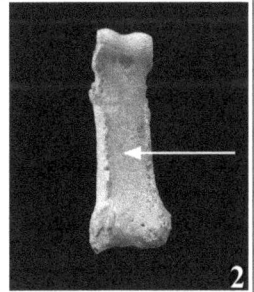

Figure 27 : Enthésopathie phalangienne
(1. absence La Tombe Sq 48 ; 2. présence La Tombe Sq 47)

* Coxal

Présence de bursite sur la tubérosité ischiatique, insertion du muscle grand adducteur (figure 28) : Le muscle est sollicité lors de l'adduction et la rotation de la cuisse et l'extension de la hanche. Il permet le travail dans des positions instables et est utilisé lors de la pratique cavalière (Bailly-Maître M.-C., *et al.*, 1996 ; Palfi G.Y., 1997). La bursite témoigne également probablement du maintien de la position assise sur des sièges durs (présence notamment chez les tisserands) (Wells C., 1967).

Enthésopathie de la crête iliaque, insertion de l'aponévrose fessière (figure 29) : Le muscle moyen fessier qui lui est solidaire agit en tant que rotateur interne et fléchisseur, rotateur externe et extenseur. Son rôle principal est adducteur de la cuisse et stabilisateur du bassin (Platzer W., 1998). Il intervient dans la pratique cavalière (Palfi G.Y., 1997).

* Fémur

Enthésopathie de la ligne âpre, insertion du muscle moyen adducteur, petit adducteur (figure 30) : Ce muscle permet l'extension de la hanche (Bailly-Maître M.-C., *et al.*, 1996). Il est utilisé lors de la pratique cavalière (Palfi G.Y., 1997 ; Blondiaux J., 1994).

Enthésopathie de la tubérosité glutéale, insertion du muscle grand fessier (figure 31) : Ce muscle permet l'extension de la hanche et est mis en action dans la pratique équestre (Bailly-Maître M.-C., *et al.*, 1996 ; Palfi G.Y., 1997 ; Blondiaux J., 1994).

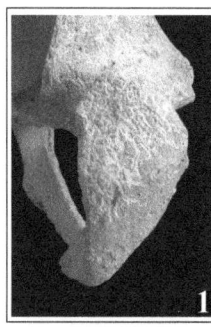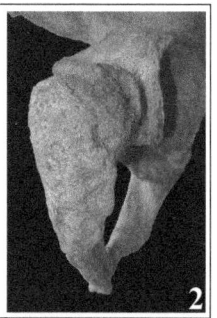

Figure 28 : Bursite ischiatique
(1. absence La Tombe Sq 24 ; 2. présence Escaudain Sq 3306)

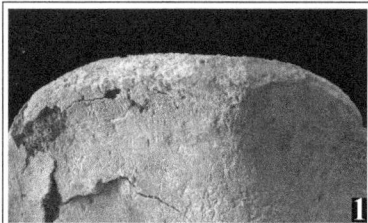

Figure 29 : Enthésopathie de la crête iliaque
(1. absence La Tombe Sq 6 ; 2. présence La Tombe Sq 37)

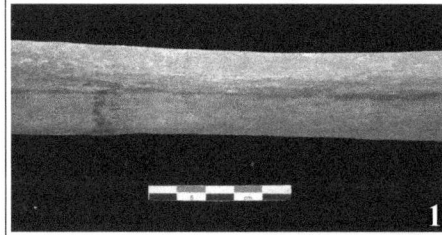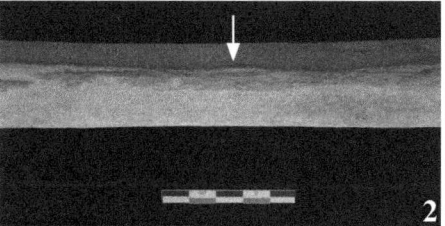

Figure 30 : Enthésopathie de la ligne âpre
(1. absence Escaudain Sq 3374 ; 2. présence Escaudain Sq 3301)

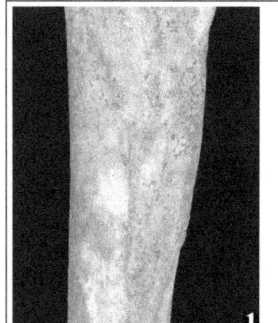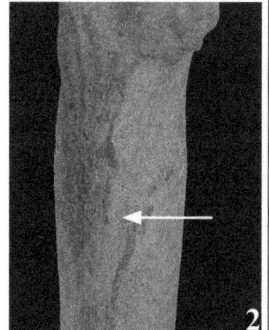

Figure 31 : Enthésopathie de la tubérosité glutéale
(1. absence Bondy Sq 3060 ; 2. présence Bondy Sq 2111)

Enthésopathie grand trochanter, insertion des muscles petit et moyen fessier (figure 32) : Le muscle permet l'adduction et la rotation de la cuisse et l'extension de la hanche. Il permet le travail dans des positions instables et agit lors de la pratique cavalière (Bailly-Maître M.-C., *et al.*, 1996 ; Blondiaux J., 1994).

Enthésopathie petit trochanter, insertion du muscle psoas iliaque (figure 33) : Le muscle est utilisé lors de la pratique équestre (Blondiaux J., 1994).

Enthésopathie dans le creux du grand trochanter, insertion du muscle obturateur interne (figure 34) : Le muscle obturateur interne est sollicité lors de la pratique cavalière (Blondiaux J., 1994).

Facette de Poirier ou empreinte iliaque (figure 35) : Cette empreinte correspond à une flexion du genou et une abduction de l'articulation de la hanche (Kennedy K.A.R., 1989). Elle est également signe d'une hyper-flexion de la cuisse et est présente dans la pratique équestre (Palfi G.Y., 1997 ; Blondiaux J., 1994).

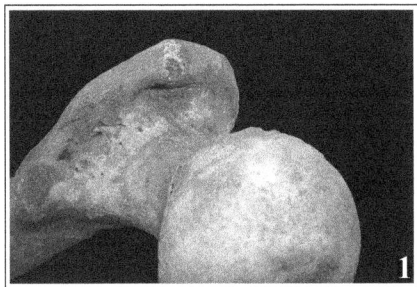 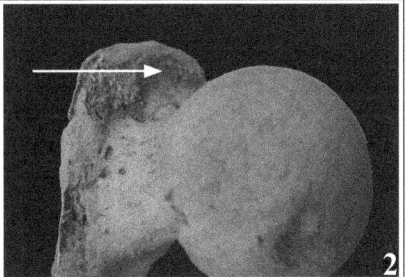

Figure 32 : Enthésopathie des muscles petit et moyen fessiers
(1. absence Sq Escaudain 3085 ; 2. présence Escaudain Sq 3305)

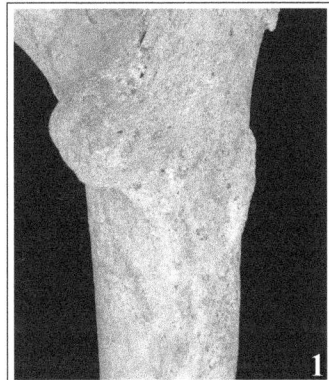 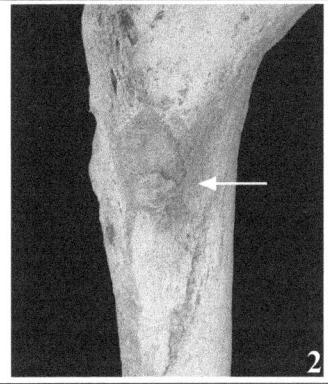

Figure 33 : Enthésopathie du muscle psoas iliaque
(1. absence Bondy Sq 3060 ; 2. présence Bondy Sq 2003)

 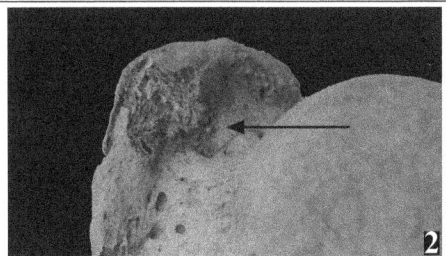

Figure 34 : Enthésopathie du muscle obturateur interne
(1. absence Escaudain Sq 3085 ; 2. présence Escaudain Sq 3305)

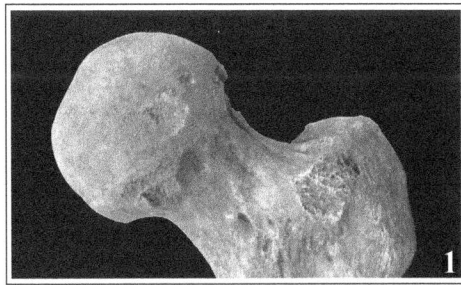 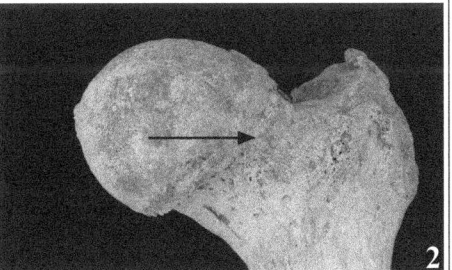

Figure 35 : Facettes de Poirier
(1. absence Escaudain Sq 3085 ; 2. présence Bondy Sq 2003)

Présence d'ostéophytes péri-fovéaux sur la tête (figure 36) : La présence d'ostéophytes importants est reliée à la pratique cavalière (Blondiaux J., 1994).

* Patella

Enthésopathie du tendon du muscle quadriceps crural (figure 37) : Le muscle est mis sous tension lors de la flexion continue des genoux (Palfi G.Y., 1997).

* Tibia

Enthésopathie de la tubérosité tibiale, insertion du ligament patellaire (figure 38) : La présence d'enthésopathie pourrait témoigner de flexions répétées du genou (Kennedy K.A.R., 1989).

Enthésopathie de la ligne oblique du tibia, insertion du muscle soléaire (figure 39) : Le muscle est probablement utilisé lors de la course et de la marche sur des terrains inégaux (Lai P. et Lovell N.C., 1992).

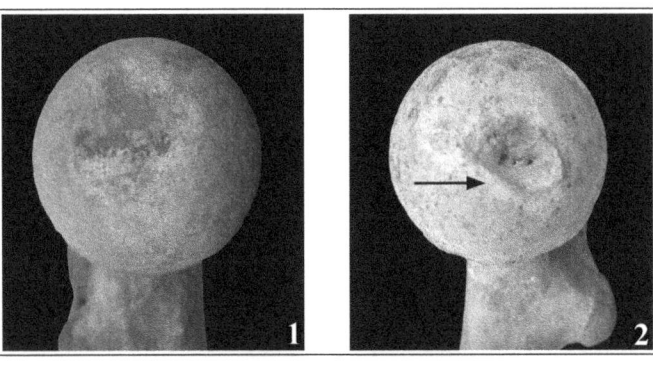

Figure 36 : Ostéophytes péri-fovéaux sur la tête fémorale
(1. absence Escaudain Sq 3085 ; 2. présence Bondy J27)

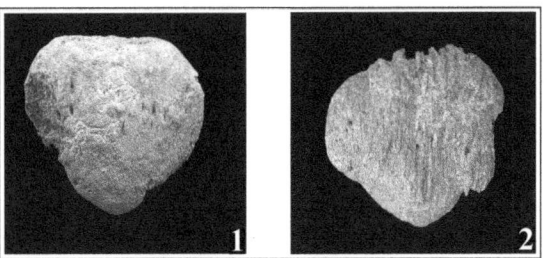

Figure 37 : Enthésopathie de la patella
(1. absence La Tombe Sq 43 ; 2. présence Bondy Sq J22)

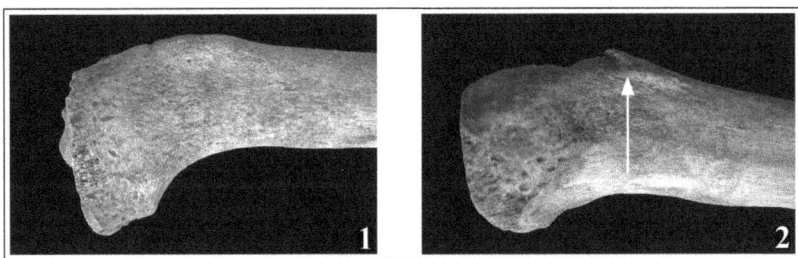

Figure 38 : Enthésopathie de la tubérosité tibiale
(1. absence Escaudain Sq 3305 ; 2. présence Escaudain Sq 3287)

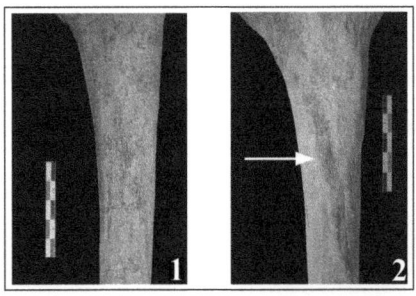

Figure 39 : Enthésopathie du muscle soléaire
(1. absence Saint-Denis Sq 11-3803 ; 2. présence Escaudain Sq 3072)

Présence de réactions périostées (voir précédemment) (figure 40).

Présence de facettes d'accroupissement (figure 41) : La présence de ces facettes témoigne de la flexion du genou et de positions hyperfléchies (Kennedy K.A.R., 1989 ; Buchet L., 1999).

Présence de reliefs importants et d'enthésopathies au niveau de la région interosseuse, ossification du ligament interosseux (figure 42) : Ce type d'enthésopathie

pourrait être lié à des entorses légères ou graves, ou à des traumatismes (Crubézy E., *et al.*, 2002 ; Buchet L., 1999).

* Fibula

Présence de reliefs importants et d'enthésopathies au niveau de la région interosseuse, ossification du ligament interosseux (figure 43) : Ce type d'enthésopathie pourrait être lié à des entorses légères ou graves, ou à des traumatismes (Kennedy K.A.R., 1989).

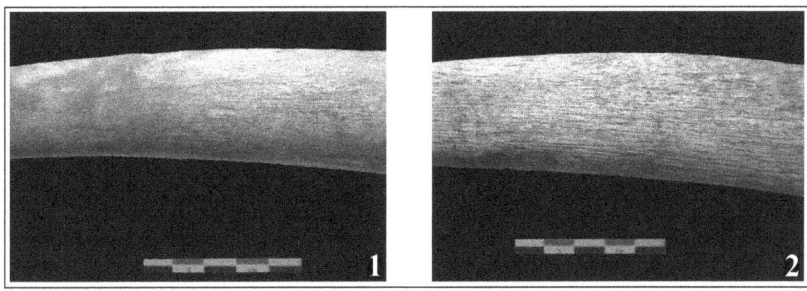

Figure 40 : Réactions périostées
(1. absence Escaudain Sq 3328 ; 2. présence Escaudain Sq 3306)

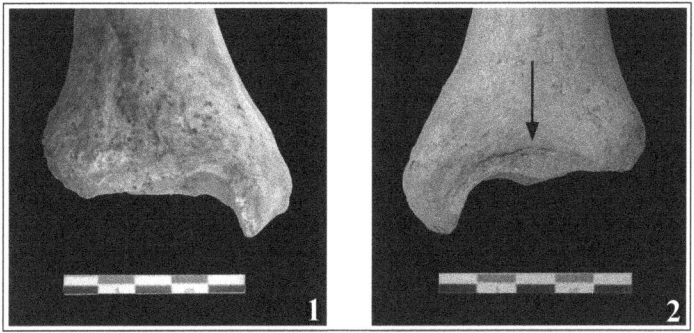

Figure 41 : Facettes d'accroupissement tibiales
(1. absence Escaudain Sq 3072 ; 2. présence Escaudain Sq 3305)

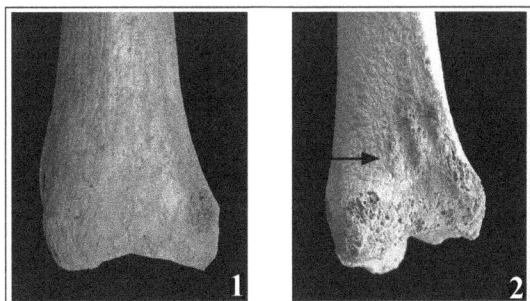

Figure 42 : Reliefs sur la zone interosseuse tibiale
(1. absence Escaudain Sq 3374 ; 2. présence La Tombe Sq 33)

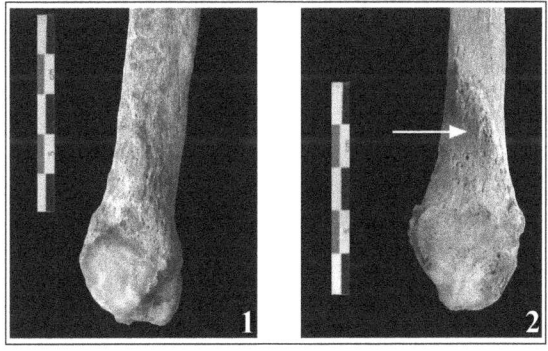

Figure 43 : Reliefs sur la zone interosseuse fibulaire
(1. absence Escaudain Sq 3305 ; 2. présence Escaudain Sq 3328)

* Talus

Présence de facettes d'accroupissement (figure 44) : La présence de ces facettes a été identifiée suite à des positions d'accroupissement et d'hyperflexion (Kennedy K.A.R., 1989 ; Buchet L., 1999).

* Calcaneus

Présence d'enthésopathie au niveau de l'extrémité postérieure, insertion du tendon d'Achille (figure 45) : Cette ossification est fréquente chez les coureurs (Palfi G.Y. et Dutour O., 1996).

A ces critères s'ajoutent les hernies intra-spongieuses du corps vertébral ou nodules de Schmörl (figure 46). Ce sont des *foramen* irréguliers visibles sur le plateau vertébral. Elles sont très fréquentes sur les individus dont la colonne vertébrale subit des stress importants mais de nombreuses causes peuvent en être à l'origine (Waldron T., 2009, p. 45). Elles sont souvent considérées comme d'origine traumatique ou résultant de facteurs de stress tels que la flexion et le mouvement latéral de la colonne, notamment lors du port d'objets lourds (Rojas-Sepulveda C.-M. et Dutour O., 2009). Leur étiologie étant relativement complexe, elles ont été comptabilisées séparément, et cela d'autant plus qu'elles sont très fréquentes.

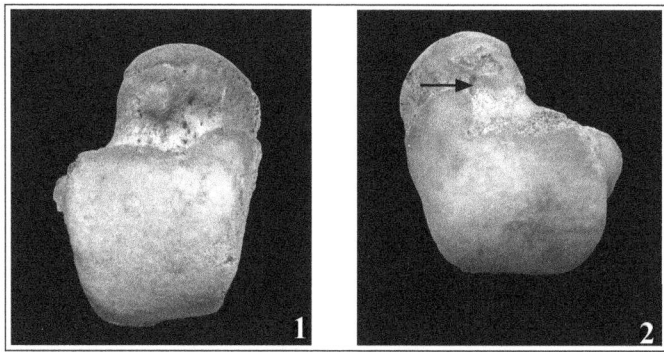

Figure 44 : Facettes d'accroupissement talienne
(1. absence Escaudain Sq 3301 ; 2. présence Escaudain Sq 3085)

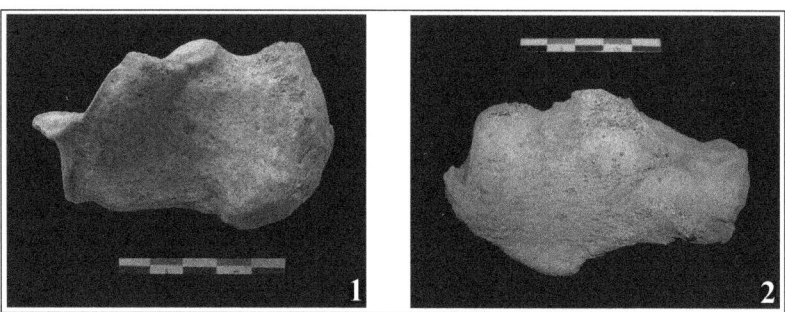

Figure 45 : Enthésopathie du tendon d'Achille
(1. absence Escaudain Sq 3002 ; 2. présence Amiens Sq 20020)

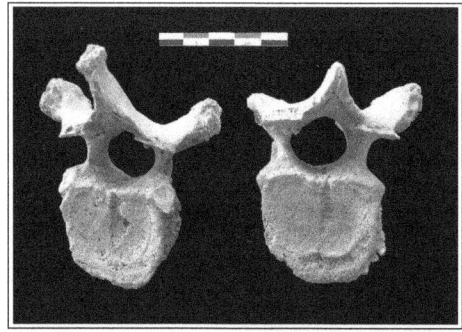

Figure 46 : Présence de nodules de Schmörl (La Tombe Sq 47)

- Pratique cavalière, signes de violences interpersonnelles

* Pratique cavalière

L'activité cavalière peut être diagnostiquée sur les ossements si elle est pratiquée de manière intensive. Le diagnostic peut être établi à l'aide de la concordance du développement de certaines insertions musculaires et notamment des muscles fessiers et adducteurs (Blondiaux J., 1994 ; Palfi G.Y., 1997). Les éléments osseux choisis pour en témoigner sont les suivants : bursite sur la tubérosité ischiatique (coxal), enthésopathie de la crête iliaque (coxal), enthésopathie de la ligne âpre (fémur), enthésopathie de la tubérosité glutéale (fémur), enthésopathie du petit trochanter et grand trochanter (fémur), enthésopathie dans le creux du grand trochanter (fémur), facette de Poirier (fémur), présence d'ostéophytes péri-fovéaux sur la tête fémorale. En outre, des signes mineurs ont été utilisés en complément pour affiner le diagnostic : présence de fractures, d'entorses, de tassements vertébraux et enthésopathie de la crête iliaque (Buchet L., 1999 ; Langlois J.-Y. et Gallien V., 2006)[53].

Une gradation a été établie pour affiner le diagnostic : pratique cavalière certaine ; probable ; possible ; éventuelle ; absente ; ceci en fonction du nombre d'insertions qui sont marquées positivement et de la présence d'éventuelles fractures.

* Signes de violences interpersonnelles et pratiques guerrières

La localisation des traumatismes est un indicateur de la présence de violences interpersonnelles et de pratiques guerrières au sein d'une population. Si les fractures de l'avant-bras, dites « de parade » ne sont pas toujours significatives, il semble que de fortes prévalences de traumatismes au niveau du crâne peuvent en être un indice (prévalence de 8 % à 29 %) (Jurmain R., *et al.*, 2009). Un nombre très élevé de fractures toutes localisations confondues renforce le diagnostic (Buchet L., 1999). Concernant les combats à mains nues, des insertions musculaires très marquées associées à un grand nombre de traumatismes squelettiques par individus, en sont relativement caractéristiques (Hershkovitz I., *et al.*, 1996). Mais il reste très difficile d'établir des modèles pour ce type d'activité (Stirland A., 1996).

I.5 Analyse statistique, gestion des données manquantes et établissement des indices populationnels

L'analyse statistique a été menée sur la majeure partie des données collectées. Toutefois, certaines difficultés se sont révélées pratiquement insurmontables. En effet, le nombre important de données manquantes a grandement complexifié

les analyses, notamment à l'échelle individuelle[54]. Ainsi, il n'a pas été possible d'éviter d'effectuer des moyennes de fréquences. Il est absolument nécessaire de le prendre en compte lors de l'examen des résultats finaux. De même, les différences d'échelle dans l'analyse des données peuvent paraître incontournables : analyse des individus sexés dans certains cas et prise en compte de l'ensemble du site dans d'autres. En outre, les variations biologiques, inhérentes au matériel, permettent également de caractériser ce dernier et créent une interdépendance entre les différentes informations : ce fait peut paraître insurmontable au premier abord mais il semble que l'accepter et continuer l'analyse permet d'avancer.

L'une des difficultés majeures rencontrées au cours de ce travail a été la création de données chiffrées permettant la comparaison entre les sites. La mise en place de plusieurs indices a permis de synthétiser pour partie les résultats et de rendre cela possible. Cette idée s'inspire de l'ouvrage « *The backbone of history - Health and nutrition in the Western hemisphere* » publié par R.H. Steckel et J.R. Rose dans lequel les auteurs utilisent ce type de calcul (Steckel R.H. et Rose J.C., 2002). L'indice y est établi dans des perspectives bio-culturelles et bio-sociales grâce à l'interaction de différents processus (biologiques, écologiques, socio-culturels et politico-économiques) (Steckel R.H. et Rose J.C., 2002, p. 13). Dans cette approche, ce n'est pas l'étiologie précise d'une pathologie osseuse qui compte mais plutôt la présence d'une perturbation témoignant de l'état de santé (Steckel R.H. et Rose J.C., 2002, p. 16).

I.5.1 La prise en compte des données manquantes

Les données manquantes étant en nombre trop important, des prévalences brutes et corrigées ont été utilisées pour pallier, dans une certaine mesure, ces absences. L'échelle individuelle n'a presque pas été employée : l'approche populationnelle a été privilégiée en partie pour cette raison. Seules des fréquences ont été utilisées. Celles-ci ont été pondérées en fonction de la conservation calculée pour chaque site.

I.5.2 La question du paradoxe ostéologique de Wood

W. Wood et ses co-auteurs ont mis en évidence l'existence d'un paradoxe qui se révèle important dans l'approche de l'état sanitaire (Wood W., *et al.*, 1992). En effet, la présence de nombreux signes d'atteintes pathologiques peut signifier qu'une population était suffisamment protégée pour survivre à toutes ces affections et avoir le temps de les développer : cette dernière aurait donc eu un état sanitaire plutôt favorable. Inversement, une population ne présentant qu'une faible prévalence de pathologies peut avoir été gravement atteinte mais, suite au décès des individus, n'avoir pas eu le temps d'en développer les symptômes osseux. C'est le problème de « *hidden heterogeneity in risks* », conséquence de la fragilité et de la susceptibilité variables des individus à la maladie et à la mort. Le remodelage osseux de diverses lésions témoigne ainsi de la survie de certains individus à des affections plus

---

53 L'auteur souhaite remercier Véronique Gallien pour ses conseils.

54 La question des données manquantes est rarement abordée en anthropologie : T. Waldron est en ce sens une exception car il y fait fréquemment référence (voir par exemple Waldron T., 1991).

ou moins sévères. Ces conditions seraient souvent visibles sur les profils de mortalité : «*The better health of the advantaged population is reflected in its higher survival and fertility*» (Wood W., *et al.*, 1992, p. 355). Le paradoxe n'est toutefois pas un phénomène général (Steckel R.H. et Rose J.C., 2002, p. 153) : il démontre seulement l'impact des profils de mortalité dans l'analyse des données. Il tend donc à montrer l'importance de l'approche populationnelle : l'examen simultané de plusieurs indicateurs semble ainsi plus apte à montrer des tendances dans l'état de santé des populations que l'analyse de chaque critère biologique pris séparément. En outre, le regroupement des individus permet d'atténuer les variations et réactions différentes de chacun pour toute atteinte pathologique. Finalement, les auteurs concluent : «*Archaeological evidence is crucial to this effort since contemporary preindustrial populations (...) are undoubtedly a highly select sample of all such populations that have ever existed. We will continue to need the perspective and time depth that archaeology can provide*» (Wood W., *et al.*, 1992, p. 357).

I.5.3 Analyse statistique

«*Il n'est absolument pas possible de conclure au seul vu des chiffres : une très petite différence peut être significative si elle porte sur des effectifs importants, tandis qu'une petite différence, évaluée sur des effectifs faibles, ne le sera pas. Seul le calcul permet un jugement valable ...*» (Schwartz D., 2000, p. 23). L'analyse statistique permet donc d'estimer dans quelle mesure des échantillons ont des points communs ou des différences. De ce point de vue, leur étude est complexe dans la mesure où le hasard n'intervient que de manière minimale dans leur création (Chenorkian P., 1996, p. 10).

Les calculs ont été effectués à l'aide des logiciels *Excel*, *Statistica*, *SAS* et *R*. Le seuil de signification a été fixé à 5 % pour tous les tests statistiques (Schwartz D., 2000).

- Test chi² : Il permet d'étudier la liaison entre deux variables qualitatives et de dire si, statistiquement, des différences d'effectifs sont liées à une sélection ou seulement au hasard.

- Test de corrélation des rangs de Spearman : Il s'agit d'un test non paramétrique qui permet de vérifier l'existence d'une liaison entre deux variables distinctes qui peuvent être continues, discrètes ou ordinales.

- Classification ascendante hiérarchique : Elle correspond à une méthode de classification qui permet de créer des groupes homogènes, appelés clusters, en prenant en compte plusieurs critères simultanément. Elle a été effectuée avec critère de Ward[55], à partir d'une matrice de distances euclidiennes des sites entre eux, d'après des indices préalablement centrés et réduits[56]. Cette analyse a semblé la plus pertinente bien qu'un échantillon de treize sites soit statistiquement assez faible. Le choix de la méthode a été fait par B. Saliba-Serre[57].

I.5.4 Calcul des indices biologiques populationnels

Pour que l'analyse comparative des populations donne des informations, il est nécessaire qu'il y ait des écarts entre celles-ci et donc cela suppose que «*the society in question was stratified into hierarchical social groups whose actual lifestyles differed significantly in terms of nutrition, health, activity, stress, or risk*» (Schwartz D., 2000).

La comparaison de différents groupes s'est toujours révélée complexe, le problème des différences de taille et de qualité des échantillons étant incontournable. Il est donc nécessaire de caractériser les ensembles pour pouvoir les confronter. La solution proposée ici est la création de plusieurs indices[58]. Cette approche comporte un nombre important d'obstacles, la globalisation d'une population ne permettant pas une représentation précise et cela d'autant plus que l'échantillonnage est préjudiciable, que les données manquantes ne peuvent être restituées, que toutes les variables n'ont pas la même importance (Roux M. et Buchet L., 1988).

La pondération des différentes données a été réalisée à partir des indications de la littérature anthropologique ainsi que des résultats obtenus. Pour obtenir des pourcentages de présence à l'échelle des sites, chaque résultat a été divisé par le nombre d'individus. En fonction des résultats de tous les échantillons, un étalonnage sur 100 a été effectué à l'aide d'une division, la plus forte valeur obtenue étant considérée comme très proche de 100.

La présence des différentes manifestations osseuses d'atteintes pathologiques étant fortement liée à l'âge, une pondération a été appliquée pour chaque site en fonction de la répartition paléodémographique des individus. Celle-ci a été calculée avec des coefficients multiplicateurs eux-mêmes calculés à partir des pourcentages obtenus par la méthode paléodémographique[59]. Elle a été appliquée à cinq indices : arthrosique, traumatique, infectieux, pathologique autre, activité[60]. Le sixième indice, l'indice de stress non spécifiques, n'a pas été pondéré par l'âge car l'apparition ou la disparition de ses signes ne sont que peu liés au vieillissement du squelette (le remodelage osseux peut les atténuer mais il ne les fait vraisemblablement pas disparaître complètement).

* Indice arthrosique

L'indice arthrosique a été calculé à partir de la moyenne de chaque zone articulaire cotée. Toutefois, chaque moyenne a été pondérée par la moyenne des présences des articulations sur l'ensemble des individus tous sites confondus.

* Indice de stress non spécifiques

Les trois stress non spécifiques ont été cotés et leurs trois prévalences associées calculées. Chacun a été pondéré en fonction des données de la littérature et de ses pourcentages relatifs au sein de chaque site. L'indice a ensuite résulté de la moyenne des résultats des trois stress non spécifiques.

---

55 Le critère de Ward consiste à rendre minimale la perte d'inertie inter-classes résultant de l'agrégation de deux éléments (objets à classer ou classes).

56 Les moyennes et les variances des variables considérées étant hétérogènes, il a été nécessaire de normaliser ces variables.

57 L'auteur remercie à nouveau Bérengère Saliba-Serre qui l'a beaucoup aidée lors de la réalisation de ce travail.

58 Les problèmes d'échantillonnage sont par exemple évoqués par E. Crubézy (Crubézy E., 1996, p. 131-133).

59 Le calcul est le suivant : coefficient = (% 30-39 ans / % 18-29 ans) * (% 40-49 ans / % 30-39 ans) * (% 50-59 ans / % 40-49 ans) * (% 60-69 ans / % 50-59 ans) * (% 70-79 ans / % 60-69 ans) * (% 80 ans et plus / % 70-79 ans).

60 Cette approche permet dans une certaine mesure de contourner le problème du paradoxe de Wood, puisque la longévité des individus est prise en compte.

- Hypoplasie

Les données de littérature indiquent que l'hypoplasie est un très bon marqueur concernant divers stress. Toutefois, au sein de l'ensemble des sites, de très nombreux individus en portaient les signes au moins faiblement (voir résultats) ; aussi sa présence légère a-t-elle été considérée comme peu significante. A l'inverse, elle s'est révélée beaucoup plus rare aux stades moyens et forts. Les scores suivants lui ont donc été attribués en fonction de ces éléments, par choix de l'auteur : absente = 0 ; légère = 2 ; moyenne = 6 ; forte = 10.

- *Cribra orbitalia*

Les *cribra orbitalia* se sont révélées être de très bons indicateurs à la fois dans la littérature et dans les données observées, aussi ont-elles été dotées d'un score de 10.

- Hyperostose crânienne

L'hyperostose crânienne était bien présente dans la littérature comme un indicateur répondant aux mêmes sollicitations que les *cribra orbitalia*. Néanmoins, les résultats préliminaires généraux ont paru indiquer des faiblesses dans cet indicateur, aussi a-t-il reçu le score de 4.

* Indice infectieux

Les infections peuvent atteindre très différemment le squelette. Elles se répartissent essentiellement en deux types, lésions généralisées ou locales. Dans le cas d'atteintes généralisées, elles concernent l'ensemble du squelette, sont très handicapantes et témoignent très régulièrement des conditions de vie. Les atteintes locales correspondent quant à elles, le plus souvent, à des plaies infectées. Elles ont moins de retentissement sur la vie de l'individu tout en reflétant partiellement des modes de vie. Ces infections ont donc reçu des poids différents : abcès dentaire ou plaie : 5 ; multiples réactions périostées : 10 ; maladie infectieuse généralisée : 20. L'ensemble des données a ensuite été pondéré par l'indice de conservation du site.

* Indice traumatique

L'ensemble des traumatismes a reçu un score en fonction de la localisation de chacun. En effet, certaines localisations anatomiques ont une fréquence relative très importante alors que d'autres sont plus rares. Elles ont également des impacts différents sur la vie individuelle. Les premières semblent peu caractéristiques des individus alors que les autres semblent liées davantage à leur activité. Certaines régions anatomiques ont aussi été rassemblées pour permettre l'analyse, les données manquantes se révélant trop importantes sans ce regroupement (ensemble anatomiques : côtes, vertèbres, mains, pieds). Les scores sont les suivants pour les fractures : crâne 3 ; vertèbres 2 ; côtes 2 ; clavicules 2 ; scapulas 2 ; ulnas 3 ; radius 3 ; mains 2 ; coccyx 2 ; fémurs 3 ; tibias 3 ; fibulas 3 ; pieds 2 ; et pour les pathologies traumatiques autres : vertèbre - tassement 1 ; hématome sous-périosté 1 ; entorse 1. L'ensemble des données a ensuite été pondéré par l'indice de conservation du site.

* Indice pathologique autre

L'ensemble des autres pathologies a été regroupé en un seul indice, ces pathologies étant beaucoup plus rarement présentes sur le squelette. Il s'agit des pathologies d'origine développementale/génétique, carentielle, tumorale ou encore d'origine indéterminée. Toutes ont été cotées avec un poids identique. L'ensemble des données a ensuite été pondéré par l'indice de conservation du site.

* Indice d'activité

L'indice d'activité a été calculé à partir de la moyenne des sites anatomiques cotés. Toutefois, chaque moyenne d'activité a été pondérée par la moyenne des présences des signes d'activité sur l'ensemble des individus tous sites confondus.

Les méthodes utilisées en anthropologie biologique s'avèrent très variées. Toutes ont des conditions d'applications très précises et des limites méthodologiques qu'il faut sans cesse garder à l'esprit lors de leur utilisation. Elles ont nécessité de nombreux choix au cours de cette étude, dictés pour certains par des conditions matérielles et un temps d'analyse limité. Elles ont toutefois permis de caractériser les échantillons populationnels issus des nécropoles et offert une approche inédite pour le Nord-ouest de la France aux VIIIe-Xe siècles.

II. Les sites archéologiques

Quelle importance pour moi, le lieu où pourrira la pitance des vers ?

Alcuin

M.G.H. Epistolae, IV, p.122 Alcuin à Aedilthyde
(Traduction J. Chélini, 1991)

II.1 Préambule

« *Il est quasiment impossible de savoir si l'échantillon fouillé est représentatif de la population inhumée tant que la totalité de la nécropole de celle-ci n'a pas été mise au jour.* » (Crubézy E., 2000, p. 19)

Seule une infime fraction des sites funéraires carolingiens du nord-ouest de la France a été fouillée, et parmi ceux-ci, tous les sites n'ont pas été étudiés. Il est donc absolument nécessaire de rappeler que l'étude ne repose que sur des micro-fragments de la population carolingienne. En outre, des portions de nécropoles, comme c'est souvent le cas pour les sites étudiés ici, reflètent très rarement l'ensemble de celles-ci, que ce soit du point de vue des pratiques funéraires ou de la biologie (Guillon M., 2004, p. 108). Et cela d'autant plus que le cimetière n'est pas un espace homogène mais résulte d'un mélange complexe de choix et de traditions (Boissavit-Camus B. et Zadora-Rio E., 1996, p. 49). Les individus exhumés ne sont donc pas représentatifs de toute la population inhumante : « *Ce tableau, naturellement, représente uniquement la partie de la population qui se trouve inhumée dans le cimetière. On ne peut l'étendre au groupe humain utilisant ce champ de repos qu'au prix de certaines hypothèses, qui ne sont généralement pas vérifiables. On suppose, en effet, que le cimetière ne contient que les membres d'un groupe déterminé, et qu'il les contient tous. On fait donc le pari que le choix d'un lieu d'inhumation était indépendant de la classe d'âge, ainsi que du sexe (...).* » (Masset C., 1973). La nécropole est ainsi un lieu où tous les représentants d'une population ne sont pas inhumés. En outre, l'étendue entière du cimetière est rarement fouillée ce qui rend l'analyse paléodémographique encore plus aléatoire. Toutes ces mises en garde rappellent à quel point il est difficile d'extrapoler des aspects généraux à partir des sites étudiés dans ce travail. Ceci contrarie l'étude du recrutement mais aussi celle de l'état sanitaire général : « *The difficulties encountered in paleoepidemioly begin with the assemblages that are available for the study* » (Waldron T., 2007, p. 10). L'auteur, T. Waldron, ajoute en complément : « *It should be clear that an assemblage of human remains is neither a population nor a sample, since it is neither living nor a random selection of those who were once living* » (Waldron T., 2007, p. 27).

II.2 Choix du *corpus*

Les pertes d'informations sont nombreuses au cours de la recherche archéologique et la connaissance des populations inhumantes, qui en permettrait une meilleure compréhension, reste très imprécise (Séguy I., 2006, p. 173). Ce *corpus* doit beaucoup aux fouilles préventives

récentes[61]. Le potentiel de sites reste pourtant limité, pour une région et une période précise, du fait des aléas de la recherche archéologique. Plusieurs sites fouillés relevaient du nord-ouest de la France et des VIIIe-Xe siècles mais tous n'ont pas été étudiés. Presque tous ceux dont les ossements étaient accessibles ont été analysés, excepté deux, Noisy-le-Grand et Lauwin-Planque.

Concernant Noisy-le-Grand, la fouille de ce site a commencé au cours de ce travail et l'analyse des données n'était pas encore totalement effectuée[62]. Néanmoins, il était possible de voir les ossements, cela nécessitant toutefois un investissement en temps et en finances trop important pour l'étude.

Les ossements de Lauwin-Planque n'ont quant à eux pas été observés car ne correspondant qu'à un très faible nombre d'individus, une quarantaine seulement, par ailleurs très mal conservés. Il est à noter que d'autres sites, bien que pouvant correspondre au sujet, n'ont pas été retenus pour plusieurs raisons :

- Saint-Martin de Mondeville : le phasage du site n'étant pas terminé, il n'était pas possible d'isoler les ossements correspondant à la période chronologique.
- Notre-Dame de Cambrai : le responsable d'opération n'a pas répondu aux sollicitations de l'auteur.
- Poigny : les ossements ayant été réinhumés, ils n'étaient bien évidemment pas accessibles.
- Les séries de deux sites archéologiques n'ont également pas été demandées car fouillées par des organismes privés, les sites de Darvault et Sains-en-Gohelle, l'auteur n'ayant pas les moyens de contacter les responsables.
- L'étude du site de Meaux « Le Grand Cerf » n'a pas pu être effectuée car les ossements se situaient dans un lieu de dépôt non accessible.
- Les sites en cours d'étude n'ont pas été demandés (Romilly-sur-Andelle par exemple).

Pour des raisons pratiques, d'autres sites ont été écartés de l'étude. En effet, pour obtenir des données statistiques, les sites devaient avoir un minimum de trente individus et leur datation être suffisamment étayée[63]. En outre, les sites ne devaient pas comprendre un nombre trop important d'individus pour ne pas écraser les comparaisons ; il n'a par exemple jamais été envisagé d'étudier les sites de Serris et de Saleux car ceux-ci approchent le millier d'individus et réaliser un échantillonnage satisfaisant statistiquement paraissait relativement complexe. Il a également été recherché le plus de variété possible dans la nature des sites archéologiques : variété dans le contexte environnemental (urbain ou rural), dans la nature religieuse (par exemple sites monastiques). Cette spécification des sites reste toutefois aléatoire : un individu provenant d'un milieu rural peut aller vivre en milieu urbain et inversement (Baud C.-A., 1991). Il en va de même avec les environnements monastiques. Cette « porosité » rend d'autant plus difficile la caractérisation des différentes populations. Ainsi certaines études ont montré que l'opposition entre villes et campagnes ne ressortait pas très nettement, les risques traumatiques semblant seulement

---

61 Pour un bilan sur les données anciennes, il est possible de voir la carte de M. Rouche (Rouche M., 1985, p.454 - figure 1).

62 Cyrille Leforestier, responsable d'opération et archéo-anthropologue Inrap, a cependant généreusement proposé à l'auteur de les étudier.

63 Plusieurs sites comprennent en effet souvent moins de trente individus, soit en raison des conditions de fouille soit parce que de tels groupes de sépultures sont relativement répandus en milieu rural (Raynaud C., 2006).

légèrement plus importants dans les populations rurales (Alduc-Le Bagousse A. et Sansibano-Collilieux M., 1991). En outre, les statuts ne définissent pas la richesse des individus dans la société carolingienne, un religieux pouvant être pauvre ou riche, ce qui est également valable pour les laïcs.

Il est également important de souligner qu'aucune problématique précise n'a amené la fouille des sites archéologiques concernés par cette étude : ils ont pratiquement tous été exhumés suite à des opérations d'archéologie préventive. Leur répartition ne dépend donc pas de choix scientifiques mais de politiques d'aménagement du territoire, bien que l'auteur en ait sélectionnés sur toute l'aire géographique correspondant au sujet. De ce fait, une grande partie du *corpus* se situe en Ile-de-France (figure 47).

Treize sites archéologiques ont donc été étudiés, comprenant un nombre variable d'individus, et se répartissant en différents types (figure 48)[64].

Le nombre total d'individus étudiés est de 1309, pour 57 905 renseignements collectés (auxquels s'ajoutent les données issues des fiches de conservation osseuse).

64 Tous les résultats sont présentés sous forme de graphiques : les données ayant permis de les réaliser sont détaillées dans les tableaux situés en annexe.

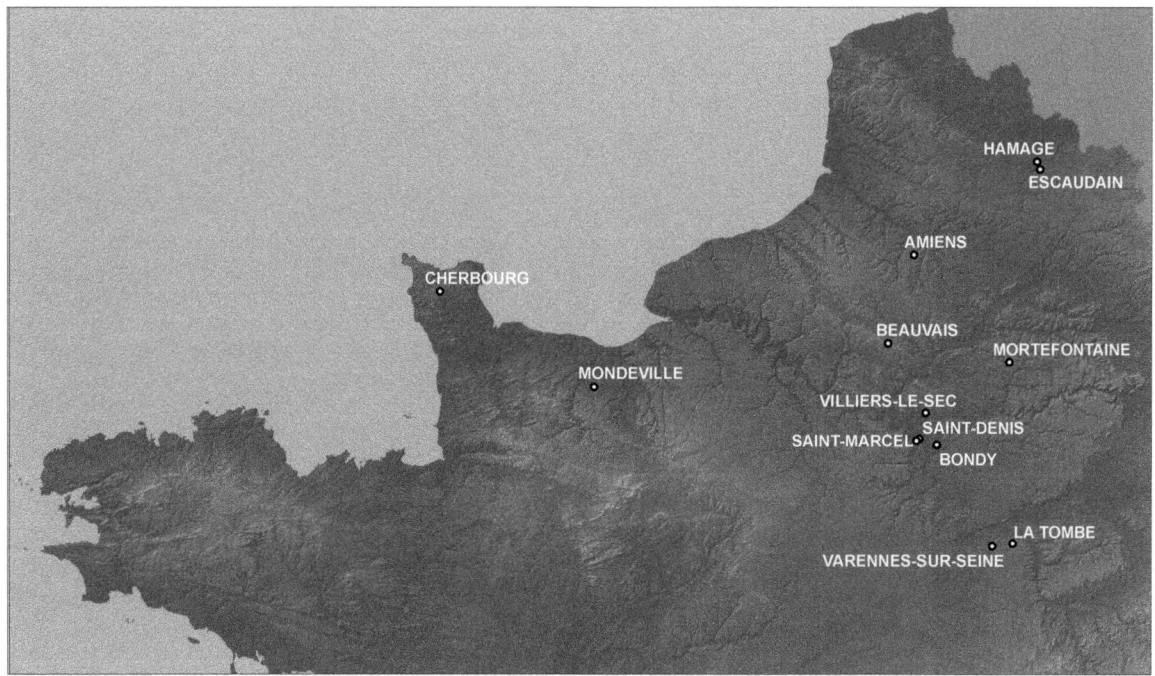

Figure 47 : Localisation des sites archéologiques du corpus dans le nord-ouest de la France

Site	Nombre Individus	Type de site	Département
Amiens	79	Agglomération	Somme
Beauvais	32	Agglomération	Oise
Bondy	84	Agglomération	Seine-Saint-Denis
Cherbourg	191	Agglomération	Manche
Escaudain	120	Rural	Nord
Hamage	81	Monastique	Nord
La Tombe	49	Rural	Seine-et-Marne
Mondeville	83	Rural	Calvados
Mortefontaine	186	Rural	Aisne
Saint-Denis	233	Monastique	Seine-Saint-Denis
Saint-Marcel	40	Agglomération	Seine-Saint-Denis
Varennnes-sur-Seine	52	Rural	Seine-et-Marne
Villiers-le-Sec	79	Rural	Val d'Oise

Figure 48 : Inventaire des sites archéologiques étudiés

II.3 La conservation osseuse

La conservation osseuse détermine fortement la qualité des résultats obtenus. La détailler permet ainsi de mieux analyser et comprendre les résultats ultérieurs (figure 49).

Le pourcentage de conservation est très différent d'un site archéologique à l'autre : il est particulièrement faible à Mondeville, Varennes-sur-Seine, Hamage et Escaudain tandis qu'il est très élevé à Bondy. Les sites de Mondeville et Varennes-sur-Seine présentent en outre un faible nombre d'individus et sont donc difficilement exploitables. Les sites d'Hamage et d'Escaudain ont quant à eux des valeurs basses du fait du nombre important d'individus en réduction (ceux-ci étant incomplets, ils présentent donc une mauvaise conservation générale).

La conservation osseuse ne paraît pas réellement varier en fonction du sexe (figure 50). Il existe le plus souvent de petits écarts en faveur de l'un ou l'autre des sexes d'un site à l'autre. Les moyennes, tous sites confondus, sont d'ailleurs relativement proches (55 % pour les hommes et 52 % pour les femmes).
Les adultes sont fréquemment bien mieux conservés que les enfants excepté sur les sites d'Amiens et de Cherbourg où ces derniers présentent un taux de conservation plus élevé (le taux global de conservation est de 42 % pour les adultes et de 29 % pour les enfants) (figure 51). Ces deux sites se trouvent en milieu urbain et la fréquence des recoupements pourrait en être la raison ; de fait, les sépultures des adultes étant plus grandes, elles sont davantage soumises aux réductions. La très bonne qualité de conservation des os sur ces sites pourrait aussi expliquer que les os immatures aient davantage été vus et prélevés lors de la fouille archéologique.

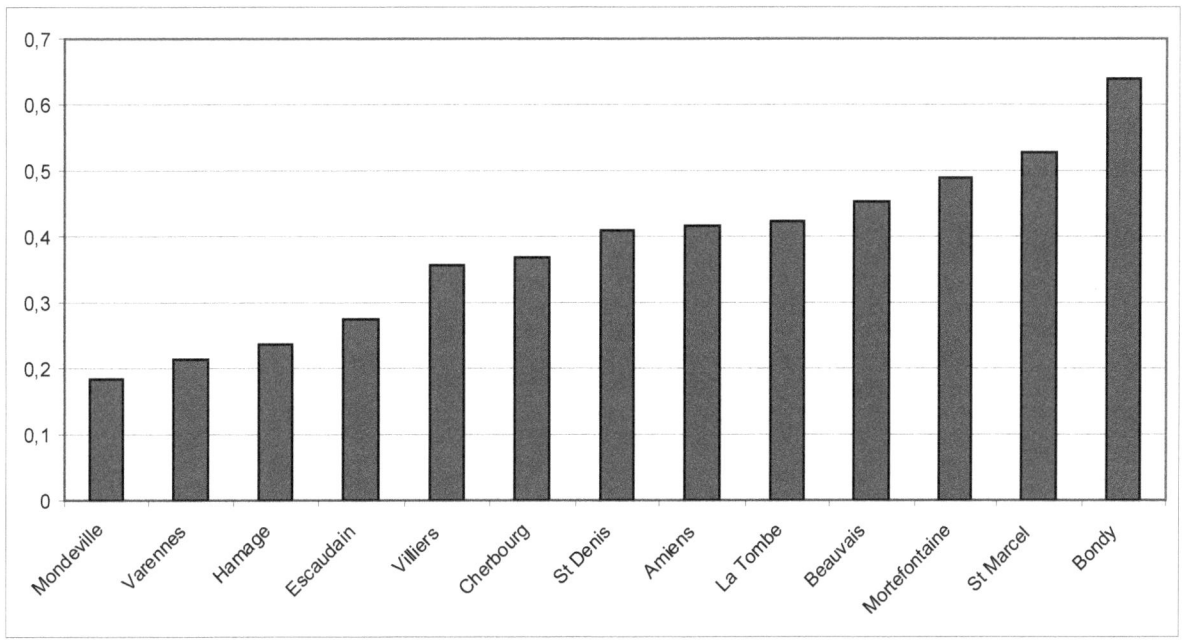

Figure 49 : Pourcentage de conservation osseuse des différentes séries ostéoarchéologiques par ordre croissant (tableau 1 p. 169)

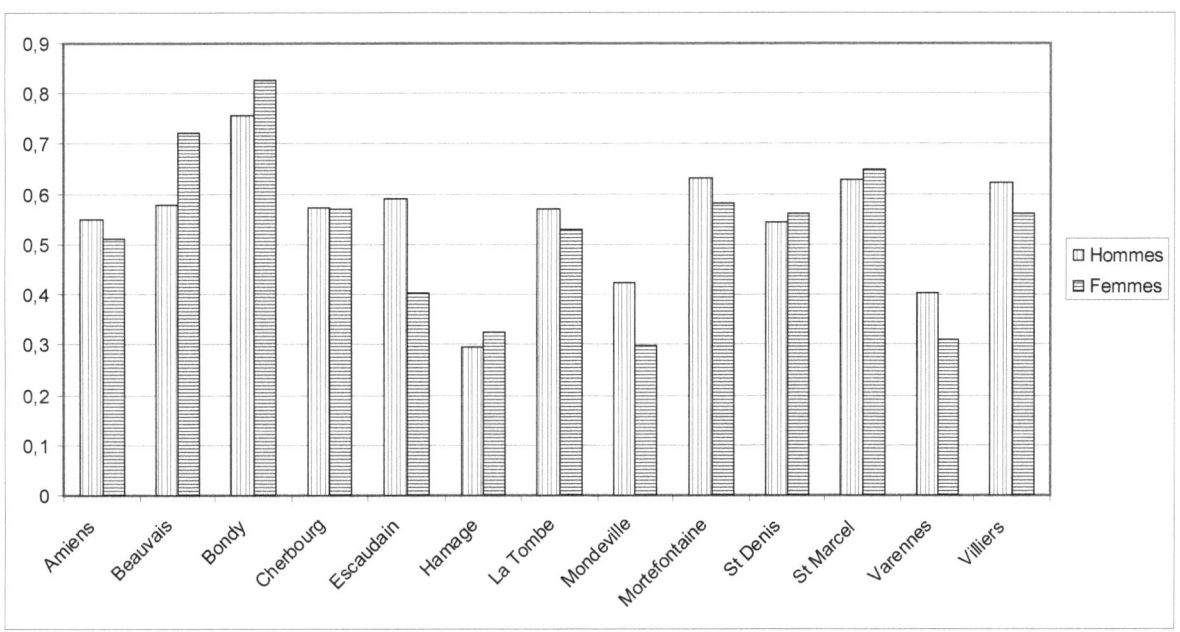

Figure 50 : Pourcentage de conservation osseuse des différents sites selon le sexe (tableau 1 p. 169)

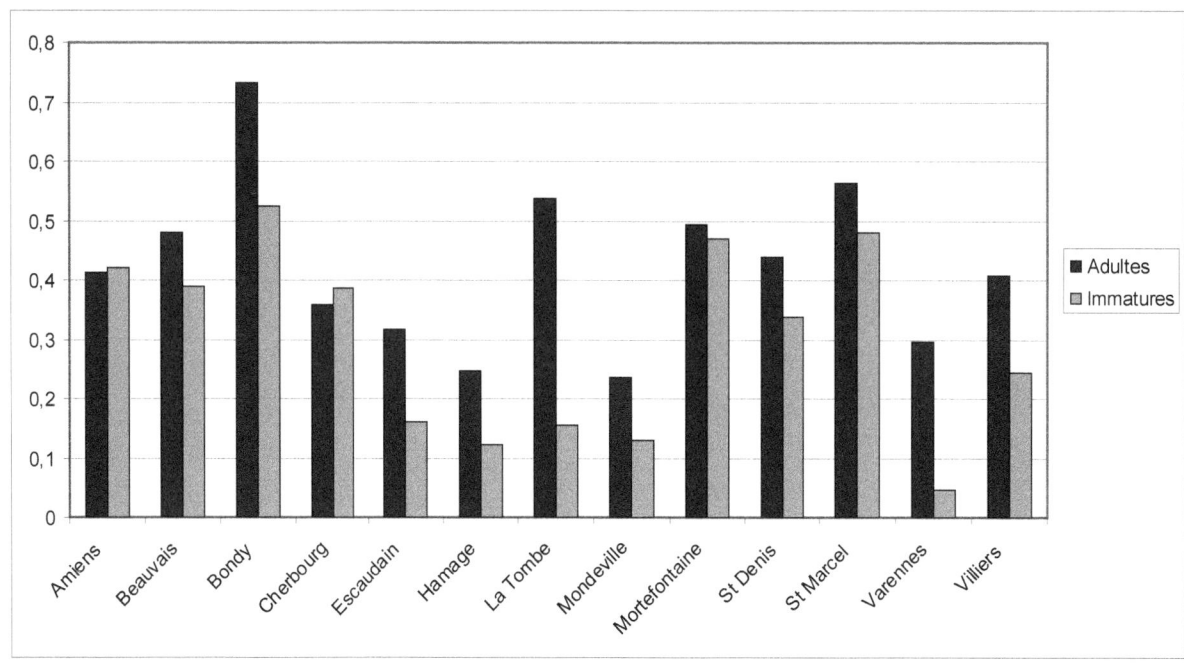

Figure 51 : Pourcentage de conservation osseuse des différents sites selon l'âge (tableau 1 p. 169)

Lors de l'analyse, le niveau de conservation s'est également révélé parfois hétérogène selon le type d'observation effectué. Par exemple, à Varennes-sur-Seine, il est peu probable que l'état général soit le reflet d'une réalité biologique tant la surface extérieure des os était altérée. Par contre, il a semblé que les fractures étaient quant à elles bien lisibles. Il a en outre été très difficile de coter l'absence d'arthrose (contrairement à la présence qui semblait possible : pour être certaine, l'absence nécessitait des articulations très bien conservées). A Cherbourg, de nombreuses dents présentaient une coloration qui n'a pas été prise en compte. Pour ce même site, quelques pathologies n'ont également pas pu être examinées car elles n'étaient pas gardées au sein du laboratoire[65].

II.4 Sites archéologiques, pratiques funéraires et recrutement

Pour la période carolingienne, divers types de sites archéologiques peuvent présenter des sépultures. Selon la définition de J. Leclerc, cette dénomination désigne le lieu de dépôt volontaire d'un défunt accompagné d'un geste funéraire (Leclerc J., 1990). Le terme est toutefois polysémique : pour ce travail, les restes matériels, à savoir les ossements, sont primordiaux et correspondent davantage à la nature archéologique de la tombe. Ainsi, comme l'illustre le *corpus* étudié, la caractérisation de cette dernière s'avère souvent difficile.

Les sépultures sont rassemblées au sein de différents espaces, allant du regroupement situé dans l'habitat au cimetière. Ainsi, au haut Moyen Age, L. Pecqueur a montré que les inhumations au sein de l'habitat sont fréquentes comme en témoigne le site de Villiers-le-Sec (Pecqueur L., 2003 ; Treffort C., 2004 ; Verbrugghe G. et Carron D., 2007). Cette pratique tend à disparaître au Xe siècle bien qu'elle soit encore attestée par la suite

(Peytremann E., 2003, p. 309). De petites nécropoles sans édifice cultuel ou des ensembles ruraux plus conséquents installés autour de bâtiments de culte[66] coexistent avec des sites urbains au fonctionnement intensif. L'étude du recrutement biologique de ces différents types de sites peut alors amener quelques éléments pour tenter de mieux les comprendre.

II.4.1 Les implantations rurales

En contexte rural, tous les sites archéologiques ne présentaient pas de signes révélateurs de la présence initiale d'un édifice de culte. Diverses raisons peuvent l'expliquer. Tout d'abord, les sites n'ont pas tous été fouillés exhaustivement et une construction pouvait donc se trouver hors des zones investiguées. D'autre part, durant la période étudiée, certains regroupements de sépultures n'étaient pas associés à une église (voir par exemple Treffort C., 1996a). Parfois, les défunts pouvaient être inhumés à proximité d'une chapelle lorsque les familles n'avaient pas la possibilité de porter leurs morts au loin (Treffort C., 1996a). La présence de ce type de bâtiment n'était pourtant pas nécessaire à l'établissement d'une nécropole et la présence d'une église est relativement peu fréquente en milieu rural (Peytremann E., 2003, p. 295). Des prêtres munis d'une table d'autel pouvaient être envoyés par leurs évêques dans des lieux qui en étaient dépourvus ce qui permettait alors de créer un aître où les pauvres pouvaient ensevelir leurs défunts (Lauwers M., 2005, p. 38). Cette nécessité d'inhumer les morts dans des espaces funéraires clairement définis pour la communauté a conduit progressivement à la multiplication des lieux de culte locaux (Lauwers M., 2005, p. 38). La majorité des édifices retrouvés archéologiquement est alors érigée entre le VIIe et le VIIIe siècle que ce soit des édifices excavés, sur poteaux de bois ou des édifices sur solins ou fondations maçonnées (Peytremann E., 2003, p. 297). Les nécropoles rurales, sans édifice, sont ainsi peu à peu abandonnées au cours du haut Moyen Age (Treffort C., 1996b).

---

65 Pour les individus numérotés de 1 à 187, quelques pièces osseuses présentant des pathologies ont été extraites des squelettes mais non restituées au laboratoire malgré les efforts de celui-ci pour les réintégrer à la série ostéologique.

66 Par exemple, à Saleux, un millier de sépultures datant des VIIe-XIe siècles ont été découvertes autour d'un petit bâtiment de culte (Catteddu I., 1997).

* MONDEVILLE

Le site de Mondeville « Haut Saint Martin de Trainecourt » (Calvados) a été fouillé par l'AFAN sous la direction de V. Renault en 1992. L'étude anthropologique a été réalisée par Y. Le Ho dans le cadre d'un mémoire de maîtrise (Le Ho Y., 1994). Le site présente une nécropole sans édifice de culte : en effet, la surface dégagée lors de la fouille (dix hectares) ne laisse guère de doute concernant cette question. Il est en outre contemporain du site funéraire de Saint-Martin de Mondeville, situé à quelques parcelles (cent cinquante mètres environ) et daté des VIIe-XIIe siècles, qui possédait une église construite sur un ancien oratoire mérovingien (Peytremann E., 2003, p. 313 ; Lorren C., 1982). Une parcelle contiguë au site du Haut Saint Martin de Trainecourt présentait, quant à elle, un habitat mérovingien et carolingien fouillé sous la direction de C. Lorren. La datation des sépultures du site du Haut Saint Martin de Trainecourt, confirmée à l'aide de plusieurs analyses radiocarbones, s'étend de la fin du VIIe siècle au début du XIe siècle avec de fortes probabilités pour les IXe-Xe siècles.

- Pratiques funéraires
(d'après Le Ho Y., 1994)

L'aire funéraire était probablement délimitée par des fossés. Les sépultures se rassemblent en trois groupes, les deux premiers étant séparés par une dizaine de mètres, le troisième étant constitué de sépultures avec une orientation différente et comblant les espaces laissés vides dans le deuxième groupe (figure 52). Les sépultures sont individuelles à une exception près. Quelques sépultures, trouvées plus à l'écart au sein de l'habitat, s'ajoutent également à l'ensemble funéraire. L'orientation générale des deux premiers groupes est nord-ouest/sud-est, celle du troisième étant ouest-est. Des recoupements ont pu être constatés entre les ensembles deux et trois. Les individus reposaient sur le dos, les membres inférieurs de certains étaient parfois repliés pour permettre de les insérer dans des fosses trop courtes. Seize sépultures étaient aménagées, un coffrage recouvrant totalement ou partiellement le défunt. Aucun autre aménagement n'a été décelé, ni aucun indice témoignant de la présence de cercueils ou de coffrages.

- Recrutement, répartition par âge et par sexe

Le site compte un total de quatre-vingt trois individus mais ces derniers sont très mal conservés, ce qui complique nettement l'analyse biologique (taux de conservation de 0,18).

Le site présente un taux très élevé d'individus immatures (47 %) (figure 53). Ces derniers semblent se répartir entre les différentes classes d'âge avec toutefois un pic pour les « 5-9 ans » et un très faible pourcentage pour les « 0-1 an » (figure 53 et 54-1), quelle que soit la méthode utilisée. Pour les adultes (figure 53 et 54-2), les deux approches individuelle et paléodémographique montrent des schémas différents avec toutefois un très faible nombre de sujets âgés dans chaque cas. L'étude paléodémographique met en outre en évidence des pourcentages élevés d'individus adultes appartenant aux classes d'âge les plus jeunes.
Les résultats mettent en évidence une sélection nette selon le sexe (figure 55). Le test chi² indique quant à lui que la sélection est statistiquement significative (chi²=5,53) : la nécropole contient donc nettement plus d'individus féminins que masculins[67].

Le recrutement de la partie fouillée de la nécropole présente plusieurs caractéristiques avec notamment de hauts pourcentages d'individus appartenant aux classes d'âge les plus jeunes chez les individus adultes, peut-être le témoignage d'une population défavorisée, et une très forte sélection selon le sexe avec une proportion élevée d'individus de sexe féminin.

---

[67] Pour les calculs de ce type dans ce travail, les individus de sexe indéterminé n'ont pas été pris en compte, ceux-ci ayant un poids trop grand et rendant alors inutile le calcul.

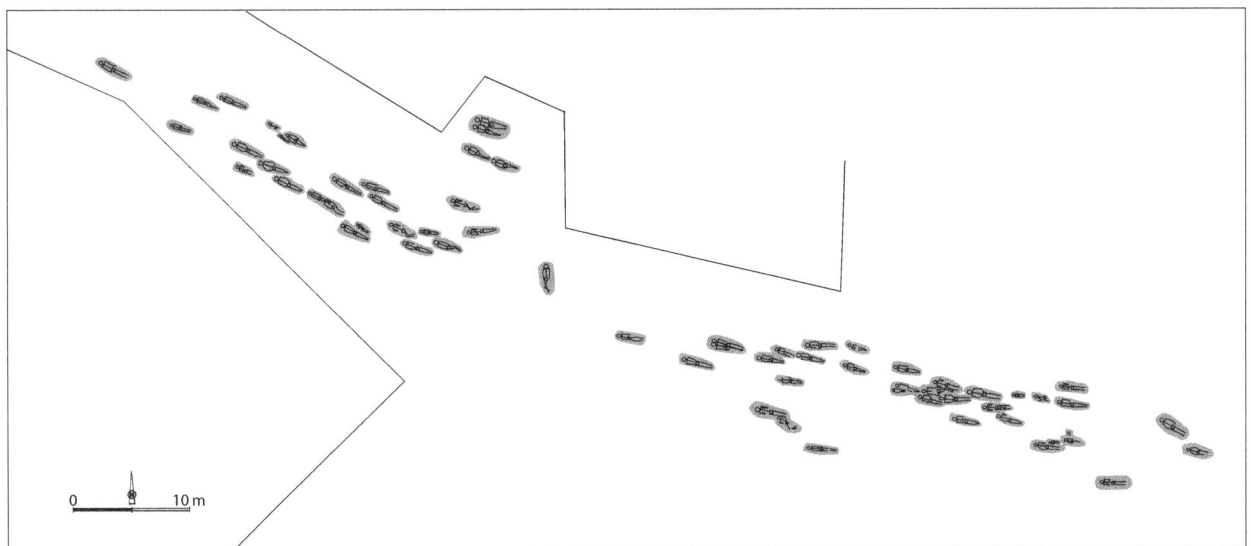

Figure 52 : Plan de l'ensemble du site de Mondeville (DAO Fossurier C. d'après Le Ho Y., 1994)

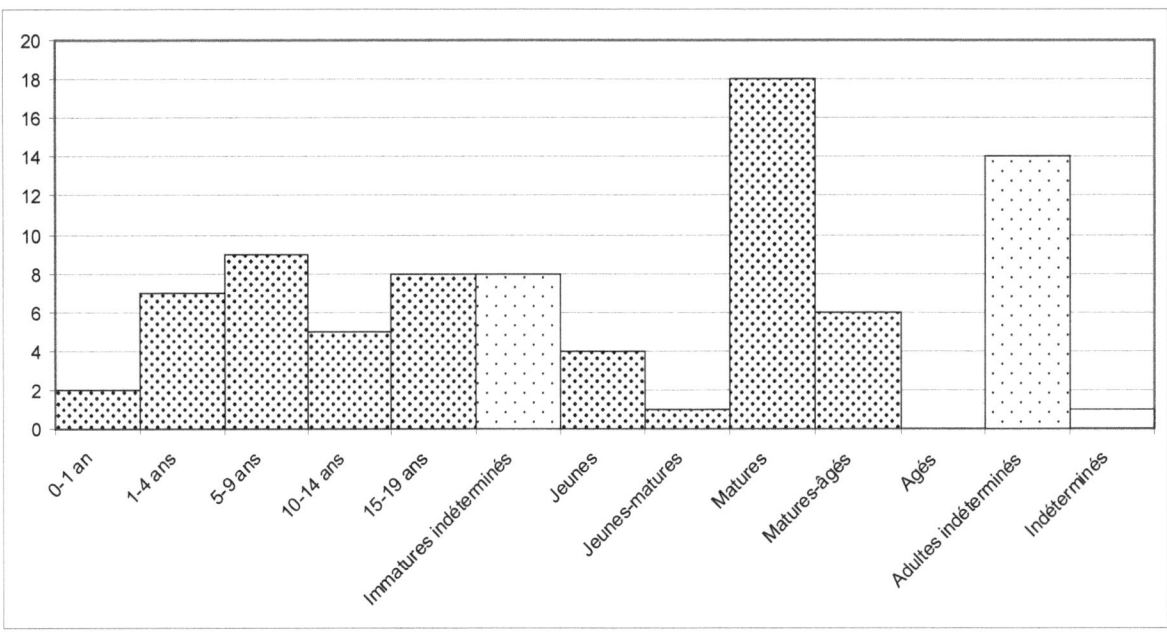

Figure 53 : Répartition des individus en effectifs selon les classes d'âge dans une approche individuelle (Mondeville) (tableau 2 p. 169)

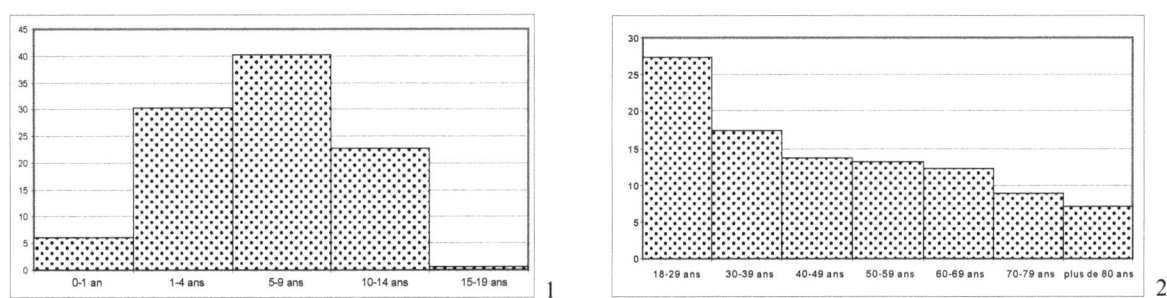

**Figure 54 : Répartition probable en pourcentages des âges au décès des individus selon l'approche probabiliste
1. Individus immatures 2. Individus matures (méthode des vecteurs de probabilités) (Mondeville) (tableaux 3 et 4 p. 174)**

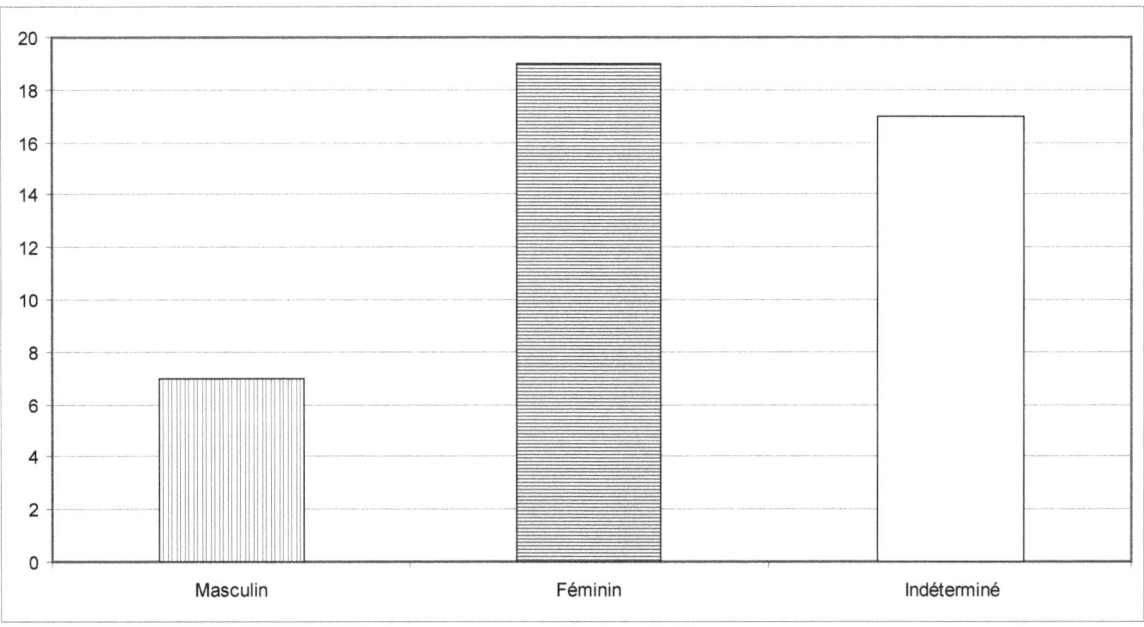

Figure 55 : Répartition des individus adultes selon le sexe en effectifs (Mondeville) (tableau 5 p. 175)

* La Tombe

Le site, situé en Seine-et-Marne, a été fouillé en 1994 sous la direction de P. Gouge pour le Conseil Général de Seine-et-Marne, l'étude anthropologique étant réalisée par V. Delattre. Aucune source textuelle ne permet d'identifier ce site : seules les communes alentours sont citées dans le polyptyque d'Irminon (Gouge P., *et al.*, 1994). L'ensemble de la nécropole a probablement été fouillé sans qu'aucun édifice n'ait pu être décelé (figure 56). Aucune trace d'habitat n'a été perçue à proximité. La datation des sépultures a pu être assurée à l'aide d'analyses radiocarbones (Gouge P., *et al.*, 1994).

- Pratiques funéraires
(d'après Gouge P., *et al.*, 1994)

La nécropole s'étend sur environ 250 m² : elle forme un ensemble semblant s'étirer d'est en ouest le long d'un chemin rural retrouvé en fouilles . Les sépultures sont globalement orientées ouest-est, la tête étant à l'ouest (figure 57). Les individus reposent sur le dos, dans de grandes fosses. Certaines présentaient des banquettes et il semble que les individus aient pour la plupart été inhumés en coffrage de bois. Une réduction a également été identifiée au sein de la nécropole, à l'intérieur d'une sépulture (analyse de V. Delattre à partir des documents et photographies de P. Gouge).

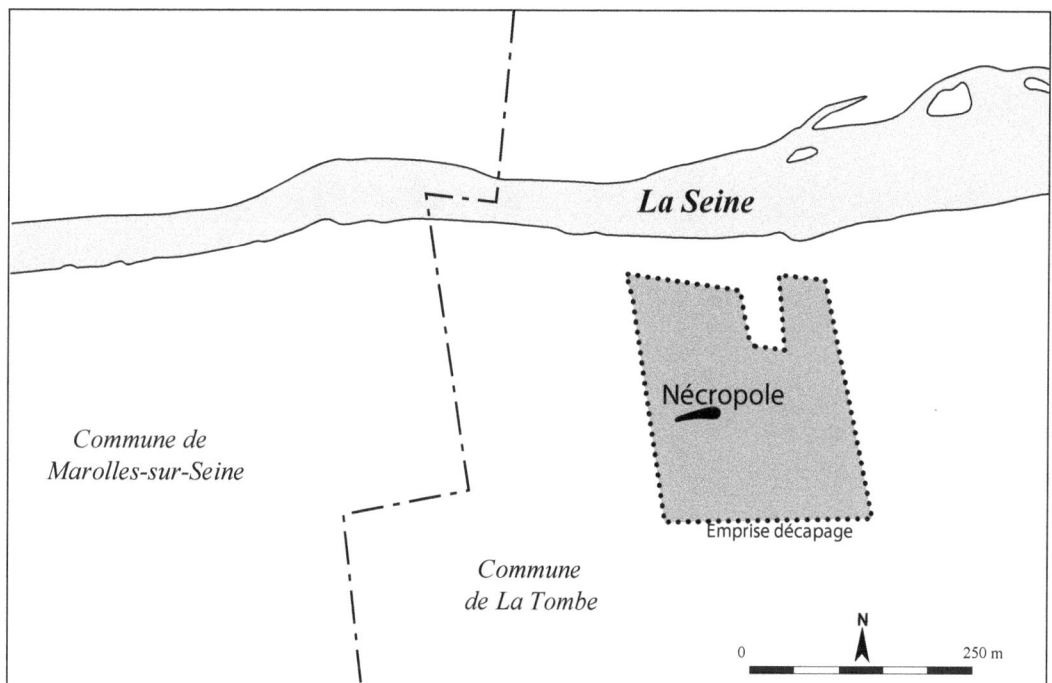

Figure 56 : Localisation du site de La Tombe
(D.A.O. Pihuit P. et modification Fossurier C. d'après Gouge P., *et al.*, 1994)

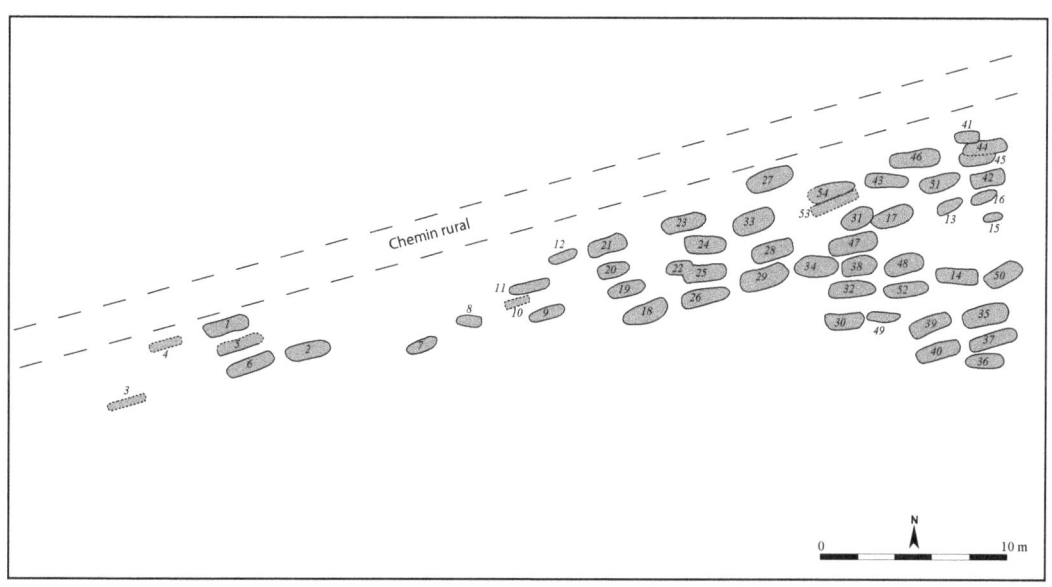

Figure 57 : Plan du site de La Tombe
(D.A.O. Pihuit P. et modification Fossurier C. d'après Gouge P., *et al.*, 1994)

- Recrutement, répartition par âge et par sexe

Le site ne présente que quarante-neuf individus (cinq individus n'ayant pu être retrouvés) mais la plupart sont complets et bien conservés (taux de conservation de 0,42). Les répartitions par classes d'âge montrent un nombre assez faible d'individus immatures par rapport à celui des adultes (présence de 30 % d'enfants) (figure 58). Selon l'approche probabiliste des immatures, les individus appartenant à la classe d'âge des « 1-4 ans » sont nettement plus nombreux que dans les autres classes d'âge (figure 59-1). L'approche paléodémographique répartit les individus adultes dans les différentes classes d'âge, avec des pourcentages plus importants pour les classes d'âge les plus jeunes (figure 59-2).

La répartition par sexe (figure 60) indique un nombre plus important d'individus féminins que masculins mais cette différence n'est pas statistiquement significative (chi²=3,12). Le score se rapproche toutefois de la limite de significativité (3,84) et il est possible qu'il ait existé une légère sélection.

Une différence dans la sélection concernant les sexes apparaît dans l'approche paléodémographique (figure 61) : des pourcentages élevés dans les classes d'âge les plus jeunes sont observés pour les individus féminins tandis que les individus masculins se répartissent davantage dans les différentes classes d'âge, avec notamment des pourcentages légèrement plus élevés dans les classes d'âge moyennes et âgées. Toutefois, pour les hommes, l'effectif d'étude est relativement faible (l'analyse ne porte que sur huit individus).

Ces premiers éléments semblent indiquer que le recrutement de la nécropole était relativement proche de celui d'une population de type naturel avec toutefois quelques particularités telles que le nombre proportionnellement élevé d'individus féminins appartenant surtout aux classes d'âge les plus jeunes.

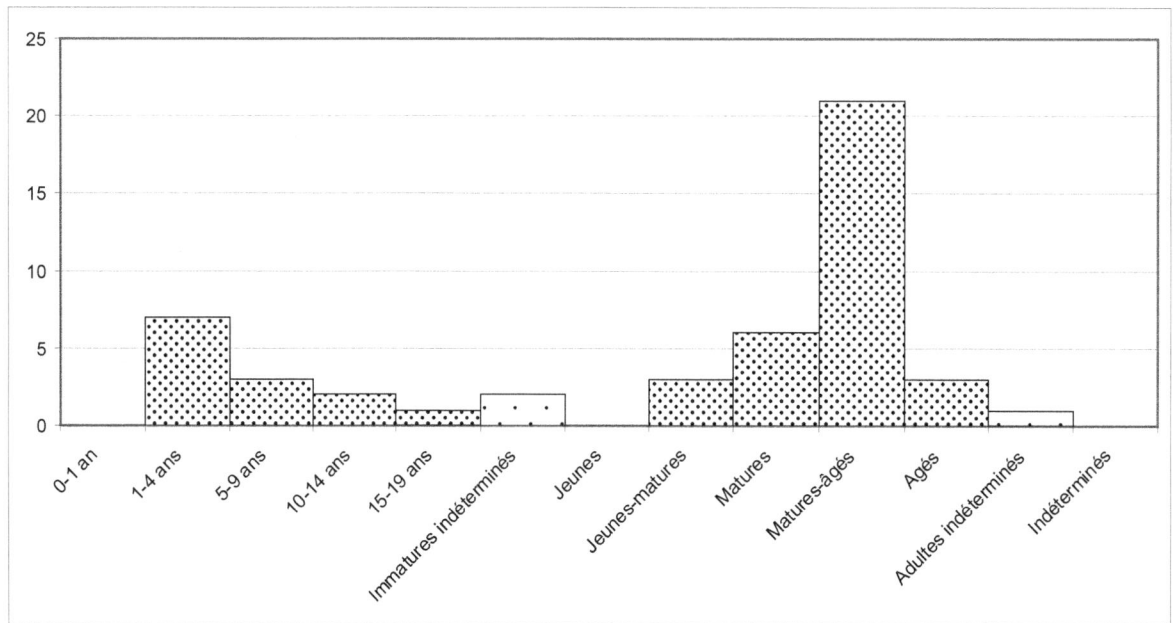

Figure 58 : Répartition des individus en effectifs selon les classes d'âge dans une approche individuelle (La Tombe) (tableau 2 p. 169)

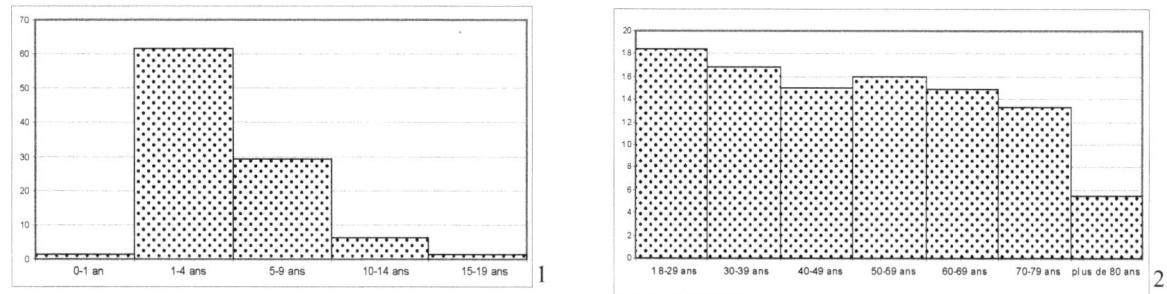

**Figure 59 : Répartition probable en pourcentages des âges au décès des individus selon l'approche probabiliste
1. Individus immatures 2. Individus matures (méthode des vecteurs de probabilités) (La Tombe) (tableaux 3 et 4 p. 174)**

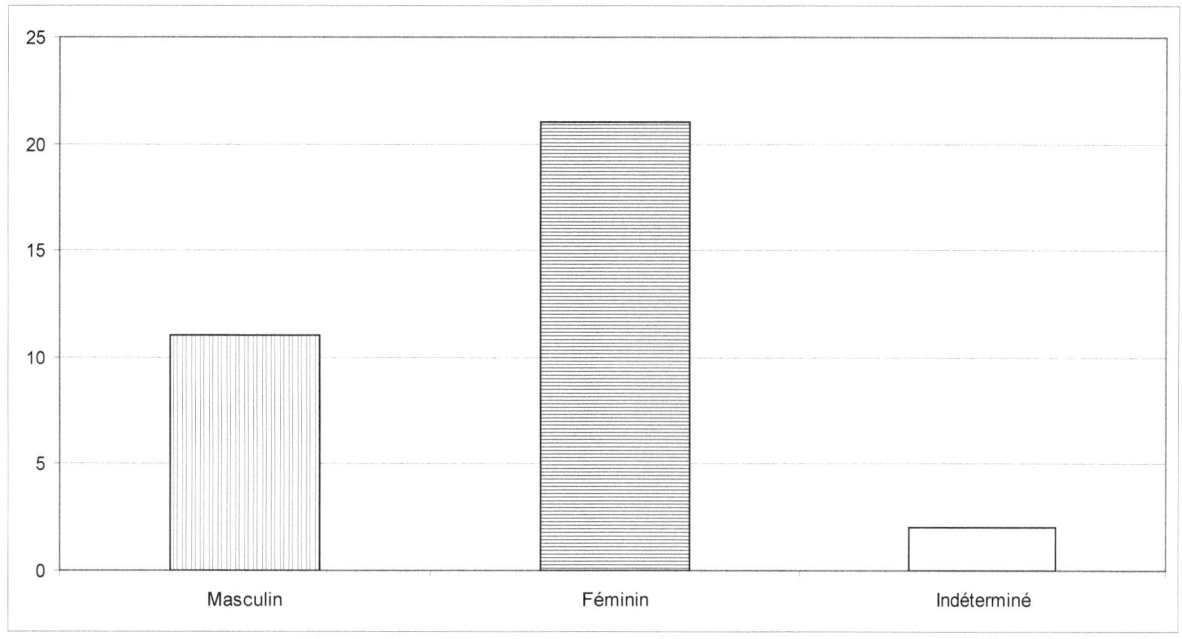

Figure 60 : Répartition des individus adultes selon le sexe en effectifs (La Tombe) (tableau 5 p. 175)

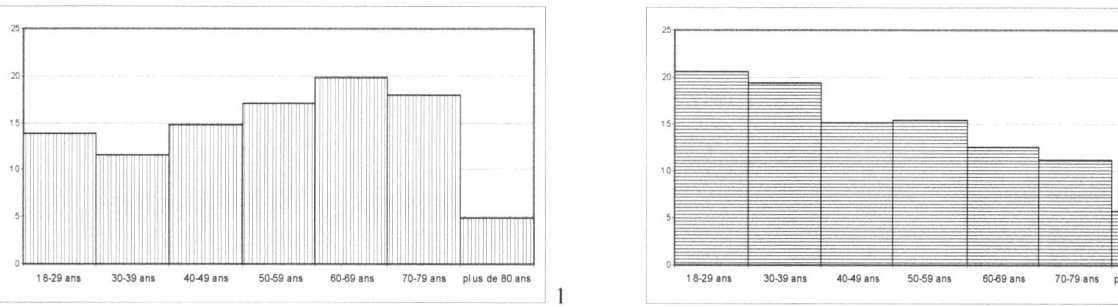

Figure 61 : Répartition probable en pourcentages des âges au décès des individus matures selon la méthode des vecteurs de probabilités, approche paléodémographique (1 : sexe masculin ; 2 sexe féminin) (La Tombe) (tableau 4 p. 174)

* VARENNES-SUR-SEINE

Le site a été fouillé en 2001 en Seine-et-Marne, sous la direction de V. Delattre pour l'Inrap, cette dernière ayant également réalisé l'étude anthropologique. L'ensemble des squelettes a probablement été dégagé. Aucun bâtiment cultuel construit en pierre n'a été trouvé mais la présence de quelques trous pouvant servir à l'implantation de poteaux pourraient témoigner de la présence initiale d'une construction en bois dont le rôle exact n'est pas déterminable : d'après V. Delattre, cet ensemble de trous de poteaux pourrait « *témoigner de la présence, sinon, d'une chapelle funéraire, du moins d'un édicule lié au culte et/ou à la commémoration des défunts* » (Delattre V., *et al.*, 2002, p. 9). La nécropole semble avoir été installée sur une butte de sable encore nettement visible (Delattre V., *et al.*, 2002). Aucune délimitation matérielle de la nécropole n'a pu être mise en évidence (figure 62).

- Pratiques funéraires

La nécropole n'est pas organisée au nord tandis que son versant sud connaît une hiérarchisation, certaines sépultures s'alignant en fonction du chemin (figure 62) (Delattre V., *et al.*, 2002, p. 12 ; Delattre V., 2002, p. 95). Les sépultures sont serrées les unes aux autres et leur creusement est toujours très large et très profond. Les individus sont inhumés dans des coffrages de bois mais ces derniers sont rarement complets. La présence d'enveloppes textiles, de vêtements et/ou de linceuls étroitement noués est également probable (Delattre V., *et al.*, 2002, p. 25). Une tombe féminine avec un couteau initie une série de sépultures, avec notamment un regroupement de très jeunes sujets immatures (Delattre V., *et al.*, 2002, p. 18) ce qui laisse sous-entendre que certains individus pouvaient être regroupés au sein de la nécropole.

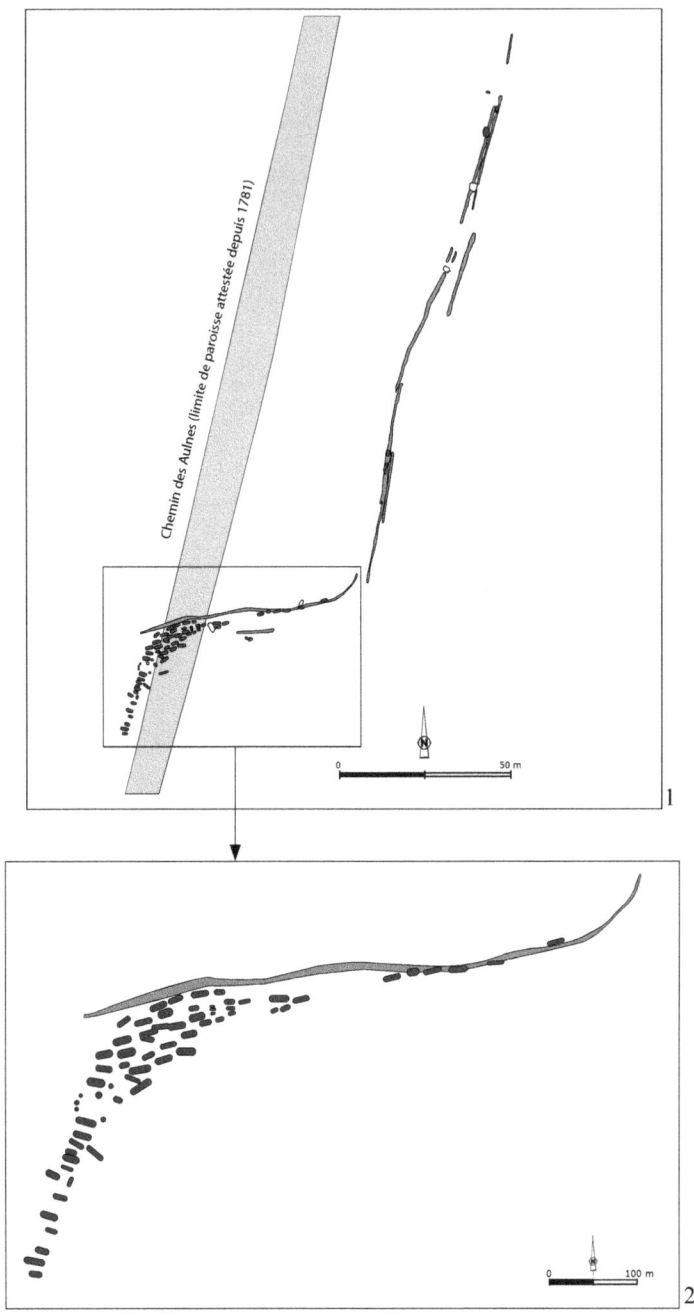

**Figure 62 : Plan du site de Varennes-sur-Seine 1. Vue générale 2. Vue détaillée
(D.A.O Pihuit P. et Fossurier C. d'après Delattre V., *et al.*, 2002, p. 20 et p. 21)**

- Recrutement, répartition par âge et par sexe

Le site ne présente que cinquante-deux individus très mal conservés, leur lecture étant très difficile (taux de conservation de 0,21). Les surfaces externes des os et leurs épiphyses étaient souvent illisibles.

La répartition par âge indique que 31 % des individus de la nécropole sont des individus immatures et seuls les sujets de « 0-1 an » en sont totalement absents (figure 63). Pour les individus immatures, l'approche probabiliste révèle un pourcentage élevé d'individus âgés de « 1-4 ans » (figure 64-1). L'approche paléodémographique concernant les adultes permet de répartir ces derniers entre les différentes classes d'âge dans des proportions relativement proches sauf pour les « 18-29 ans » qui présentent un taux élevé (figure 64-2). Ces indices semblent indiquer un recrutement de type naturel excepté en ce qui concerne les jeunes adultes.

La répartition par sexe (figure 65) montre un nombre plus important d'individus féminins que masculins (dix-sept individus de sexe féminin et dix individus de sexe masculin) mais la différence n'est pas statistiquement significative (chi²=1,81) et il n'y a vraisemblablement pas de sélection selon le sexe (le chi² a une valeur relativement faible).

Ces analyses préliminaires semblent indiquer que le recrutement de la nécropole était de type général naturel sauf en ce qui concerne la proportion élevée de jeunes adultes, la mauvaise conservation osseuse pouvant expliquer en grande partie l'absence des individus âgés de « 0-1 an ».

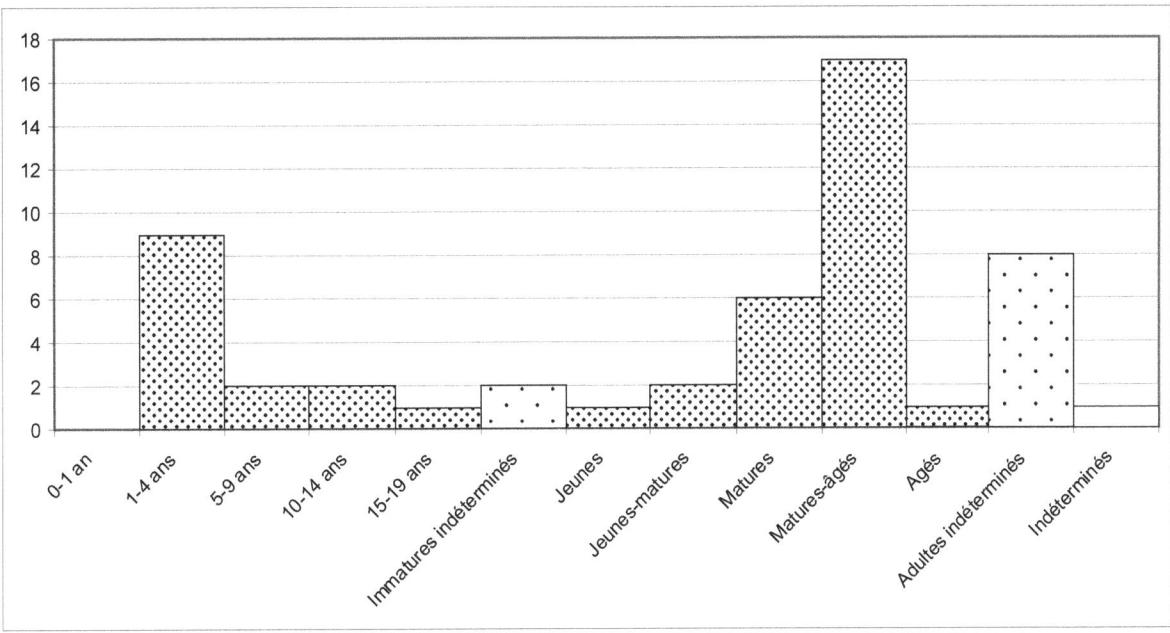

Figure 63 : Répartition des individus en effectifs selon les classes d'âge dans une approche individuelle (Varennes-sur-Seine) (tableau 2 p. 169)

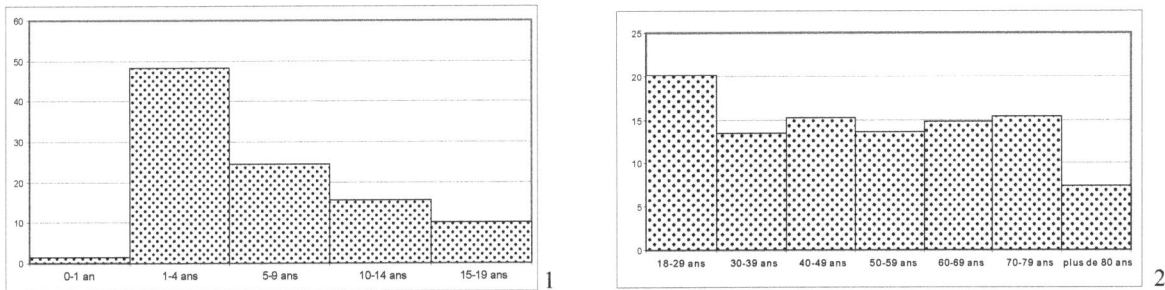

Figure 64 : Répartition probable en pourcentages des âges au décès des individus selon l'approche probabiliste 1. Individus immatures 2. Individus matures (méthode des vecteurs de probabilités) (Varennes-sur-Seine) (tableaux 3 et 4 p. 174)

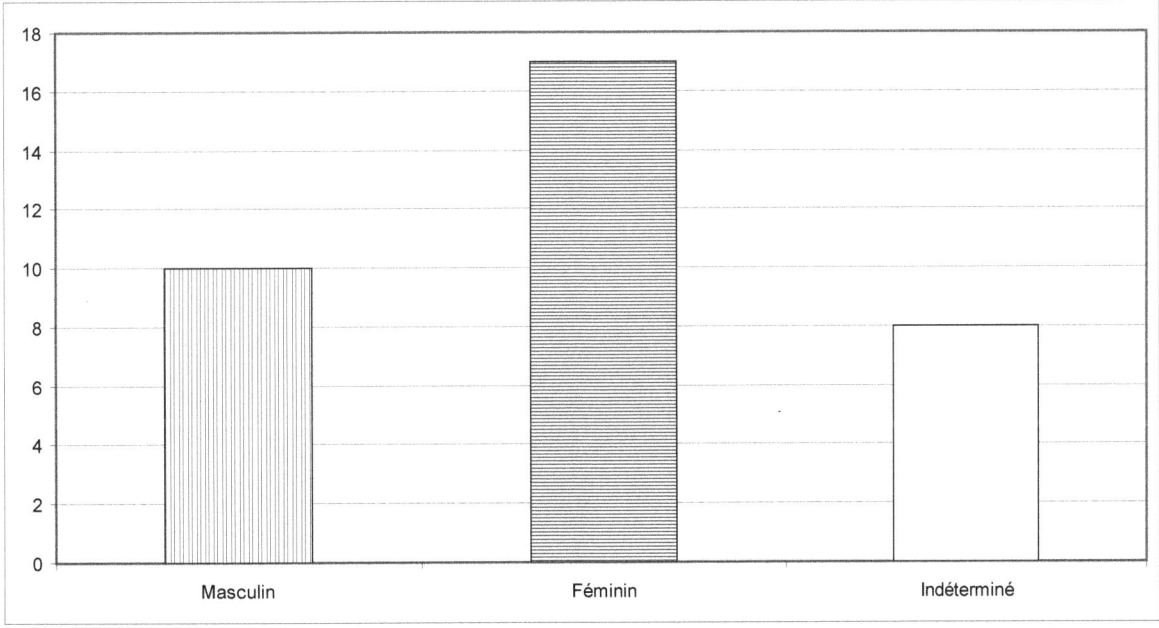

Figure 65 : Répartition des individus adultes selon le sexe en effectifs (Varennes-sur-Seine) (tableau 5 p. 175)

* ESCAUDAIN

Le site, situé dans le département du Nord, a été fouillé en 2004 sous la direction d'E. Leroy-Langelin pour la Communauté d'Agglomération du Douaisis, Direction de l'Archéologie Préventive (CADDAP). L'étude anthropologique a été réalisée par l'auteur dans le cadre d'une deuxième année de master (Fossurier C., 2005). Aucune trace d'édifice de culte n'a été décelée mais il est possible qu'il se soit situé en dehors de la zone explorée, la nécropole n'ayant été fouillée que partiellement : un tiers ou plus de la nécropole a probablement été dégagé. Cette dernière paraît être l'héritière des nécropoles mérovingiennes en plein champ dans lesquelles aucun édifice de culte n'est présent. Elle a été datée, grâce au mobilier des tombes, aux relations stratigraphiques entre sépultures et aux analyses radiocarbones, de la fin du VIIe siècle au IXe siècle. Il semble qu'elle ait été circonscrite sur au moins trois côtés par des fossés, des chemins, des haies ou d'autres structures légères (figure 66). Six sépultures trouvées dans l'habitat s'ajoutent en outre à l'ensemble de la nécropole.

- Pratiques funéraires
(d'après Fossurier C., 2005)

Aucune organisation précise n'a pu être décelée au sein de la nécropole : seuls des regroupements et recoupements de sépultures ont pu être mis en évidence. De nombreux types de réduction ont été identifiés au sein de l'espace funéraire (ossuaire, réduction interne, réduction externe[68]). Concernant les sépultures primaires, la majorité des

68 D'après la typologie de M. Colardelle (Colardelle M., 1996).

individus, soit 69 %, sont inhumés dans des coffrages mais certains reposaient dans des sarcophages de pierres ou des sépultures maçonnées en pierre et terre cuite architecturale. Les défunts étaient sur le dos, les membres inférieurs en extension, la position de leurs membres supérieurs variant. En outre, quelques marquages de surface ont pu être repérés.

- Recrutement, répartition par âge et par sexe

Le site comprend un nombre relativement élevé d'individus (cent vingt) mais 37 % sont en réduction et peu complets d'où un taux de conservation moyen malgré des os en bon état (taux de conservation de 0,27).

L'approche individuelle montre un grand nombre d'individus adultes par rapport à celui des individus immatures (seulement 26 %) (figure 67). Ces derniers, selon l'approche probabiliste, présentent des proportions élevées chez les « 1-4 ans » puis chez les « 5-9 ans » (figure 68-1). Concernant l'approche paléodémographique, les adultes ont des pourcentages légèrement plus élevés dans les classes moyennes et âgées (figure 68-2).

Les deux sexes ont des effectifs relativement proches, et la différence n'est pas statistiquement significative (chi²=0,51) (figure 69). Il n'y a vraisemblablement pas de sélection selon ce critère.

Le recrutement ne présente donc qu'une sélection selon l'âge, la partie de la nécropole fouillée ne comprenant que peu d'enfants, l'éloignant en ce sens d'une population naturelle.

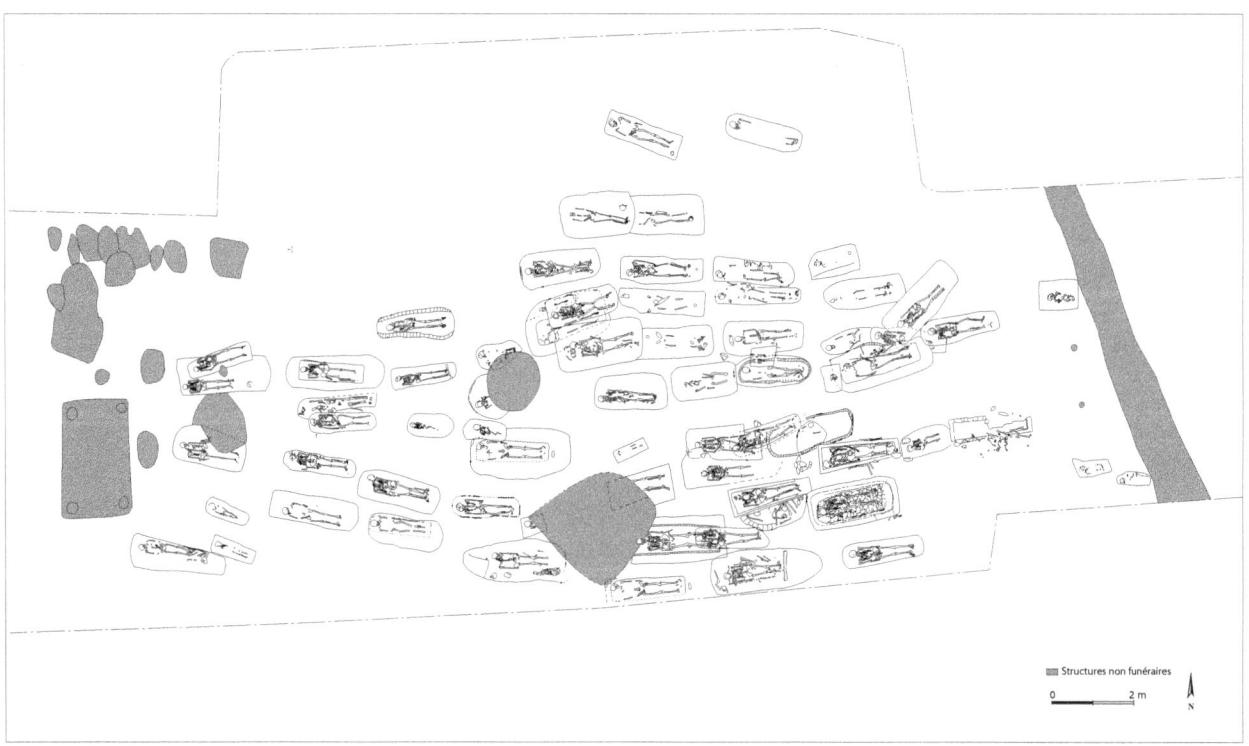

Figure 66 : Plan du site d'Escaudain (D.A.O CADDAP et modification Fossurier C. d'après Langelin-Leroy E., 2005)

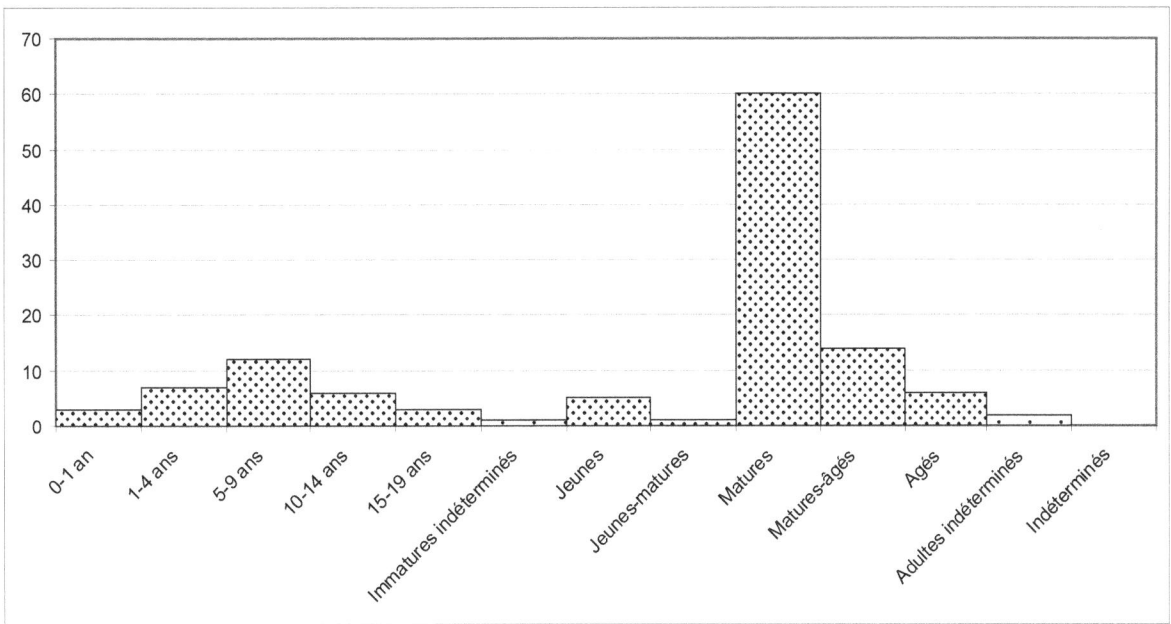

Figure 67 : Répartition des individus en effectifs selon les classes d'âge dans une approche individuelle (Escaudain) (tableau 2 p. 169)

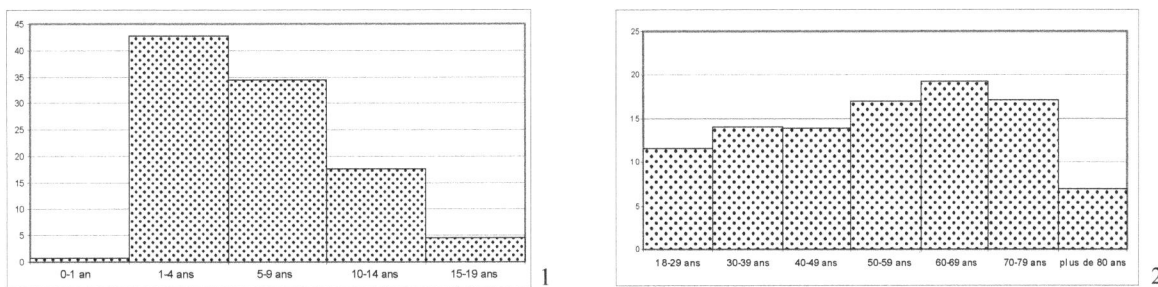

Figure 68 : Répartition probable en pourcentages des âges au décès des individus selon l'approche probabiliste
1. Individus immatures 2. Individus matures (méthode des vecteurs de probabilités) (Escaudain) (tableaux 3 et 4 p. 174)

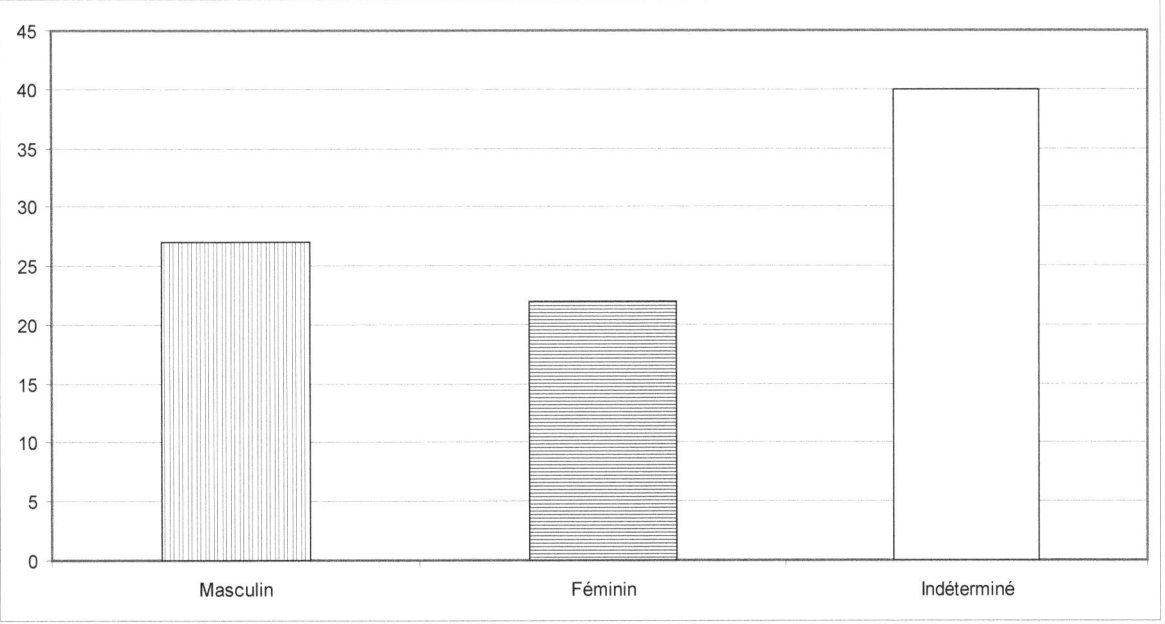

Figure 69 : Répartition des individus adultes selon le sexe en effectifs (Escaudain) (tableau 5 p. 175)

* Mortefontaine

Le site, situé dans l'Aisne, a été fouillé en 2008 par le service archéologique du Conseil Général de l'Aisne sous la direction de T. Galnish, l'étude anthropologique ayant été effectuée par N. Robin lors d'une opération d'archéologie préventive (Galmiche T., *et al.*, 2013) (figure 70). Son analyse stratigraphique révèle une utilisation prolongée durant au moins trois phases. Il présente une organisation générale en rangées (Galmiche T., *et al.*, 2013). Le nombre important de réductions suggère que le site était attrayant pour les populations alentours. Il était partiellement délimité par des fossés (Galmiche T. et Robin N., 2015). Les datations du site, effectuées à l'aide d'analyses radiocarbones, indiquent une occupation carolingienne. Aucun indice dans les textes ne permet d'affirmer qu'un bâtiment cultuel se trouvait dans les environs mais des indices archéologiques relevés lors d'une opération archéologique postérieure laissent envisager la très probable existence d'un tel bâtiment (Galmiche T. et Robin N., 2013 ; Galmiche T. et Robin N., 2015).

- Pratiques funéraires

La fouille a permis de dégager un « tronçon » de nécropole. Le nombre important de réductions et d'ossements dans les remplissages semble témoigner d'une très forte volonté de rassembler les morts au même lieu (si l'on prend en compte tous les os, y compris ceux des remplissages, le N.M.I. s'élève à deux cent quatre vingt dix neuf). Les individus reposaient pour la plupart sur le dos, dans de grandes fosses, des coffrages étant aménagés au sein de celles-ci ; certaines sépultures présentaient des logettes céphaliques (analyse N. Robin).

- Recrutement, répartition par âge et par sexe

Cent quatre-vingt six individus ont été analysés pour ce site dont la plupart, en position primaire, sont très bien conservés (taux de conservation 0,48).[69]

La nécropole ne présente que 21 % d'individus immatures qui se répartissent selon toutes les classes d'âge (figures 71 et 72). Pour ceux-ci, l'approche probabiliste révèle une forte proportion d'individus appartenant à la classe d'âge des « 5-9 ans » (figure 72-1). L'approche paléodémographique distribue les adultes dans toutes les classes d'âge de manière relativement proche (excepté en ce qui concerne la classe d'âge des « 80 ans et plus » nettement sous représentée) (figure 72-2).

Les répartitions par sexe montrent un nombre nettement plus important d'hommes que de femmes (figure 73). Pourtant la différence n'est pas statistiquement significative (chi²=3,43) mais elle s'en rapproche beaucoup (limite pour une probabilité de 5 % à 3,84). Une sélection selon le sexe est envisageable mais cela n'est pas avéré, le point de vue statistique indiquant le contraire. La prédominance masculine peut toutefois être relevée.

Le site semble présenter plusieurs sélections : d'une part, il ne comporte que peu d'enfants et, d'autre part, beaucoup d'individus de sexe masculin, ces éléments l'éloignant d'une population de type naturel.

---

[69] Les individus présents dans les remplissages, très fragmentés et lacunaires, n'ont pas été pris en compte ce qui explique la bonne conservation générale des sépultures

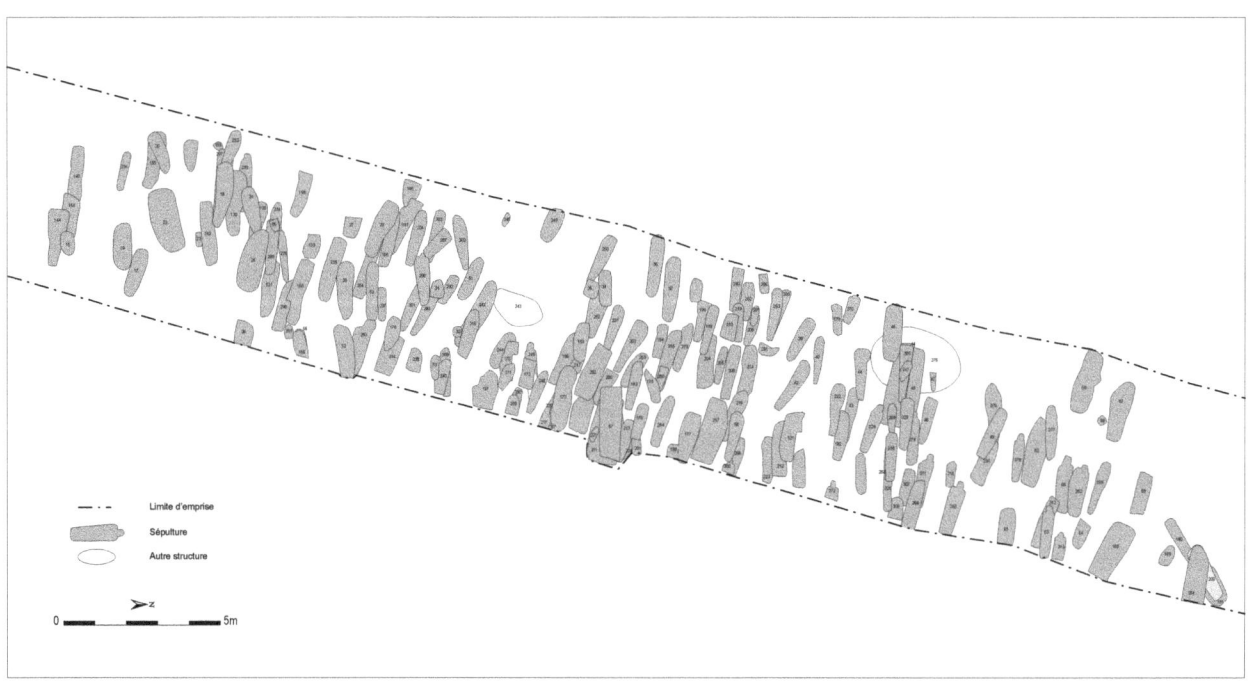

Figure 70 : Plan du site de Mortefontaine
(DAO Buccio V., Desplanque G., Normant S. - Conseil Général de l'Aisne et modification Fossurier C.)

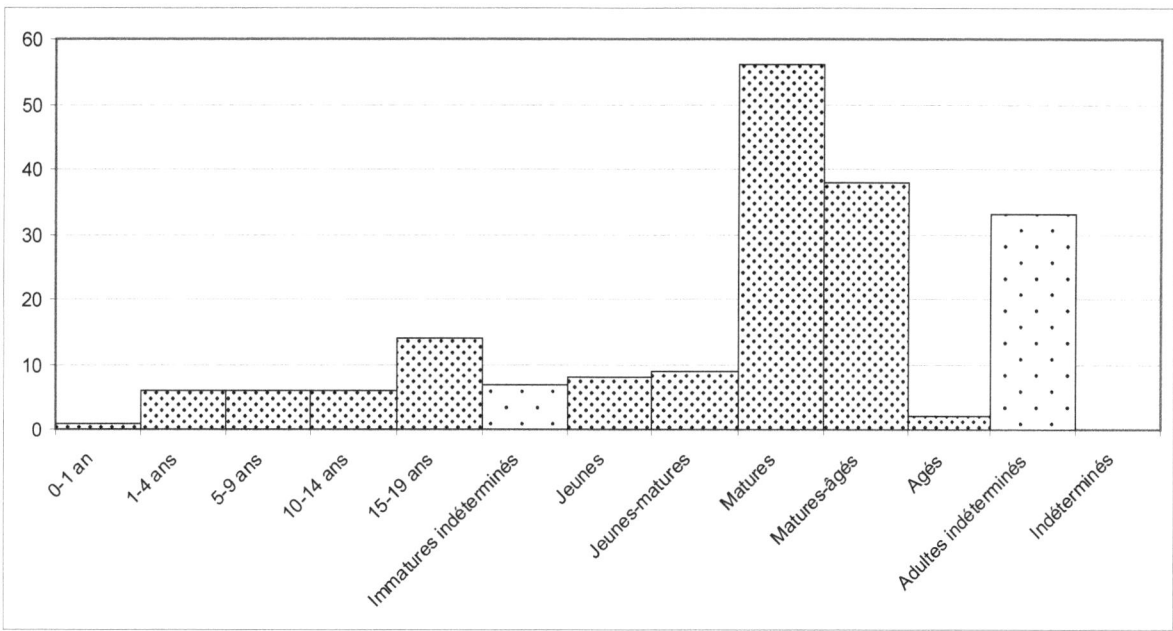

Figure 71 : Répartition des individus en effectifs selon les classes d'âge dans une approche individuelle (Mortefontaine)
(tableau 2 p.169)

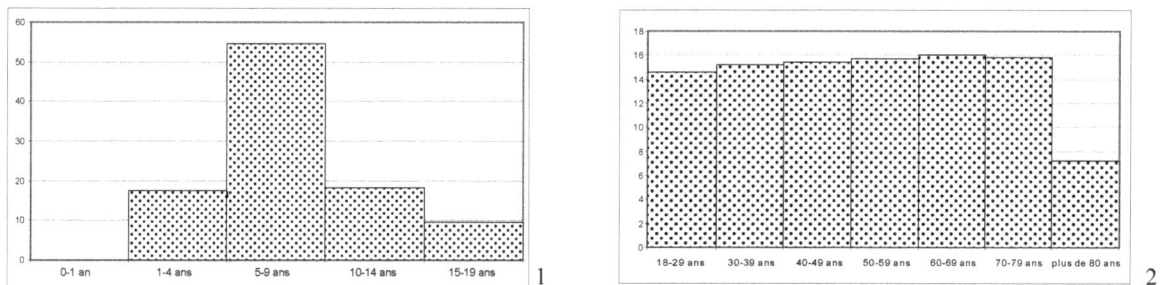

Figure 72 : Répartition probable en pourcentages des âges au décès des individus selon l'approche probabiliste
1. Individus immatures 2. Individus matures (méthode des vecteurs de probabilités) (Mortefontaine) (tableaux 3 et 4 p.174)

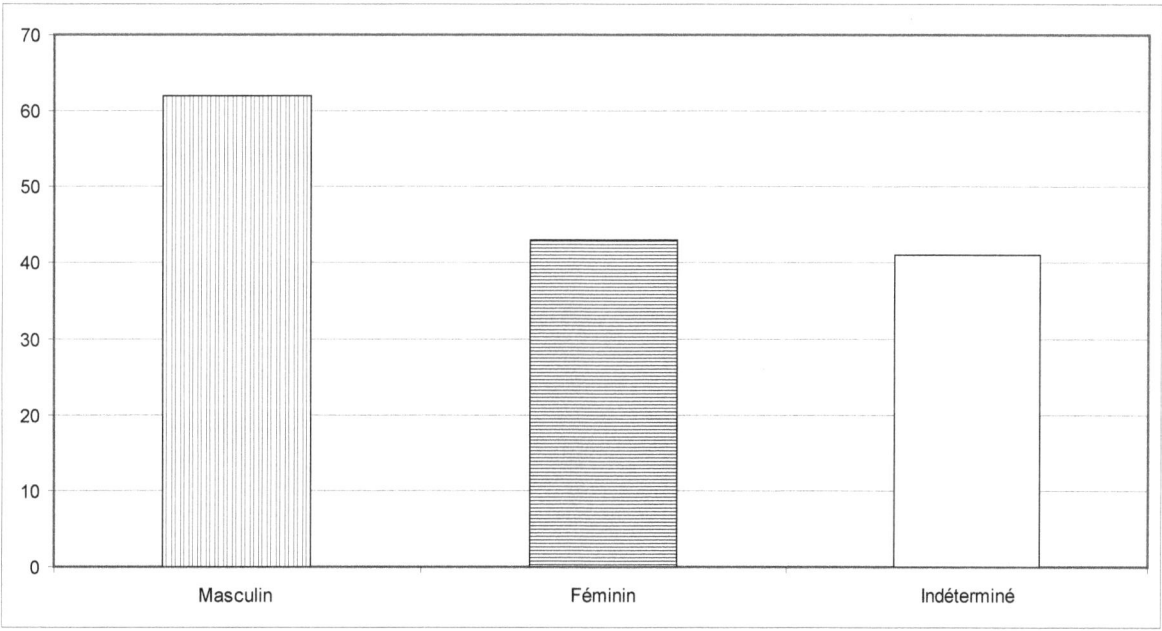

Figure 73 : Répartition des individus adultes selon le sexe en effectifs (Mortefontaine) (tableau 5 p.175)

* VILLIERS-LE-SEC

Ce site du département de l'Oise a été fouillé en plusieurs campagnes, de 1981 à 1996, sous la responsabilité de différents archéologues, notamment R. Guadagnin, F. Audouze et G. Gentili, l'étude anthropologique ayant été réalisée dans une première phase par G. Auboire puis dans son ensemble par C. Leforestier dans un travail de maîtrise. Villiers-le-Sec se situe au carrefour des voies antiques allant de Meaux à Beauvais et de Paris à Amiens *via* Saint-Denis (Guadagnin R., 1988, p. 142). Le site correspond à une mense conventuelle du monastère de Saint-Denis (Guadagnin R., 1987). Il a l'avantage d'avoir été exploré sur une vaste étendue comprenant à la fois un habitat et un espace funéraire (au moins deux hectares fouillés) (Guadagnin R., 1988, p. 144) (figure 74). L'habitat est vraisemblablement composé de plusieurs unités tandis que les sépultures se répartissent entre une nécropole située au centre de l'habitat et des sépultures disséminées au milieu de maisons dispersées (Guadagnin R., 1987, p. 150). Des habitations situées en bord de voirie et d'autres de statut plus éminent semblent y coexister (Gentili F. et Valais A., 2007, p. 144). L'ensemble correspondait probablement à un village cultivant les terres alentours (Guibeat P., 1988). La nécropole ne présentait pas de trace d'édifice de culte mais elle n'a pas été entièrement fouillée et il est tout à fait probable qu'un édifice se soit trouvé dans la partie détruite du site située au centre de l'espace funéraire (Le Forestier, 2000 ; Guadagnin R., 1988). Les deux ensembles funéraires, nécropole et habitat, sont contemporains et datent des VIIe-Xe siècles comme en témoignent le mobilier et les datations radiocarbones (Le Forestier C., 2000).

- Pratiques funéraires

Les deux groupes de sépultures de la nécropole (figure 75) se situent de part et d'autre d'un carrefour antique. Au sein de la nécropole, tous les individus, excepté un, sont inhumés ouest-est tête à l'ouest, sur le dos, dans des fosses rectangulaires, les avant-bras étant souvent repliés et les mains sur le pubis, les membres inférieurs en extension. Les sépultures, organisées en rangées, se recoupent parfois (Le Forestier C., 2000). Les individus se sont décomposés en espace vide (probable inhumation en coffrages bien que des cercueils aient pu être présents) et en espace colmaté ; deux sépultures étaient secondaires avec ossements en réduction (Le Forestier C., 2000).

En ce qui concerne les sépultures dispersées dans l'habitat, les individus sont inhumés sur le dos, dans des fosses rectangulaires, des fossés ou des silos. Certaines décompositions se sont déroulées en espace vide et des inhumations sont en coffrage ; d'autres montrent des signes de décomposition en espace colmaté (fosses étroites et silos). En outre, deux fosses présentent des assemblages osseux mal définis ressemblant à des réductions (Le Forestier C., 2000).

Figure 74 : Vue générale du site de Villiers-le-Sec pour la période carolingienne avec habitats, sépultures dans l'habitat et nécropole (DAO Fossurier C., plan Gentili. F. in Cuisenier J. et Guadagnin R., 1988)

Figure 75 : Plan de localisation des sépultures à Villiers-le-Sec, zones habitat et nécropole (DAO Fossurier C. d'après Le Forestier C., 2000)

- Recrutement, répartition par âge et par sexe

Le site comprend soixante-dix-neuf individus qui se répartissent pratiquement pour moitié entre la partie fouillée de la nécropole et les sépultures retrouvées au sein de l'habitat. La conservation osseuse, particulièrement la surface externe des os, était relativement mauvaise (taux de conservation de 0,35).

Les répartitions par âge indiquent que le recrutement du site est de type naturel avec une légère sous représentation des individus immatures (30 % d'individus immatures) (figure 76), ceux-ci appartenant majoritairement à la classe d'âge des « 1-4 ans » selon l'approche probabiliste (figure 77-1). Chez les adultes, selon l'approche paléodémographique, les pourcentages sont élevés dans les classes d'âge plus âgées (figure 77-2).

Les répartitions par sexe ne montrent que peu d'écarts dans les effectifs et l'analyse statistique n'indique pas de différence significative (chi²=0,13) (figure 78). Il n'y a donc vraisemblablement pas de sélection selon le sexe.

La population exhumée est donc de type naturel probablement légèrement favorisé d'après l'approche paléodémographique des adultes. Néanmoins, il paraît intéressant de comparer les recrutements de la nécropole avec ceux de l'ensemble des sépultures isolées.

Les individus immatures sont plus nombreux dans la nécropole que dans les sépultures de l'habitat (respectivement 36 % et 25 %), bien que des aléas de conservation osseuse aient pu conduire à ces résultats (sépultures moins bien préservées dans l'habitat et conditions de fouille différentes). Pour les individus adultes, les répartitions paléodémographiques ne montrent pas des écarts très nets (figure 79). Les pourcentages de répartition selon les sexes sont par contre différents avec 68 % d'individus de sexe masculin dans la nécropole et 35 % dans les sépultures de l'habitat.

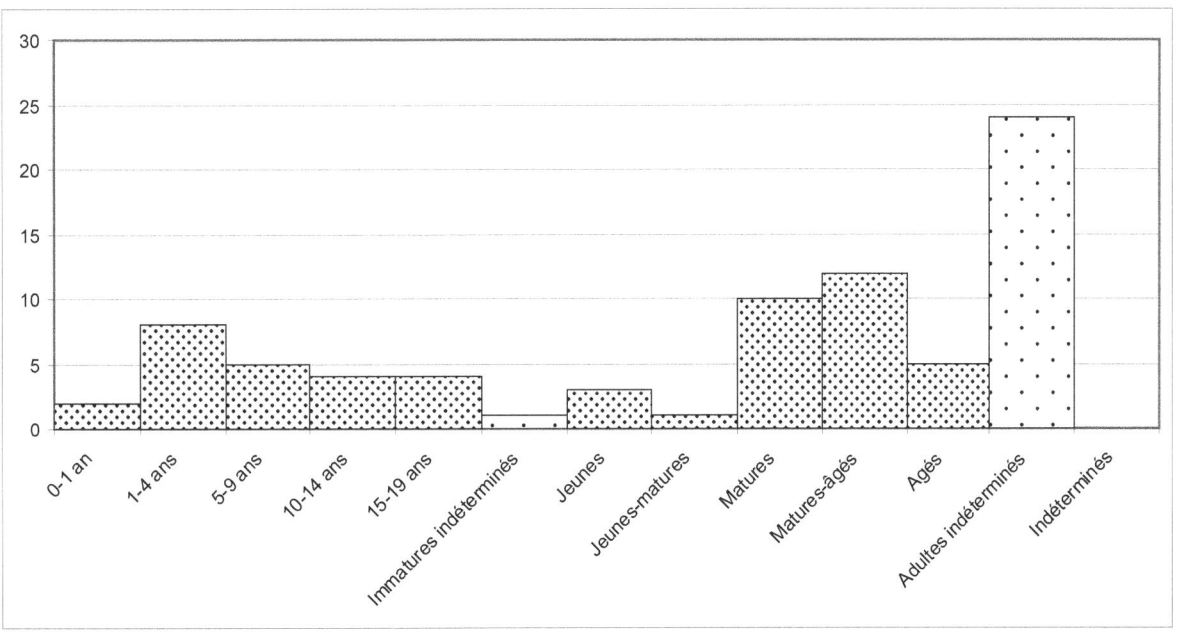

Figure 76 : Répartition des individus en effectifs selon les classes d'âge dans une approche individuelle (Villiers-le-sec) (tableau 2 p. 169)

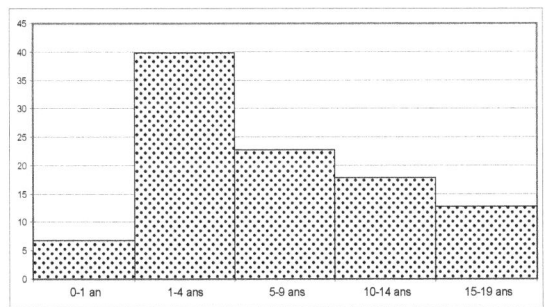 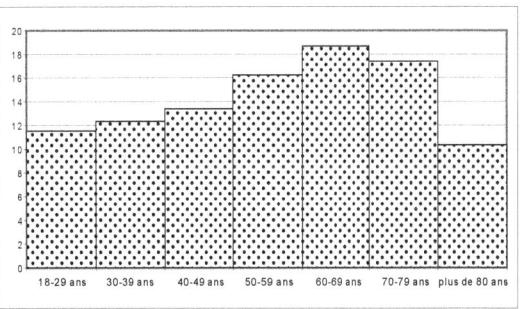

Figure 77 : Répartition probable en pourcentages des âges au décès des individus selon l'approche probabiliste 1. Individus immatures 2. Individus matures (méthode des vecteurs de probabilités) (Villiers-le-Sec) (tableaux 3 et 4 p. 174)

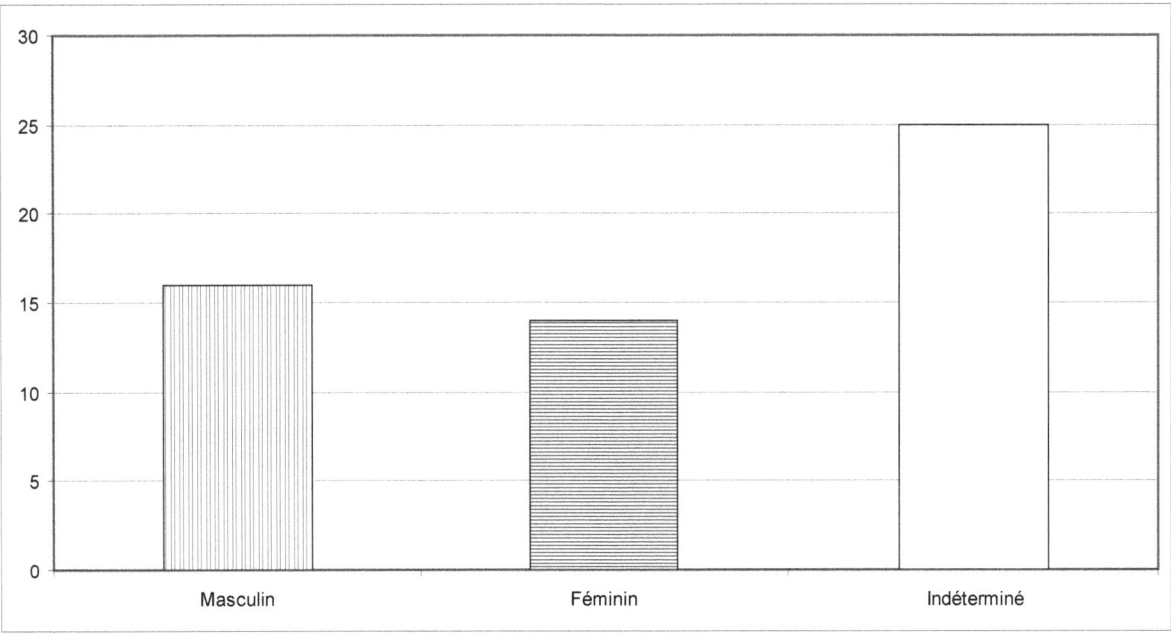

Figure 78 : Répartition des individus adultes selon le sexe en effectifs (Villiers-le-Sec) (tableau 5 p. 175)

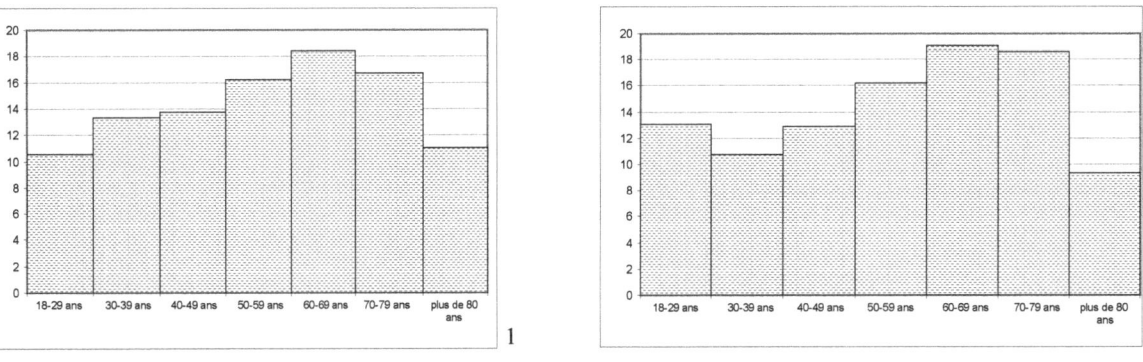

Figure 79 : Répartition probable en pourcentages des âges au décès des individus matures selon la méthode des vecteurs de probabilités, approche paléodémographique (1 : nécropole ; 2 : habitat) (Villiers-le-Sec) (tableau 4 p. 174)

II.4.2 Les sites d'agglomération, péri-urbains et urbains

La société carolingienne vit essentiellement en milieu rural mais, bien que rares, petites agglomérations et villes carolingiennes existent : très peu de sites archéologiques ont toutefois pu être fouillés en milieu urbain avec un phasage suffisamment précis pour en permettre l'étude.

* BONDY

Le site a été fouillé en Seine-Saint-Denis en 2005 et 2006 par l'Inrap sous la direction de S. Poignant, l'analyse taphonomique des sépultures ayant été réalisée par C. Le Forestier et l'analyse biologique par l'auteur. Il a également fait l'objet d'une surveillance de travaux en 2006 effectuée par C. Le Forestier. La situation géographique de Bondy, au carrefour des routes menant de Meaux à Paris et des abbayes royales de Saint-Denis

à Chelles se révèle stratégique dans l'espace carolingien francilien (Poignant S., 2013). La présence d'une église a pu être attestée à travers le testament d'Ermentrude datant du VIIᵉ siècle (Santinelli E., 2007). Les textes n'évoquent ensuite le site qu'à partir du XIᵉ siècle en tant que revenu du prieuré clunisien de Saint-Martin-des-Champs (Poignant S., en cours). Le site correspond ainsi probablement à une petite agglomération peut-être associée à un ensemble de type prieural ou monastique. L'ensemble funéraire s'étend du IIIᵉ au XIᵉ siècle (avec une lacune dans la zone fouillée aux VIIIᵉ-IXᵉ siècles), la période utilisée pour ce travail correspondant au phasage archéologique compris entre les Xᵉ-XIᵉ siècles d'après les datations radiocarbones (Poignant S., en cours).

- Pratiques funéraires

Toutes les inhumations étaient simples et primaires (figures 80-1 et 80-2). Les individus reposaient sur le dos, tête à l'ouest, membres inférieurs en extension, la position des membres supérieurs variant d'une sépulture à l'autre.

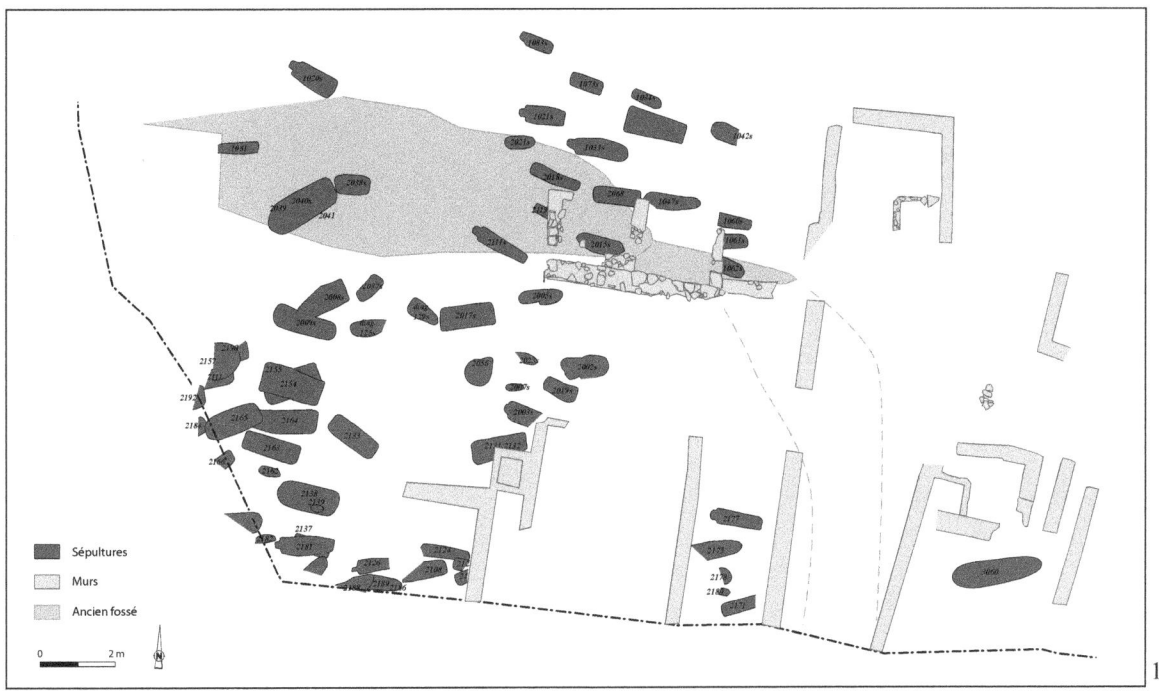

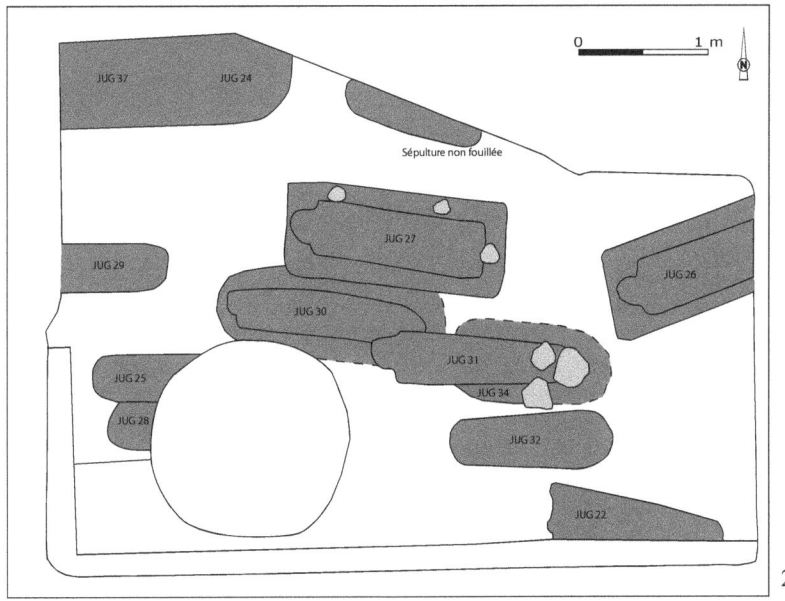

Figure 80 : Plan du site de Bondy (période carolingienne)
1. Fouille 2005-2006 (sous la direction de Poignant S. Inrap)
2. Surveillance de travaux 2006 (sous la direction de Le Forestier C.
Inrap / Bureau du Patrimoine Archéologique de Seine-Saint-Denis)

Ils étaient inhumés dans tous les cas identifiables en coffrage de bois, les planches reposant sur un système de banquettes en terre. Une logette céphalique était également fréquemment aménagée.

- Recrutement, répartition par âge et par sexe

Quatre-vingt quatre individus ont été fouillés sur le site pour la période allant du Xe au XIe siècle. Les sépultures et les ossements étaient très bien conservés (taux de conservation de 0,63).

L'approche individuelle montre un recrutement dans les proportions d'une population naturelle, excepté en ce qui concerne le nombre d'enfants de « 0-1 an » (40 % des individus sont des individus immatures) (figure 81). Les approches probabiliste et individuelle de la répartition des individus immatures montrent des proportions élevées des sujets appartenant aux classes d'âge les plus jeunes et particulièrement aux « 1-4 ans ». Les individus âgés de « 5-9 ans » semblent également très nombreux (figures 81 et 82-1). Les individus adultes, d'après l'approche paléodémographique, présentent des proportions élevées dans les classes d'âge les plus jeunes (figure 82-2).

Les effectifs montrent davantage d'individus masculins que féminins mais dans une faible proportion (figure 83), la différence n'étant pas statistiquement significative (chi²=0,78). Il n'y a probablement pas de sélection selon ce critère.

La population du site est donc de type naturel défavorisé avec une forte mortalité des jeunes adultes et la présence de nombreux enfants.

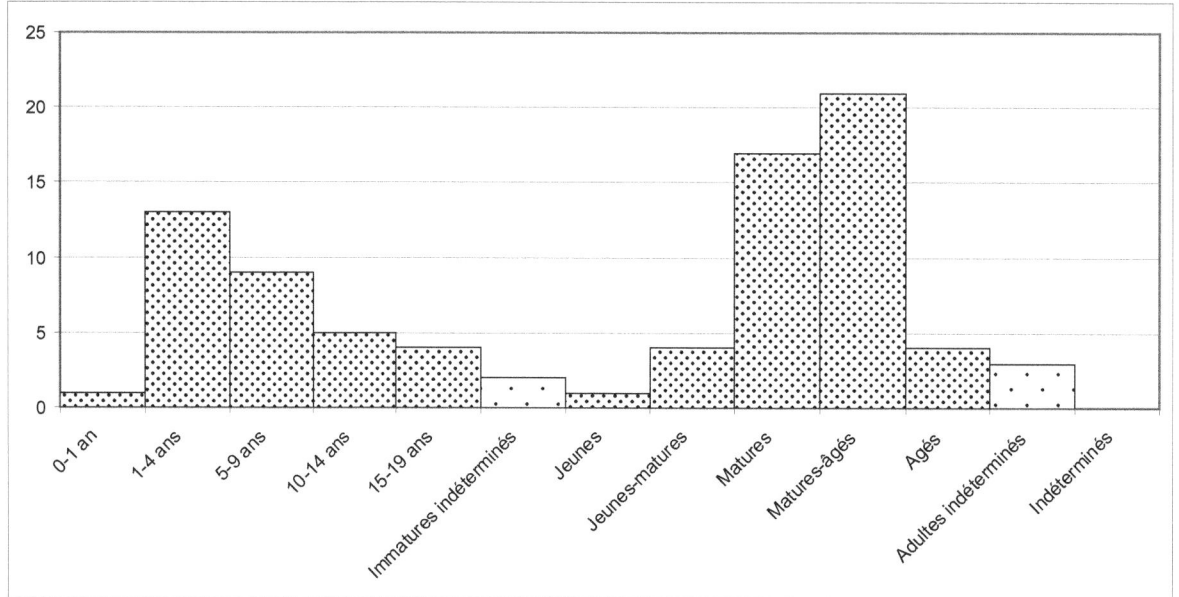

Figure 81 : Répartition des individus en effectifs selon les classes d'âge dans une approche individuelle (Bondy) (tableau 2 p.169)

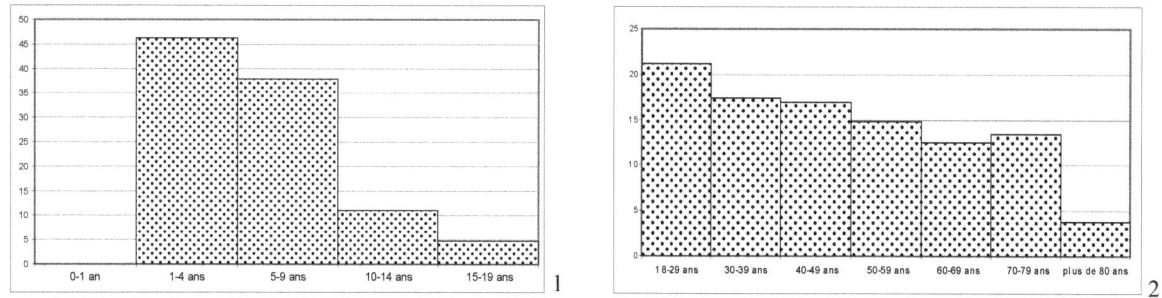

Figure 82 : Répartition probable en pourcentages des âges au décès des individus selon l'approche probabiliste 1. Individus immatures 2. Individus matures (méthode des vecteurs de probabilités) (Bondy) (tableaux 3 et 4 p.174)

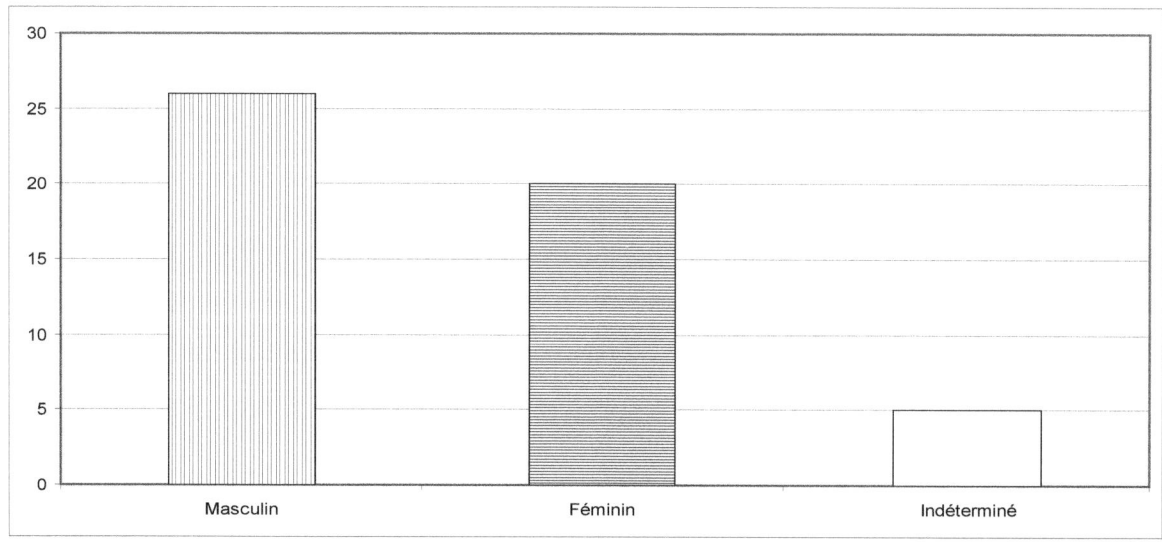

Figure 83 : Répartition des individus adultes selon le sexe en effectifs (Bondy) (tableau 5 p.175)

* Beauvais

La fouille de ce site situé dans l'Oise s'est déroulée en 1987, place Clémenceau, sous la direction de B. Desachy pour le Service Régional de l'Archéologie et la ville de Beauvais, ceci dans le cadre d'une opération de sauvetage (Desachy B., *et al.*, 1991). L'étude biologique initiale a été effectuée par M. Bouali et L. Buchet, l'étude paléopathologique ayant été faite par J. Blondiaux. L'analyse taphonomique a, quant à elle, été réalisée par l'auteur à partir des photographies fournies par B. Desachy. Du point de vue historique, la ville de Beauvais fut un évêché et un comté carolingien (Favier J., 1993). La fouille a permis de dégager un fragment de nécropole en milieu urbain. L'espace de cette dernière n'a pas été circonscrit ; les sépultures étaient quelques fois recoupées par d'autres (figure 84).

- Pratiques funéraires

Les recoupements sont fréquents en milieu urbain et c'est ici le cas. La plupart des individus reposaient sur le dos, dans une orientation nord-ouest/sud-est, la tête étant au nord-ouest, les membres inférieurs souvent en extension, la position des membres supérieurs variant d'une sépulture à l'autre. Lorsque cela a pu être observé, les défunts étaient inhumés dans des coffrages de bois rectangulaires ou octogonaux, certaines fosses étant très étroites. Dans certains cas, le colmatage semble s'être effectué relativement rapidement alors qu'un espace vide paraît s'être maintenu plus longtemps dans d'autres. Un individu immature reposait sur le côté droit, sa sépulture étant accolée à celle d'un adulte.

Figure 84 : Plan du site de Beauvais (DAO Fossurier C. d'après Desachy B. *et al.*, 1991)

- Recrutement, répartition par âge et par sexe

Le nombre d'individus étudiés, trente-deux, est relativement faible et ceux-ci sont rarement conservés entièrement, suite aux recoupements subis par plusieurs sépultures (taux de conservation de 0,45).

Les répartitions par classes d'âge dans une approche individuelle indiquent que la nécropole comporte pratiquement autant d'enfants que d'adultes (43 % d'enfants) (figure 85). Mais certaines classes d'âge n'ont que très peu d'individus, reflet probable du faible effectif étudié. L'approche probabiliste pour les enfants indique qu'ils sont proportionnellement très nombreux dans les classes d'âge des « 5-9 ans » et « 10-14 ans » (figure 86-1). L'approche paléodémographique donne à penser que

les adultes retrouvés appartiennent essentiellement aux classes d'âge moyennes (mais l'effectif d'étude est très faible) (figure 86-2).

Les effectifs sexés sont très peu élevés (cinq hommes et six femmes) (figure 87) et certains individus adultes n'ont en outre pas pu être déterminés (sept sujets). Il est difficile d'analyser une éventuelle sélection selon le sexe : elle semble peu probable au vu des chiffres mais reste une hypothèse.

Les effectifs étant très faibles, il est difficile d'établir une conclusion quant au recrutement de la nécropole. La population paraît proche d'une population naturelle mais cela reste une supposition très peu étayée.

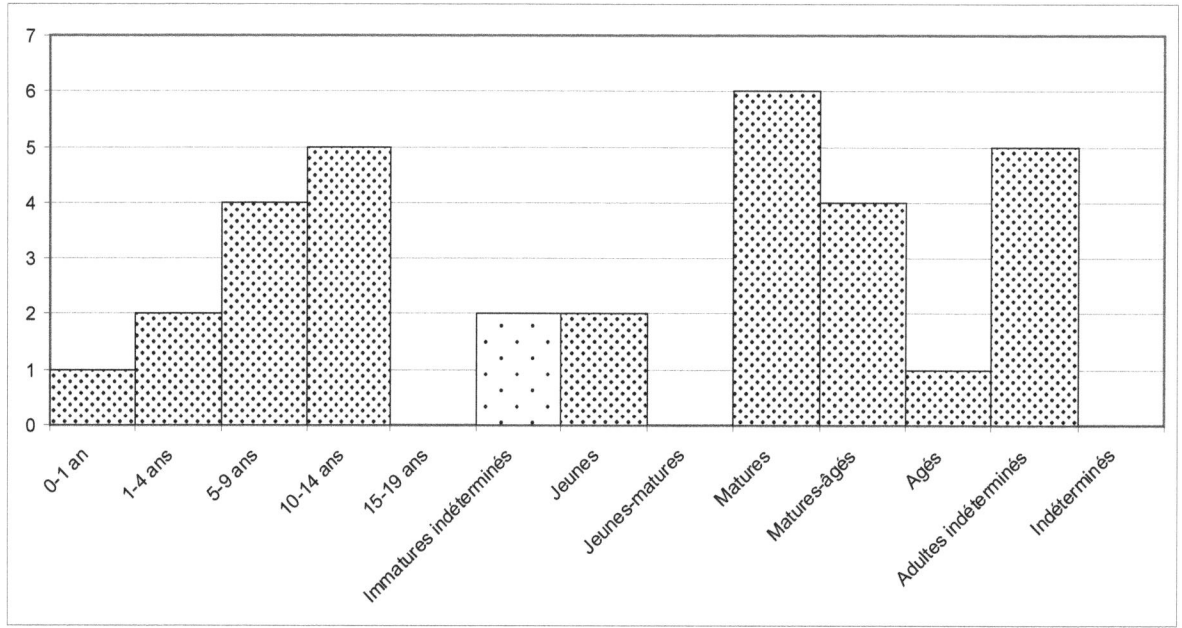

Figure 85 : Répartition des individus en effectifs selon les classes d'âge dans une approche individuelle (Beauvais) (tableau 2 p.169)

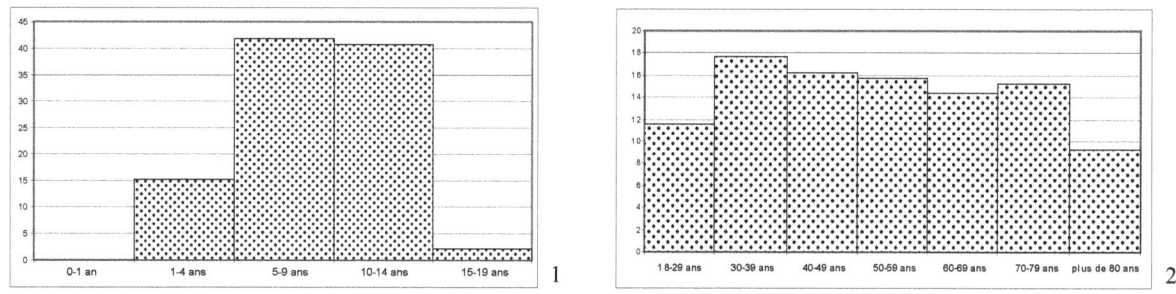

Figure 86 : Répartition probable en pourcentages des âges au décès des individus selon l'approche probabiliste
1. Individus immatures 2. Individus matures (méthode des vecteurs de probabilités) (Beauvais) (tableaux 3 et 4 p.174)

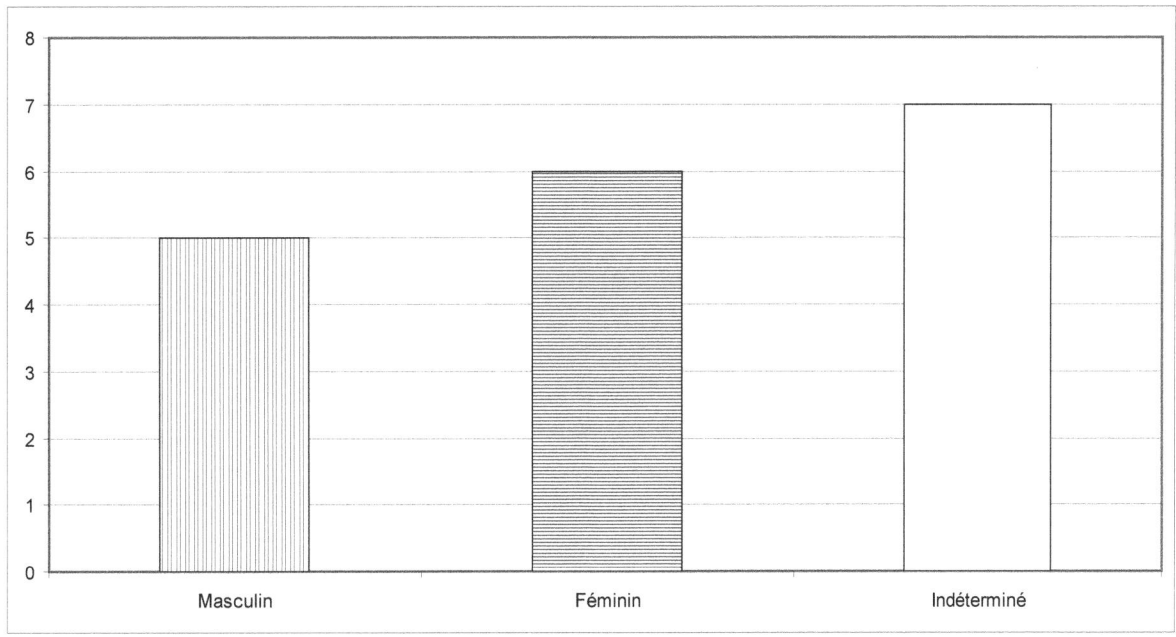

Figure 87 : Répartition des individus adultes selon le sexe en effectifs (Beauvais) (tableau 5 p. 175)

* CHERBOURG

Le site, localisé dans le département de la Manche, a été fouillé sous la direction de J. Pilet-Lemière en 1978, 1979, 1980, 1981 puis de F. Delahaye en 1995 (Lemière J., 1978, 1979, 1980, 1981 ; Delahaye F., *et al.*, 1995). Plusieurs zones ont été dégagées autour de la chapelle Notre-Dame, celle-ci remontant au moins au VIIᵉ siècle (figure 88). Elles correspondent à une nécropole mérovingienne et à un cimetière urbain carolingien, les zones semblant avoir des caractéristiques différentes. Ville portuaire, Cherbourg a une importance stratégique à cette période (Favier J., 1993). Le site se trouve à l'emplacement d'un *castrum* datant du IVᵉ siècle et d'un château postérieur évoqué par une première mention au début du XIᵉ siècle, quelques traces d'habitat mérovingien ayant été retrouvées pour les périodes intermédiaires (Delahaye F., *et al.*, 1995). Les études réalisées par J. Pilet-Lemière et F. Delahaye semblent indiquer que l'espace compris entre le chevet de l'église Notre-Dame et l'enceinte du *castrum* regroupait un grand nombre de sépultures d'enfants comparé aux autres secteurs fouillés.

- Pratiques funéraires

Divers types de contenants ont pu être observés dans les sépultures de la nécropole. Ainsi, à proximité de l'édifice, se trouvent des coffres de dalles, des coffres mixtes et des inhumations en pleine terre. Certaines sépultures sont aménagées avec des pierres posées de chant liées ou non avec du mortier. Elles comprennent également une logette installée avec un coussinet de schiste ou de grès (Lemière J., 1980). La plupart des inhumations sont orientées ouest-est tête à l'ouest, certaines sont nord-sud tête au nord et parfois nord-ouest/sud-est tête au nord-ouest. Les individus sont allongés sur le dos, membres inférieurs en extension, la position des membres supérieurs variant d'une inhumation à l'autre (Lemière J., 1980).

- Recrutement, répartition par âge et par sexe

Un grand nombre d'individus, cent quatre-vingt onze, a été dégagé sur le site pour la période étudiée, dans les différentes zones aux abords de l'église, les individus se répartissant entre deux phases chronologiques : VIIᵉ-VIIIᵉ siècles et IXᵉ-XIᵉ siècles. Les sépultures sont peu recoupées et les squelettes très bien conservés avec un bon taux de conservation (taux de 0,37).

Les répartitions par âge montrent un quasi équilibre entre individus immatures et adultes (42 % d'enfants) (figure 89). L'approche probabiliste concernant les individus immatures indique des proportions très élevées pour les sujets appartenant aux classes d'âge des « 1-4 ans », les « 5-9 ans » ayant également des taux importants (figure 90-1). L'approche paléodémographique concernant les adultes les répartit de manière relativement similaire entre les différentes classes d'âge (figure 90-2).

Les répartitions par sexe indiquent autant d'individus masculins que féminins soit vingt-six (la différence n'est d'ailleurs pas statistiquement significative ! (chi²=0,0192)) (figure 91). Toutefois, le total des individus de sexe déterminé est inférieur à celui de sexe indéterminé et il reste difficile de conclure.

Les différentes répartitions ne montrent pas de sélection particulière dans le recrutement des parties fouillées de la nécropole, permettant ainsi de penser que la population exhumée est proche d'une population de type naturel. Néanmoins, le nombre important d'individus de sexe indéterminé doit relativiser cette analyse.

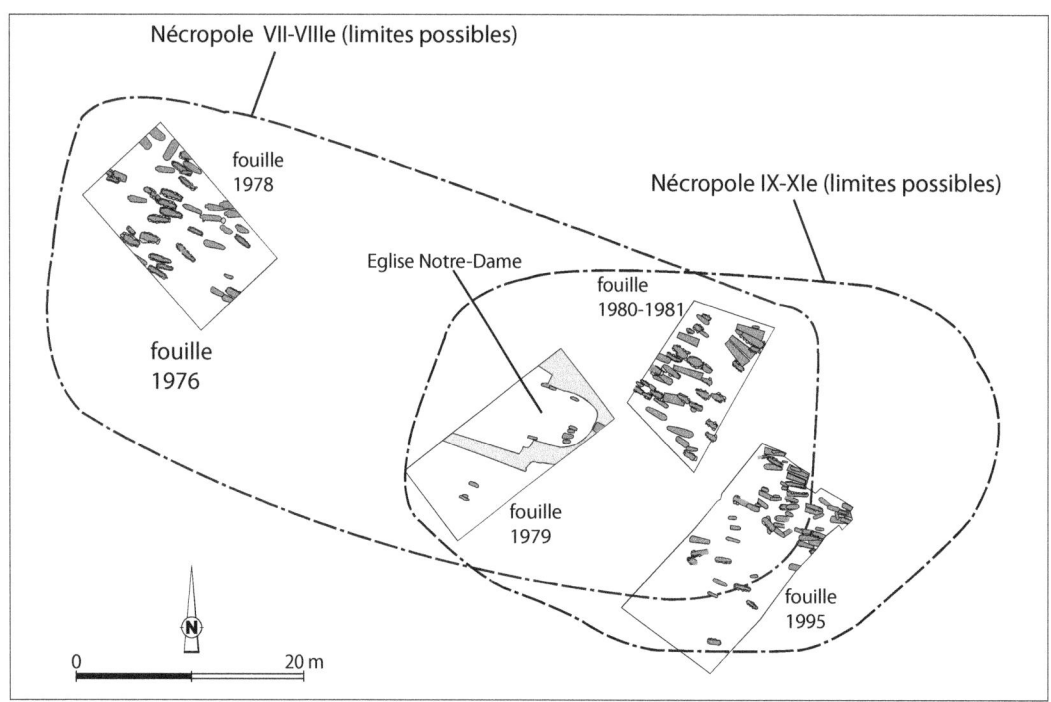

**Figure 88 : Localisation des différentes zones de fouilles et de l'église Notre-Dame à Cherbourg
(DAO Fossurier C. d'après Delahaye F., *et al.*, 1995)**

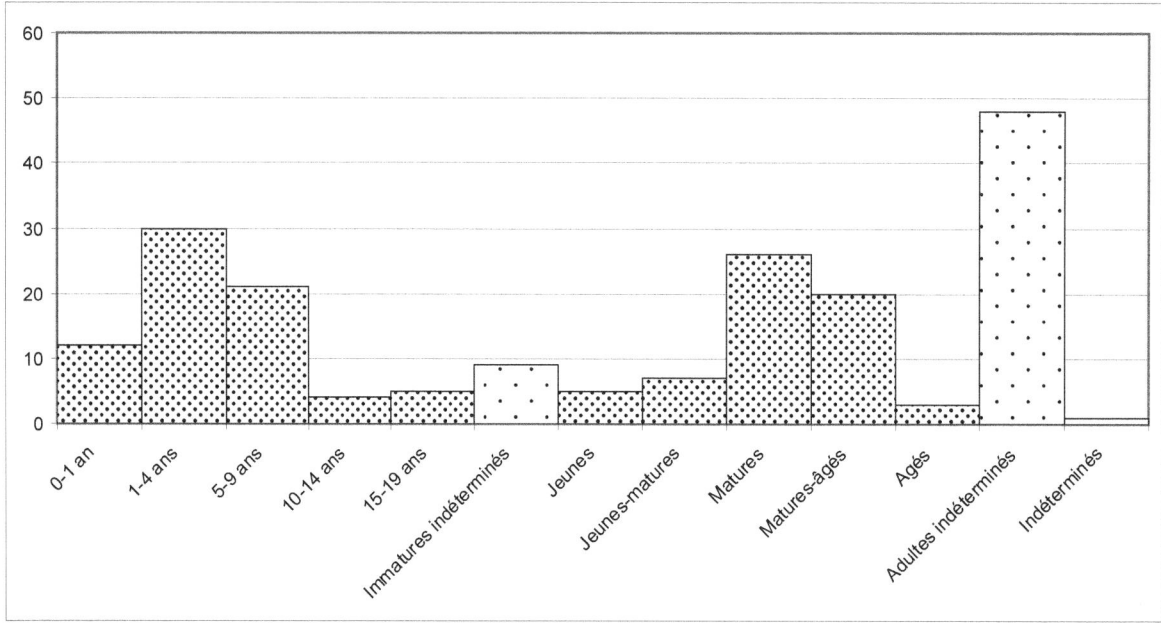

Figure 89 : Répartition des individus en effectifs selon les classes d'âge dans une approche individuelle (Cherbourg) (tableau 2 p.169)

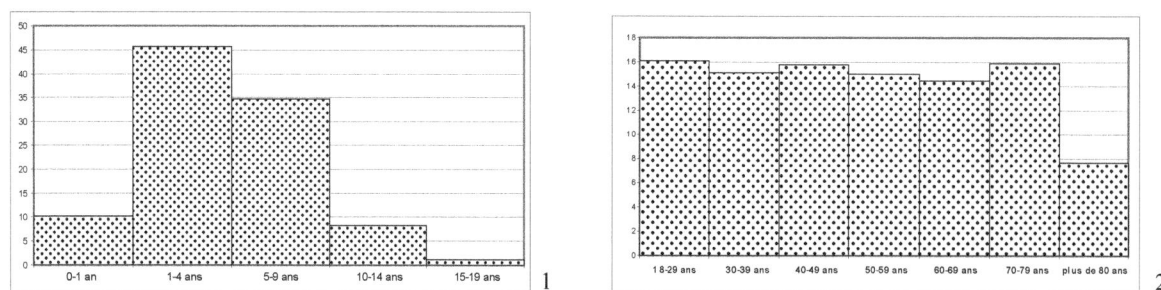

**Figure 90 : Répartition probable en pourcentages des âges au décès des individus selon l'approche probabiliste
1. Individus immatures 2. Individus matures (méthode des vecteurs de probabilités) (Cherbourg) (tableaux 3 et 4 p.174)**

Les deux périodes, quant à elles, présentent de légères dissemblances. Il est possible de faire quelques comparaisons, bien que leurs effectifs soient différents (soixante-deux individus pour les VIIe-VIIIe siècles et cent vingt neuf pour les IXe-XIe siècles). Les différences les plus notables sont visibles dans l'approche paléodémographique des individus adultes (figure 92).

Ainsi, alors que les individus sont proportionnellement plus nombreux dans les classes d'âge les plus jeunes lors de la première période, la seconde présente des pourcentages différents, les individus se répartissant entre toutes les classes d'âge de manière presque égale avec une légère prédominance de la classe d'âge des « 70-79 ans ». Ces constatations sont encore accentuées si le seul sexe masculin est examiné (figures 93-1 et 93-2). Pour les IXe-XIe siècles, le profil paléodémographique féminin est opposé à celui du sexe masculin (figures 93-2 et 93-3)[70].

70 Le nombre d'individus de sexe féminin des VII-VIIIe siècles n'est pas suffisant pour obtenir un profil paléodémographique.

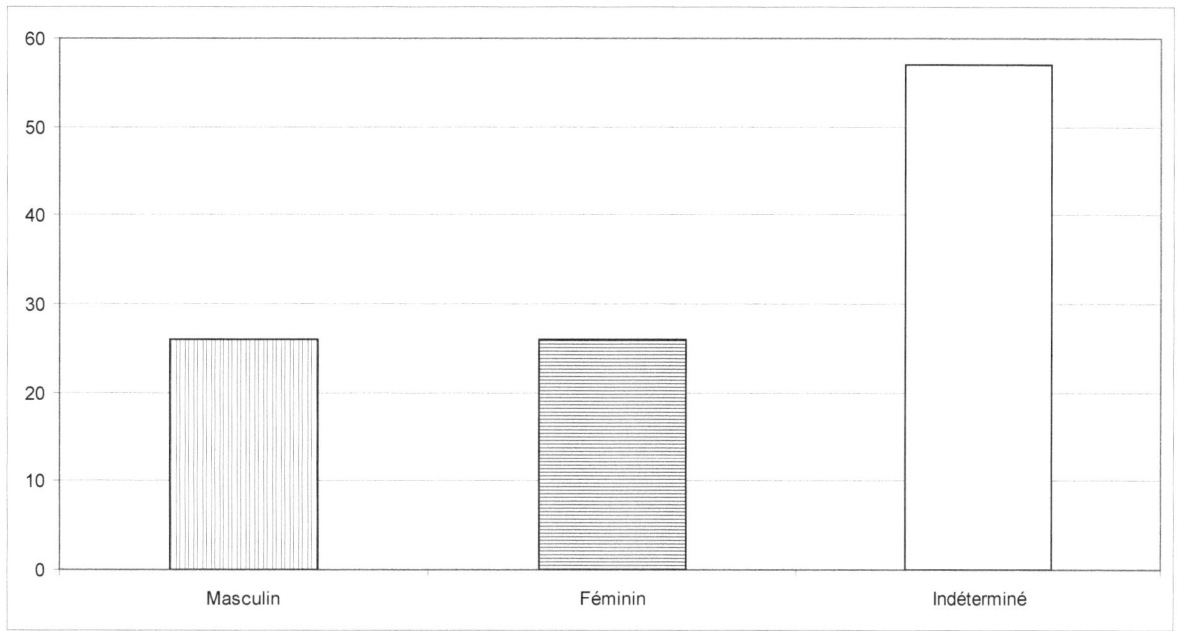

Figure 91 : Répartition des individus adultes selon le sexe en effectifs (Cherbourg) (tableau 5 p. 175)

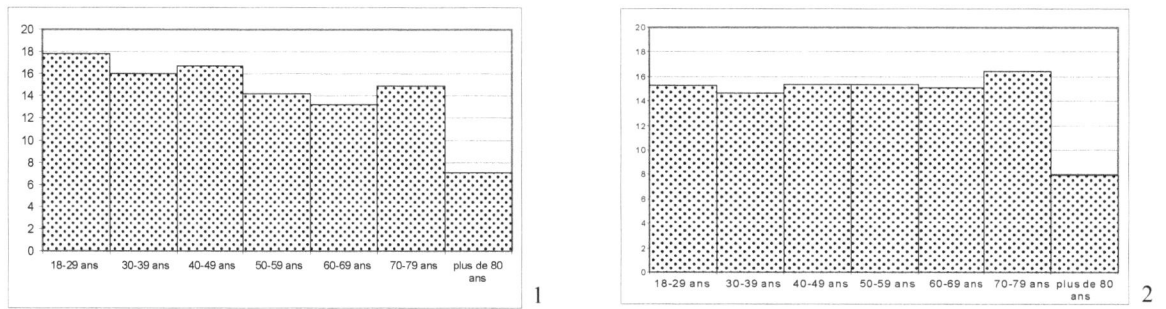

Figure 92 : Répartition probable en pourcentages des âges au décès des individus matures selon la méthode des vecteurs de probabilités, approche paléodémographique
(1 : VII-VIIIe siècles ; 2 : IX-XIe siècles) (Cherbourg) (tableau 4 p. 174)

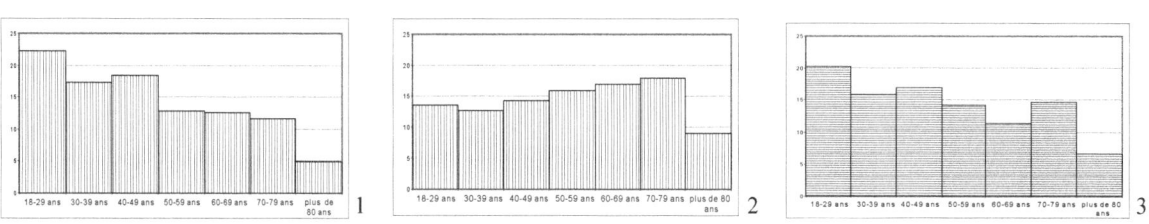

Figure 93 : Répartition probable en pourcentages des âges au décès des individus matures selon la méthode des vecteurs de probabilités, approche paléodémographique (1 : VII-VIIIe siècles, sexe masculin ;
2 : IX-XIe siècles, sexe masculin ; 3 : IX-XIe siècles, sexe féminin) (Cherbourg) (tableau 4 p. 174)

* SAINT-MARCEL

Le site se situe sur la commune de Saint-Denis (Seine-Saint-Denis) mais il sera évoqué ici sous le nom de Saint-Marcel pour le différencier nettement du site de l'abbaye de Saint-Denis étudié plus loin. Le bourg de Saint-Marcel s'est développé devant la porte sud du *castellum* de Saint-Denis en bordure du chemin qui mène à Paris. Le site a été fouillé par l'Unité d'archéologie de la ville de Saint-Denis lors de plusieurs phases, la première en 1982 sous la direction d'O. Meyer et la seconde sous la direction de M. Wyss en 2003. Le monastère de Saint-Denis se trouvait à côté du bourg de Saint-Marcel et une partie de la population locale a pu y être inhumée. L'espace funéraire s'étend aux alentours de l'église Saint-Marcel, celle-ci remontant au moins au IXe siècle (figure 94) (Wyss M., 2004). Les datations du site reposent essentiellement sur le matériel découvert en fouille et l'analyse stratigraphique.

- Pratiques funéraires

Les individus de la fouille de 2003 étaient inhumés dans des fosses étroites, la décomposition s'étant probablement déroulée en espace colmaté. D'après l'étude de la documentation photographique (Wyss M., 2004), des coffrages de bois étaient probablement installés dans les sépultures.

- Recrutement, répartition par âge et par sexe

Le nombre d'individus dégagés est relativement faible, quarante sujets seulement. Les os étaient relativement bien conservés mais les recoupements font baisser le taux de conservation (taux de conservation de 0,52).

L'approche individuelle met en évidence les fortes proportions d'individus immatures (42 % des sujets sont immatures) (figure 95). L'approche probabiliste des individus immatures indique qu'ils se répartissent selon toutes les classes d'âge (figure 96-1). Les individus adultes, dans l'approche paléodémographique, présentent quant à eux des proportions élevées dans les classes d'âge les plus jeunes, proportions qui baissent avec l'âge (figure 96-2).

Le sexe de très peu d'individus a pu être établi au sein de l'échantillon (figure 97) (dix individus sont de sexe masculin et huit de sexe féminin), il n'est donc pas possible d'établir de conclusion quant à la répartition selon ce critère bien qu'il ne semble pas y avoir d'exclusion.

Les quelques indices réunis semblent indiquer que la population est de type naturel avec toutefois un nombre important d'individus appartenant aux classes d'âge les plus jeunes. Le faible effectif doit toutefois être pris en compte dans l'analyse des données.

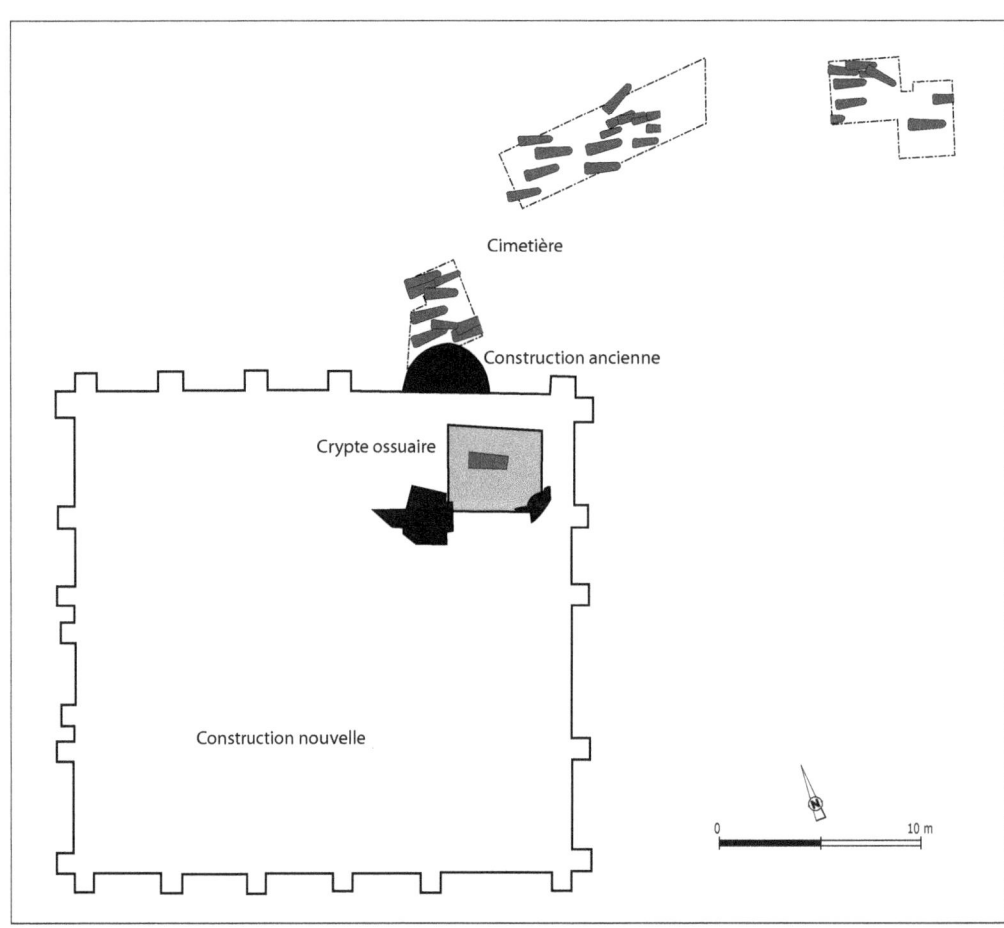

Figure 94 : Plan du site de Saint-Marcel (DAO Fossurier C. d'après Wyss M., 2004)

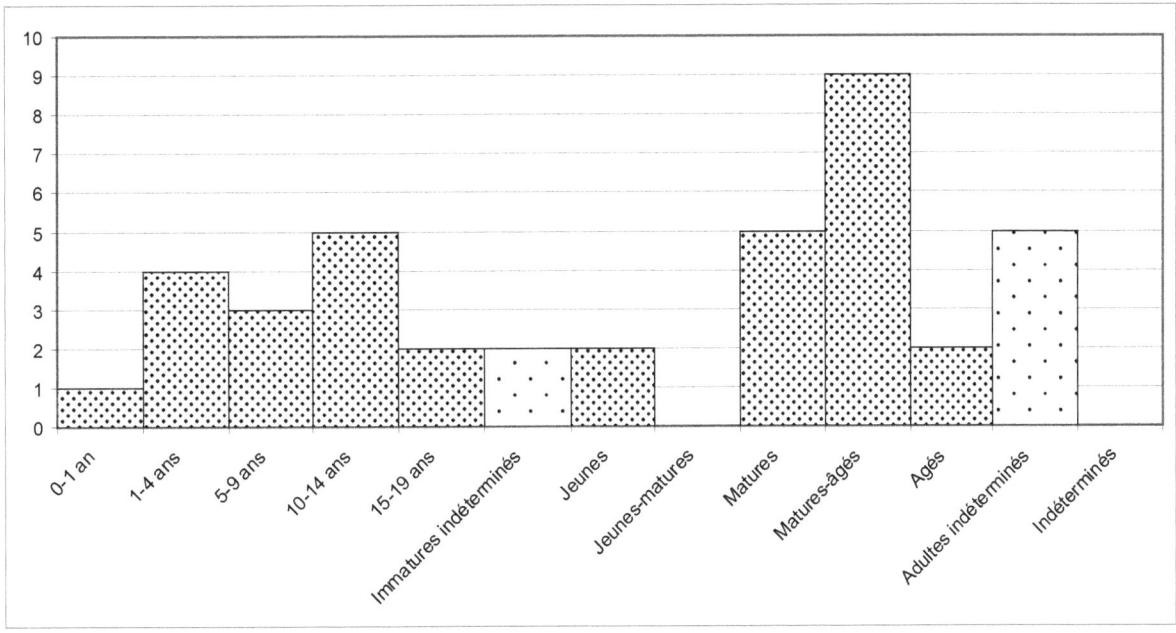

Figure 95 : Répartition des individus en effectifs selon les classes d'âge dans une approche individuelle (Saint-Marcel)
(tableau 2 p.169)

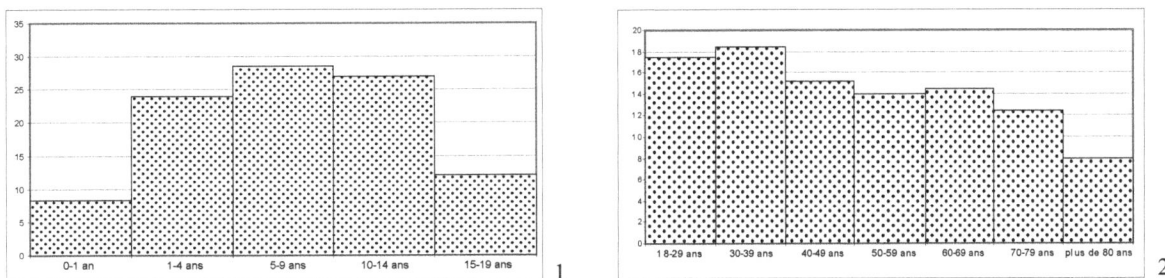

Figure 96 : Répartition probable en pourcentages des âges au décès des individus selon l'approche probabiliste
1. Individus immatures 2. Individus matures (méthode des vecteurs de probabilités) (Saint-Marcel) (tableaux 3 et 4 p.174)

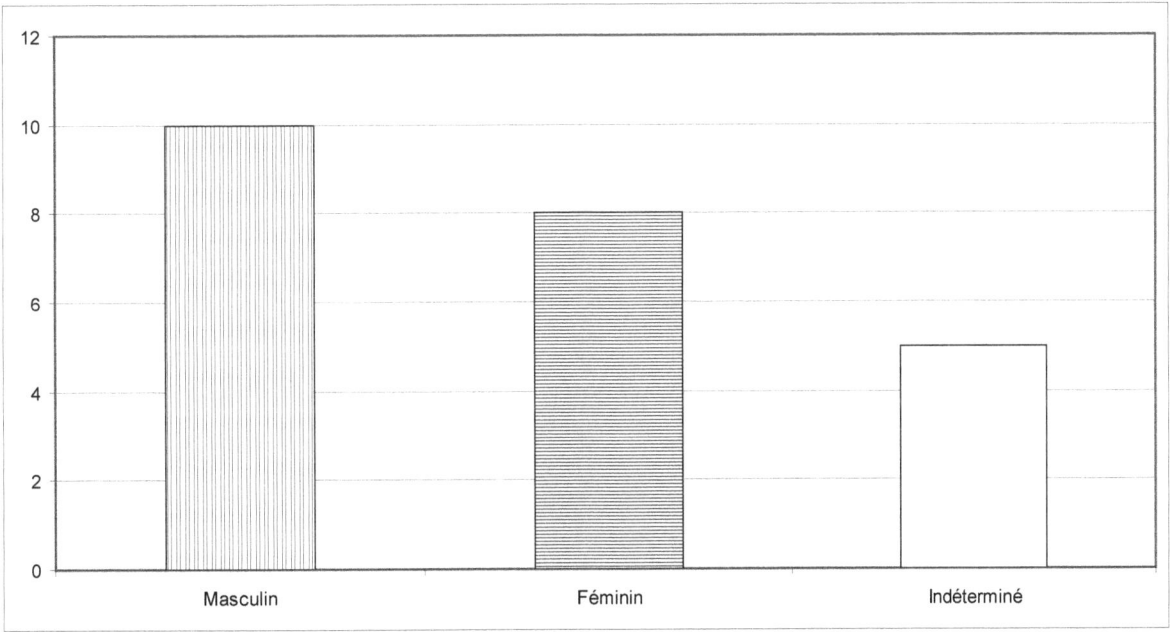

Figure 97 : Répartition des individus adultes selon le sexe en effectifs (Saint-Marcel) (tableau 5 p.175)

* AMIENS

Le site, situé dans la Somme, a été fouillé rue Caudron par l'AFAN sous la direction d'Annick Thuet en 2001 (Thuet A., 2002). La fouille a permis de mettre au jour une nécropole de type urbain comprenant de nombreux recoupements. Le site se situait aux abords immédiats de l'une des sorties de la ville, juste à l'extérieur de celle-ci (figure 98). Amiens était alors l'une des villes importantes du royaume de France, le chef-lieu d'un comté carolingien (Favier J., 1993). Le site est daté grâce à des analyses radiocarbones des Xe-XIe siècles. Sa caractérisation à l'aide des informations puisées en archives ou des données archéologiques s'est révélée impossible. Une église préexistante se trouvait à la place de celle de Saint-Denis, une église prieurale située aux abords du site, mais les sépultures de la rue Caudron ne peuvent toutefois en aucun cas être rattachées au cimetière de Saint-Denis, même dans son extension maximale. Elles pourraient cependant être liées à l'édifice antérieur[71].

71 Ces informations ont été généreusement fournies par L. Notte dans le cadre de la rédaction d'un article qui n'a pu aboutir.

- Pratiques funéraires

Le site présente de nombreux recoupements typiques des cimetières urbains (figure 99). Les réductions répondent à des modalités très variées, étant soit sous forme d'ossuaires, soit associées à des sépultures. La plupart des individus en position primaire reposent sur le dos tête à l'ouest, membres inférieurs en extension, la position des membres supérieurs étant variable. Par contre, divers types de coffrages ont pu être observés : alors que certains sont en matériau périssable, d'autres présentent des parements de pierre.

- Recrutement, répartition par âge et par sexe

Le site présente soixante-dix neuf individus bien individualisés (le N.M.I s'élève toutefois à cent trente huit lorsque les os des remplissages et les réductions sont pris en compte). Ceux-ci étaient bien préservés mais les recoupements font baisser le taux de conservation (taux de 0,41).

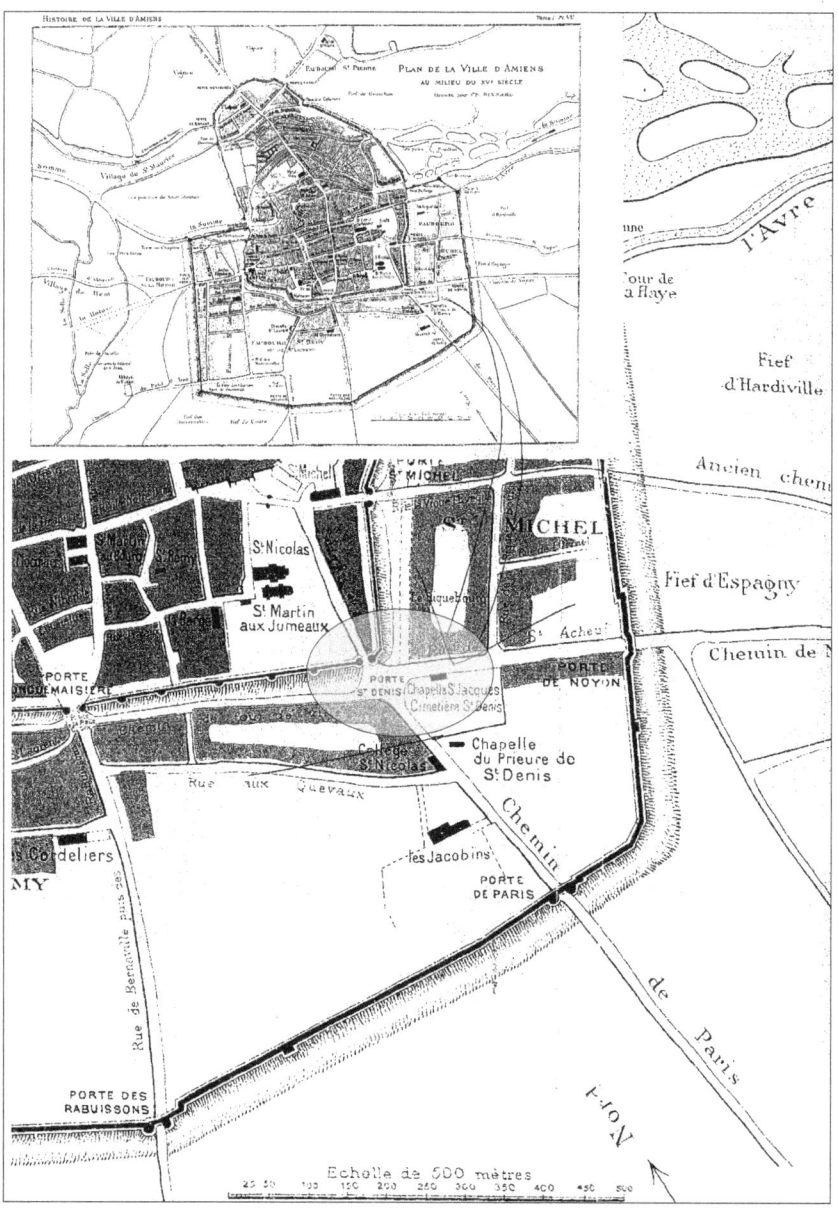

Figure 98 : Localisation du site d'Amiens à l'une des portes de la ville (d'après Thuet A., 2002)

Les répartitions par âge, dans l'approche individuelle, montrent que le pourcentage d'enfants est relativement faible (28 %) (figure 100). Les taux les plus élevés d'individus immatures se trouvent dans la classe d'âge des « 5-9 ans» (figure 101-1). Concernant l'approche paléodémographique des adultes (figure 101-2), les proportions les plus élevées se trouvent nettement dans les classes d'âge les plus jeunes, les classes âgées ayant des taux relativement faibles. Il semble donc qu'il y ait une sélection importante selon l'âge parmi la population adulte.

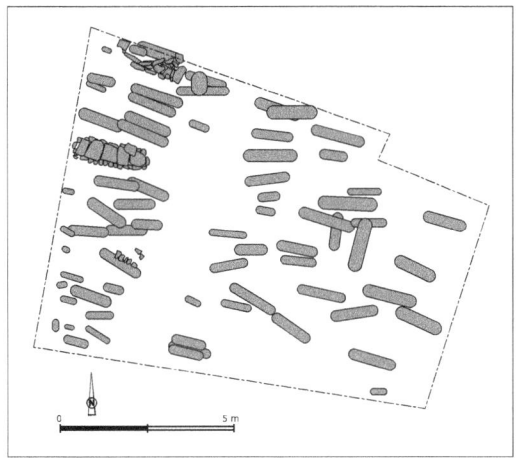

Figure 99 : Plan du site d'Amiens (d'après Thuet A., 2002)

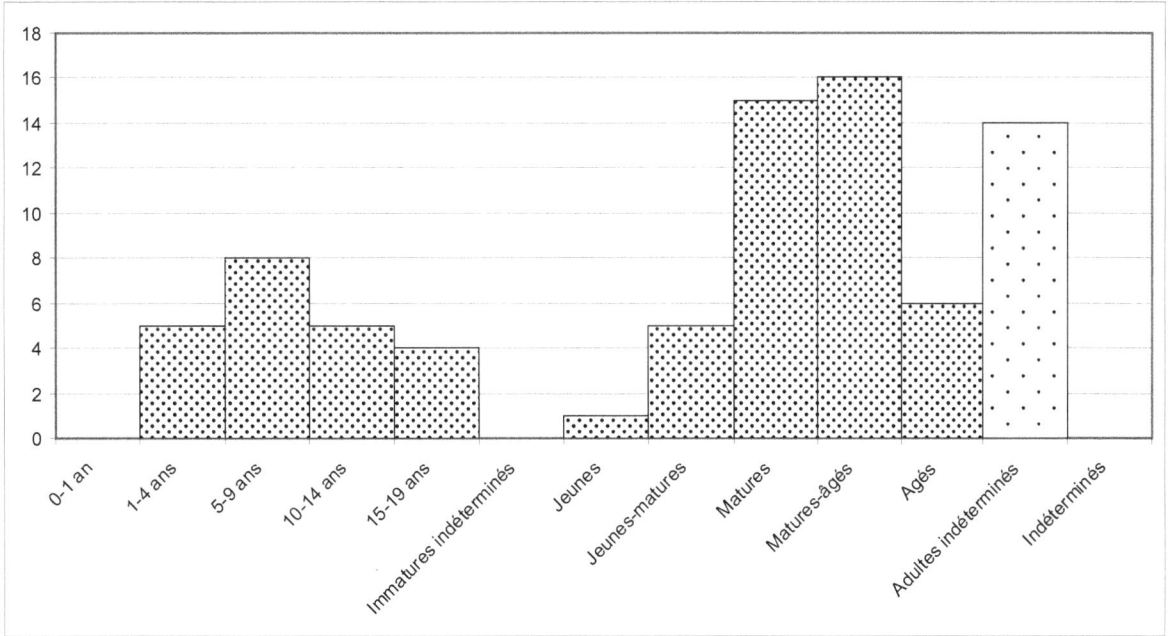

Figure 100 : Répartition des individus en effectifs selon les classes d'âge dans une approche individuelle (Amiens) (tableau 2 p.169)

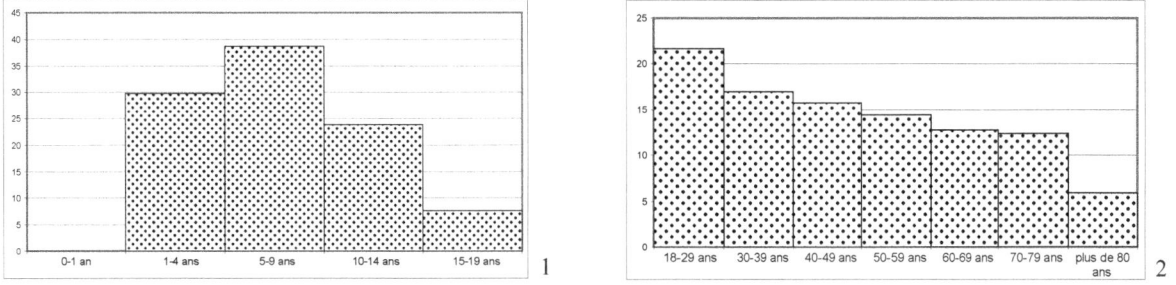

Figure 101 : Répartition probable en pourcentages des âges au décès des individus selon l'approche probabiliste
1. Individus immatures 2. Individus matures (méthode des vecteurs de probabilités) (Amiens) (tableaux 3 et 4 p.174)

Il semble y avoir une sélection selon le sexe (vingt quatre individus masculins pour seize individus féminins) (figure 102) mais la différence n'est pas statistiquement significative (chi²=1,60). Lorsque les ossements trouvés dans les remplissages sont pris en compte, la différence s'affaiblit encore (trente-et-un individus masculins pour vingt-quatre féminins) (chi²= 0,89). Au vu de ces résultats, il est donc difficile de déterminer s'il existait réellement une sélection selon le sexe au sein de la nécropole.

Les comparaisons des profils démographiques des hommes (figure 103-1) et des femmes (figure 103-2) montrent des différences dans les répartitions par classes d'âge. En effet, alors que les hommes présentent des pourcentages élevés dans les classes d'âge les plus jeunes, les pourcentages chez les femmes se répartissent de manière sensiblement analogue dans toutes les classes d'âge et il y a notablement moins de sujets dans les classes les plus jeunes.

Plusieurs critères de sélection semblent présents au sein de la population de la nécropole. Les enfants sont peu représentés tandis que les jeunes adultes sont nombreux. De même, les individus masculins sont nettement plus nombreux que les féminins sans que cela soit significatif statistiquement. La population n'est donc probablement pas de type naturel. Ces multiples sélections peuvent indiquer des recrutements dans divers groupes de la société.

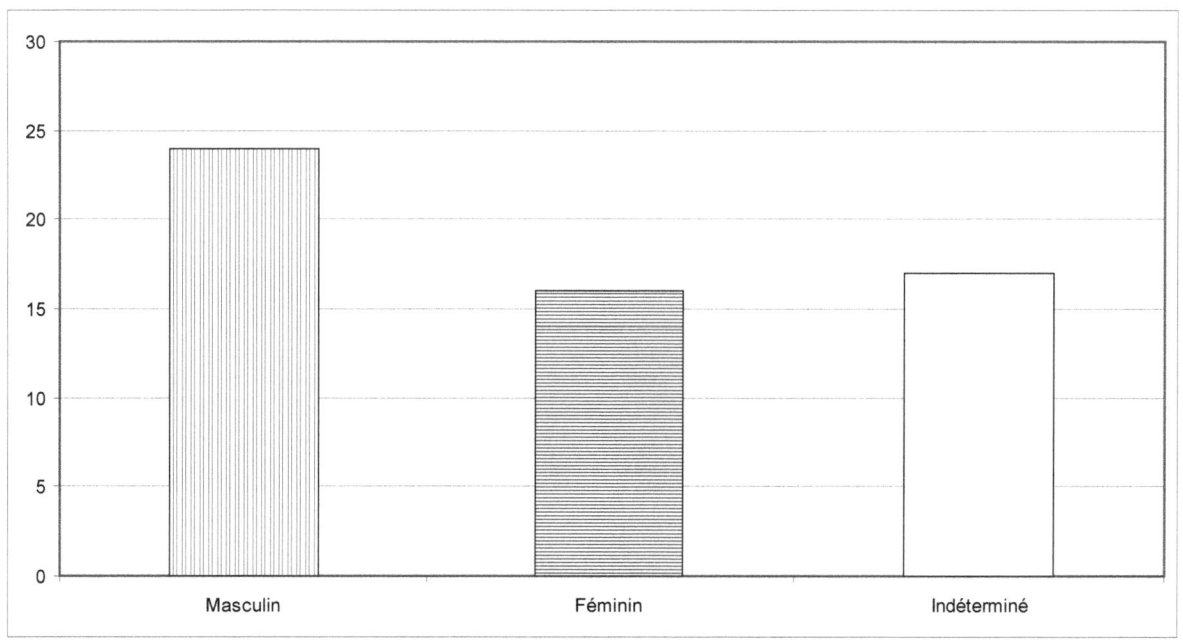

Figure 102 : Répartition des individus adultes selon le sexe en effectifs (Amiens) (tableau 5 p. 175)

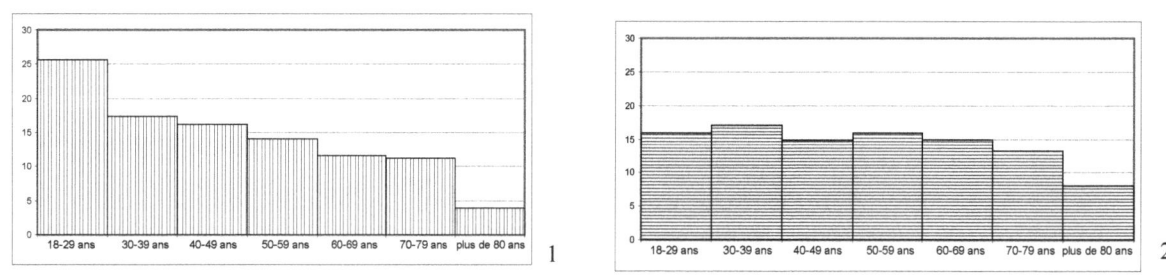

Figure 103 : Répartition probable en pourcentages des âges au décès des individus matures selon la méthode des vecteurs de probabilités, approche paléodémographique (1 : sexe masculin ; 2 : sexe féminin) (Amiens) (tableaux 4 p. 174)

II.4.3 Les sites monastiques

Deux sites ont pu être attestés comme des sites monastiques à l'aide des données textuelles. Ces sites correspondent néanmoins à des contextes très différents.

* HAMAGE

Le site, situé dans le département du Nord, a été fouillé lors de plusieurs campagnes de fouilles programmées dirigées par E. Louis de 1990 à 1996 sur une surface de 2000 m². Il est situé dans la vallée de l'Escaut, une voie de commerce qui se développe au IXᵉ siècle (Mariage F., 2007). Les données textuelles ont permis de le relier à l'abbaye de Hamage, fondée au début du VIIᵉ siècle et fonctionnant pendant toute la période carolingienne. C'était une abbaye mixte mais elle semble avoir accueilli essentiellement des femmes depuis sa fondation d'origine privée. Ce dernier fut entouré d'un cloître au début du IXᵉ

siècle suivant en cela la réforme bénédictine (Louis E., 1997). Les inhumations se firent alors à l'intérieur et à côté de l'église Sainte-Marie, fondée vers 690-702 (Louis E. et Blondiaux J., 2009). Les datations et phasages ont été effectués par recoupements stratigraphiques à l'aide du mobilier par E. Louis.

- Pratiques funéraires

Les moniales étaient ensevelies au sein d'une aire sépulcrale située à l'intérieur et autour de l'église (figure 104). Les sépultures étaient fortement recoupées et certains ossements ont été regroupés en ossuaires (Louis E. et Blondiaux J., 2009). La plupart des individus reposaient sur le dos, tête à l'ouest. Ils étaient inhumés dans de grandes fosses dont certaines devaient être aménagées avec des coffrages de bois (Louis E. et Blondiaux J., 2009).

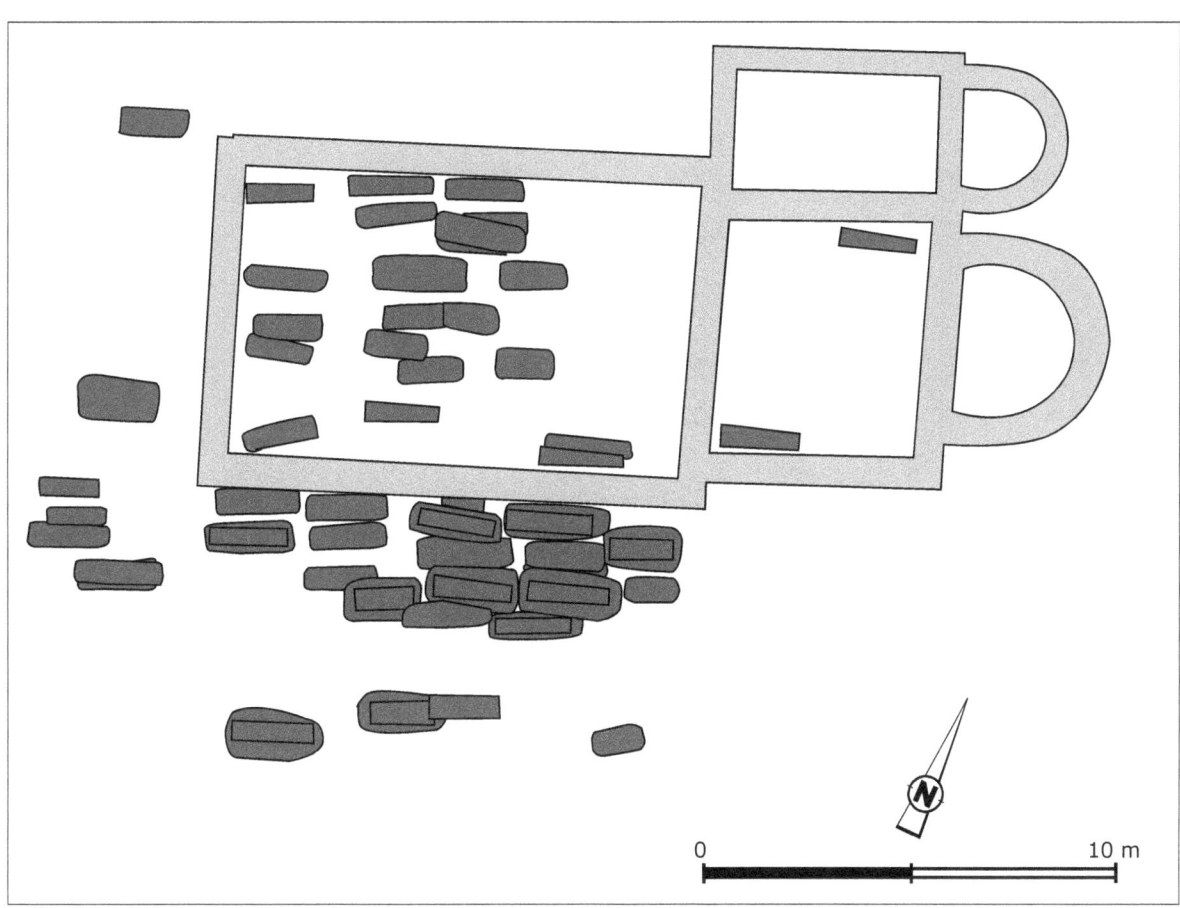

Figure 104 : Plan de l'église Sainte-Marie d'Hamage et de sa zone funéraire
(DAO Fossurier C. d'après Louis E. et Blondiaux J., 2009)

- Recrutement, répartition par âge et par sexe

Le site comporte quatre-vingt-un individus relativement bien individualisés. Les nombreux recoupements ont amené toutefois la présence de beaucoup d'ossements dans les remplissages. En outre des ossuaires rassemblaient des sépultures des différentes époques. Les os étaient également assez mal préservés ce qui donne un relativement faible taux de conservation (taux de conservation de 0,23).

Très peu d'individus immatures ont été inhumés au sein de la nécropole (7 %) (figure 105). Il y existe très clairement une sélection selon ce critère. En ce qui concerne les adultes, l'approche paléodémographique indique qu'ils étaient majoritairement âgés (figure 106).

Les répartitions par sexe montrent une nette sélection selon ce critère (figure 107) : en effet, il y a beaucoup plus de femmes que d'hommes et la significativité du test est hautement élevée (chi²=13,36). Il faut toutefois constater que, suite au nombre considérable de recoupements dans les sépultures, le nombre d'individus de sexe indéterminé est très important. La nécropole regroupe donc essentiellement, mais non exclusivement, des individus de sexe féminin.

La population inhumée au sein de la nécropole est très clairement sélectionnée : elle correspond majoritairement à des individus adultes de sexe féminin relativement âgés.

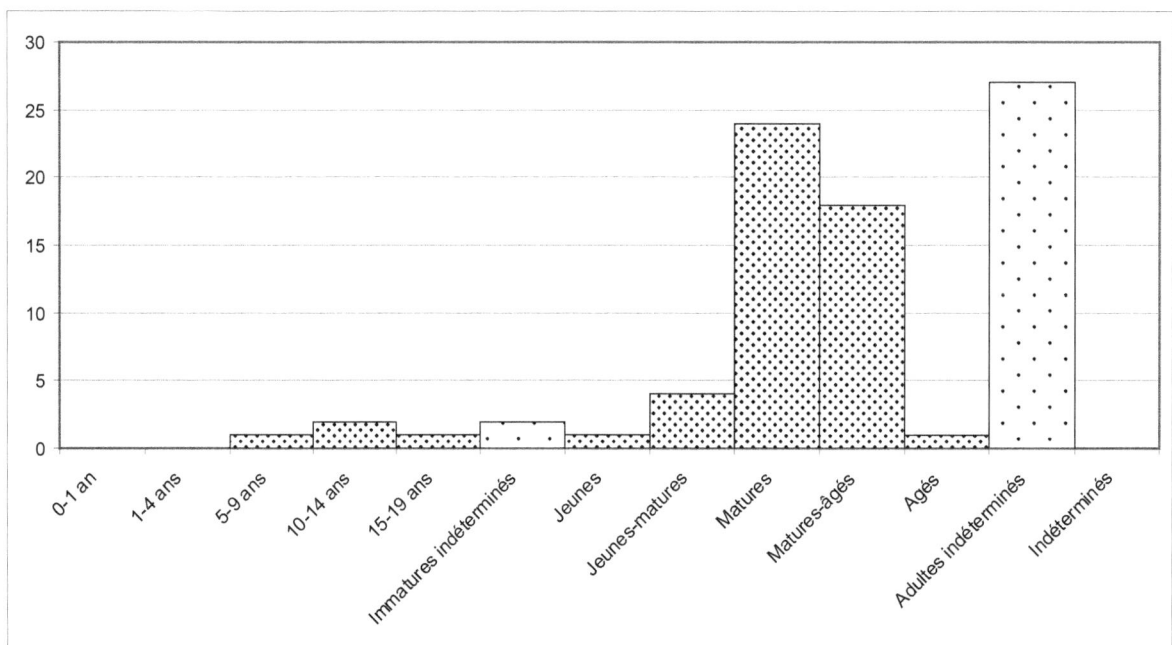

Figure 105 : Répartition des individus en effectifs selon les classes d'âge dans une approche individuelle (Hamage) (tableau 2 p.169)

Trop peu d'individus étant immatures, l'approche probabiliste n'a pas pu être réalisée pour le site.

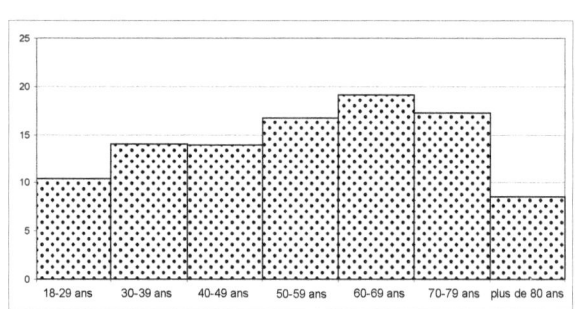

Figure 106 : Répartition probable en pourcentages des âges au décès des individus selon l'approche probabiliste, individus matures (méthode des vecteurs de probabilités) (Hamage) (tableau 4 p.174)

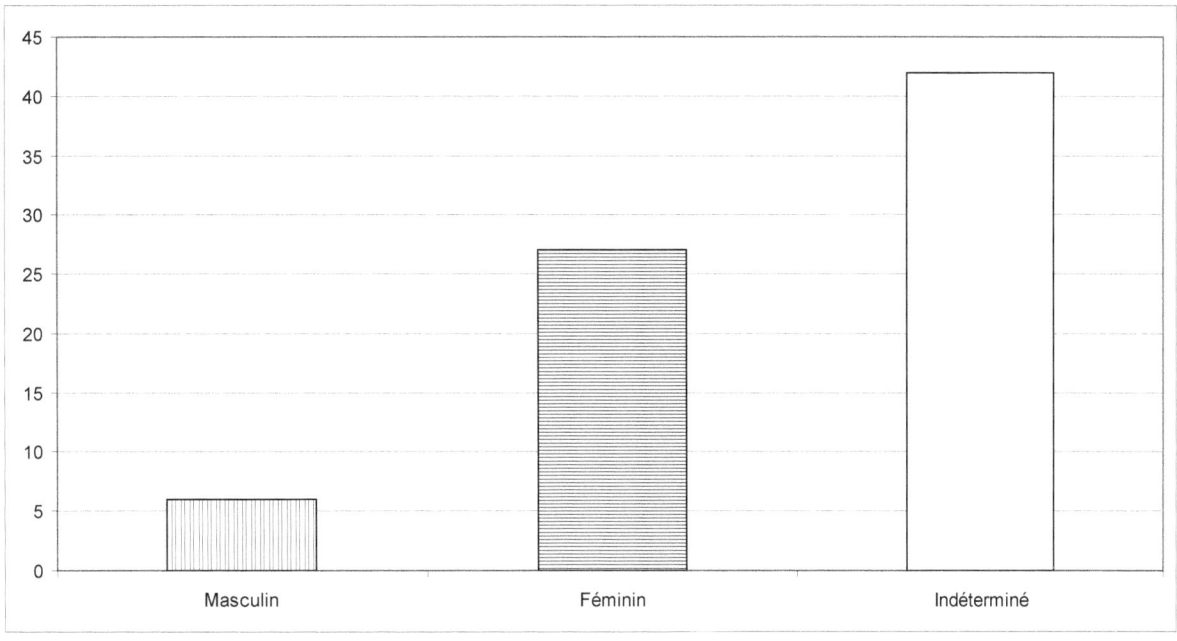

Figure 107 : Répartition des individus adultes selon le sexe en effectifs (Hamage) (tableau 5 p.175)

* SAINT-DENIS

Le site, situé en Seine-Saint-Denis, a été fouillé lors du réaménagement du centre ville de Saint-Denis de 1973 à 1995 par l'Unité d'archéologie de la ville de Saint-Denis sous la direction, pour la majeure partie des opérations, d'O. Meyer. Le site a été exploré sur environ 13,5 ha situés pour la plus grande part au nord de la basilique (Wyss M., 1997). La partie étudiée correspond à plusieurs zones de nécropoles localisées à proximité de l'abbaye de Saint-Denis, l'abbaye royale des époques mérovingiennes et carolingiennes. Ce monastère est un lieu politique stratégique tout au long des périodes mérovingienne et carolingienne (Barbier J., 1988, p. 86) et il a un grand rayonnement en tant qu'abbaye et centre de foires (Werner K.F., 1988). L'origine monastique est attestée très tôt et le site rassemble une population variée : « *Il est probable qu'une communauté chargée de l'entretien du sanctuaire se soit établie, dès l'origine, près de la basilique ; selon des sources du VIIᵉ siècle, elle est composée non seulement de clercs et de frères mais également de pauvres, de marguilliers et sans doute de serviteurs* » (Héron C., *et al.*, 1988, p. 63). Saint-Denis semble connaître un important développement à l'époque carolingienne (Héron C., *et al.*, 1988) et paraît se définir davantage comme une ville que comme une abbaye. L'ensemble monastique est très riche et possède dès le VIIIᵉ siècle des logements destinés aux hôtes de marque de passage (Wyss M., 2003, p. 261) : une forte concentration de richesses aristocratiques s'y trouve alors (Wyss M., 2003, p. 262). La fonction funéraire du site s'affirme dès le VIIIᵉ siècle (Wyss M., 1999, p. 125) mais il est probable que la population inhumée aux abords de la basilique soit essentiellement constituée de religieux (figure 108) (Wyss M., 1997). Puis, « *dès la fin de l'époque* carolingienne, les églises secondaires subissent des remaniements architecturaux qui semblent être liés à leur nouveau statut de paroisse* », les nécropoles devenant alors davantage des cimetières paroissiaux (Wyss M., 2003, p. 263). Au Xᵉ siècle, certaines églises se trouvent alors associées à un hospice (Saint-Martin) et à une école monastique (Saint-Denis) (Wyss M., 2003, p. 263).

Les datations ont été effectuées par M. Wyss à l'aide de données stratigraphiques et d'analyses radiocarbones. Elles ont permis un phasage en plusieurs époques dont trois concernent la période étudiée dans ce travail : C1 (début de la période carolingienne), C2 (période carolingienne centrale) et R1 (Xᵉ siècle). Plusieurs zones géographiques ont également été délimitées : zone 1 : nécropole à l'est du palais carolingien ; zone 2 : nécropole à l'ouest de Saint-Barthélemy ; zone 3 : nécropole au sud et à proximité du chevet de Saint-Barthélemy ; zone 4 : nécropole au sud et à proximité du chevet de Saint-Pierre ; zone à l'écart : nécropole à l'écart au nord des bâtiments (figure 109).

- Pratiques funéraires

Les individus sont inhumés en coffrage de bois, fosses à couvercles de bois, caveaux maçonnés, tombes à entourages de pierres et pleine terre, des sarcophages mérovingiens étant également réutilisés (Wyss M., 1997 ; Gallien V. et Langlois J.-Y., 1996). Les sépultures sont orientées ouest-est tête à l'ouest et organisées en rangées avec des espaces de circulation et vraisemblablement des marquages de surface. Les défunts reposent sur le dos, membres supérieurs le long du corps ou mains sur le pubis (Gallien V. et Langlois J.-Y., 1996).

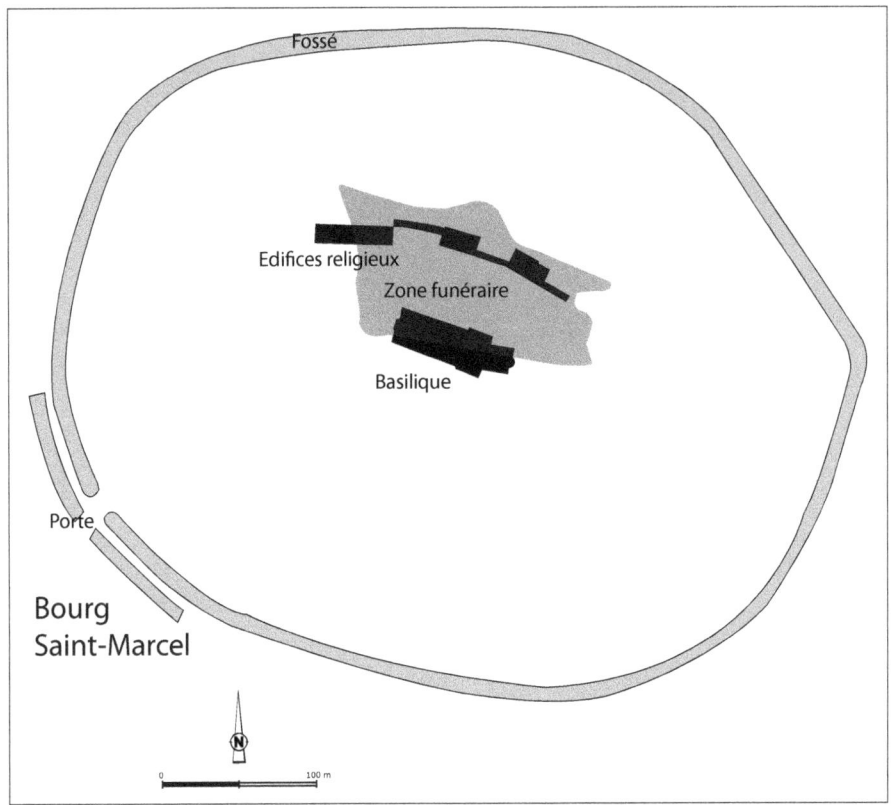

**Figure 108 : Localisation de la zone funéraire de Saint-Denis par rapport à la basilique royale
(DAO Fossurier C. d'après Wyss M., 1996)**

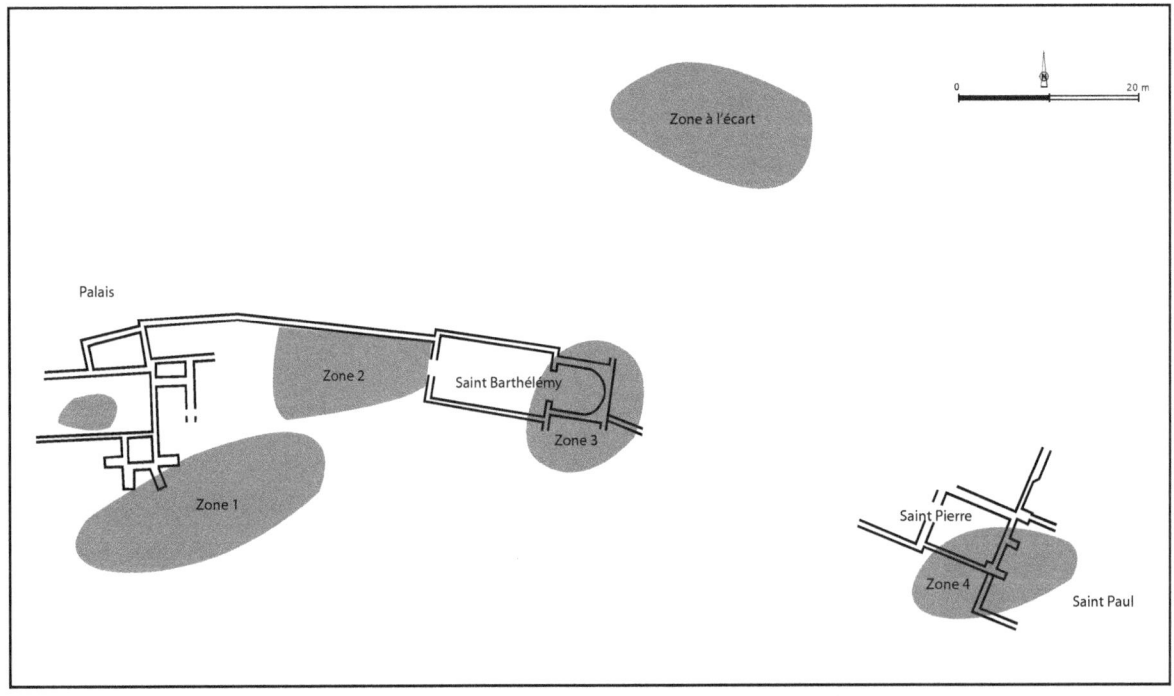

**Figure 109 : Localisation des différentes zones étudiées au sein de l'ensemble funéraire de Saint-Denis
(DAO Fossurier C. d'après Wyss M., 1996)**

- Recrutement, répartition par âge et par sexe

Au total, deux-cent-trente-trois individus ont été étudiés. Les ossements étaient relativement bien conservés mais les recoupements et réductions étaient parfois nombreux dans certains secteurs (le taux de conservation général est de 0,40).

Les répartitions par classes d'âge, dans une approche individuelle, indiquent que 33 % des individus sont immatures (figure 110). L'approche probabiliste montre pour ces derniers une très forte proportion de sujets âgés de « 1-4 ans » (figure 111-1). Les individus adultes ont, quant à eux, selon l'approche paléodémographique, des pourcentages de présence plus élevés dans les classes les plus âgées (figure 111-2).

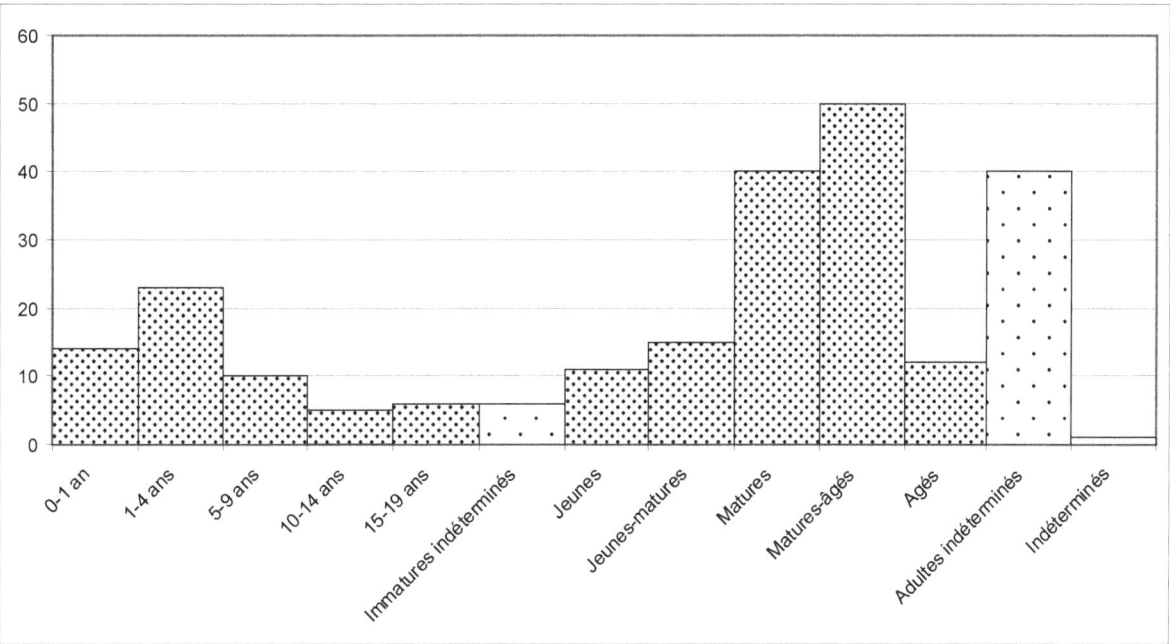

Figure 110 : Répartition des individus en effectifs selon les classes d'âge dans une approche individuelle (Saint-Denis) (tableau 2 p. 169)

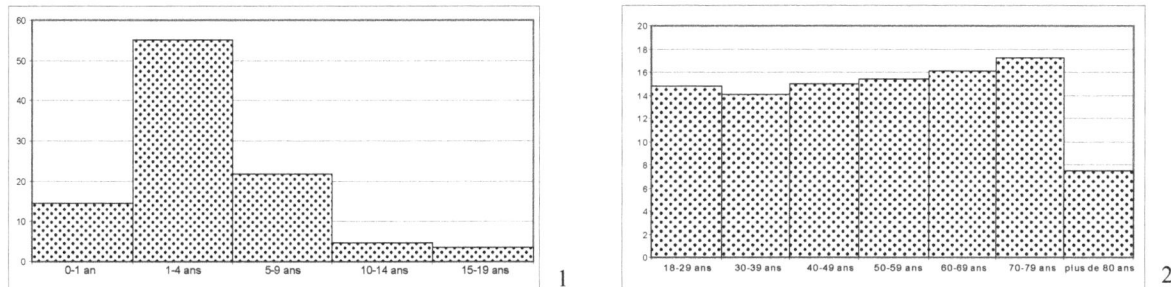

Figure 111 : Répartition probable en pourcentages des âges au décès des individus selon l'approche probabiliste
1. Individus immatures 2. Individus matures (méthode des vecteurs de probabilités) (Saint-Denis) (tableaux 3 et 4 p. 174)

Bien qu'une partie de la population appartienne probablement au monastère de Saint-Denis, les individus masculins ne sont guère plus nombreux que les féminins (soixante-cinq hommes et cinquante-et-une femmes) (figure 112) : la différence n'est d'ailleurs pas significative statistiquement (chi²=1,68). D'une manière générale, il ne semble pas exister de réelle sélection selon le sexe sur l'ensemble des zones d'inhumation.

Il paraît intéressant de faire des comparaisons selon les différentes périodes.

L'approche paléodémographique des individus adultes montre des différences selon le phasage (figure 113) : en effet, alors que pour les deux premières périodes carolingiennes, les pourcentages sont plus élevés dans les classes les plus âgées, le contraire se produit au Xe siècle où les pourcentages sont cette fois-ci plus élevés dans les classes d'âge les plus jeunes.

Les répartitions par sexe ne montrent de différences statistiquement significatives que pour la première période (période C1 chi²=5,76 ; période C2 chi²=1,38 ; période R1 chi²=0,90)[72].

Les différentes périodes ont donc des recrutements différents. Alors que les périodes C2 et R1 ont des populations relativement proches d'un type naturel avec toutefois une sélection chez les adultes (adultes plutôt âgés pour la période C2 et plutôt jeunes pour la période R1), la période C1 montre un recrutement davantage masculin à tendance âgée.

Il paraît intéressant également de comparer le recrutement des différentes zones car celui-ci peut varier. Elles présentent des pourcentages de présence d'enfants très différents : zone écart : 25 % ; zone 1 : 15 % ; zone 2 : 32 % ; zone 3 : 47 % ; zone 4 : 30 %.

---

72 La limite statistiquement significative pour une probabilité de 5 % est 3,84. La période C1 présente davantage d'hommes que de femmes.

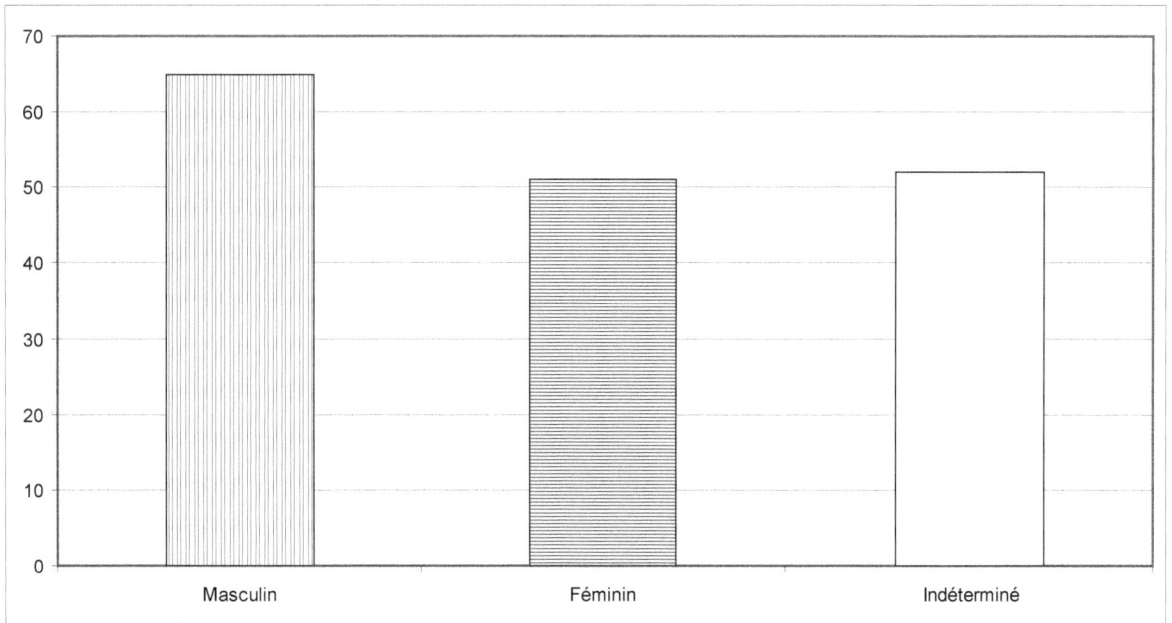

Figure 112 : Répartition des individus adultes selon le sexe en effectifs (Saint-Denis) (tableau 5 p. 175)

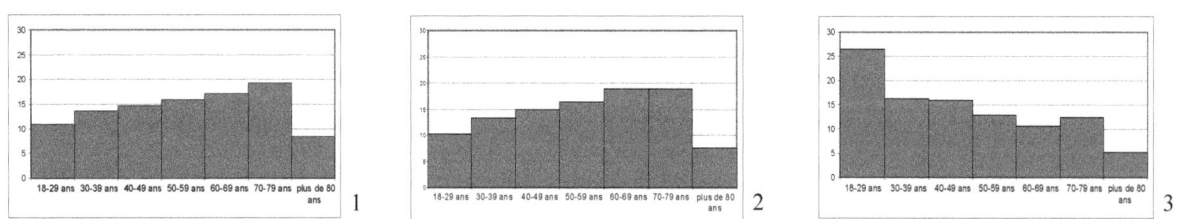

Figure 113 : Répartition probable en pourcentages des âges au décès des individus matures selon la méthode des vecteurs de probabilités, approche paléodémographique (1 : période C1 ; 2 : période C2 ; 3 : période R1) (Saint-Denis) (tableau 4 p. 174)

Les profils paléodémographiques des adultes sont également distincts selon les zones (figure 114), le profil de la zone 4 n'ayant pas été effectué à cause d'effectifs trop faibles.

Alors que trois zones (Z écart, Z2, Z3) ont des profils sensiblement comparables avec des pourcentages plus élevés dans les classes âgées, la zone 1 présente quant à elle un profil opposé avec des pourcentages d'individus plus élevés dans les classes d'âge les plus jeunes.

Les répartitions par sexe chez les individus adultes montrent également d'importantes différences selon les zones. Ainsi, aucun individu de sexe féminin n'a été identifié dans la zone à l'écart. En zone 1, 55 % des individus sont féminins (chi²=0,69) et il ne semble pas y avoir de sélection selon ce critère. Les zones 2 et 3 ont, quant à elles, respectivement 59 % et 26 % d'individus féminins mais les différences ne sont à nouveau pas statistiquement significatives (chi² respectifs de 1,12 et 2,4 avec la correction de Yates pour de petits effectifs pour le secteur 3). La zone 4 ne présente que deux individus sexés aussi toute conclusion est impossible.

Les profils paléodémographiques sont proches selon les sexes dans les différentes zones excepté en zone 1 (figure 115).

En effet, alors que chez les hommes, les pourcentages sont plus élevés dans les classes les plus âgées, chez les femmes, les pourcentages sont plus élevés dans les classes d'âge les plus jeunes, ce dernier fait semblant influencer le profil paléodémographique général de l'ensemble de la zone.

Les différentes zones de la nécropole présentent donc des recrutements différents. Aucun individu féminin n'a été identifié dans la zone à l'écart pour la période étudiée. Et seul un quart des individus sont immatures. Le profil paléodémographique indique quant à lui que les individus adultes appartenaient probablement aux classes les plus âgées. Cette nécropole présente donc de multiples sélections. La zone 1 montre quant à elle d'autres sélections. En effet, elle ne comprend qu'une très faible proportion d'enfants mais pratiquement autant d'hommes que de femmes. Par contre, les profils paléodémographiques révèlent des différences selon le sexe dans les répartitions par classes d'âge : les femmes en effet sont beaucoup plus nombreuses dans les classes d'âge les plus jeunes contrairement aux hommes. La zone 2 a quant à elle une forte proportion d'enfants mais chez les adultes les individus semblent plus nombreux dans les classes les plus âgées. Elle présente également un nombre légèrement plus élevé de femmes que d'hommes. La zone 3 a des caractéristiques assez proches d'une manière générale de la zone 2 mais avec toutefois une proportion beaucoup plus haute d'enfants, presqu'un sur deux, et un faible pourcentage d'individus féminins. Chaque zone recrute donc très différemment, que ce soit selon le sexe ou selon les classes d'âge, ce recrutement permettant une première caractérisation des différentes populations inhumées.

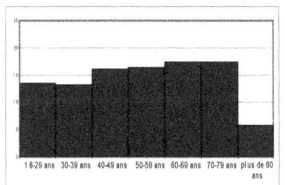 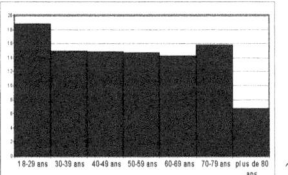 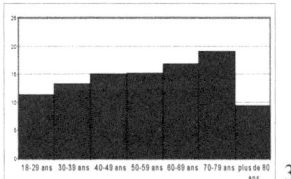 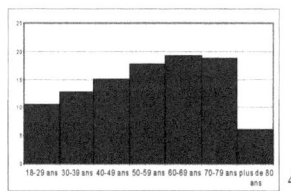

Figure 114 : Répartition probable en pourcentages des âges au décès des individus matures selon la méthode des vecteurs de probabilités, approche paléodémographique (1 : zone à l'écart ; 2 : zone 1 ; 3 : zone 2 ; 4 : zone 3) (Saint-Denis) (tableau 4 p. 174)

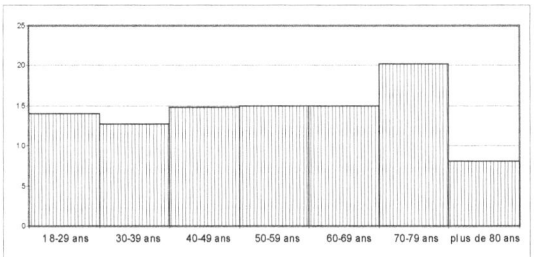 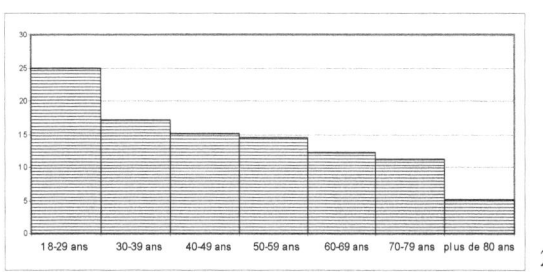

Figure 115 : Répartition probable en pourcentages des âges au décès des individus matures selon la méthode des vecteurs de probabilités, approche paléodémographique, zone 1 (1 : sexe masculin ; 2 sexe féminin) (Saint-Denis) (tableau 4 p. 174)

II.4.4 Rapide bilan concernant les pratiques funéraires

Pour l'Eglise chrétienne, les pratiques et rites funéraires n'ont d'utilité que pour les vivants (Lauwers M., 1996, p. 75) et pour la piété qu'elles permettent de manifester (Sapin C. et Treffort C., 2004, p. 9). Ainsi le théologien du XIIIᵉ siècle Godefroid de Fontaines conclut en se référant à saint Augustin qu'« *il faut observer ce qu'il y a de plus commun et de plus habituel* » (*Quolibet* VIII, qu. IX (en 1291), éd. P. 90 et 97 *in* Lauwers M., 1996, p. 76-77).

Les pratiques funéraires ont ainsi révélé de nombreux points communs entre les différents sites archéologiques. En effet, l'immense majorité des sépultures est orientée ouest-est tête à l'ouest bien qu'il existe quelques exceptions, notamment en zone urbaine. Les individus sont presque toujours inhumés sur le dos, membres inférieurs en extension. La position des membres supérieurs varie beaucoup mais les avant-bras sont souvent le long du corps ou les mains sur le pubis. Les types de contenant sont divers et correspondent souvent à des coffrages, de bois ou maçonnés, à des sépultures avec banquettes et couvercle de bois, quelques sarcophages ayant également été retrouvés. Les fosses présentent fréquemment des logettes céphaliques. La présence de linceuls ou de vêtements peut parfois être envisagée. Le mobilier est quant à lui très rare. Le nombre de réductions est extrêmement variable d'un site à l'autre et il semble difficile de déterminer, dans une première approche, la raison des nombreux recoupements. Cela peut d'abord sembler étroitement lié à l'espace disponible dans la zone funéraire : les recoupements sont nettement plus nombreux en milieu urbain et certaines nécropoles en espace rural en présentent beaucoup alors que d'autres n'en ont presque pas. Il paraît logique que cela dépende de la nature de l'espace funéraire, ou de ses délimitations. Cette nature reste difficile à caractériser mais il est possible que la présence ou non d'un édifice de culte joue un rôle dans sa définition. Il existe de très nombreuses autres interprétations expliquant les recoupements. L'une des plus souvent évoquée est développée par Y. Gleize (Gleize Y., 2006) : ce dernier suggère que certains individus en réduction sont liés par des liens familiaux avec d'autres défunts de la même sépulture. Cette variable excepté, les pratiques funéraires présentent donc une certaine homogénéité.

II.4.5 Le recrutement : les sélections selon le sexe et selon l'âge au décès[73]

Certaines catégories des populations, telles les femmes et les enfants, sont peu évoquées dans les textes altomédiévaux. Les nécropoles, quant à elles, grâce à leur variété, les regroupent presque toutes, bien qu'il existe diverses sélections dans leur recrutement. Celui-ci a révélé l'existence de beaucoup de différences au sein des populations. Les répartitions par classes d'âge mettent en évidence une forte mortalité des enfants. La mortalité infantile est en effet très élevée pour ces périodes (25 à

45 % de décès avant l'âge de 5 ans) (Fossier R., 1995, p. 17). M. Zerner-Chardavoine évoque cette question grâce à l'étude du polyptyque de Marseille, les enfants ayant été recensés au moins partiellement dans ce dernier (Zerner-Chardavoine M., 1981, p. 355). Leur mortalité semble particulièrement liée à l'existence de crises, surtout probablement à l'échelon local, et présente donc de fortes variations selon les années (Zerner-Chardavoine M., 1981, p. 365, p. 367). Les pourcentages de présence d'enfants au sein de la population vivante vont de 26,5 à 33 % (Zerner-Chardavoine M., 1981, p. 378-381) ; 40 à 50 % des enfants n'atteignaient pas leur cinquième anniversaire suite à une très forte mortalité infantile (Perrenoud A., 1997, p. 290). Ces taux se révèlent finalement très proches de ceux constatés au sein des différents sites archéologiques et ceux-ci ne semblent traduire que les proportions de leur mortalité. Il existe pourtant fréquemment une sous-représentation des enfants en particulier des « 0-1 an » mais le phénomène est bien connu (voir par exemple H. Guy et M. Masset (1997) ou P. Sellier (1996)).

L'analyse probabiliste des individus immatures a révélé des profils nettement différents selon les sites. Les classes des « 1-4 ans » ou des « 5-9 ans » étant souvent majoritaires excepté en ce qui concerne les sites urbains de Beauvais et Saint-Marcel où les individus se répartissent davantage entre les différentes classes d'âge et où celle des « 10-14 ans » est proportionnellement plus représentée. Les profils paléodémographiques analysant la répartition par classes d'âge des individus adultes proposent aussi une grande variété. Ces derniers peuvent indiquer des tendances générales pour l'état sanitaire des populations en prenant garde toutefois aux surinterprétations. Ainsi, si une population présente de nombreux individus jeunes, elle peut être défavorisée et, au contraire, si ses profils font apparaître de fortes proportions d'individus âgés, elle est peut-être privilégiée (Masset C., 1982 ; Gallien V., 1995). Ceci n'est toutefois pas la règle : ainsi, une population de migrants sera essentiellement composée d'individus jeunes sans pour autant être défavorisée. De même, si la sélection se fait selon l'âge des défunts, le profil ne reflètera que cette sélection : à Coutances, V. Gallien montre que la partie fouillée de la nécropole correspond probablement essentiellement à de jeunes moines tandis que les plus anciens sont inhumés dans des zones plus prestigieuses (Gallien V., 2006).

L'analyse des répartitions par sexe et par âge a permis de mettre en évidence essentiellement deux types de populations inhumées : les populations de type naturel avec plus ou moins d'individus jeunes ou âgés, d'enfants, et les populations fortement sélectionnées, selon le sexe ou l'âge. Les populations de type naturel correspondent à la plupart des sites d'agglomération comme à Bondy, Beauvais (malgré son faible effectif), Cherbourg ou Saint-Marcel. Les sites ruraux ont également un recrutement proche mais se détachent un peu plus des populations naturelles avec souvent un léger déficit en enfants comme à Mondeville, La Tombe, Varennes-sur-Seine, Escaudain et Villiers-le-Sec. Pour ces derniers, il existe également fréquemment une sélection plus ou moins forte selon le sexe, féminin pour Mondeville et La Tombe, ou masculin pour Escaudain. Sur ce site, comme à Villiers-le-Sec, les profils paléodémographiques présentent d'ailleurs une population relativement âgée par contraste avec celle des sites de Mondeville ou La Tombe qui paraissent globalement jeunes. Villiers-le-Sec montre une différence dans la répartition selon le sexe avec une grande part d'hommes inhumés au sein de la nécropole, les femmes étant proportionnellement plus nombreuses dans l'habitat. Pour le site de Mortefontaine, la population est plus difficile à caractériser : elle comporte très peu

---

[73] Il n'est ici question que de l'approche biologique. Il est très important de noter que les individus immatures biologiquement ne le sont pas forcément socialement, notamment en ce qui concerne les dernières classes d'âge : l'entrée dans le monde des adultes se fait théoriquement vers 14/15 ans pour les garçons (mise en apprentissage, port d'armes, etc) et vers 12 ans pour les filles (majorité pour le mariage) (Alduc-Le Bagousse A., 1994 ; Buchet L. et Séguy I., 2008).

d'enfants et un très grand nombre d'hommes sans que cela soit pourtant statistiquement significatif, et une population très légèrement âgée. Par contraste, d'autres sites présentent une forte sélection : le site de Hamage, monastère féminin, comporte essentiellement des femmes relativement âgées. Le recrutement de quelques nécropoles est plus difficile à caractériser : à Amiens, le nombre important d'hommes jeunes semble anormal et pose des questions auxquelles il paraît difficile de répondre. A Saint-Denis, si la population est globalement de type naturel avec une légère sous-représentation des enfants, notamment au sein de certaines zones, elle montre des profils paléodémographiques variés selon les périodes avec des tendances plutôt âgées aux périodes C1, C2 et plutôt jeunes durant la période R1. La répartition de la population en différents espaces funéraires fait quant à elle apparaître davantage de sélections. Ainsi, dans la zone à l'écart, aucune femme n'a été identifiée, en zone 1 la population se répartit entre hommes plutôt âgés et femmes relativement jeunes alors qu'en zone 2 le recrutement montre une légère prédominance des femmes âgées, la zone 3 étant son pendant avec les hommes.

L'état sanitaire de ces populations semble pouvoir apporter des compléments utiles à la compréhension de ces sites notamment pour ceux dont le recrutement selon l'âge et le sexe est difficile à comprendre.

II.5 L'état sanitaire

L'état sanitaire des populations peut permettre de caractériser le recrutement des nécropoles. En effet, celui-ci est conditionné par de multiples paramètres et peut illustrer, dans une certaine mesure, les conditions de vie. Les signes de stress non spécifiques semblent un premier élément considérablement important car ils témoignent souvent de l'accès aux ressources, en étant particulièrement liés à l'alimentation.

II.5.1 Les signes de stress non spécifiques

* LES *CRIBRA ORBITALIA*

Elles ont été seulement cotées en présence ou absence aussi les prévalences obtenues sont des prévalences corrigées. Elles ont été comptabilisées sur l'ensemble de la population (figure 116).

Le pourcentage de présence de *cribra orbitalia* se révèle très bas sur les sites de Mortefontaine, Varennes-sur-Seine et Beauvais, ces deux derniers sites présentant toutefois des effectifs analysables faibles. Les sites de Villiers-le-Sec,

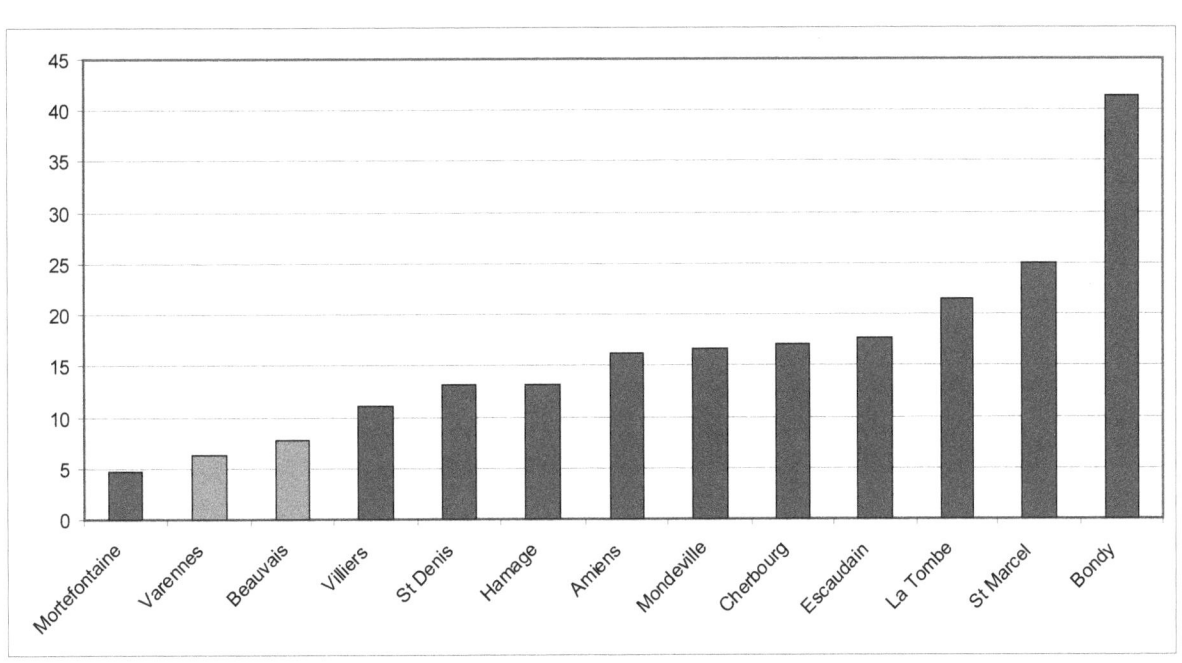

**Figure 116 : Pourcentage de présence des *cribra orbitalia* par ordre croissant selon les sites
(les sites indiqués en clair ont des effectifs inférieurs à 20) (tableau 6 p. 175)**

Saint-Denis, Hamage ont ensuite des taux peu élevés. Le site de Bondy se détache quant à lui par des prévalences très fortes.

Au sein même des nécropoles, des différences importantes sont visibles (figure 117). Le classement des sites est totalement différent selon ce qui est considéré (approche globale ou subdivisions). En effet, en terme de répartition chronologique, à Cherbourg, les individus des VIIe-VIIIe siècles présentent un pourcentage élevé par rapport à ceux des IXe-XIe siècles (respectivement 29 % et 10 %). A Villiers-le-Sec, des écarts importants sont observables entre les sépultures de la nécropole et les sépultures dites isolées avec respectivement des pourcentages de 5 % et

28 %, les sépultures « isolées » de Villiers-le-Sec ayant toutefois un faible effectif. A Saint-Denis, les taux varient fortement d'une période à l'autre, passant de 10 % en C1 puis de 0 % en C2 à 26 % en R1[74]. Selon les zones, les différences sont moins visibles (Z écart 16,5 %, Z1 12,5 %, Z2 18,5 %), une différenciation en zone 3 étant toutefois plus notable (6,5 %)[75].

---

74 C1 : début de la période carolingienne ; C2 : période carolingienne centrale ; R1 : Xe siècle.

75 Z écart : zone située à l'écart des édifices ; Z1 : zone 1, nécropole à l'est du palais carolingien ; Z2 : zone 2, nécropole à l'ouest de Saint-Barthélemy ; Z3 : zone 3, nécropole au sud et à proximité du chevet de Saint-Barthélemy.

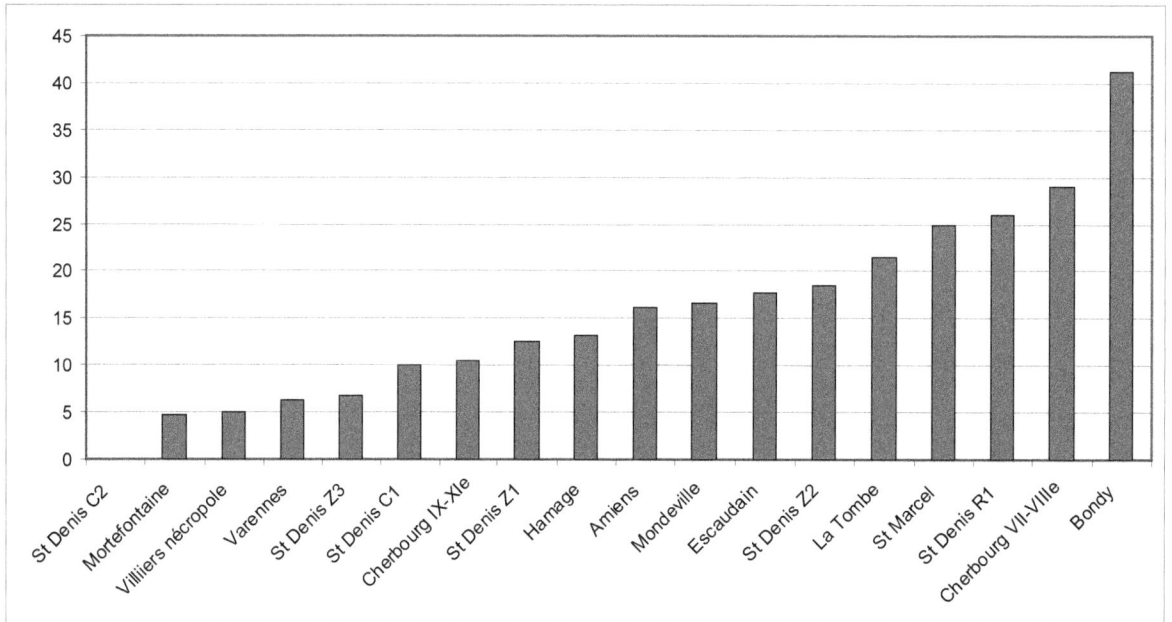

Figure 117 : Pourcentage de présence des *cribra orbitalia* par ordre croissant selon les sites et leurs subdivisions (pour des effectifs de comparaison totaux supérieurs ou égaux à 15) (tableau 6 p. 175)

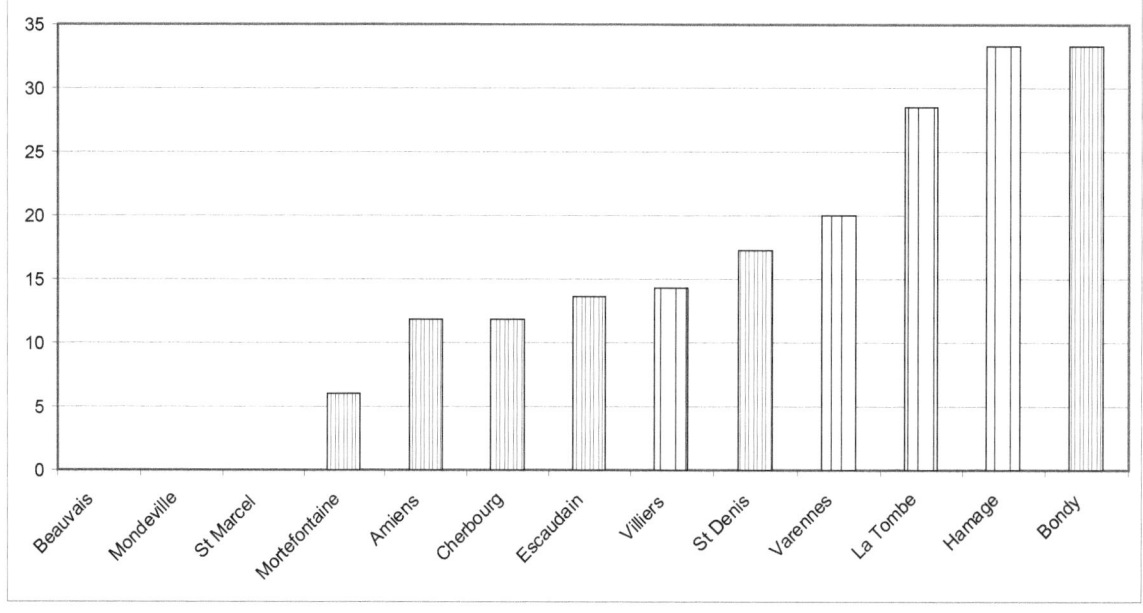

Figure 118 : Pourcentage de présence des *cribra orbitalia* par ordre croissant selon les sites, sexe masculin (les trois premiers sites ainsi que les sites en clair ont des effectifs inférieurs à 10) (tableau 6 p. 175)

Les répartitions selon le sexe montrent, sur les sujets masculins, toujours un pourcentage de présence élevé pour le site de Bondy. Les sites de Mortefontaine, Amiens, Cherbourg et Escaudain semblent en revanche avoir un pourcentage relativement faible (figure 118). Il est difficile de se prononcer sur les autres sites tant les effectifs analysables sont bas (effectifs de 2 à 7).

Pour le sexe masculin, les différentes périodes placent différemment les sites, surtout par rapport à leurs taux lorsqu'ils sont considérés globalement : le pourcentage de la période C1 du site de Saint-Denis est nettement plus élevé par exemple, les IXe-XIe siècles de Cherbourg ont quant à eux un faible taux (figure 119).

Pour le sexe féminin, le pourcentage a une valeur très faible pour les sites d'Escaudain, Mondeville, Mortefontaine et Hamage tandis que le site de Bondy propose de nouveau un taux très élevé (figure 120).

Très peu de subdivisions de sites, chronologiques ou zonales, ont des effectifs féminins suffisants pour permettre des comparaisons (figure 121). Seuls les résultats obtenus à Saint-Denis paraissent probant avec un pourcentage très élevé pour la période R1, la zone 1 en ayant un faible.

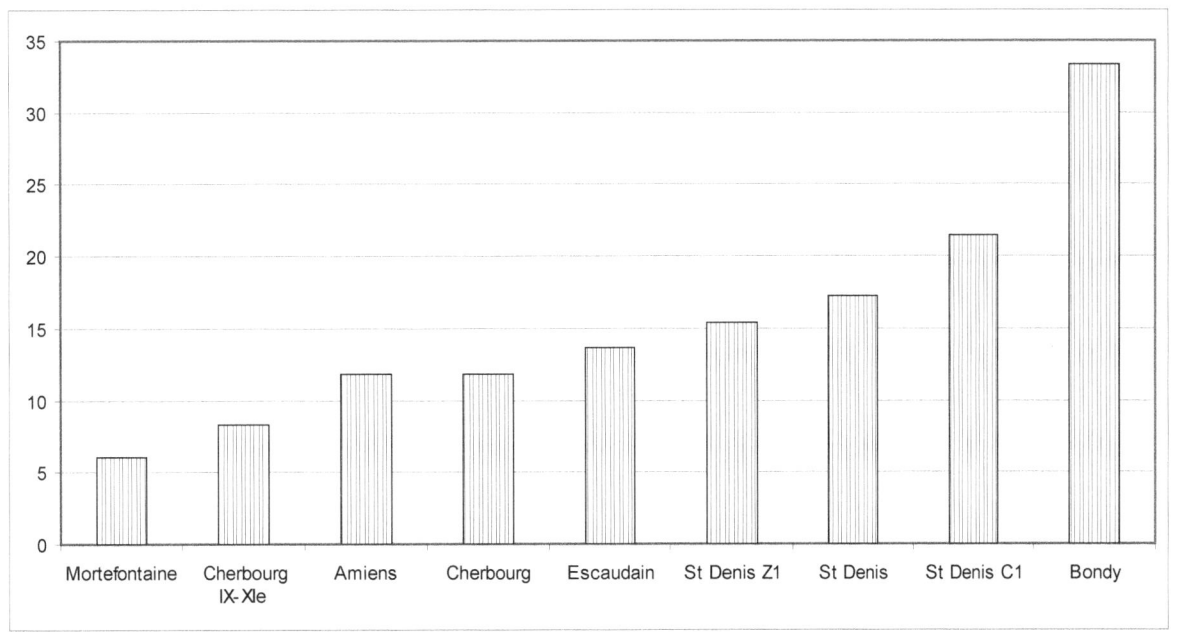

Figure 119 : Pourcentage de présence des *cribra orbitalia* par ordre croissant selon les sites et leurs subdivisions, sexe masculin (pour des effectifs de comparaison supérieurs à 10) (tableau 6 p.175)

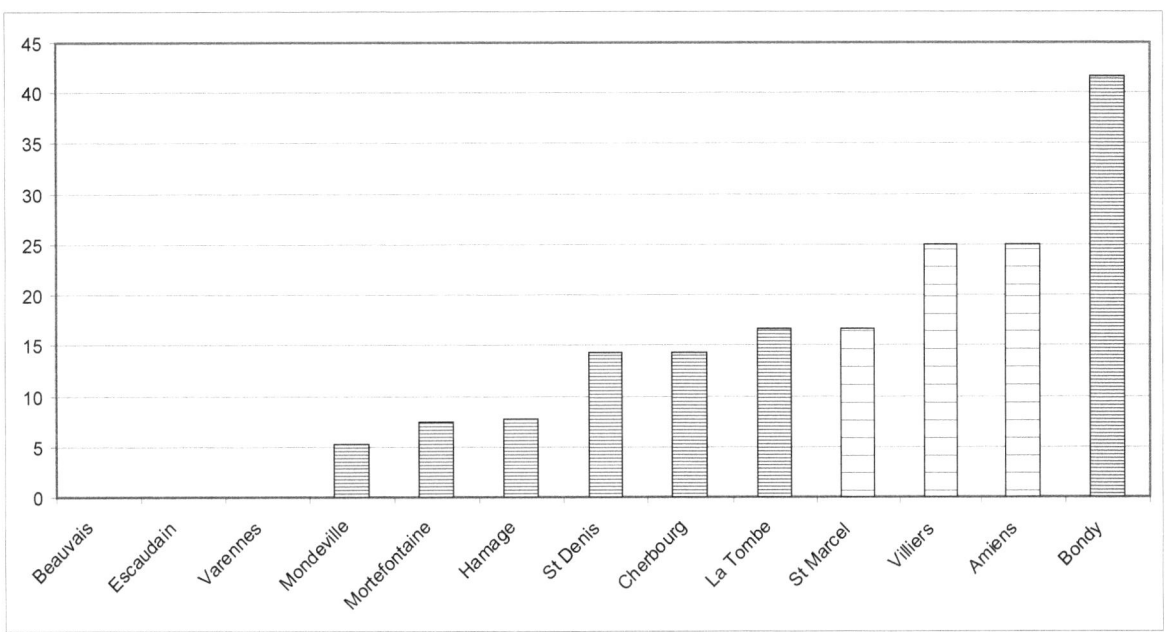

Figure 120 : Pourcentage de présence des *cribra orbitalia* par ordre croissant selon les sites, sexe féminin(les sites de Beauvais et Varennes-sur-Seine ainsi que les sites en clair ont des effectifs inférieurs à 10) (tableau 6 p.175)

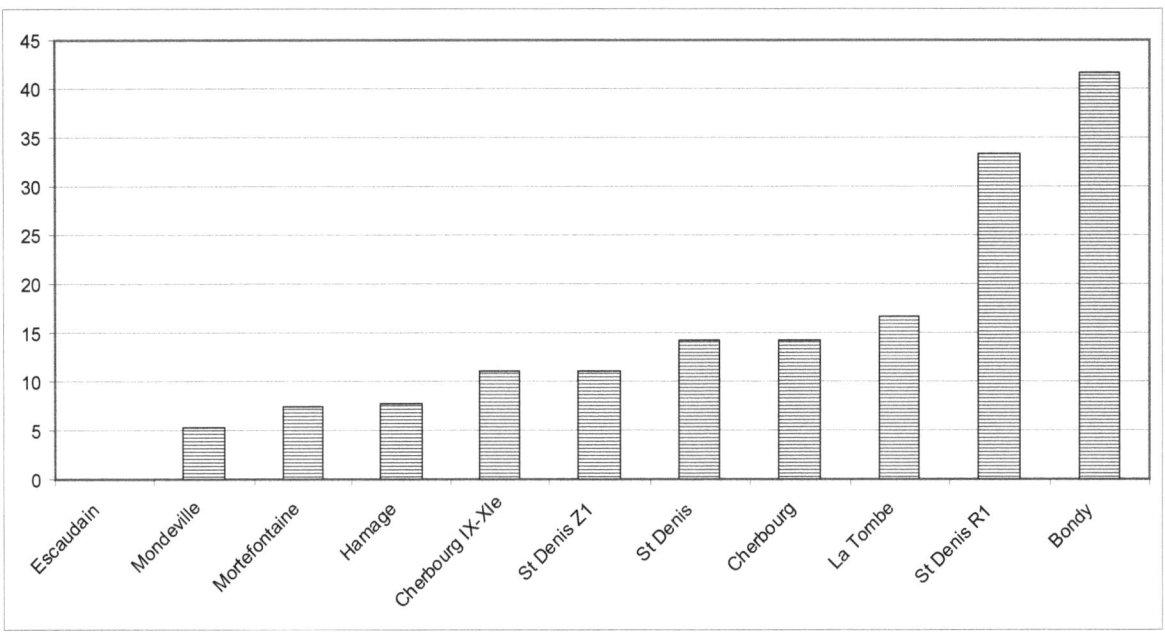

Figure 121 : Pourcentage de présence des *cribra orbitalia* par ordre croissant selon les sites et leurs subdivisions, sexe féminin (pour des effectifs de comparaison supérieurs à 9) (tableau 6 p. 175)

* LES HYPEROSTOSES POROTIQUES CRÂNIENNES

Tous les crânes suffisamment observables ont été examinés : les hyperostoses ont été comptabilisées en présence ou absence sur tous les individus et les pourcentages reflètent donc des prévalences corrigées.

La présence des hyperostoses porotiques crâniennes se révèle très différente de celle des *cribra orbitalia* dans les différents sites (figure 122). En effet, leurs prévalences sont très faibles sur les sites de Mortefontaine, Bondy et Hamage alors qu'elles sont très fortes à Saint-Denis.

Les subdivisions chronologiques des différents sites présentent également des différences (figure 123) : à Cherbourg, le pourcentage de présence est nettement moins important aux IXe-XIe siècles qu'aux VIIe-VIIIe siècles (respectivement 8 % et 19 %). A Saint-Denis, il est également possible de distinguer une évolution, les pourcentages augmentant considérablement au fil des périodes (passant de 27 % à 31 % puis à 56 %). En ce qui concerne les différentes zones de ce site, les taux sont relativement proches (40 à 42 %) sauf en zone 2 où il est plus faible (25 %) (seuls sept individus ont toutefois pu être observés selon ce critère pour la zone à l'écart). A Villiers-le-Sec, il n'existe également que peu d'écarts entre le pourcentage des sépultures isolées (14 %) et celui de la nécropole (17 %).

Pour le sexe masculin, le pourcentage est, une nouvelle fois, particulièrement élevé à Saint-Denis, à Saint-Marcel et à Hamage tandis qu'il se révèle relativement faible à Bondy, Mortefontaine et Amiens. Les taux les plus extrêmes se trouvent à Beauvais et à Villiers-le-Sec (effectifs observés respectifs de 2 et de 5) (figure 124).

Les subdivisions selon les périodes et les zones des différents sites présentent rarement de fortes proportions. Toutefois, elles montrent une nouvelle fois les taux très élevés de Saint-Denis, surtout en zone 1 et en période C1 (figure 125).

Concernant les pourcentages de présence sur le sexe féminin, les répartitions sont relativement proches de celles sur le sexe masculin sans être toutefois identiques (figure 126). Les sites de Saint-Denis et de La Tombe ont ainsi un pourcentage très élevé tandis que les sites de Mortefontaine, Bondy et Hamage ont des prévalences très faibles.

Lorsque les subdivisions des sites sont prises en compte, le site de Saint-Denis présente à nouveau un pourcentage de présence très élevé, les sites de Mortefontaine, Bondy et Hamage ayant cette fois-ci un taux très faible (figure 127).

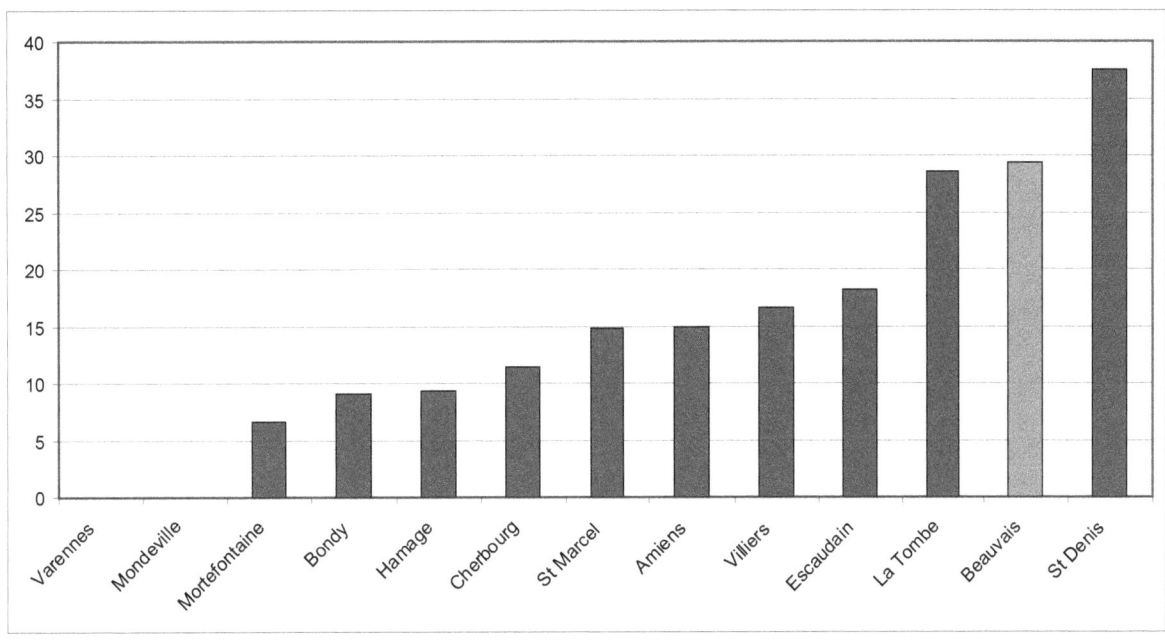

Figure 122 : Pourcentage de présence des hyperostoses porotiques crâniennes par ordre croissant selon les sites (les sites de Varennes-sur-Seine, Mondeville et Beauvais ont des effectifs inférieurs à 20) (tableau 7 p. 176)

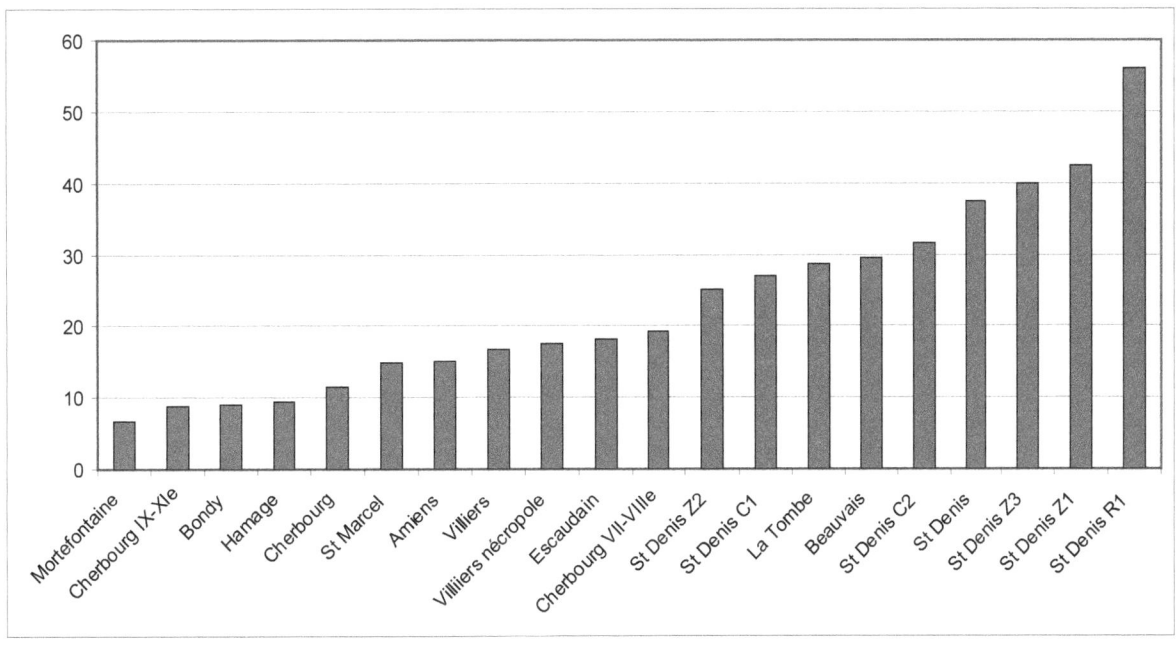

Figure 123 : Pourcentage de présence des hyperostoses porotiques crâniennes par ordre croissant selon les sites et leurs subdivisions (pour des effectifs de comparaison totaux supérieurs ou égaux à 15) (tableau 7 p. 176)

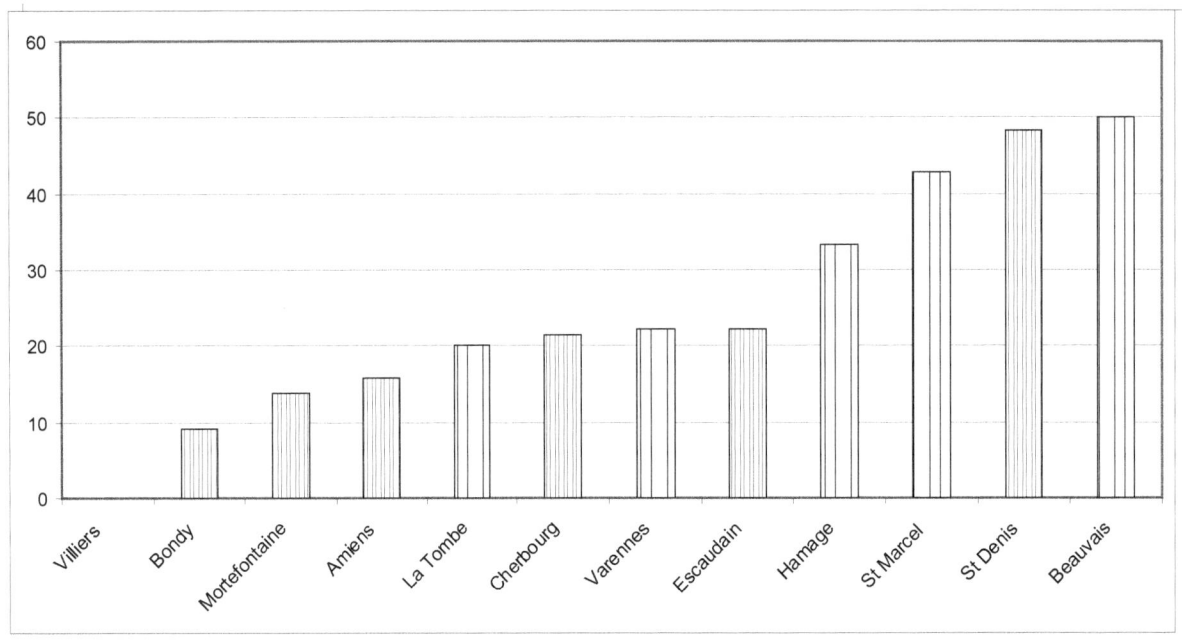

**Figure 124 : Pourcentage de présence hyperostoses porotiques crâniennes par ordre croissant selon les sites, sexe masculin
(le site de Villiers-le-Sec ainsi que les sites en clair ont des effectifs inférieurs à 10) (tableau 7 p. 176)
(le site de Mondeville est absent du graphique car ne présentant aucun effectif observable)**

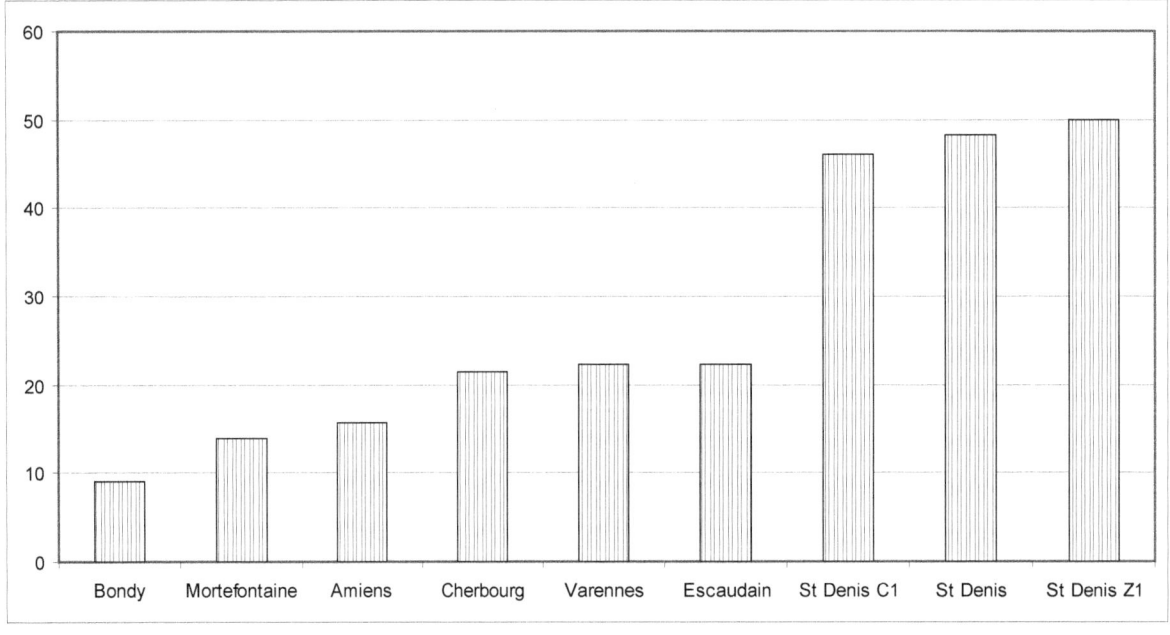

**Figure 125 : Pourcentage de présence des hyperostoses porotiques crâniennes par ordre croissant selon les sites
et leurs subdivisions, sexe masculin (pour des effectifs de comparaison supérieurs ou égaux à 9) (tableau 7 p. 176)**

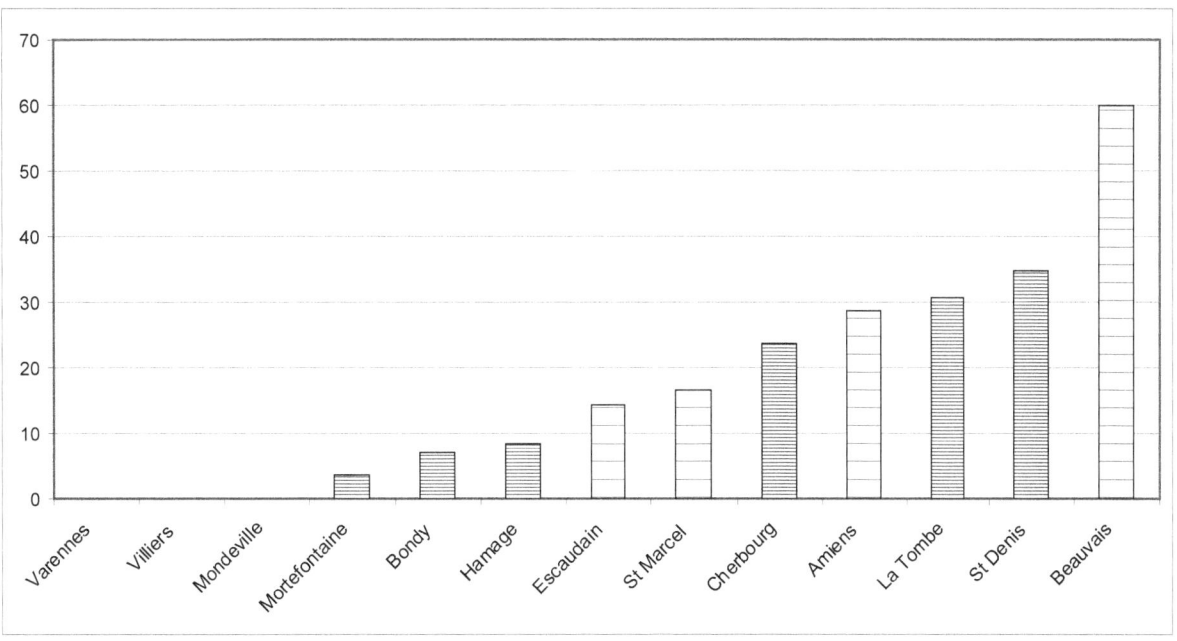

Figure 126 : Pourcentage de présence des hyperostoses porotiques crâniennes par ordre croissant selon les sites, sexe féminin (les trois premiers sites ainsi que les sites en clair ont des effectifs inférieurs à 10) (tableau 7 p. 176)

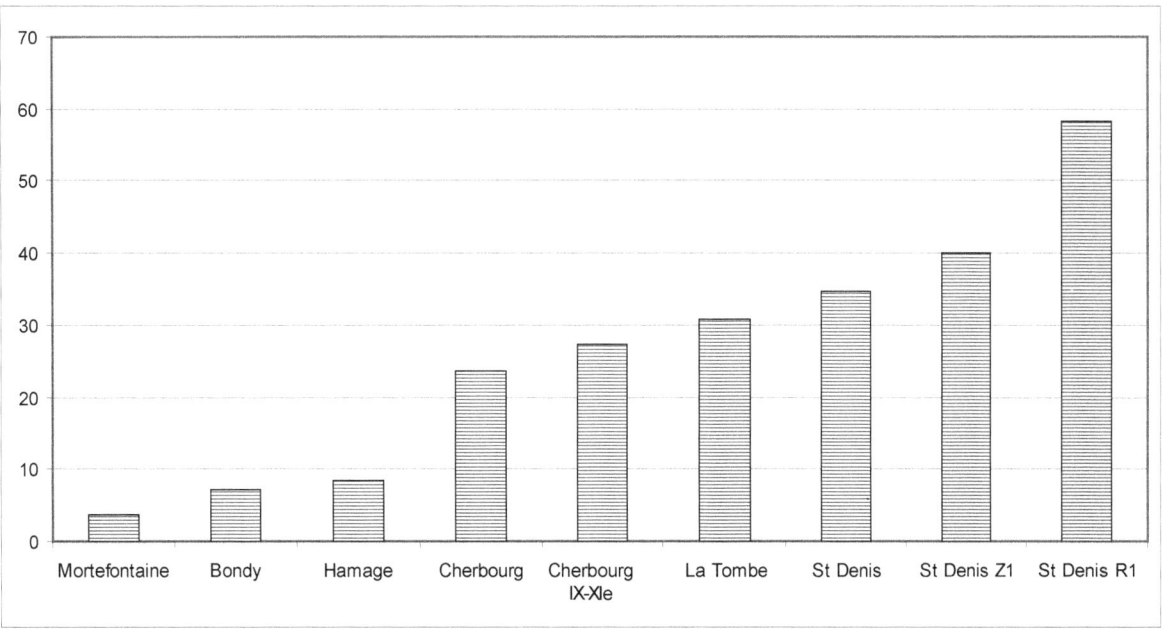

Figure 127 : Pourcentage de présence des hyperostoses porotiques crâniennes par ordre croissant selon les sites et leurs subdivisions, sexe féminin (pour des effectifs de comparaison supérieurs ou égaux à 10) (tableau 7 p. 176)

* L'HYPOPLASIE DE L'ÉMAIL DENTAIRE

Elle a été observée sur toutes les dents, les cotations étant examinées selon les critères décrits dans la première partie (classement en hypoplasie absente, légère, moyenne, forte).

Le classement de l'hypoplasie met clairement en évidence d'importantes différences entre les sites (figure 128). En effet, l'atteinte se révèle très présente à Bondy puis à Villiers-le-Sec et Escaudain. En revanche, ses taux sont relativement faibles à Beauvais et La Tombe.

Le site de La Tombe présente une très faible présence d'hypoplasie moyenne et forte (figure 129). Par contraste, le site de Bondy a un pourcentage très élevé. Les subdivisions de Saint-Denis mettent essentiellement en évidence un faible pourcentage de présence en zone 2. Par contre, à Villiers-le-Sec et à Cherbourg, elles ne montrent que peu de différences entre elles.

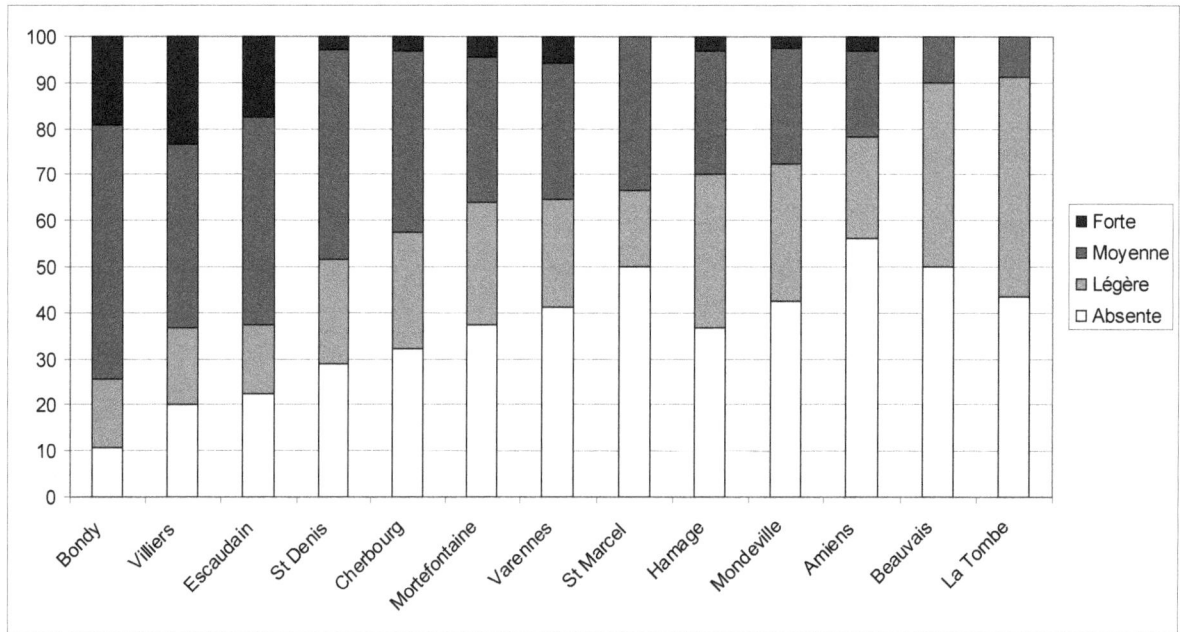

Figure 128 : Pourcentage de présence et d'intensité d'hypoplasie selon les sites (le classement a été effectué selon les pourcentages cumulés d'hypoplasie absente et légère) (tableau 8.1 p. 176)

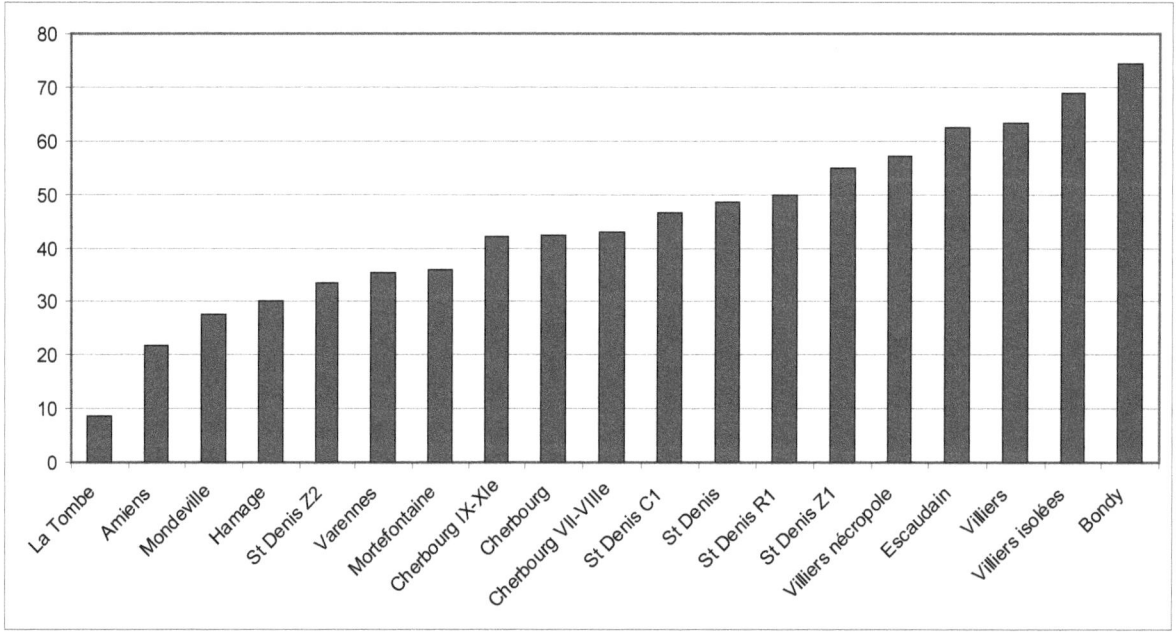

Figure 129 : Pourcentage de présence moyenne et forte d'hypoplasie par ordre croissant selon les sites et leurs subdivisions pour des effectifs supérieurs ou égaux à 14 (tableau 8.1 p. 176)

Pour le sexe masculin, le site qui a le plus d'hypoplasie est celui d'Escaudain, suivi par les sites de Bondy et Villiers-le-Sec (figure 130). Par contre, les sites de La Tombe, Hamage et Beauvais en ont très peu.

Les subdivisions des sites archéologiques montrent, pour le sexe féminin, une présence d'hypoplasie moyenne ou forte relativement peu élevée pour les IX-XIe siècles à Cherbourg, les pourcentages des différentes zones ou périodes de Saint-Denis n'ayant que rarement des effectifs assez élevés (les données analysables montrent une répartition relativement homogène sur le site) (figure 131).

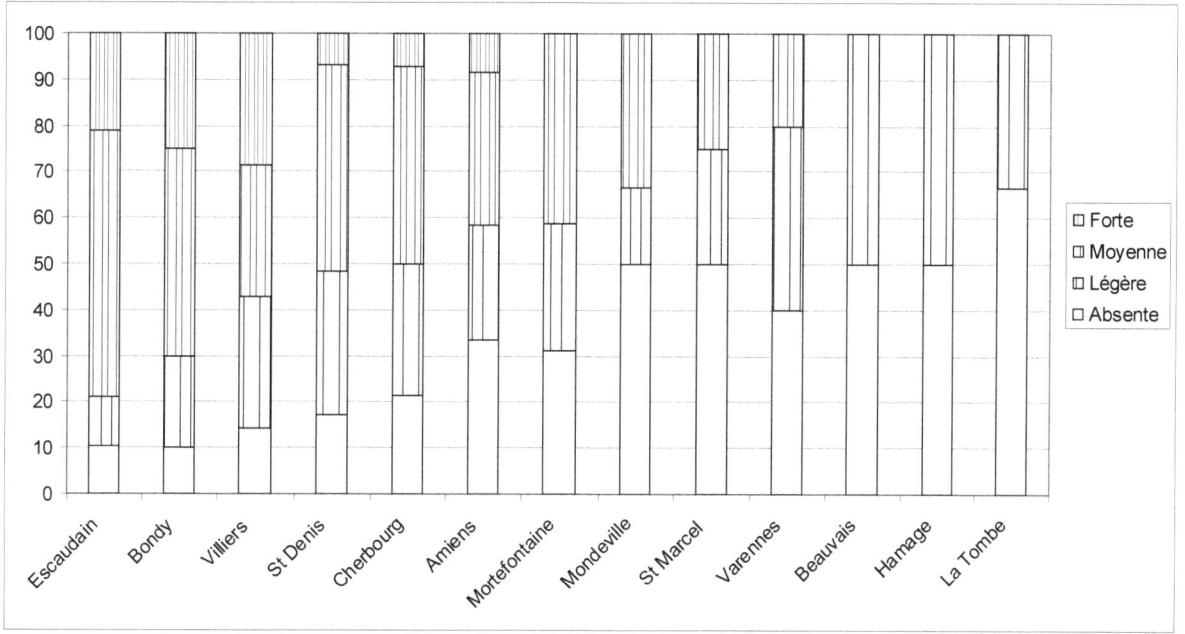

Figure 130 : Pourcentage de présence et d'intensité d'hypoplasie selon les sites, sexe masculin (le classement a été effectué selon les pourcentages cumulés d'hypoplasie absente et légère) (tableau 8.2 p. 177)

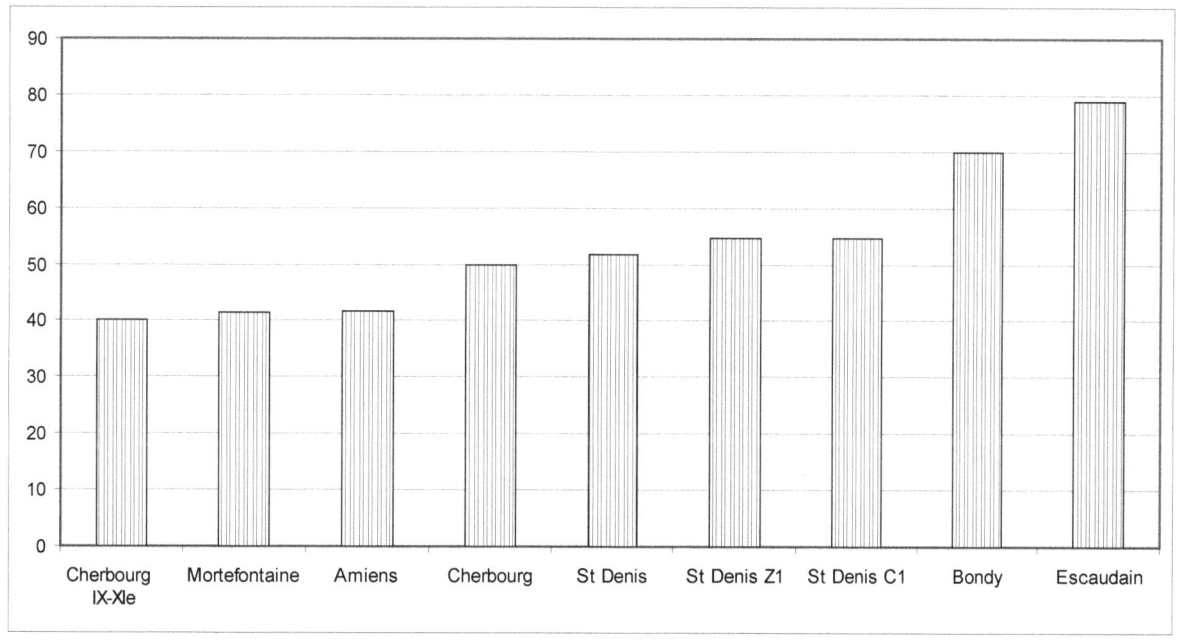

Figure 131 : Pourcentage de présence moyenne et forte d'hypoplasie par ordre croissant selon les sites et leurs subdivisions, sexe masculin, pour des effectifs supérieurs ou égaux à 10 (tableau 8.2 p. 177)

Pour le sexe féminin, le site de Bondy présente les taux d'hypoplasie les plus élevés, le site de Saint-Marcel les plus faibles (figure 132). Les sites de Villiers-le-Sec et d'Escaudain ont également de forts pourcentages, ceux-ci étant faibles à Amiens et La Tombe.

Les subdivisions des sites pour le sexe féminin atteignent rarement des effectifs permettant l'étude (figure 133). Elles montrent seulement qu'à Cherbourg, le taux est un peu plus élevé aux IX-XIe siècles comparé à l'ensemble du site.

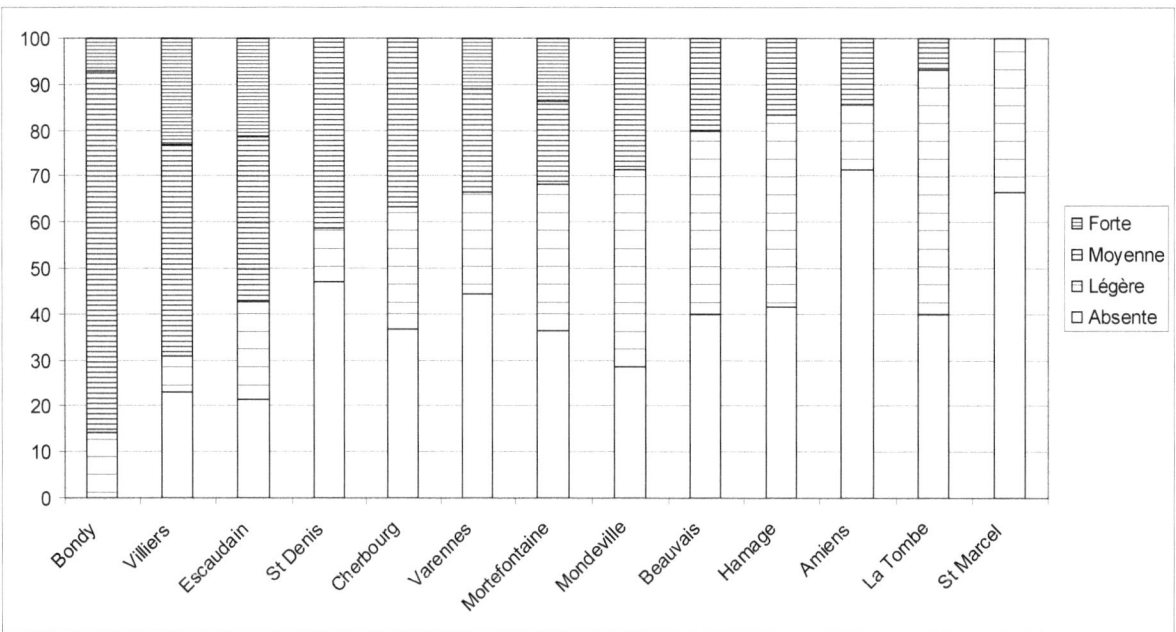

Figure 132 : Pourcentage de présence et d'intensité d'hypoplasie selon les sites, sexe féminin (le classement a été effectué selon les pourcentages cumulés d'hypoplasie absente et légère) (tableau 8.3 p. 177)

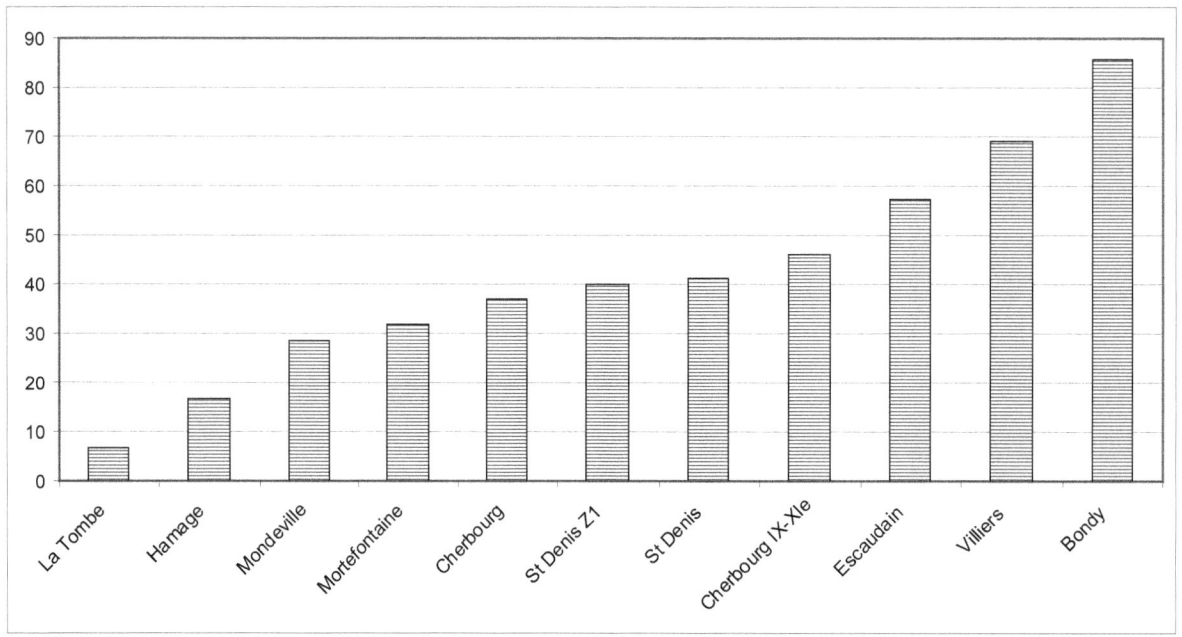

Figure 133 : Pourcentage de présence moyenne et forte par ordre croissant selon les sites et leurs subdivisions, sexe féminin, pour des effectifs supérieurs ou égaux à 10 (tableau 8.3 p. 177)

* Répartition selon le sexe

Il paraît intéressant de comparer les répartitions hommes/femmes des signes de stress non spécifiques afin de déterminer si l'un ou l'autre sexe est plus atteint (figure 134).

Les comparaisons entre les sexes indiquent qu'aucun sexe ne semble favorisé ou défavorisé par rapport à l'autre. En effet, selon les sites, c'est tantôt l'un, tantôt l'autre qui présente les pourcentages les plus élevés, et ce quel que soit le signe observé.

* Bilan

Alors que les données concernant les *cribra orbitalia* et l'hypoplasie de l'émail dentaire sont relativement comparables, les informations divergent en ce qui concerne l'hyperostose porotique crânienne. En effet, quel que soit le sexe, le site de Bondy a des taux parmi les plus élevés pour les deux premiers indicateurs mais il présente l'un des plus faibles pourcentages d'hyperostose porotique crânienne. Les sites qui ont ensuite des taux prononcés d'hypoplasie de l'émail dentaire, Escaudain et Villiers-le-Sec, ne présentent que des taux moyens de *cribra orbitalia* et hyperostose porotique. Ensuite, des pourcentages élevés de *cribra orbitalia* se trouvent à Saint-Marcel et à La Tombe, ce site présentant également une forte prévalence dans la population féminine. Concernant les individus

masculins, le site de Saint-Denis avec ses subdivisions montre l'une des fréquences les plus élevées. Ces taux trouvent une correspondance dans les pourcentages d'hyperostose porotique crânienne puisque que c'est à Saint-Denis (ensemble du site, hommes, femmes) et à La Tombe (ensemble du site, femmes) que les taux sont les plus prononcés.

Il est évidemment plus difficile de dégager un schéma général pour les faibles prévalences. En effet, les sites à petits effectifs et/ou mal conservés présentent les taux les plus bas comme Varennes-sur-Seine, Saint-Marcel, Mondeville et Beauvais, quel que soit l'indicateur et le sexe concerné. Les taux d'hypoplasie de l'émail dentaire paraissent en outre particulièrement faibles à Mortefontaine, Hamage, Villiers-le-Sec. Les populations masculines d'Amiens, Mortefontaine et Villiers-le-Sec ont également de basses prévalences de *cribra orbitalia*, les fréquences étant également peu élevées dans la population féminine d'Escaudain. Une fois encore, les faibles taux d'hyperostose porotique crânienne n'ont que peu de points communs avec ceux des deux autres indicateurs puisqu'ils sont observables surtout sur les sites d'Hamage, d'Amiens et de La Tombe. Le site de Cherbourg propose quant à lui presque toujours un classement intermédiaire.

Les subdivisions des sites archéologiques ne font apparaître que peu de différences ; la période R1 et la zone 1 de Saint-Denis montrent des taux élevés de presque tous les indicateurs, les taux les plus faibles ayant à nouveau peu de points communs.

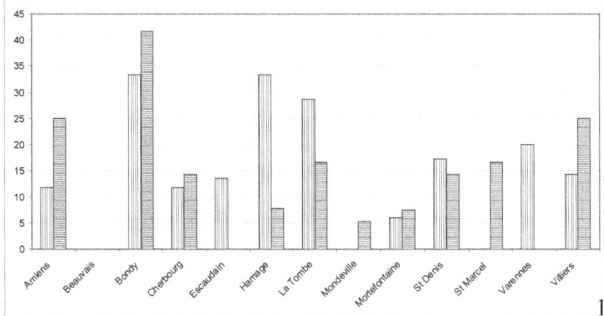

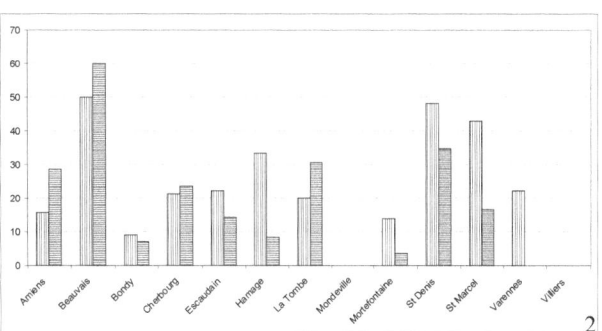

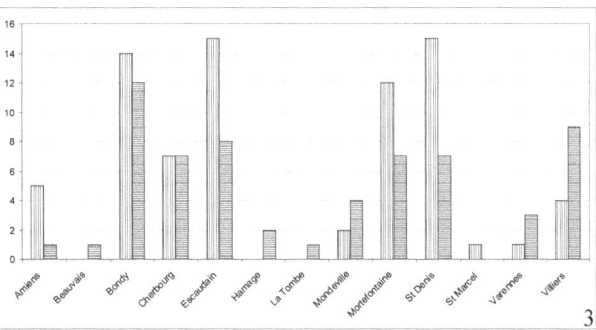

Figure 134 : Répartition en pourcentages selon le sexe des *cribra orbitalia* (1), hyperostose porotique (2) et hypoplasie de l'émail dentaire (3) (sexe masculin colonne gauche ; sexe féminin colonne droite) (tableau 9 p. 178)

II.5.2 Les atteintes d'origine dégénérative

Elles ont été examinées sur tous les sites selon les protocoles explicités en partie 1. Les prévalences ont d'abord été calculées sur l'ensemble des sites (figure 135). La présence de l'arthrose paraît relativement homogène sur la plupart des sites excepté pour les valeurs les plus extrêmes : les valeurs sont très élevées sur le site d'Escaudain comparativement aux autres sites. Inversement, les valeurs se révèlent très faibles à Beauvais, Mondeville, Bondy et Varennes-sur-Seine (il faut toutefois noter que les sites de Beauvais, Mondeville et Varennes-sur-Seine présentent une conservation relativement mauvaise ou/et des effectifs faibles).

Les différentes zones de Saint-Denis présentent des prévalences d'arthrose très différentes (figure 136). Certaines ont de très faibles taux notamment dans la zone située à l'écart et d'autres des pourcentages beaucoup plus élevés comme en zones 2 et 3. Des différences sont également visibles suivant les périodes mais s'expriment avec moins d'intensité. Les variations sont aussi peu prononcées entre les deux périodes du site de Cherbourg et les sépultures de la nécropole ou de l'habitat à Villiers-le-Sec.

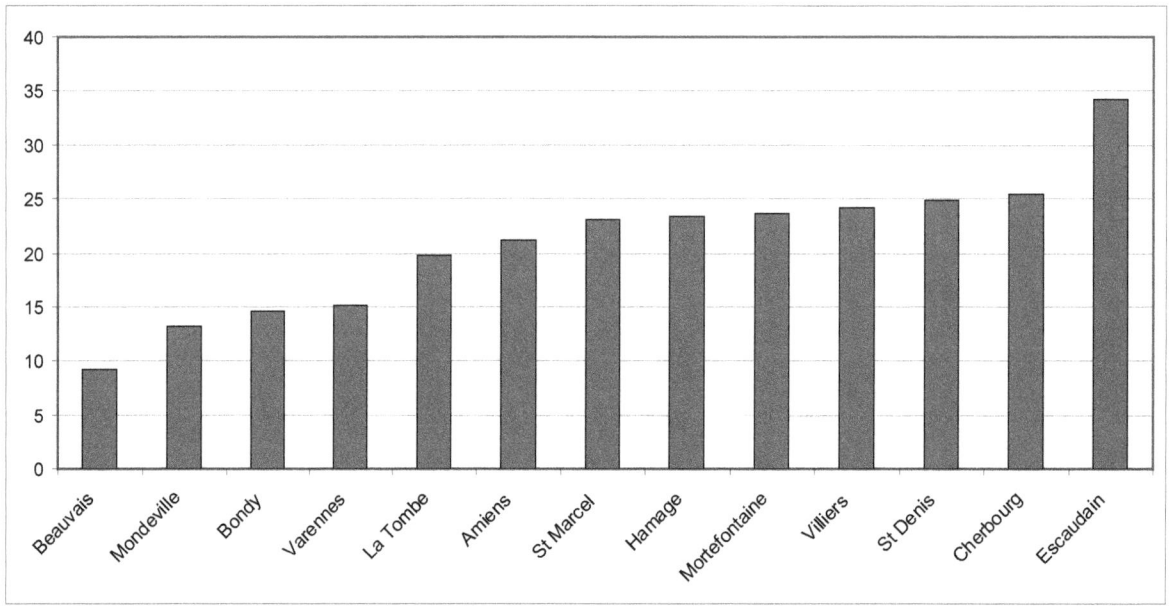

Figure 135 : Pourcentage de présence d'arthrose par ordre croissant selon les sites suivant l'ensemble des localisations anatomiques (tableau 10 p. 178)

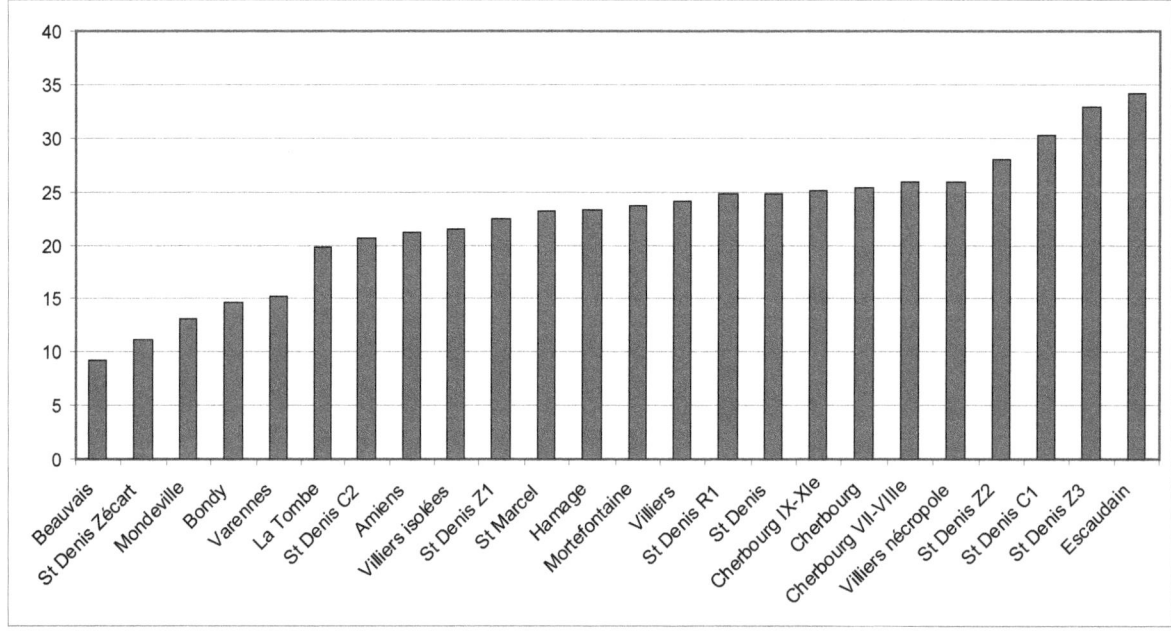

Figure 136 : Pourcentage de présence d'arthrose par ordre croissant selon les sites et leurs subdivisions suivant l'ensemble des localisations anatomiques (tableau 10 p. 178)

Pour le sexe masculin, le pourcentage d'arthrose est très différent d'un site à l'autre (figure 137). Les plus faibles taux se trouvent à nouveau à Mondeville, Varennes-sur-Seine, Hamage et Beauvais mais ce sont les sites qui sont les moins biens conservés ou qui ont les effectifs les plus réduits. Le site de Bondy est ensuite celui qui présente le pourcentage le plus bas d'arthrose ce qui pourrait provenir du fait que cet indicateur est fortement lié à l'âge, ce site ayant la population d'adultes masculins jeunes la plus importante. Le site d'Escaudain a, quant à lui, le taux le plus élevé ce qui va dans le sens d'une population relativement âgée.

Pour le sexe masculin, les subdivisions ne montrent que peu de différences de prévalences, excepté en ce qui concerne les deux périodes carolingiennes de Saint-Denis qui ont des pourcentages plus extrêmes ; leur taux est élevé lors de la première période carolingienne et plus faible pour la deuxième (figure 138).

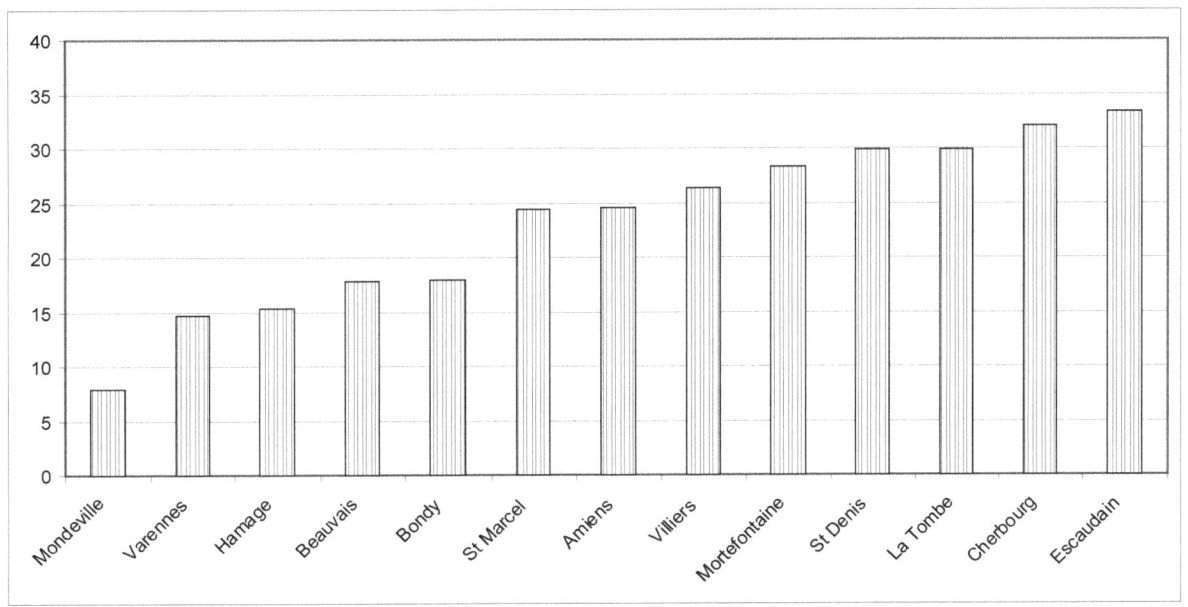

Figure 137 : Pourcentage de présence d'arthrose par ordre croissant selon les sites suivant l'ensemble des localisations anatomiques, sexe masculin (tableau 10 p. 178)

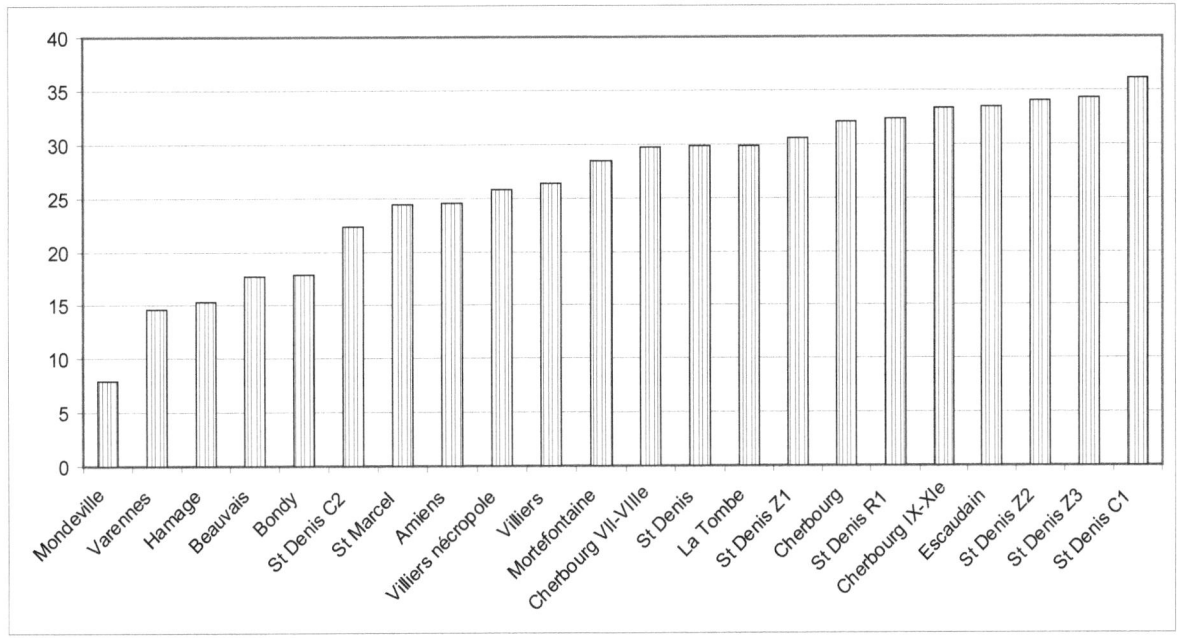

Figure 138 : Pourcentage de présence d'arthrose par ordre croissant selon les sites et leurs subdivisions suivant l'ensemble des localisations anatomiques, sexe masculin (tableau 10 p. 178)

La présence d'arthrose, pour le sexe féminin, atteint des taux très faibles sur les sites de Beauvais, Bondy et La Tombe, les prévalences étant très hautes à Escaudain, surtout comparativement aux autres sites (figure 139). Le pourcentage élevé d'Hamage paraît également notable. Les taux d'atteintes semblent donc liés à l'âge des adultes mais la prévalence obtenue à Escaudain paraît anormale tant le taux y est élevé.

L'arthrose présente également des prévalences différentes selon les zones de Saint-Denis pour le sexe féminin surtout entre la zone 1 et la zone 2 (figure 140). Les autres subdivisions des sites archéologiques ont des prévalences plus semblables entre elles.

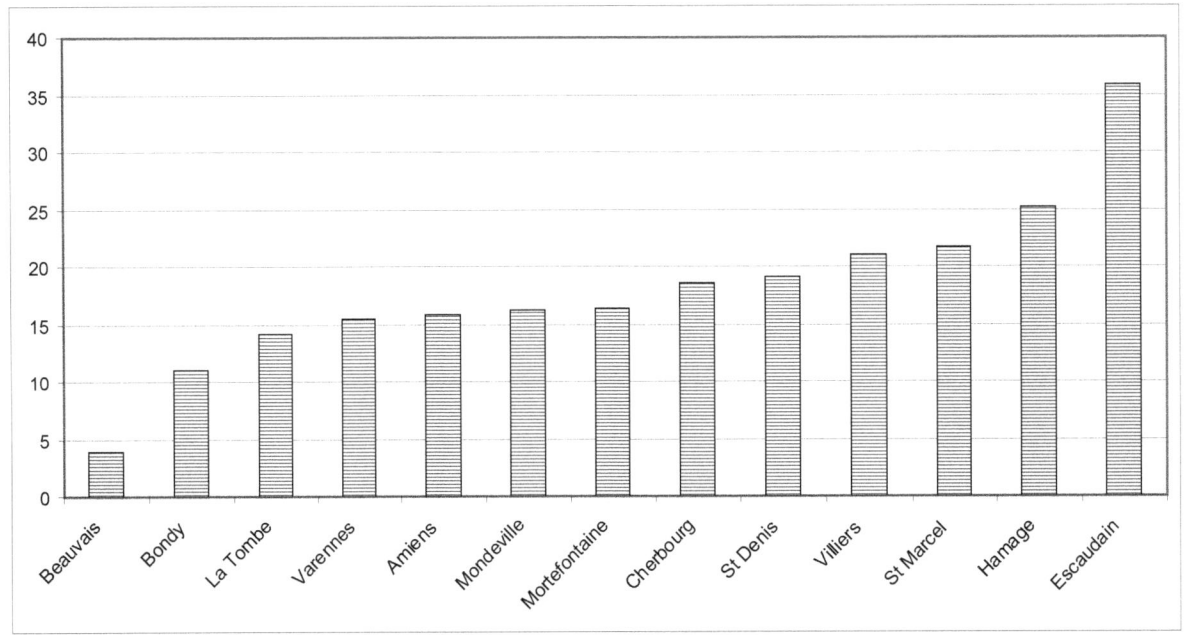

Figure 139 : Pourcentage de présence d'arthrose par ordre croissant selon les sites suivant l'ensemble des localisations anatomiques, sexe féminin (tableau 10 p. 178)

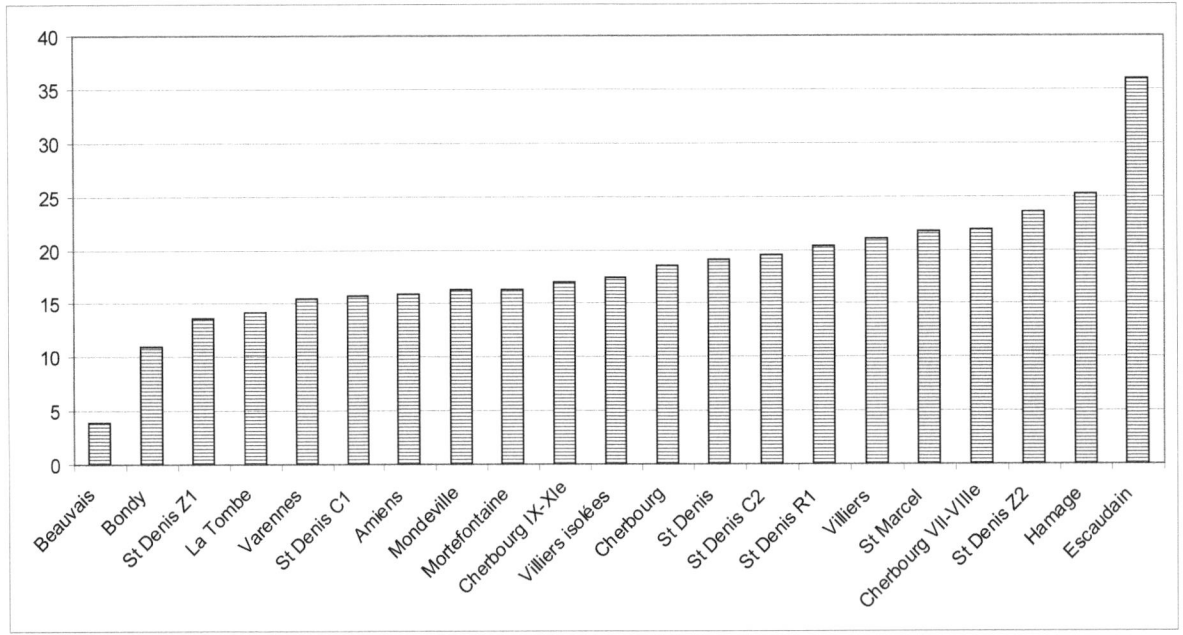

Figure 140 : Pourcentage de présence d'arthrose par ordre croissant selon les sites et leurs subdivisions suivant l'ensemble des localisations anatomiques, sexe féminin (tableau 10 p. 178)

La grande majorité des sites archéologiques présente une arthrose plus importante chez les hommes que chez les femmes (neufs sites sont dans cette situation) (figure 141). Les taux respectifs moyens sont d'ailleurs de 23 % pour les hommes et 18 % pour les femmes.

Les prévalences d'arthrose selon les localisations anatomiques varient entre les sites et notamment suivant leur nature. L'arthrose est prédominante sur le membre supérieur droit par rapport au gauche tandis qu'elle a presque les mêmes taux sur les membres inférieurs (membres supérieurs droit 28,2 % et gauche 24,8 % ; membres inférieurs droit 27,3 % et gauche 27,6 %). Pour les sites ruraux, où la présence d'une église semble peu probable, les localisations paraissent peu homogènes (figure 142).

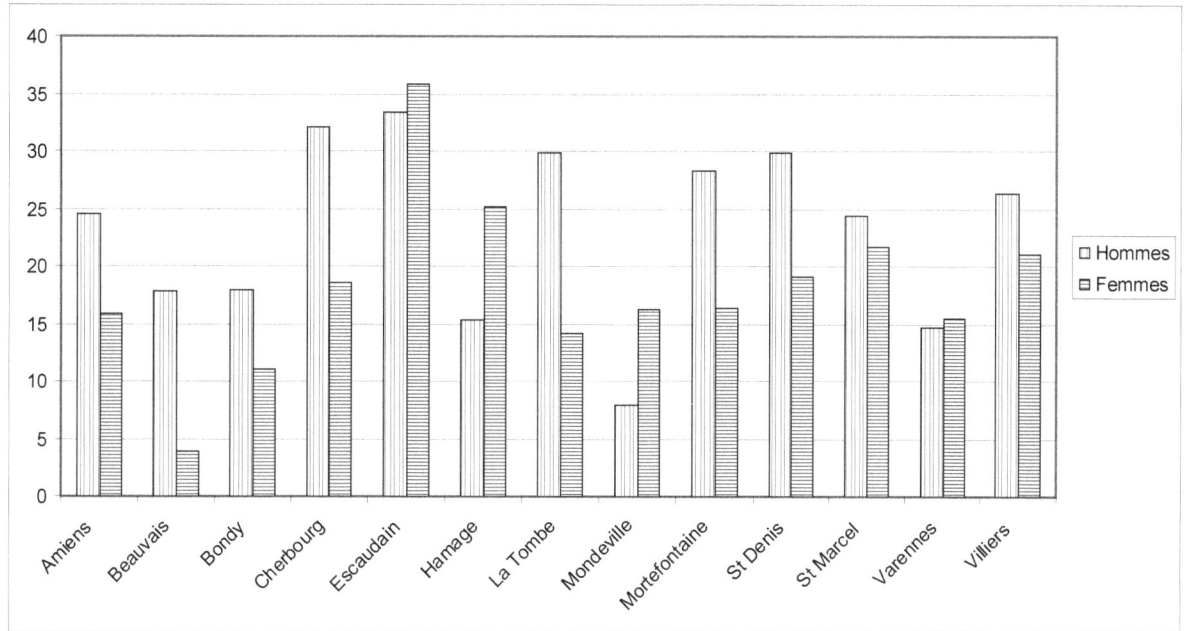

Figure 141 : **Pourcentage de présence d'arthrose selon les sites suivant l'ensemble des localisations anatomiques, sexes masculin et féminin (tableau 10 p. 178)**

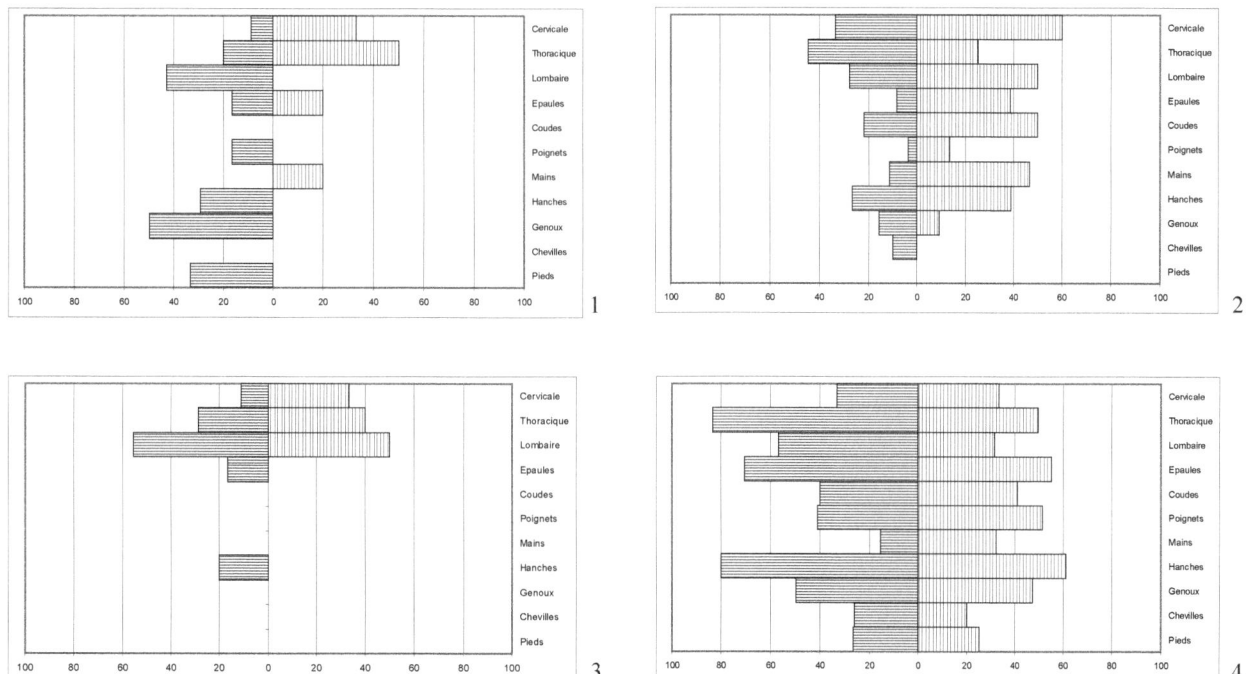

Figure 142 : **Répartition de l'arthrose en pourcentages selon les localisations anatomiques (à gauche : sexe féminin, à droite : sexe masculin) ; 1 Mondeville ; 2 La Tombe ; 3 Varennes-sur-Seine ; 4 Escaudain (tableaux 11.1 et 11.2 p. 179)**

L'arthrose vertébrale est importante quel que soit le site, avec toutefois des variations selon les différents segments du rachis. Pour le site de Varennes-sur-Seine, mal conservé, c'est même l'une des seules atteintes très présentes. Au niveau des membres supérieurs, le pourcentage d'arthrose de l'épaule paraît particulièrement élevé à Escaudain, tandis que l'arthrose du coude est relativement répandue sur les sites assez bien conservés. L'arthrose des poignets révèle quant à elle des fréquences assez faibles excepté à Escaudain. L'arthrose de la hanche a des prévalences très élevées surtout chez les femmes. L'arthrose du genou, exception faite de Mondeville, est proportionnellement plus rare, celle des chevilles n'est quant à elle présente que sur les sites de La Tombe et d'Escaudain. L'arthrose des pieds paraît plus répandue lorsque les sites ont des effectifs observables suffisants excepté pour les femmes de La Tombe où, malgré l'effectif important, aucun cas n'a été observé.

Pour les sites où aucun édifice de culte n'a été trouvé mais où sa présence était très probable, les répartitions sont de nouveau différentes (figure 143).
Les deux sites, Mortefontaine et Villiers-le-Sec, présentent beaucoup d'arthrose vertébrale sur les trois segments excepté à Villiers-le-sec où l'arthrose cervicale est absente chez les femmes. L'arthrose des épaules est relativement prononcée, comme celle du coude. L'arthrose du poignet et de la main est assez prononcée et celle de la hanche l'est davantage. L'arthrose des genoux est présente sur tous les sites avec toutefois une forte proportion chez les femmes de Villiers-le-Sec. Celle des chevilles est quant à elle relativement élevée sur ce dernier site de même que celle des pieds.

Les sites en milieu rural, avec ou sans édifice de culte, montrent des localisations et des proportions relativement proches, les données d'Escaudain et de Villiers-le-Sec ayant plusieurs points communs.

Il paraît intéressant de comparer ces sites avec les sites d'agglomérations, péri-urbains et urbains (figure 144). Une nouvelle fois, l'arthrose est prononcée sur tous les sites au niveau vertébral, excepté sur le site de Beauvais où le *corpus* est trop faible pour permettre des observations exhaustives. L'arthrose des épaules et des coudes est toujours présente tandis que celles des poignets et des mains est assez faible. Celles des hanches, des genoux sont aussi très fréquentes, les pourcentages de l'arthrose du genou étant toutefois élevés chez les hommes à Amiens. Les prévalences de l'arthrose des chevilles et des pieds sont relativement faibles excepté sur les femmes de Cherbourg. Une nouvelle fois, peu de variations paraissent notables entre les types de site, ruraux ou urbains. Seules quelques prévalences paraissent les différencier. La comparaison avec les sites monastiques complète l'analyse (figure 145). L'arthrose vertébrale est toujours très prononcée avec une nouvelle fois des variations selon les segments. Elle est également présente au niveau des épaules et des coudes. Elle se constate sur les poignets, les mains, les hanches et les genoux tandis que les arthroses des chevilles sont fréquemment absentes surtout chez les femmes. L'arthrose des pieds est également absente à Hamage.

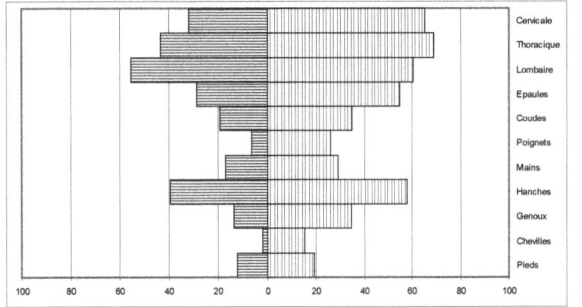 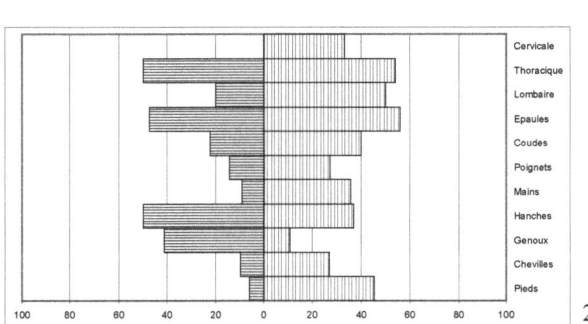

Figure 143 : Répartition de l'arthrose en pourcentages selon les localisations anatomiques
(à gauche : sexe féminin, à droite : sexe masculin) ; 1 Mortefontaine ; 2 Villiers-le-Sec (tableaux 11.1 et 11.2 p. 179)

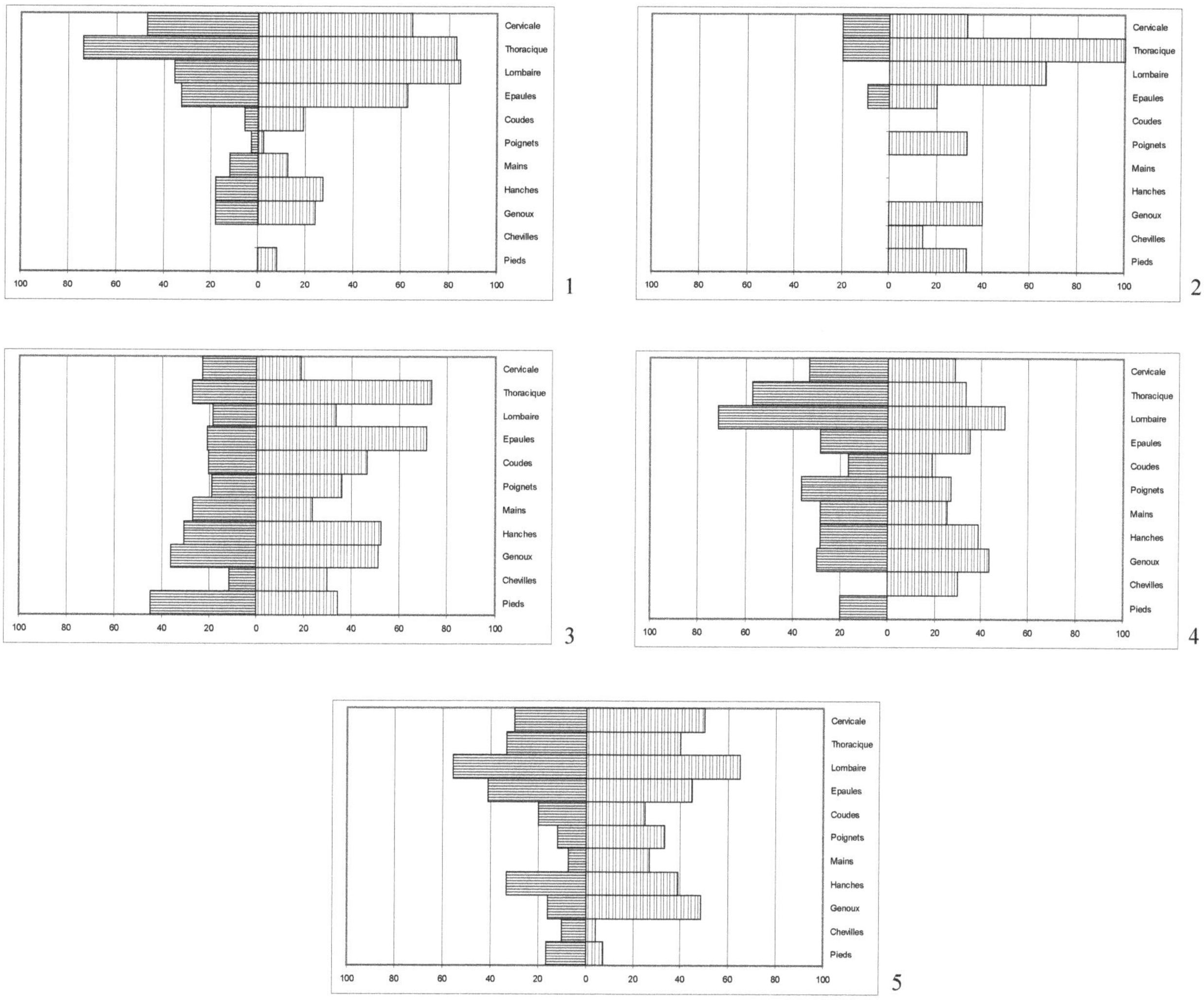

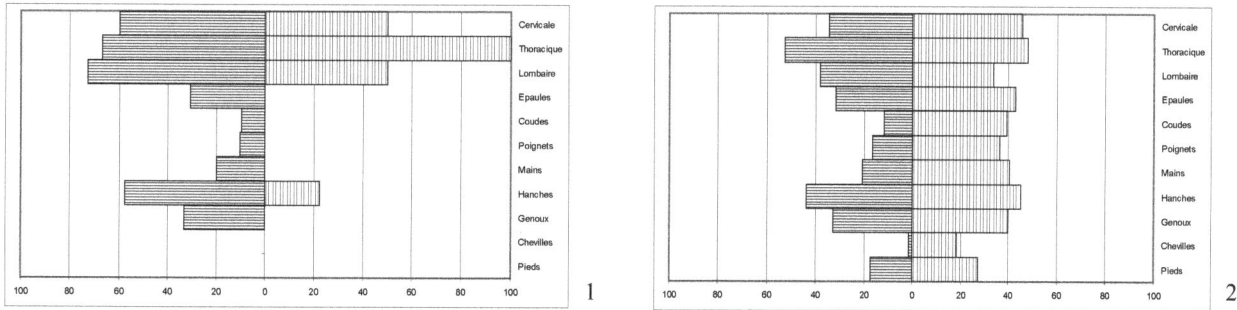

Figure 144 : Répartition de l'arthrose en pourcentages selon les localisations anatomiques (à gauche : sexe féminin, à droite : sexe masculin) ; 1 Bondy ; 2 Beauvais ; 3 Cherbourg ; 4 Saint-Marcel ; 5 Amiens (tableaux 11.1 et 11.2 p. 179)

Figure 145 : Répartition de l'arthrose en pourcentages selon les localisations anatomiques (à gauche : sexe féminin, à droite : sexe masculin) ; 1 Hamage ; 2 Saint-Denis (le site d'Hamage n'a pas de données concernant l'arthrose de la main masculine et d'une manière générale ne présente que très peu d'informations pour le sexe masculin) (tableaux 11.1 et 11.2 p. 179)

Bilan

La première conclusion de cette analyse met en évidence la forte corrélation entre la présence d'arthrose et l'âge des populations[76]. En effet, le lien est évident entre le classement des sites selon l'arthrose et les répartitions par classes d'âge des adultes dans une approche paléodémographique. Ainsi les sites de Beauvais, Mondeville, Bondy, Varennes-sur-Seine, La Tombe, Amiens et Saint-Marcel sont ceux qui présentent les prévalences les plus faibles d'arthrose : ce sont également les sites qui présentent davantage d'individus dans les classes d'âge les plus jeunes exception faite du site de Varennes-sur-Seine où les individus se répartissent dans toutes les classes d'âge[77]. Inversement, les sites d'Escaudain, Cherbourg, Saint-Denis, Villiers-le-Sec, Mortefontaine et Hamage ont de forts taux d'arthrose et des populations présentant souvent des pourcentages élevés d'individus plutôt âgés.

Les répartitions de l'arthrose selon les sexes sont très proches de celle de l'approche globale et elles illustrent exactement le même phénomène. Le taux de « vieillissement » d'une population n'est toutefois pas exactement proportionnel à celui de l'arthrose. Ceci peut s'expliquer, d'une part, par la variation biologique inhérente à tout échantillon ainsi que par les différentes proportions hommes/femmes des sites, les femmes développant moins d'arthrose, et, d'autre part, par les liens qui rapprochent l'arthrose et l'activité, comme le montre le fait que les pourcentages d'arthrose varient entre les membres supérieurs droit et gauche alors que ce n'est pas le cas pour les membres inférieurs.

Pour la population masculine, en milieu rural, la plupart des articulations paraissent fréquemment atteintes. Le niveau vertébral a les plus fortes prévalences, bien que le segment le plus atteint varie souvent. En zone urbaine, les arthroses vertébrales proposent le même schéma bien qu'il semble que l'arthrose lombaire soit cette fois-ci prédominante. La comparaison avec le milieu monastique est plus difficile dans la mesure où le seul site de comparaison est celui de Saint-Denis et celui-ci ne présente pas une population issue exclusivement du monastère. Néanmoins, l'arthrose vertébrale propose à nouveau des prévalences élevées. Concernant les membres supérieurs, en milieu rural, les épaules sont très fréquemment atteintes, les coudes, les poignets et les mains souvent. Le site de La Tombe fait cependant exception car l'arthrose du coude y est plus importante que celle de l'épaule. En zone urbaine, les membres supérieurs ont grossièrement les mêmes schémas de répartition avec toutefois un nombre un peu plus élevé d'arthrose du poignet et quelques sites où l'arthrose des mains est plus prononcée que celle du coude. A Saint-Denis, le schéma est à nouveau très proche concernant le membre supérieur, avec toutefois une prévalence comparativement très élevée de l'arthrose des mains. Pour les membres inférieurs, sur les sites ruraux, les hanches sont également très fréquemment atteintes alors que les genoux le sont un peu moins. Au niveau des chevilles, l'arthrose semble plus rare et n'a été identifiée qu'à Villiers-le-Sec, Mortefontaine et Escaudain, ces mêmes sites étant les seuls à présenter de l'arthrose des pieds, avec toutefois des prévalences plus élevées que pour la cheville. En milieu urbain, pour les membres inférieurs, les schémas paraissent davantage varier avec notamment une arthrose

du genou fréquemment plus élevée que celle de la hanche, cette dernière ayant toutefois souvent de fortes valeurs. Les chevilles et les pieds sont touchés sur presque tous les sites avec souvent davantage d'arthrose du pied, mais ce n'est pas la règle absolue. Pour les membres inférieurs, à Saint-Denis, le schéma se répète comme sur les autres sites. Pour la population masculine, les répartitions de l'arthrose selon les localisations anatomiques sont donc souvent relativement proches.

Pour la population féminine, quel que soit le milieu, l'arthrose vertébrale a des prévalences très importantes, les segments les plus atteints n'étant toutefois pas toujours les mêmes, avec cependant une très légère prédominance de l'arthrose thoracique par rapport à l'arthrose lombaire, l'arthrose cervicale étant globalement moins fréquente. En milieu rural, concernant le membre supérieur, d'une manière générale, l'arthrose de l'épaule est relativement développée, celles du coude, du poignet et des mains ayant des prévalences nettement plus faibles, sauf à La Tombe où l'arthrose du coude est plus importante que celle de l'épaule. Pour les zones urbaines, l'arthrose de l'épaule est souvent la plus importante suivie de celle des mains puis du poignet et du coude, avec toutefois une exception à Cherbourg où l'arthrose des mains est supérieure à toutes les autres. A Hamage, le schéma arthrosique est celui du milieu urbain. Pour le membre inférieur, sur les sites ruraux, l'arthrose de la hanche est généralement très présente, celle du genou souvent beaucoup plus rare exception faite du site de Mondeville où l'inverse se produit. Les arthroses des chevilles et des pieds atteignent fréquemment des prévalences relativement faibles. D'une manière générale, il en va de même en milieu urbain avec une arthrose de la hanche globalement très prononcée par rapport à celle du genou, exception faite une nouvelle fois à Cherbourg ; l'arthrose des chevilles et des pieds est également généralement faible sauf, encore, à Cherbourg où la prévalence de l'arthrose des pieds est élevée. A Hamage, l'arthrose de la hanche et des genoux suit le même modèle tandis qu'elle est absente des chevilles et des pieds.

De mêmes modèles de répartition se retrouvent ainsi d'un site à l'autre et d'un sexe à l'autre, bien qu'avec des intensités différentes. Les indices permettant de caractériser les sites se trouvent ainsi apparemment plus dans les exceptions par rapport aux schémas généraux que dans les valeurs élevées qui sont davantage liées à l'âge des populations (notamment arthrose des chevilles masculines pour certains sites ruraux, arthrose du coude à La Tombe, absence d'arthrose de chevilles et de pieds féminins à Hamage, arthrose élevée des mains, des genoux, des pieds féminins à Cherbourg par exemple).

II.5.3 *Les atteintes d'origine infectieuse*

L'analyse de ce type d'atteinte est très révélateur de l'état sanitaire et des conditions de vie des populations et notamment des soins apportés aux malades.

Les prévalences des atteintes infectieuses locales, souvent consécutives à des plaies infectées, se révèlent relativement différentes d'un site à l'autre (figure 146). En effet, leur valeur est très faible à Hamage et faible à La Tombe, Varennes-sur-Seine, Saint-Marcel et Villiers-le-Sec alors que les valeurs sont beaucoup plus fortes à Bondy, Mortefontaine, Amiens et Cherbourg. Des variations semblent ainsi notables dans la nature des sites : le site

---

76 D'ailleurs, pour M. Billard, elle apparaît surtout après 40 ans (Billard M., 2007).

77 L'arthrose est toutefois le critère le plus difficilement observable lorsque les articulations sont mal conservées.

d'Hamage qui présente le taux le plus bas est un monastère féminin ce qui en fait un site nettement différent des autres de part son recrutement. *A contrario*, il semble que les sites urbains ou péri-urbains ont des valeurs relativement élevées, exception faite du site de Saint-Marcel qui a un effectif de comparaison relativement faible.

Certains sites ne présentent aucune atteinte infectieuse généralisée ce qui peut être lié soit à leur faible effectif soit à leur état de conservation (Beauvais, Mondeville,

Varennes-sur-Seine) alors que l'explication en est plus difficile pour d'autres comme Escaudain (figure 147). Les taux sont également relativement faibles en milieu monastique (Saint-Denis et Hamage) tandis qu'il est plus laborieux de distinguer les milieux ruraux et urbains, ces derniers ayant toutefois une légère tendance à présenter des prévalences élevées. Le site d'Amiens a, quant à lui, un taux anormalement fort comparativement aux autres sites.

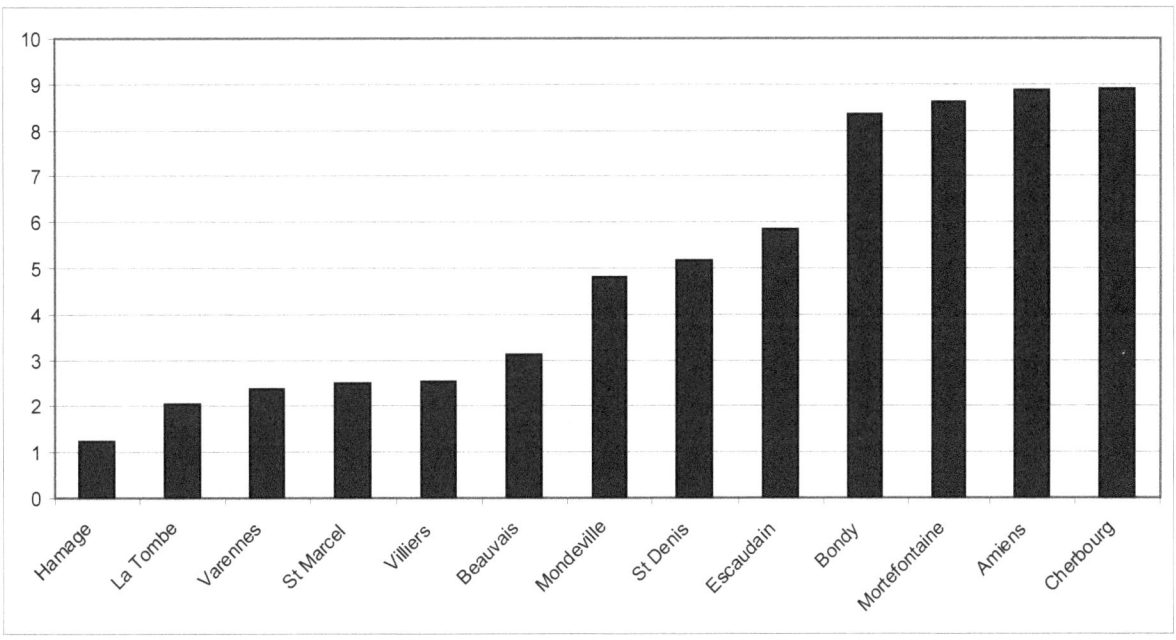

Figure 146 : Prévalences brutes en pourcentages des atteintes infectieuses locales par ordre croissant selon les sites (tableau 12 p. 180)

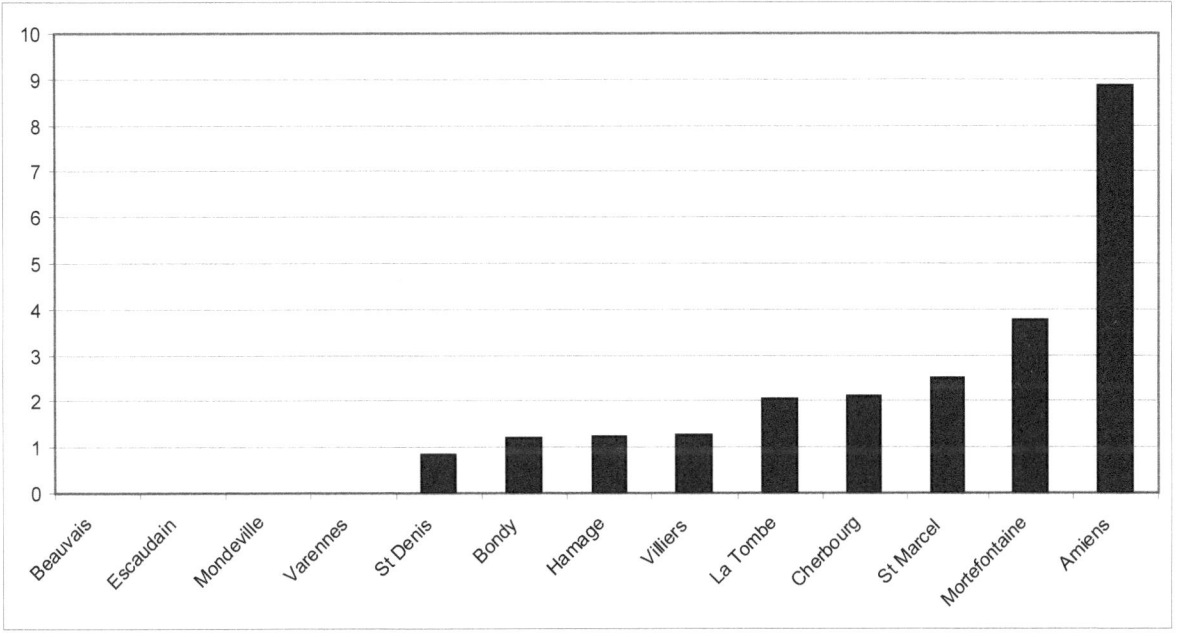

Figure 147 : Prévalences brutes en pourcentages des atteintes infectieuses généralisées par ordre croissant selon les sites (tableau 12 p. 180)

La tuberculose se révèle absente de certains sites ce qui peut être une nouvelle fois lié à l'échantillonnage mais également à l'environnement (figure 148) : très peu d'individus provenant de sites ruraux en ont des signes. Villiers-le-Sec est une exception en zone rurale mais il correspond également à un village (la tuberculose n'est d'ailleurs présente que dans les sépultures de la nécropole). La prévalence tuberculeuse paraît en outre particulièrement élevée à Mortefontaine, Hamage et Amiens comparativement aux autres sites. Les taux d'Amiens ont quant à eux des valeurs anormalement hautes. Il est par ailleurs intéressant de constater que le seul cas de lèpre identifié sur l'ensemble du *corpus* se trouve sur ce dernier site (figure 149).

Bilan

D'une manière générale et assez logiquement, la vie en milieu groupé, que ce soit en village, ville ou monastère, semble favoriser le développement des atteintes infectieuses particulièrement en ce qui concerne la tuberculose. Les sites ruraux en montrent nettement moins de signes exception faite de Mortefontaine. Ceci suggère pour ce dernier cas que ses individus vivaient dans une communauté relativement resserrée. Le site d'Amiens a des valeurs anormalement élevées pour tous les types d'atteintes infectieuses ce qui pose des questions quant à la nature de son recrutement.

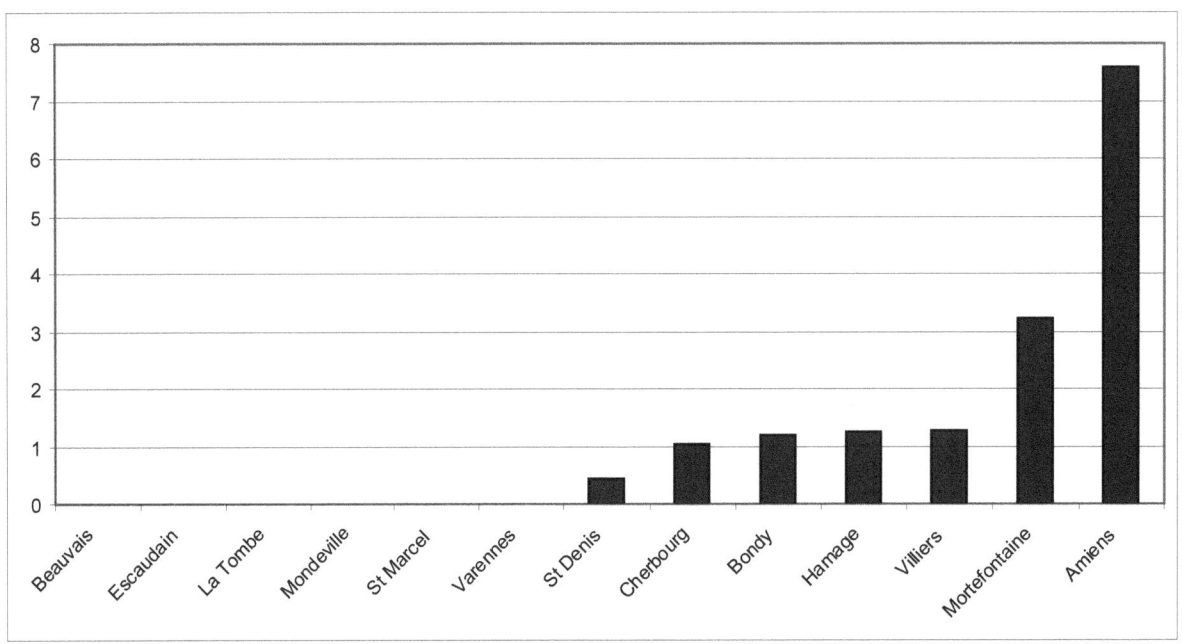

Figure 148 : Prévalences brutes en pourcentages des atteintes tuberculeuses osseuses par ordre croissant selon les sites (tableau 12 p. 180)

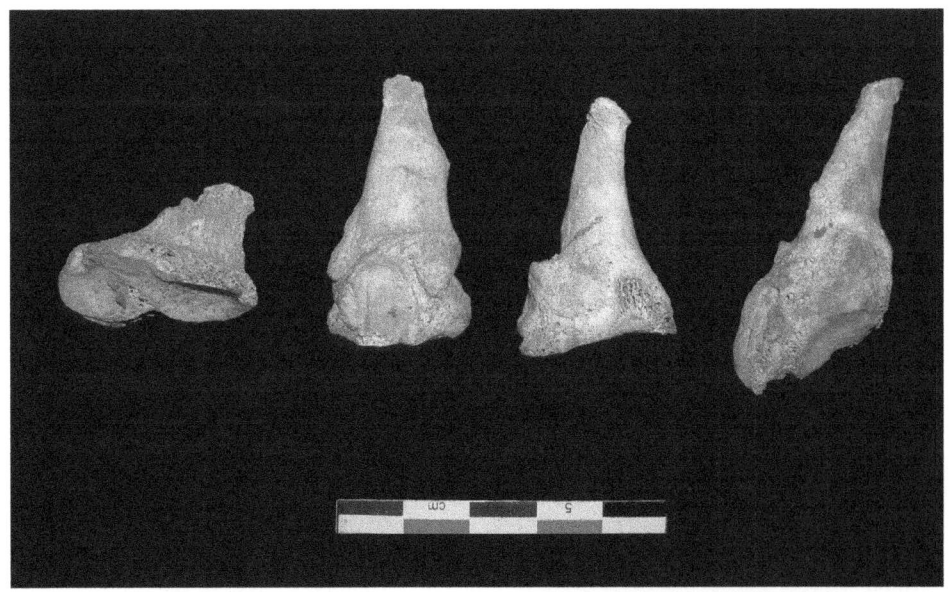

Figure 149 : Témoignage osseux de la lèpre sur les pieds (Amiens Sq 20076)

II.5.4 Les atteintes d'origine métabolique

Hormis la maladie hyperostosique, aucune autre pathologie d'origine métabolique n'a pu être identifiée, exception faite de quelques petites atteintes carentielles marginales (et des signes de stress non spécifiques détaillés précédemment). Ces maladies n'ont soit pas atteint les os, soit ont été classées dans les pathologies indéterminées.

Les prévalences de la maladie hyperostosique sur la population adulte varient beaucoup d'un site à l'autre (figure 150). La pathologie est absente des sites à faibles effectifs et/ou mal conservés mais aussi sur des sites tels que Hamage et Villiers-le-Sec. A Hamage, le fait que le site soit composé essentiellement d'individus de sexe féminin pourrait expliquer, en partie, l'absence de la maladie (sur l'ensemble du *corpus*, seuls 23 % des atteintes sont féminines). Mais l'explication pourrait également être en lien avec un régime alimentaire peu protéiné, comme cela semble également possible à Villiers-le-Sec. A l'inverse, les sites d'Amiens, de Saint-Denis, de La Tombe et d'Escaudain ont des taux très élevés ce qui pourrait peut-être témoigner d'apports protéinés nombreux et/ou d'une grande longévité.

II.5.5 Les atteintes d'origine développementale et tumorale

Les atteintes d'origine développementale se sont révélées très variées d'un site à l'autre, avec des effectifs très différents sans qu'il soit possible d'en tirer de conclusion réelle (figure 151). Les prévalences de ce type d'atteinte sont d'ailleurs très faibles. Il est toutefois intéressant de constater que le site d'Amiens présente le pourcentage le plus élevé.

Les atteintes d'origine tumorale, hormis les ostéomes (tumeurs osseuses bénignes de faibles dimensions) qui n'ont pas été comptabilisés, se sont également révélées très rares et semblent relever davantage de l'anecdotique (figure 152). Les sites d'Escaudain et d'Amiens ont les taux les plus forts.

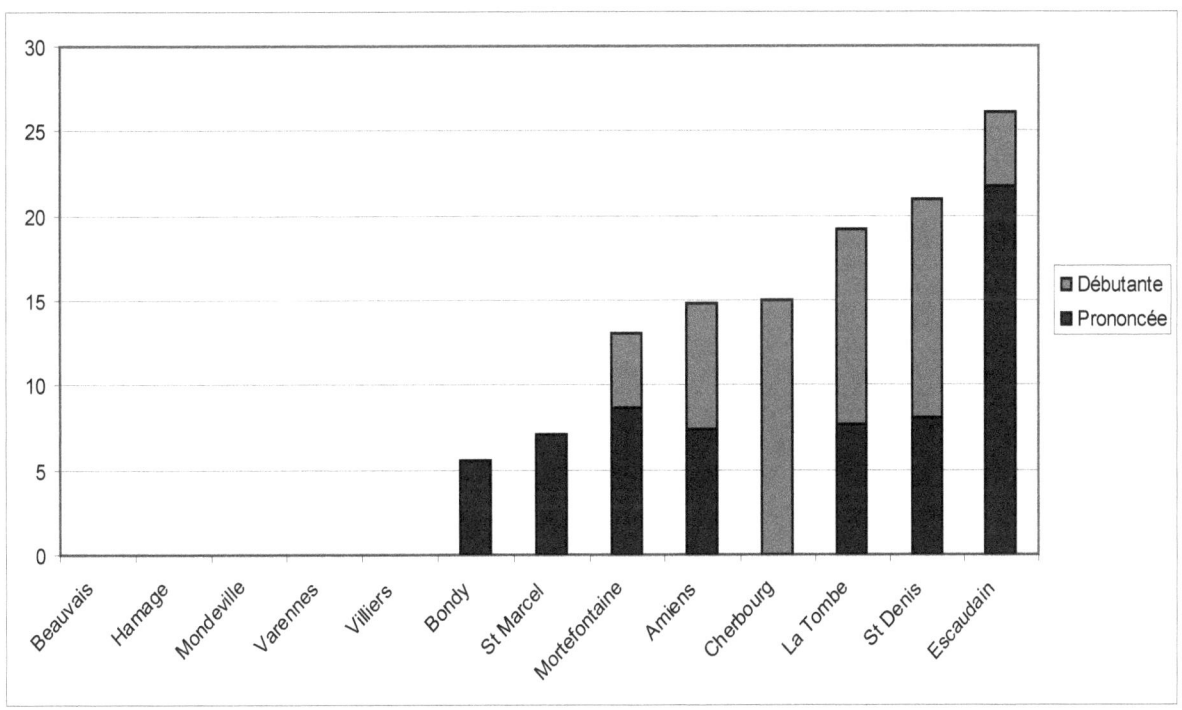

Figure 150 : Prévalences corrigées en pourcentages à partir de la population adulte de la maladie hyperostosique, débutante et prononcée, selon les sites (le classement est cumulatif des stades débutants et prononcés). Seuls les individus ayant une colonne vertébrale suffisamment bien conservée pour permettre l'établissement du diagnostic ont été comptabilisés dans l'effectif total. (tableau 13 p. 180)

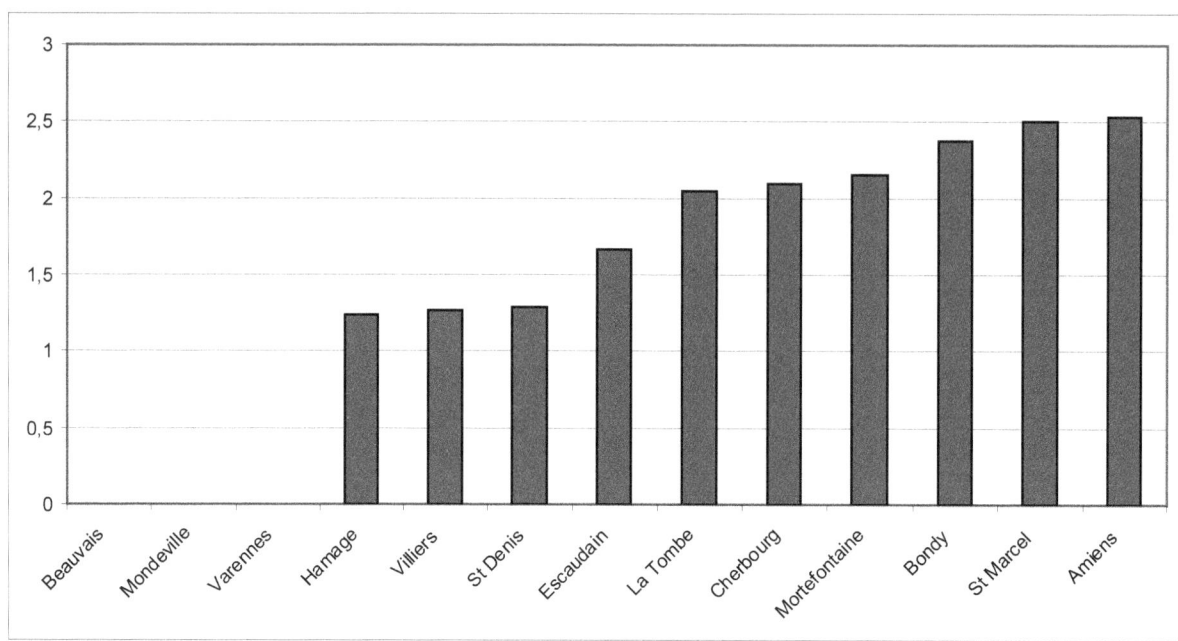

Figure 151 : Prévalences brutes en pourcentages des atteintes d'origine développementale par ordre croissant selon les sites (tableau 14 p. 181)

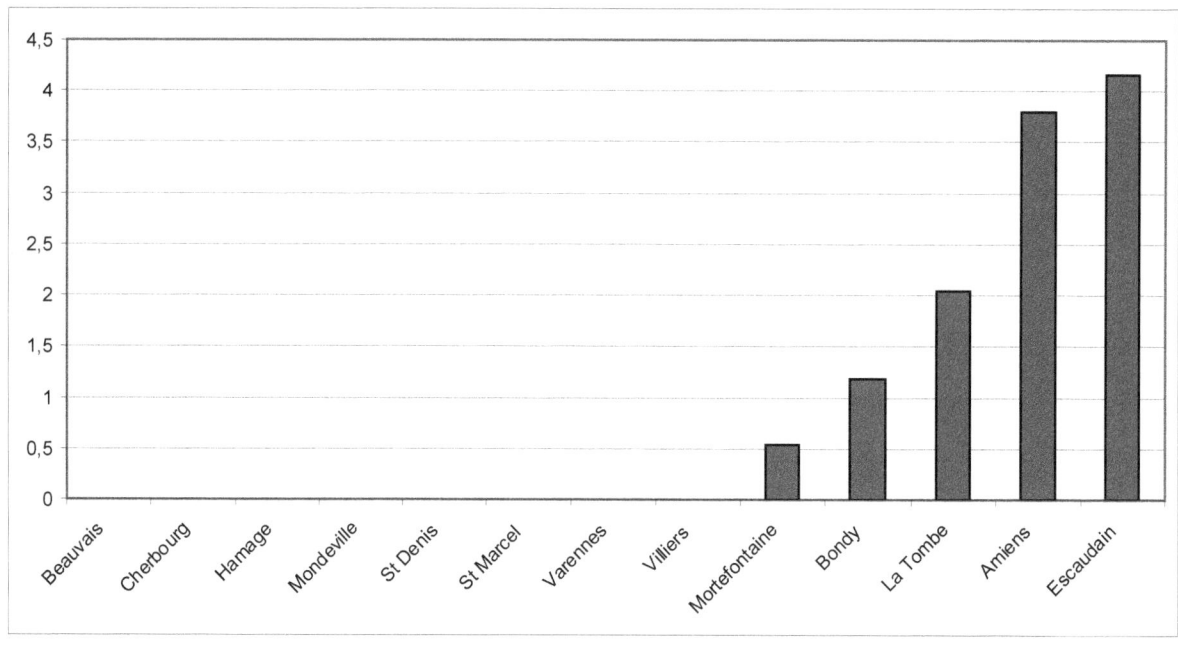

Figure 152 : Prévalences brutes en pourcentages des atteintes d'origine tumorale par ordre croissant selon les sites (tableau 14 p. 181)

II.5.6 Les atteintes d'origine traumatique

Les atteintes d'origine traumatique se révèlent très variées, allant de la simple plaie à l'hernie intervertébrale, des tassements vertébraux à la fracture.

Les prévalences varient fortement d'un site à l'autre mais leur présence semble à nouveau liée à la taille de l'échantillon, les plus petits ayant les plus faibles prévalences (figure 153). Les pourcentages peuvent également être liés au type de site bien qu'aucun lien ne soit apparent. Le fait que les traumatismes aient essentiellement une cause accidentelle pourrait peut-être l'expliquer. La nature des sites semble surtout influencer les taux d'atteintes par les proportions relatives d'individus immatures ou féminins qu'ils contiennent initialement, ces deux groupes étant globalement moins atteints. Les femmes ont ainsi une prévalence de 24 % et les hommes de 48 %.

Les prévalences brutes montrent clairement que certaines localisations sont prioritairement atteintes et notamment les côtes et les tibias (pour ces derniers, les traumatismes correspondent essentiellement aux séquelles de plaies et non à des fractures) (figure 154). Viennent ensuite les os des avant-bras puis des mains et des fémurs. Certains os n'ont jamais été observés comme atteints tels que les coxaux. Pour le sacrum, les pourcentages correspondent à des fractures coccygiennes. Les pourcentages selon les localisations se montrent également différents selon les sites.

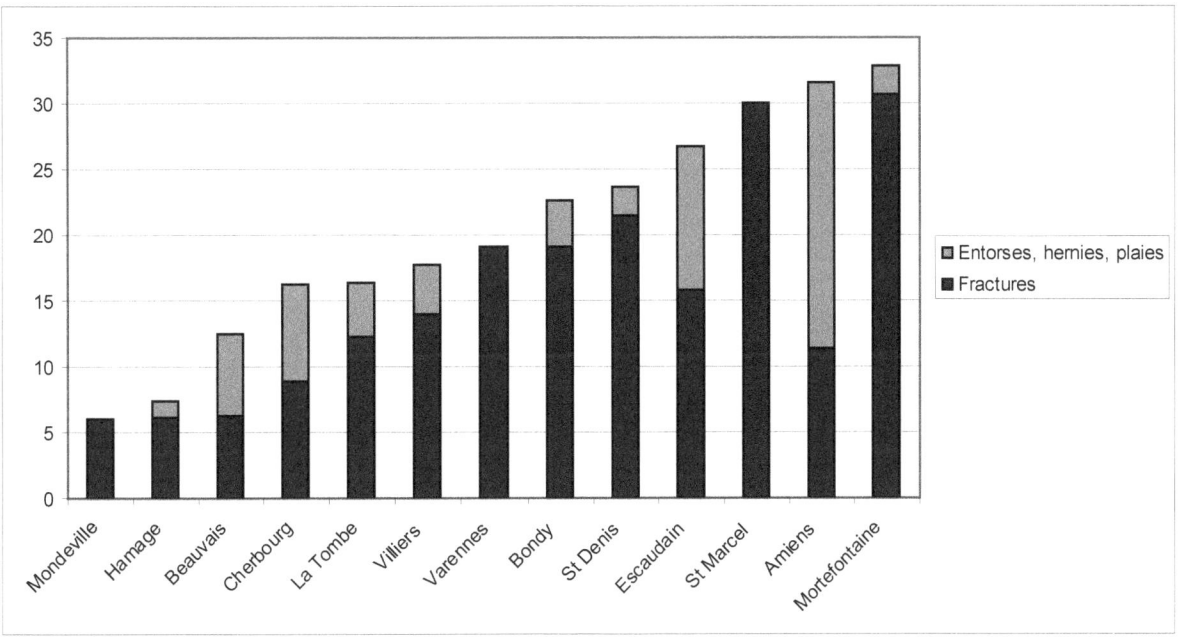

Figure 153 : Prévalences brutes en pourcentages des atteintes traumatiques par ordre croissant selon les sites (tableau 15 p. 181)

	Amiens	Beauvais	Bondy	Cherbourg	Escaudain	Hamage	La Tombe	Mondeville	Mortefontaine	Saint Denis	Saint Marcel	Varennes	Villiers	Tous sites
Crâne	2,53	0	3,57	0	0	0	0	0	2,69	0,43	0	0	3,80	1,08
Vertèbres	1,27	0	0,00	0	0,83	0	0	0	0,54	0,86	10,00	0	0	0,69
Côtes	2,53	0	7,14	2,62	0,83	0	4,08	1,20	5,91	7,30	2,50	2,38	3,80	3,85
Clavicules	1,27	0	1,19	1,57	1,67	0	2,04	0	1,08	0,86	0	2,38	1,27	1,08
Scapulas	1,27	3,13	0,00	0	0,00	0	0	0	0,54	0	0	0	0	0,23
Humérus	2,53	0	1,19	0	2,50	1,23	0	0	3,23	0,86	0	0	2,53	1,31
Ulnas	2,53	0	2,38	0,52	1,67	1,23	0	1,20	4,30	4,29	5,00	2,38	1,27	2,39
Radius	2,53	0	0	0	1,67	1,23	2,04	1,20	3,76	1,72	5,00	7,14	2,53	1,92
Mains	0	3,13	0	1,57	3,33	0	2,04	0	4,30	1,29	2,50	0	0	1,62
Sacrum	0	0	0	0,52	0	0	0	0	0,54	0	0	0	0	0,15
Coxaux	0	0	0	0	0	0	0	0	0	0	0	0	0	0,00
Fémurs	3,80	3,13	0	1,57	2,50	1,23	0	0	2,15	1,29	0	0	0	1,39
Patellas	0	0	2,38	0	0	1,23	2,04	0	0	0,86	0	0	0	0,46
Tibias	10,13	3,13	3,57	6,81	6,67	1,23	2,04	1,20	1,08	0,86	2,50	0	0	3,6
Fibulas	1,27	0	1,19	0,52	1,67	0	2,04	1,20	1,08	1,29	2,50	0	0	1,00
Pieds	0	0	0	0,52	3,33	0	0	0	1,61	1,72	0	4,76	2,53	1,23

Figure 154 : Prévalences brutes en pourcentages selon les différentes localisations anatomiques des atteintes traumatiques selon les sites et prévalences moyennes de tous sites confondus en pourcentages

En milieu rural, les pourcentages varient beaucoup d'un site à l'autre (figure 155). Ainsi le site de La Tombe a de fortes prévalences pour les côtes alors que le site de Varennes-sur-Seine a des taux très forts pour les radius et les os des pieds. A Escaudain, les prévalences sont surtout élevées sur les pieds. Aucun schéma général ne semble donc se distinguer.

Sur les sites ruraux où la présence d'un édifice cultuel est possible, les prévalences paraissent présenter quelques points communs avec notamment de fortes atteintes du crâne et des côtes ainsi que des membres supérieurs (figure 156).

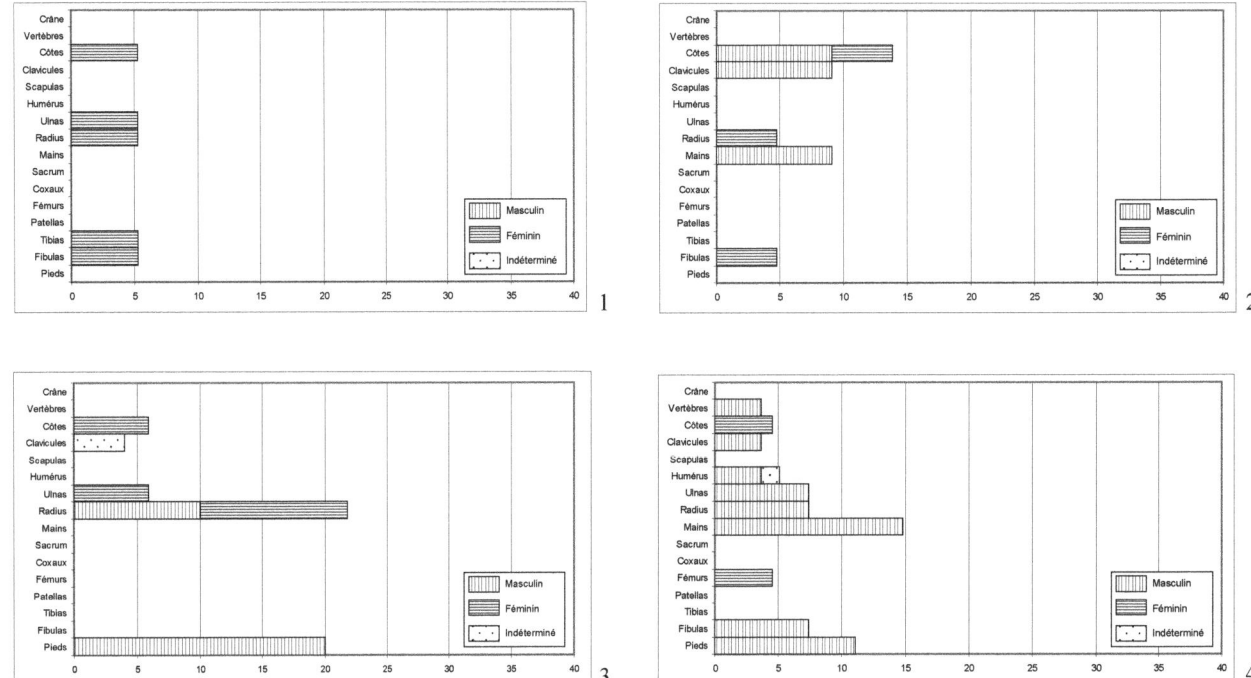

Figure 155 : Répartition des fractures en pourcentages selon les localisations anatomiques en fonction du sexe
1 Mondeville ; 2 La Tombe ; 3 Varennes-sur-Seine ; 4 Escaudain (tableaux 16.1 et 16.2 p. 182, 16.3 p. 183)

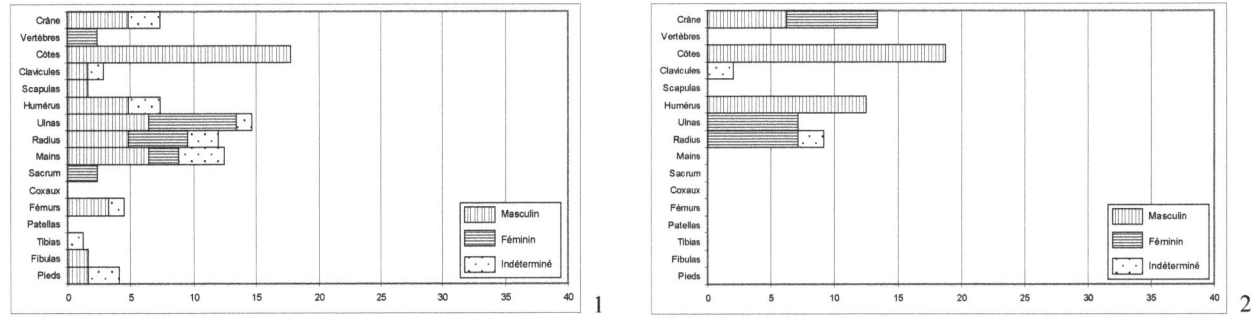

Figure 156 : Répartition des fractures en pourcentages selon les localisations anatomiques en fonction du sexe
1 Mortefontaine ; 2 Villiers-le-Sec (tableaux 16.1 et 16.2 p. 182, 16.3 p. 183)

Sur l'ensemble des sites urbains, les côtes semblent fréquemment fracturées (figure 157). Les mains sont aussi apparemment souvent atteintes. Le site de Saint-Marcel a quant à lui un taux très élevé de fractures vertébrales, les sites de Bondy et Amiens présentent pour leur part de fortes prévalences de fractures du crâne.

Concernant les sites monastiques, les prévalences sont radicalement différentes d'un site à l'autre (figure 158). Alors que les individus d'Hamage ne présentent presque pas de traumatismes, ceux de Saint-Denis ont au contraire des fréquences relativement élevées, notamment en ce qui concerne les côtes et l'ulna.

Bilan

Le caractère accidentel des traumatismes rend leur analyse globale très complexe. En effet, une grande part de ceux-ci est liée au hasard. Ainsi les fractures des côtes et avant-bras sont très répandues tandis que celles situées au niveau de l'épaule et des membres inférieurs sont plus rares, la ceinture pelvienne n'étant jamais atteinte excepté pour des fractures du coccyx. Le caractère anecdotique des traumatismes complique la différenciation entre les différents milieux. Certains sites se révèlent très peu atteints, Mondeville, Hamage, comparativement à d'autres, Mortefontaine, Amiens, Saint-Marcel, Escaudain. Ceci peut toutefois être en lien avec le *sex-ratio*.

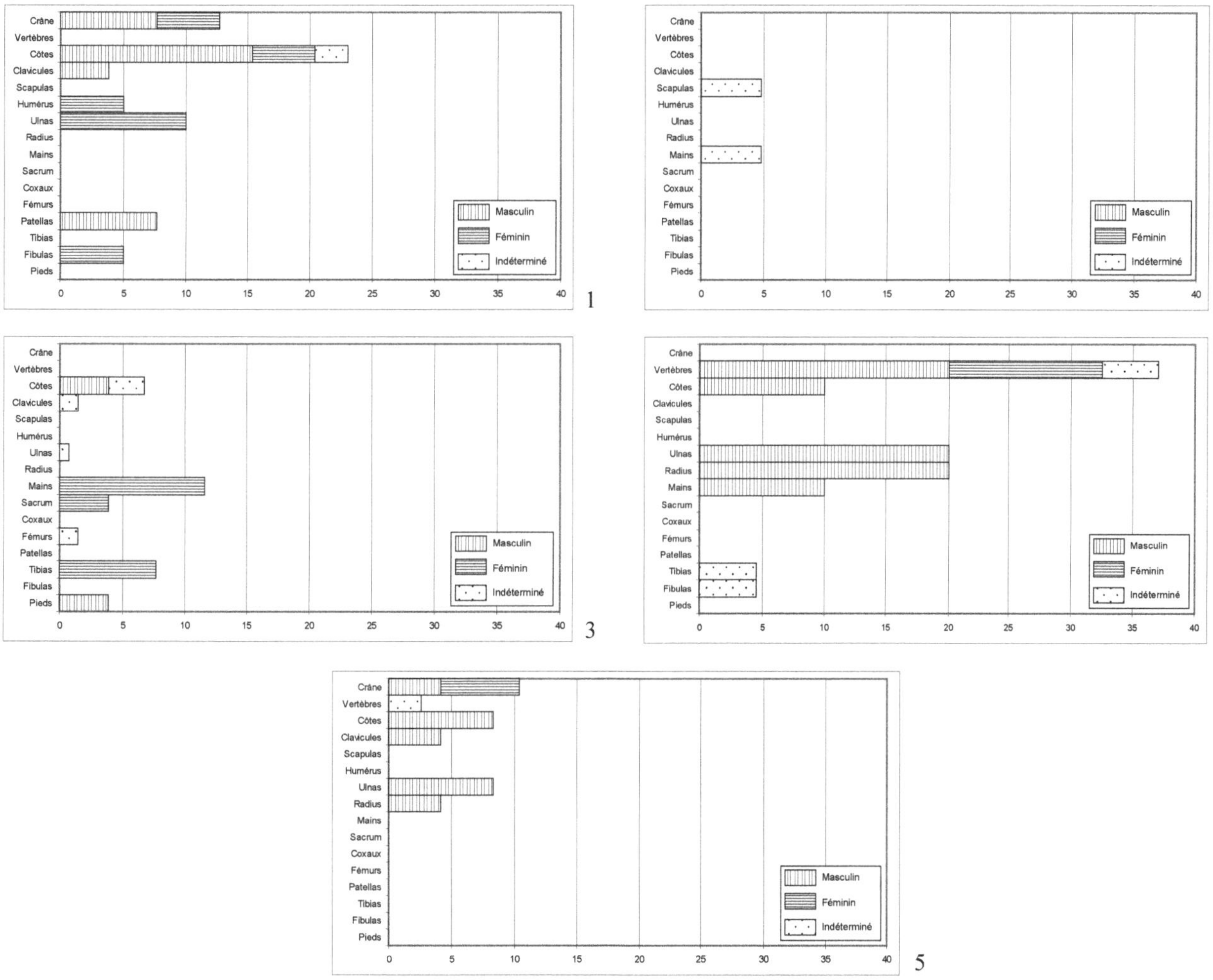

Figure 157 : Répartition des fractures en pourcentages selon les localisations anatomiques en fonction du sexe
1 Bondy ; 2 Beauvais ; 3 Cherbourg ; 4 Saint-Marcel ; 5 Amiens (tableaux 16.1 et 16.2 p. 182, 16.3 p. 183)

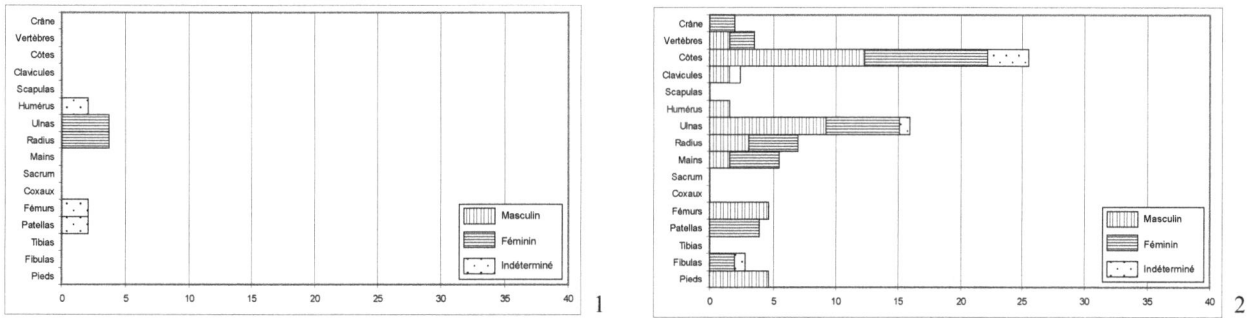

Figure 158 : Répartition des fractures en pourcentages selon les localisations anatomiques en fonction du sexe
1 Hamage ; 2 Saint-Denis (tableaux 16.1 et 16.2 p. 182, 16.3 p. 183)

II.6 L'activité

II.6.1 Approche générale

L'activité a d'abord été déterminée à partir des signes d'activités, la plupart étant des marqueurs musculaires. Chaque élément a été côté en présence ou absence, les prévalences obtenues sont donc des prévalences corrigées (figure 159).

Les sites présentant les plus faibles pourcentages sont les moins bien conservés excepté en ce qui concerne Amiens. Pour ce dernier site, l'appartenance de la population à des classes d'âge relativement jeunes peut peut-être expliquer l'absence de développement de ces signes. Pourtant, cette même explication paraît invalidée par le fait que le site de Bondy, avec la population adulte la plus jeune, a le taux le plus élevé. D'autres sites semblent également avoir un

pourcentage relativement haut tels que Mortefontaine, Villiers-le-Sec, Cherbourg et Escaudain, ces derniers sites ayant toutefois une population assez âgée exception faite de Cherbourg. Les sites ayant une population féminine importante ont également un taux plus faible ce qui est lié à la nature de ce qui est observé (pourcentage global d'activité de 43 % pour les hommes et 34 % pour les femmes).

Les subdivisions au sein des sites mettent en évidence de grands écarts, notamment entre les différents secteurs de Saint-Denis, surtout entre la zone située à l'écart dont les individus présentent peu d'activité et la zone 3 où ils paraissent avoir été plus actifs (figure 160). Par contre, aucune différence notable n'est visible entre les différentes périodes. A Cherbourg, peu d'écarts sont observables entre les VIIe-VIIIe siècles et les IXe-XIe siècles, de même qu'à Villiers-le-Sec entre les individus inhumés dans les zones d'habitat et ceux issus de la nécropole.

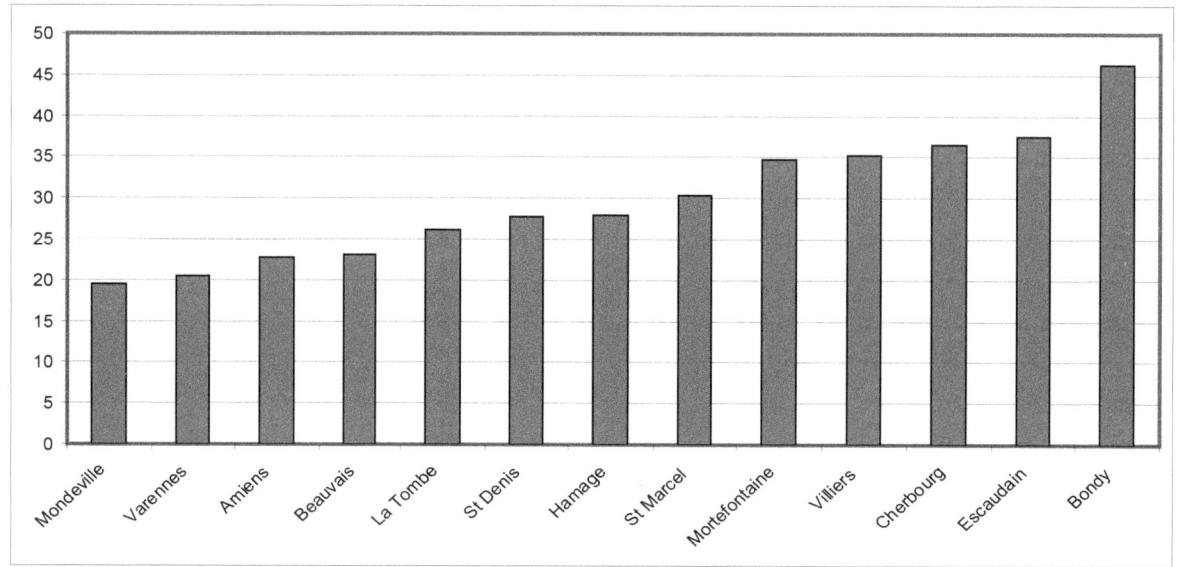

Figure 159 : Pourcentage de présence des signes d'activités par ordre croissant selon les sites pour les individus adultes (tableau 17 p. 183)

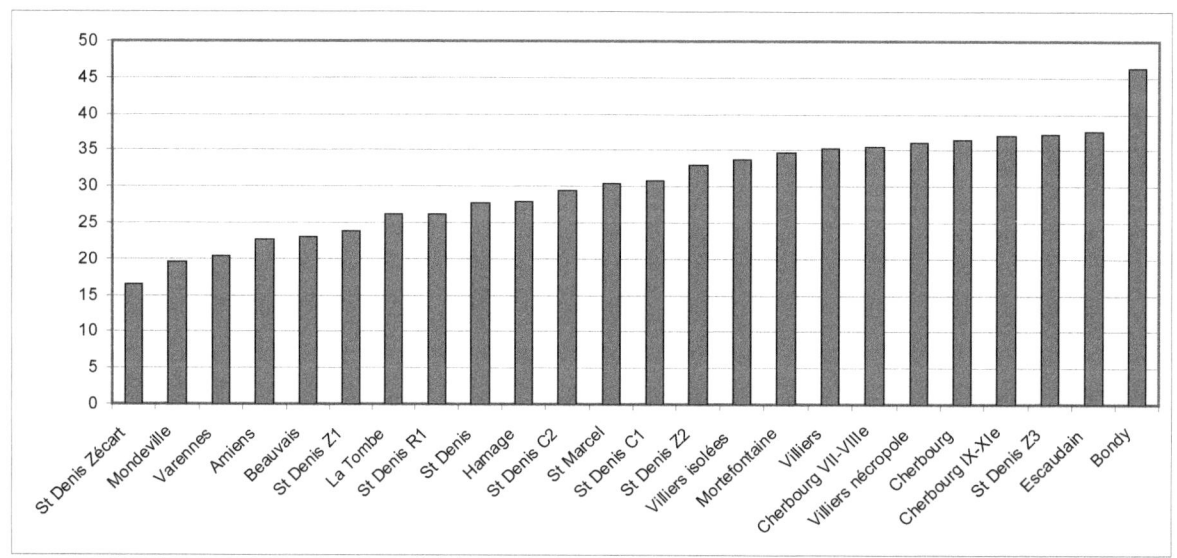

Figure 160 : Pourcentage de présence des signes d'activités par ordre croissant selon les sites et leurs subdivisions pour les individus adultes (tableau 17 p. 183)

Les sites aux plus petits effectifs présentent les plus faibles taux d'activité chez les individus de sexe masculin (figure 161). Le site d'Amiens a également à nouveau une faible prévalence. Par contre, le site de Bondy propose un pourcentage très élevé.

Pour le site de Saint-Denis, les différentes périodes montrent peu de différences tandis qu'un écart est très nettement visible entre la zone 1 avec un faible taux et la zone 3 qui a l'une des prévalences les plus élevées (figure 162). A Villiers-le-Sec et Cherbourg, peu de variations sont visibles entre les subdivisions observables et les sites eux-mêmes.

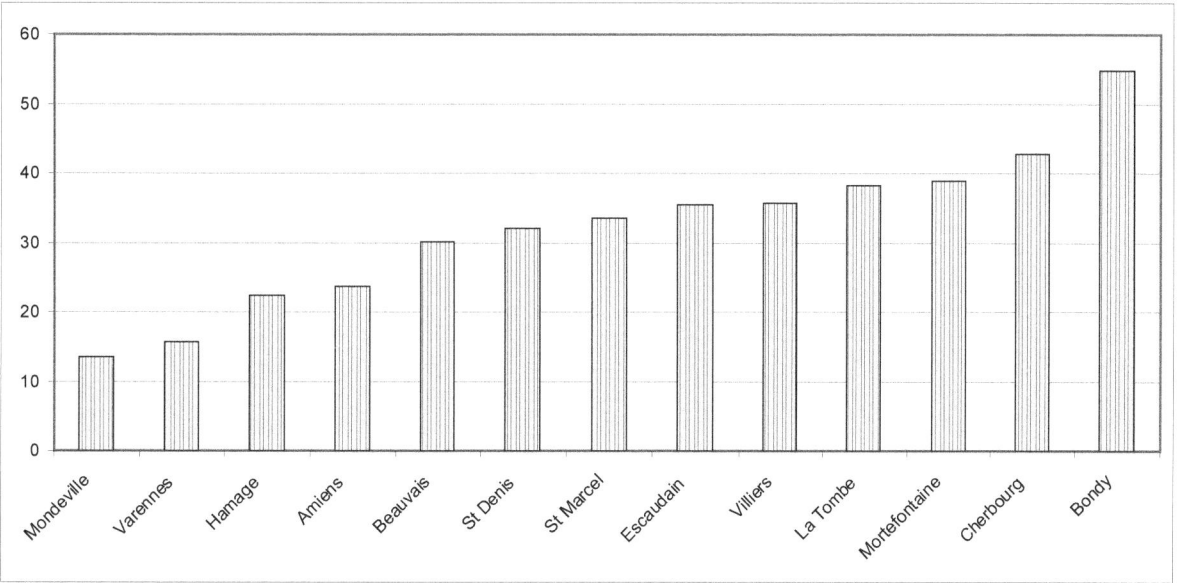

Figure 161 : Pourcentage de présence des signes d'activités par ordre croissant selon les sites pour les individus adultes de sexe masculin (tableau 17 p. 183)

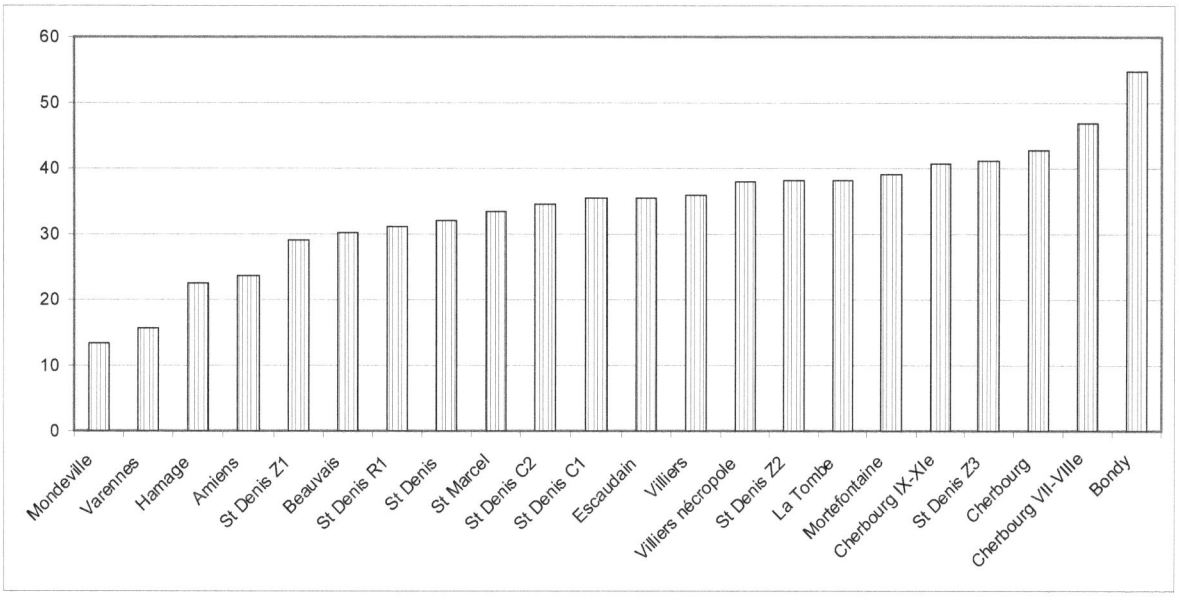

Figure 162 : Pourcentage de présence des signes d'activités par ordre croissant selon les sites et leurs subdivisions pour les individus adultes de sexe masculin (tableau 17 p. 183)

Pour le sexe féminin, les prévalences sont toujours faibles pour les sites à petit effectif (figure 163). Mais elles sont également peu prononcées sur des sites comme La Tombe et Amiens. A l'inverse, les sites d'Escaudain et Bondy ont des taux proportionnellement élevés.

L'activité féminine présente d'importantes variations à Saint-Denis selon les périodes (figure 164) ; elle est plus faible lors de la première période carolingienne et beaucoup plus prononcée lors de la deuxième. De même, à Cherbourg, une nette différence est visible entre les VIIᵉ-VIIIᵉ siècles peu actifs et les IXᵉ-XIᵉ qui le sont beaucoup plus. A Villiers-le-Sec, l'effectif féminin était insuffisant pour permettre des comparaisons entre la nécropole et les sépultures de l'habitat.

Les nodules de Schmörl sont quant à eux très présents sur l'ensemble des sites, allant de 58 % à Varennes-sur-Seine à 88 % à La Tombe lorsque tous les individus sont étudiés (figure 165). Pour le sexe masculin, la présence des nodules est de 60 % à Varennes à 100 % à Beauvais, Bondy et La Tombe. Elle est de 50 % à Bondy à 81 % à La Tombe pour le sexe féminin. Ces données paraissent indiquer que la colonne vertébrale était sur-sollicitée sur le site de La Tombe.

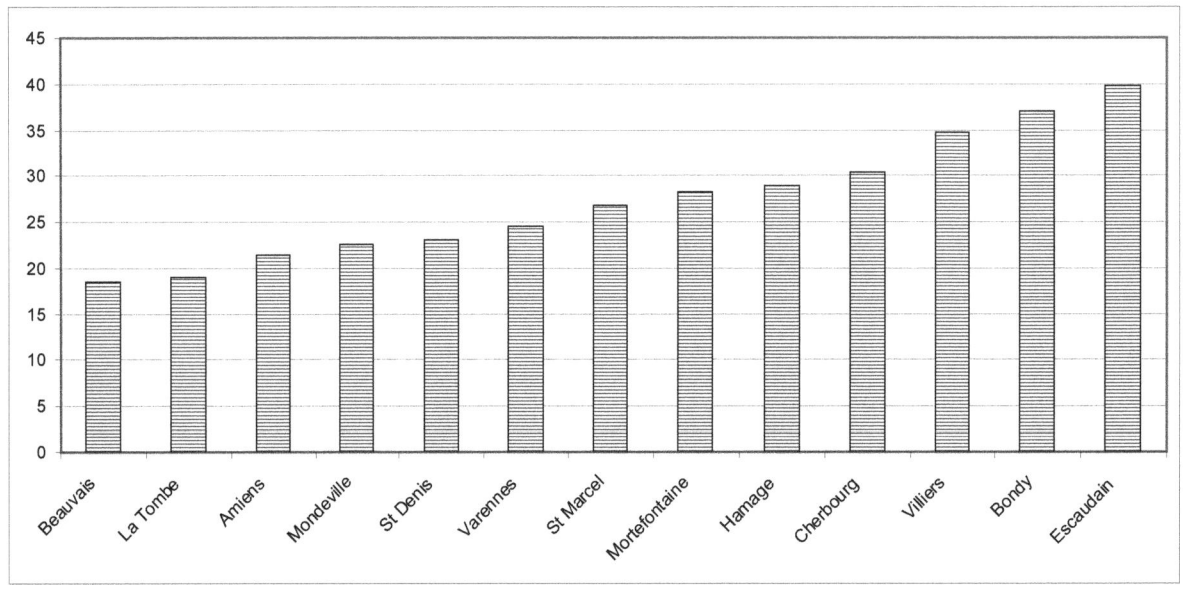

Figure 163 : Pourcentage de présence des signes d'activités par ordre croissant selon les sites pour les individus adultes de sexe féminin (tableau 17 p. 183)

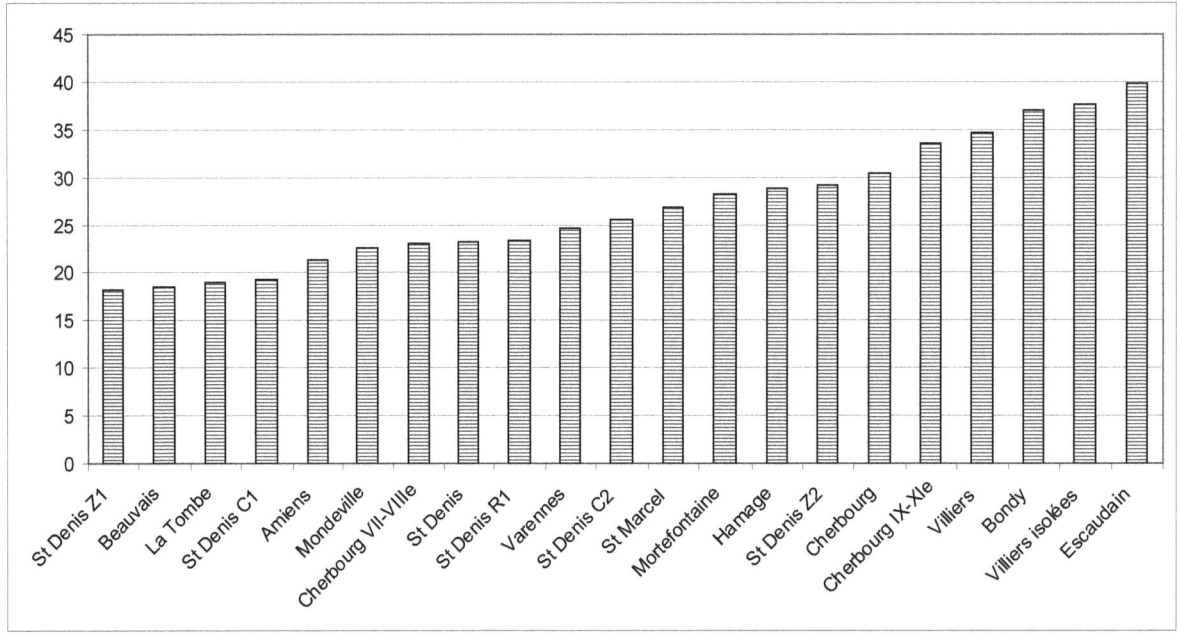

Figure 164 : Pourcentage de présence des signes d'activités par ordre croissant selon les sites et leurs subdivisions pour les individus adultes de sexe féminin (tableau 17 p. 183)

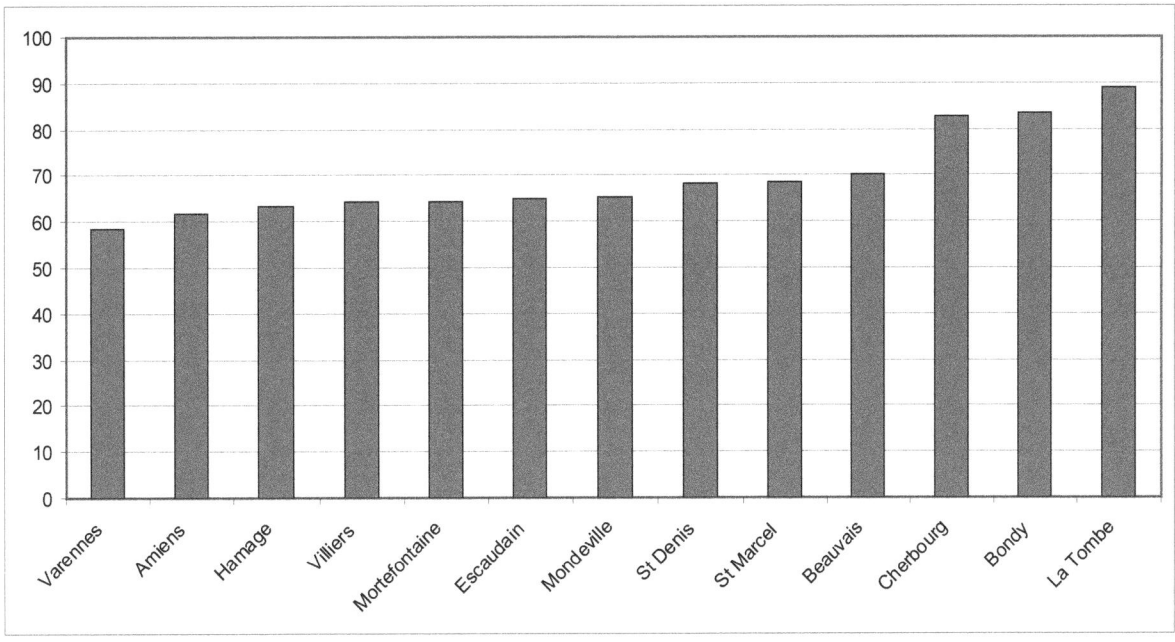

Figure 165 : Pourcentage de présence de nodules de Schmörl par ordre croissant sur l'ensemble des individus (tableau 18 p. 184)

II.6.2 Pratique cavalière et signes de violences interpersonnelles

* PRATIQUE CAVALIÈRE INTENSIVE

La pratique cavalière est l'une des seules activités relativement bien identifiables à partir du squelette. Elle a donc été examinée sur l'ensemble des individus adultes.

Les pourcentages sont très différents d'un site à l'autre (figure 166). Alors que la pratique cavalière paraît pratiquement absente des sites comme Amiens, Saint-Marcel, Varennes-sur-Seine et Beauvais, elle est présente à Villiers-le-Sec, Mondeville, Saint-Denis, Cherbourg et La Tombe et a de fortes prévalences à Bondy, Hamage, Mortefontaine et Escaudain.

Les subdivisions des sites archéologiques font nettement apparaître d'importantes différences selon les zones de Saint-Denis (figure 167). Ainsi la zone 3 a clairement un très fort pourcentage d'individus pratiquant l'équitation alors qu'aucun indice n'en a été trouvé dans la zone située à l'écart. Par contre, aucune différence n'apparaît réellement entre les répartitions chronologiques pour ce site alors que les prévalences présentent de grandes variations entre les deux périodes de Cherbourg, la pratique cavalière étant surtout exercée aux VIIᵉ-VIIIᵉ siècles. A Villiers-le-Sec, il paraît également exister de nets écarts entre les sépultures de l'habitat, où l'équitation n'est pas pratiquée, et les sépultures de la nécropole dont les individus semblent pour certains être des cavaliers.

Pour le sexe masculin, la pratique cavalière est absente des sites présentant un faible effectif (Hamage, Mondeville et Varennes-sur-Seine) ce qui semble peu significatif (figure 168). Elle est également très peu probable à Amiens,

Saint-Marcel et pratiquée très faiblement à Villiers-le-Sec. Par contre, elle est très présente à Bondy et également à Mortefontaine.

Les subdivisions des sites archéologiques mettent également en évidence des différences dans la pratique cavalière entre les diverses zones de Saint-Denis, essentiellement entre la zone 3 et la zone située à l'écart (figure 169). De même, alors que la pratique cavalière est peu probable lors de la deuxième période carolingienne, elle est importante lors de la première et encore davantage au Xᵉ siècle. Pour Cherbourg, les deux périodes montrent clairement des taux différents avec une pratique cavalière nettement plus faible aux IXᵉ-XIᵉ siècles qu'aux VIIᵉ-VIIIᵉ siècles. A Villiers-le-Sec, la pratique ne paraît concerner que les individus de la nécropole.

Pour le sexe féminin, plusieurs sites ont une pratique cavalière absente ou peu significative (Amiens, Beauvais, Saint-Marcel, Varenne-sur-Seine et Cherbourg) (figure 170). La pratique paraît plus répandue à La Tombe, Saint-Denis, Bondy et Mortefontaine pour être encore plus importante à Villiers-le-Sec, Mondeville, Hamage et surtout Escaudain.

Les subdivisions des sites archéologiques, pour le sexe féminin, ne font apparaître que peu de différences entre les deux périodes de Cherbourg (figure 171). Par contre, à Villiers-le-Sec, la pratique de l'équitation semble réservée aux individus de la nécropole. A Saint-Denis, ce sont surtout les individus de la zone 3 qui paraissent la pratiquer alors que ceux de la zone 1 n'en ont que peu de signes. Les différentes périodes chronologiques montrent moins de différences bien que la pratique de l'équitation soit plus faible aux périodes C1 et R1 qu'à la période C2 où la pratique paraît nettement répandue.

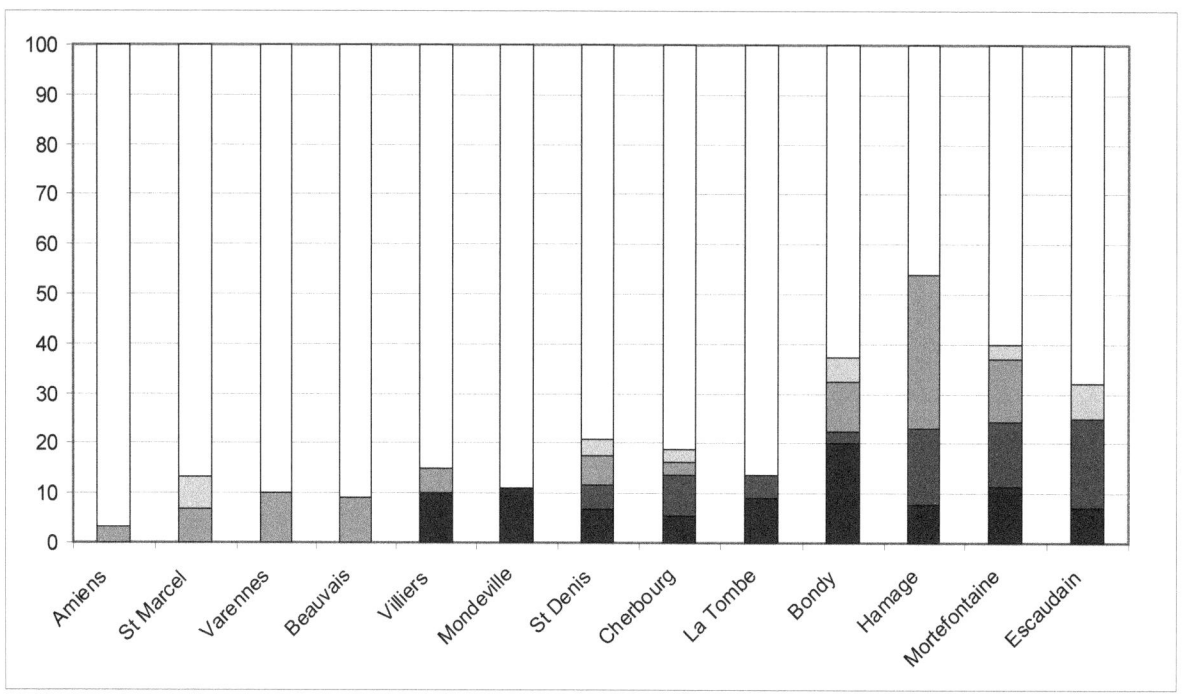

Figure 166 : Pourcentage de pratique cavalière intensive selon les sites
(le classement a été effectué selon les pourcentages cumulés de pratique intensive et probable)
Légende de bas en haut/du plus foncé au plus clair (5 classes) : intensive - probable - possible - éventuelle - absente
(tableau 19.1 p. 184)

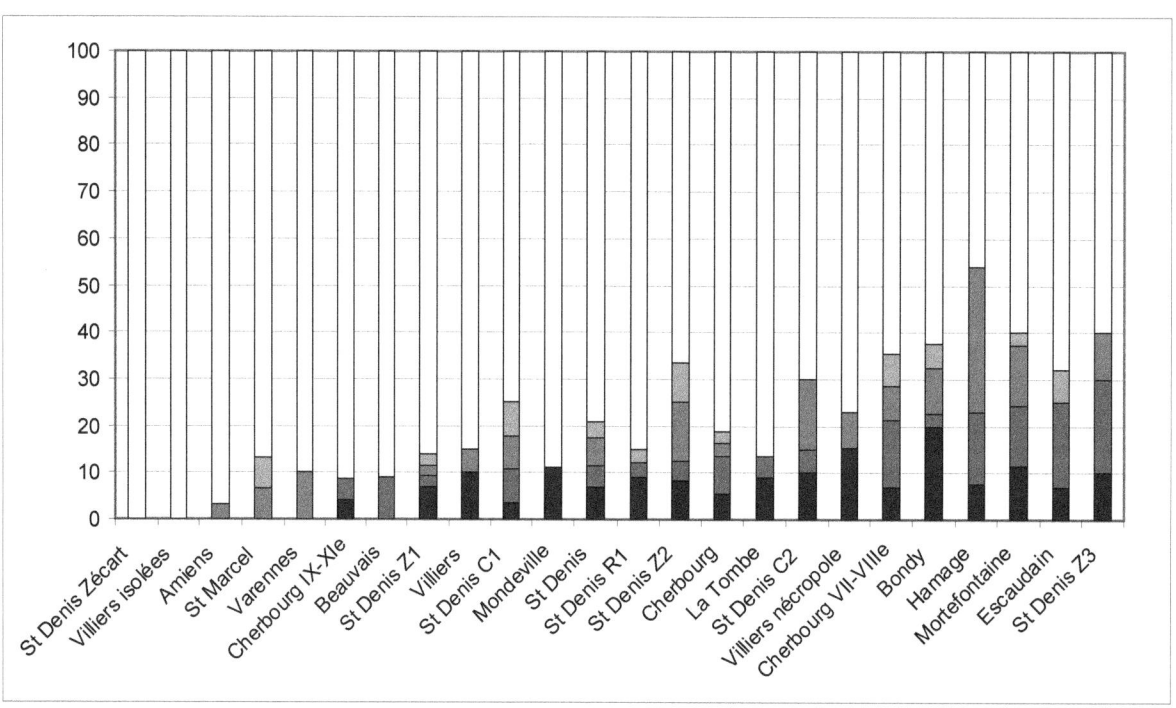

Figure 167 : Pourcentage de pratique cavalière intensive selon les sites et leurs subdivisions
(le classement a été effectué selon les pourcentages cumulés de pratique intensive et probable)
Légende de bas en haut/du plus foncé au plus clair (5 classes) : intensive - probable - possible - éventuelle - absente
(tableau 19.1 p. 184)

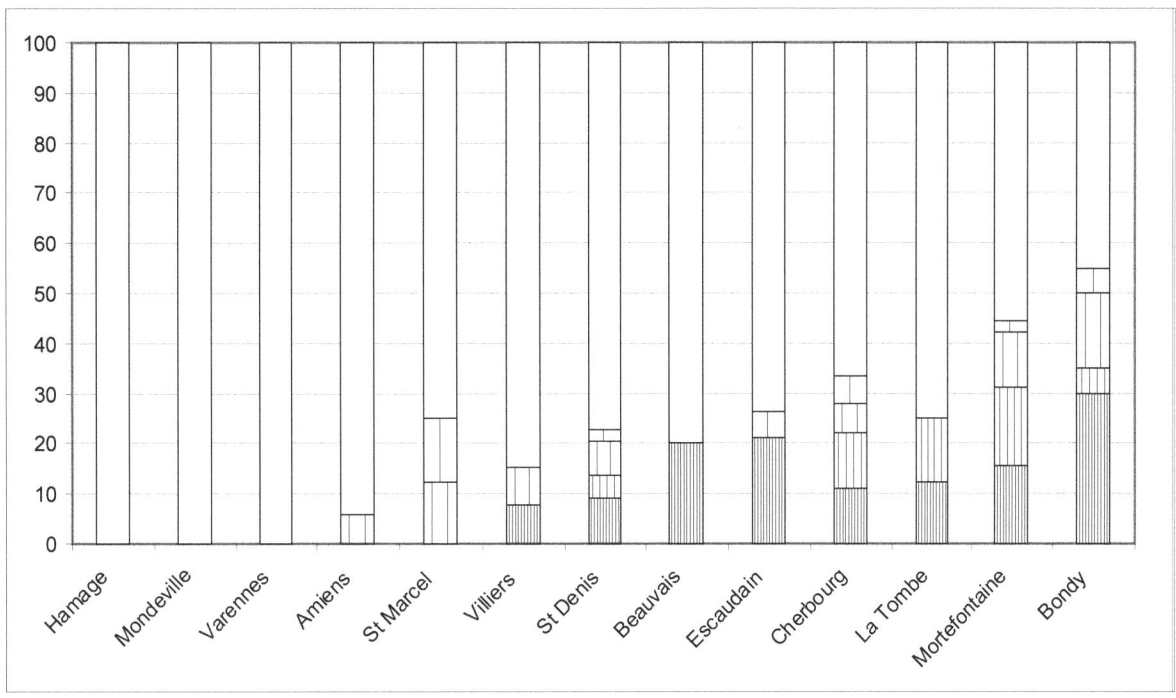

Figure 168 : Pourcentage de pratique cavalière intensive selon les sites, sexe masculin
(le classement a été effectué selon les pourcentages cumulés de pratique intensive et probable)
Légende de bas en haut/du plus foncé au plus clair (5 classes) : intensive - probable - possible - éventuelle - absente
(tableau 19.2 p. 185)

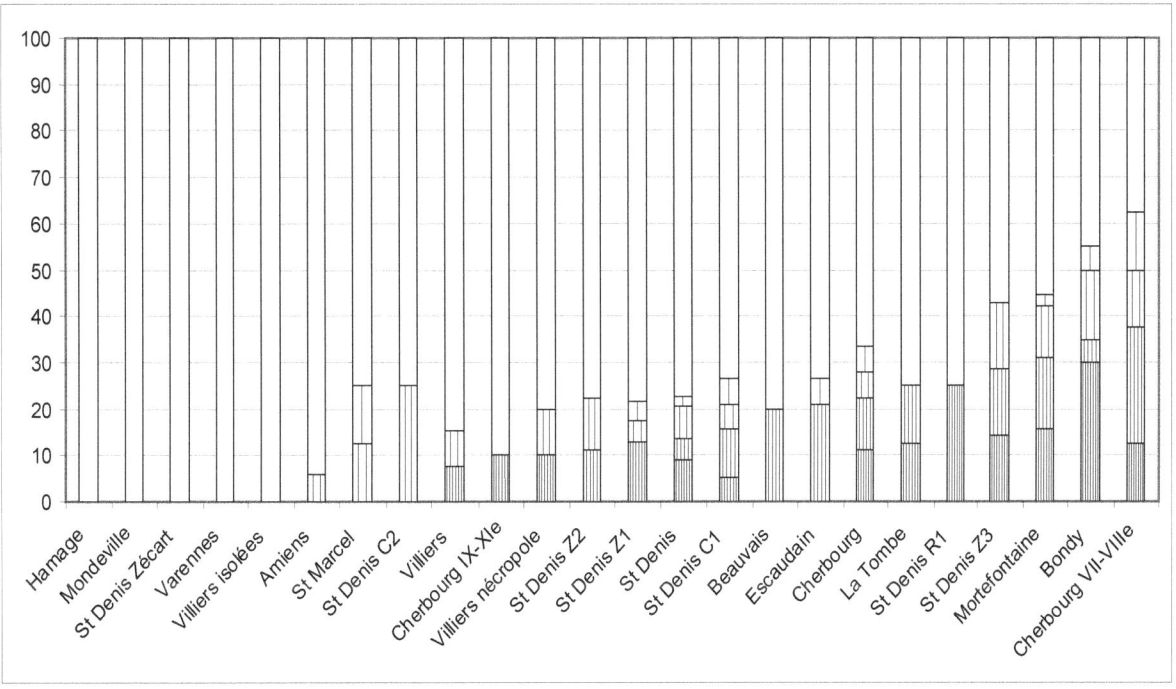

Figure 169 : Pourcentage de pratique cavalière intensive selon les sites et leurs subdivisions, sexe masculin
(le classement a été effectué selon les pourcentages cumulés de pratique intensive et probable)
Légende de bas en haut/du plus foncé au plus clair (5 classes) : intensive - probable - possible - éventuelle - absente
(tableau 19.2 p. 185)

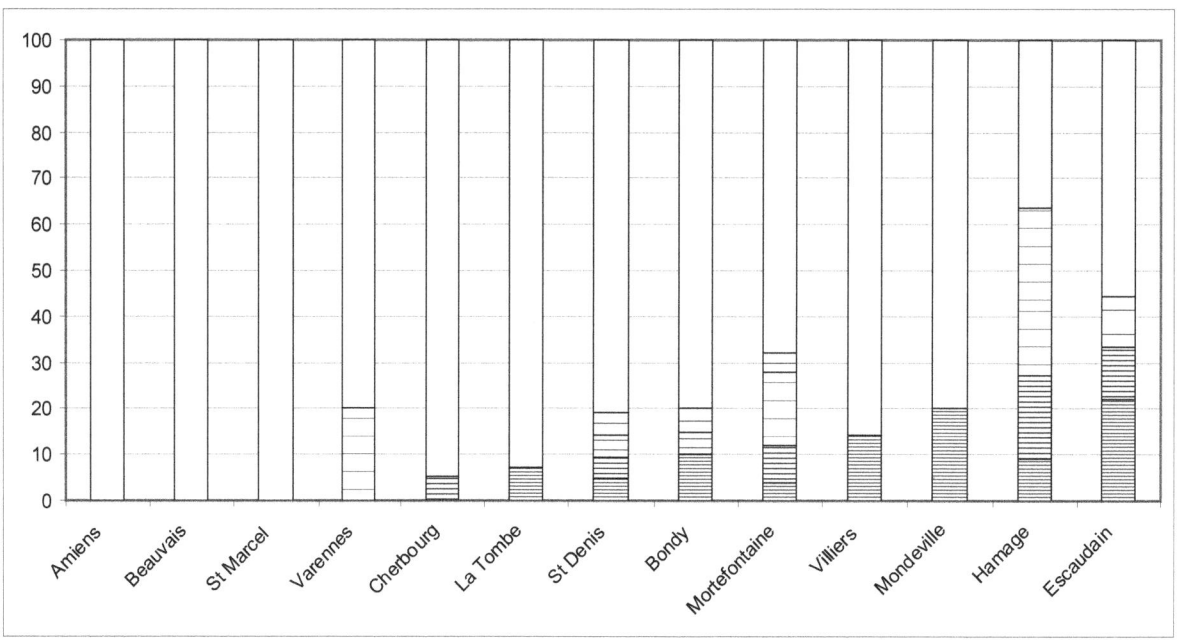

Figure 170 : Pourcentage de pratique cavalière intensive selon les sites, sexe féminin
(le classement a été effectué selon les pourcentages cumulés de pratique intensive et probable)
Légende de bas en haut/du plus foncé au plus clair (5 classes) : intensive - probable - possible - éventuelle - absente
(tableau 19.3 p. 185)

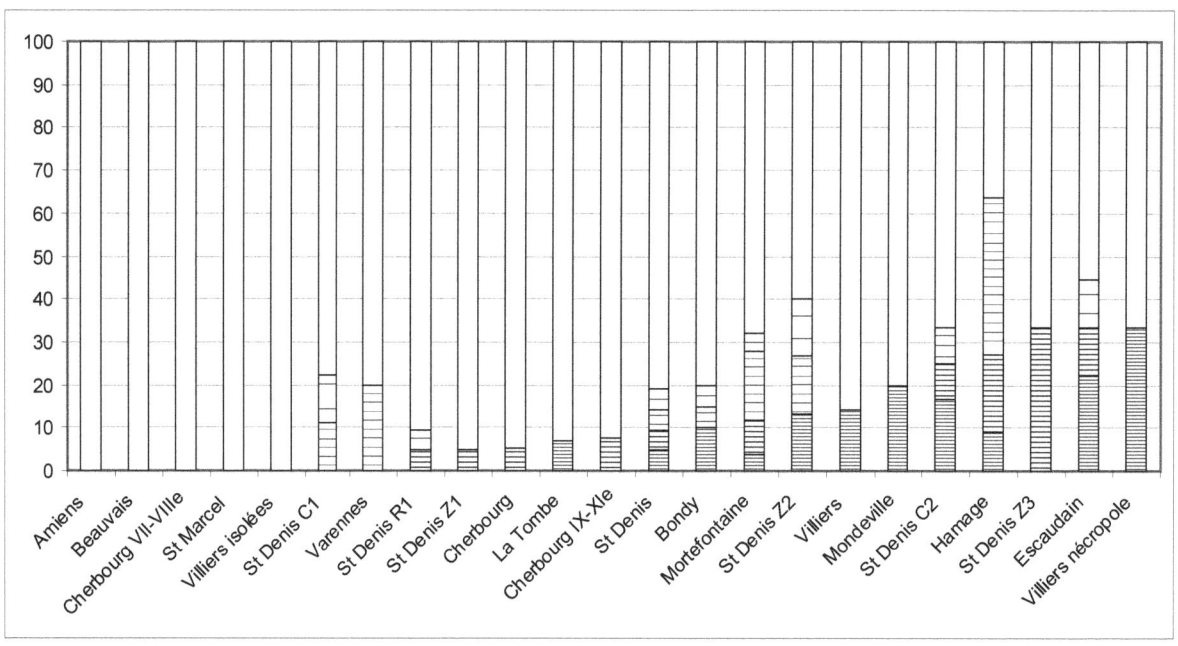

Figure 171 : Pourcentage de pratique cavalière intensive selon les sites et leurs subdivisions, sexe féminin
(le classement a été effectué selon les pourcentages cumulés de pratique intensive et probable)
Légende de bas en haut/du plus foncé au plus clair (5 classes) : intensive - probable - possible - éventuelle - absente
(tableau 19.3 p. 185)

* VIOLENCES INTERPERSONNELLES ET PRATIQUE
GUERRIÈRE

Les signes de violences interpersonnelles sont quant à eux beaucoup plus difficiles à mettre en évidence, les fractures du crâne étant un indice révélateur mais non exclusivement.

Peu de cas de traumatismes crâniens par arme tranchante ont finalement pu être répertoriés et seul le site de Mortefontaine se détache nettement (figure 172). Ceci interroge sur sa nature. Mais cela met aussi en évidence la difficulté d'analyser ce critère au sein des populations archéologiques.

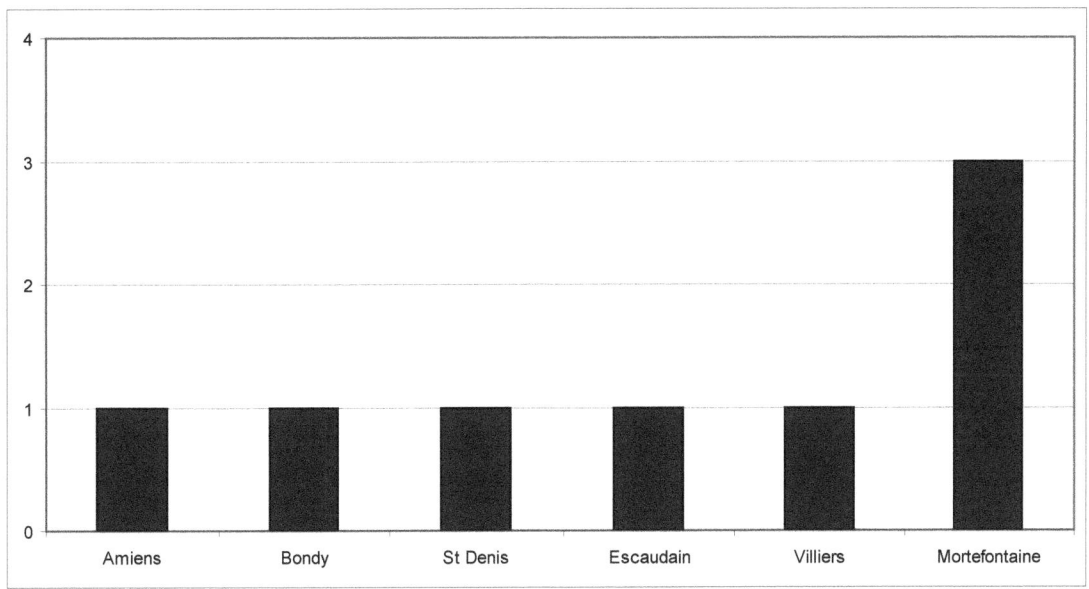

Figure 172 : Effectifs de fractures du crâne avec armes tranchantes par ordre croissant selon les sites (tableau 20 p. 186)

II.7 Calculs indiciaires et relations populationnelles

Le problème de conservation osseuse ainsi que les différences d'âge ont complexifié l'analyse et cela d'autant plus que tous les paramètres biologiques sont reliés entre eux, ainsi que l'illustre le concept de pathocénose.

II.7.1 Le concept de pathocénose

Tous les indicateurs biologiques, et en particulier les pathologies, ont des relations entre eux : le concept de pathocénose correspond à cet état de fait. Il a été défini comme l'ensemble formé dans le temps et l'espace par les états pathologiques au sein d'une population, la fréquence et la distribution de chaque maladie dépendant de la fréquence et de la distribution de toutes les autres maladies, cela tendant vers un état d'équilibre (Grmek M.D., 1969, p. 1476). Ce concept désigne la paléoécologie humaine et peut se définir comme correspondant aux « *liens inter(ré)actifs existant entre une population donnée et son environnement et susceptibles d'entraîner l'apparition de maladies diverses* » (Perrot R. et Besnard A.C., 2000, p. 54). L'idée directrice est donc que les maladies sont interdépendantes ; et ceci complexifie les analyses paléoépidémiologiques.

Le concept a été testé sur quatre-vingt-sept populations médiévales (Vème-XVème siècles) pour un total de huit mille huit cent sept individus correspondant à trois environnements différents : urbain, monastique et rural avec une répartition des pathologies en onze rubriques (traumatismes, maladies dégénératives, néoplasiques, congénitales, inflammatoires, infectieuses, vasculaires,

métaboliques, ostéodystrophiques, endocriniennes et hématologiques) (Perrot R. et Besnard A.C., 2000, p. 54). Selon les résultats, les risques pathologiques sont plus importants en milieu urbain, puis en milieu monastique, et enfin en milieu rural, les Xe et XIe siècles apparaissant alors comme particulièrement pathologiques. Les indicateurs peuvent être de trois types : indicateur de stress général cumulatif (mortalité, croissance en fonction du sexe et de l'âge, etc) ; indicateur de stress épisodique (lignes de Harris, hypoplasie) ; indicateurs liés à des maladies spécifiques (hyperostoses, *cribra orbitalia*, maladies infectieuses, traumatismes au sens large, arthrose) (Kramar C., 1990).

La pathocénose rend très difficile l'approche des différentes populations et surtout la comparaison entre les différentes atteintes. Aussi, une tentative d'analyse comparative a été effectuée à travers la mise au point d'indices.

II.7.2 Les indices biologiques calculés et les différents sites

Plusieurs indices ont été calculés à partir de divers critères biologiques ainsi qu'indiqué en partie 1. Ces indices permettent d'ajuster les calculs en fonction de la conservation osseuse et de l'âge des populations. Ils semblent révéler de grandes différences selon les sites[78].

---

78 En complément, il est important de noter que chaque indice ayant été étalonné sur 100, certains sites, aux valeurs très élevées, ont donc beaucoup de poids.

* INDICE ARTHROSIQUE

L'indice arthrosique permet de refléter les taux d'arthrose populationnels (figure 173).

Les présences arthrosiques sont différentes, par rapport aux prévalences corrigées, lorsqu'elles sont modulées par les paramètres biologiques qui conditionnent l'apparition de l'indice. Ainsi, bien que le site d'Escaudain présente toujours beaucoup d'arthrose, ce n'est plus celui qui en exprime le plus. L'arthrose se révèle très prononcée à Bondy. Les sites d'Amiens et La Tombe proposent aussi une présence importante d'arthrose tandis que les sites de Villiers-le-Sec et Hamage ont des taux nettement plus bas qu'initialement. Le site de Beauvais présente dans les deux cas le taux le plus bas, ce qui, une nouvelle fois, peut résulter de la nature de son échantillon (effectif d'adultes trop faible).

L'indice montre des différences avec les prévalences directes (figure 174) : pour le sexe masculin le site d'Amiens a des taux nettement plus élevés. Celui de La Tombe présente aussi l'une des valeurs les plus hautes, le site de Villiers-le-Sec ayant un taux très bas (les sites de Hamage, Beauvais et Mondeville ont des effectifs trop bas pour permettre des comparaisons). Pour le sexe féminin, quelques différences apparaissent avec notamment un taux plus faible à Escaudain tandis que le taux est très élevé à Bondy, contrairement aux données initiales. Le site de Mondeville a également un taux assez fort d'arthrose féminine tandis que le site d'Hamage n'a proportionnellement que peu d'arthrose (les taux élevés d'arthrose sans pondération sont dus à l'âge avancé de la population).

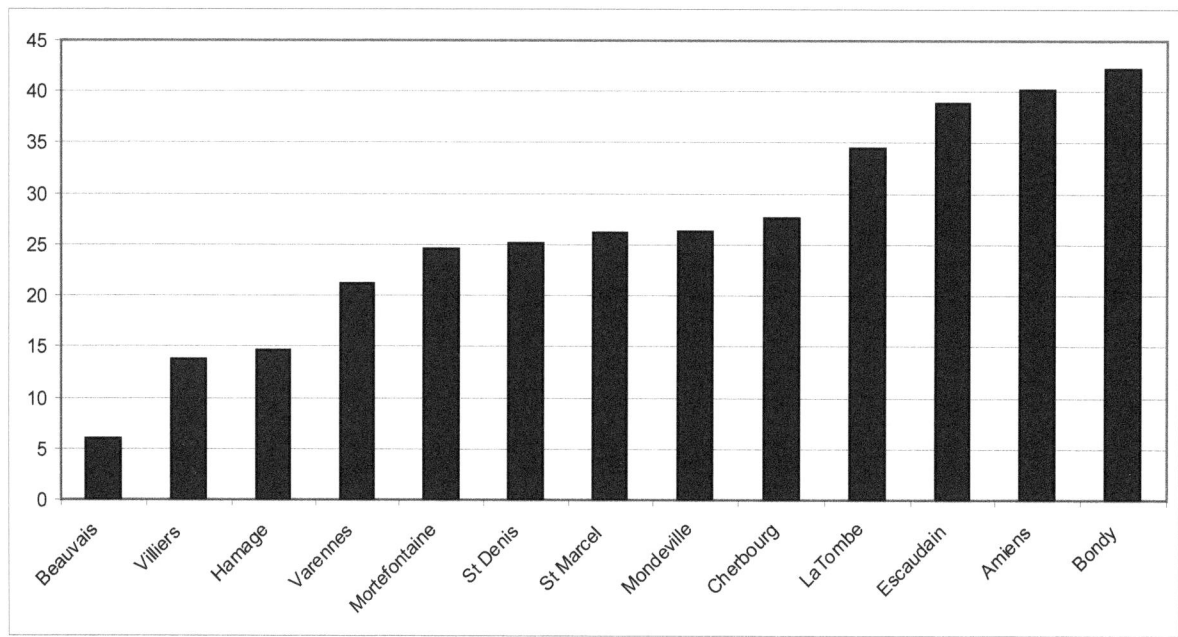

Figure 173 : Indice arthrosique sur l'ensemble de la population par ordre croissant selon les sites suivant l'ensemble des localisations anatomiques (tableau 21.1 p. 186)

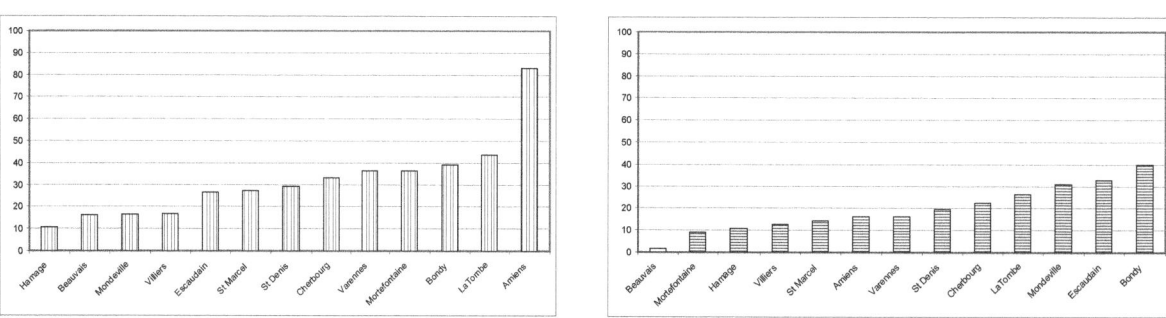

Figure 174 : Indice arthrosique par ordre croissant selon le sexe (sexe masculin à gauche ; sexe féminin à droite) (tableaux 21.2 p.186 et 21.3 p. 187)

* INDICE DE STRESS NON SPÉCIFIQUES

Les stress non spécifiques ont également été résumés en un indice et pondérés selon la conservation osseuse (figure 175).

Les stress non spécifiques résumés en un indice mettent en évidence des grandes différences entre les sites. Ils témoignent de conditions très différentes durant l'enfance. Ils paraissent mettre en évidence une population fortement favorisée à Saint-Denis et, en opposition, une population souffrant de multiples carences à Bondy. D'autres sites semblent également peu favorisés comme ceux de Villiers-le-Sec et Escaudain.

Les répartitions des indices de stress non spécifiques par site sont globalement les mêmes pour chaque sexe séparé ou pour les deux sexes réunis, et seules quelques petites variations sont observables (figure 176).

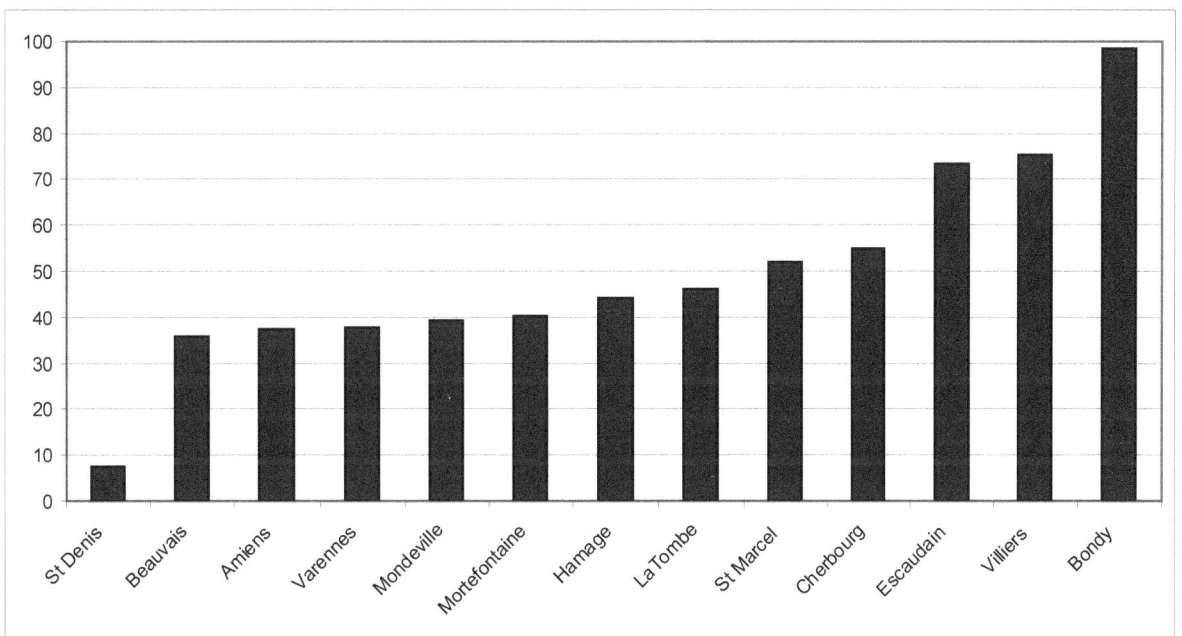

Figure 175 : Indice de stress non spécifiques par ordre croissant sur l'ensemble de la population selon les sites (tableau 21.1 p. 186)

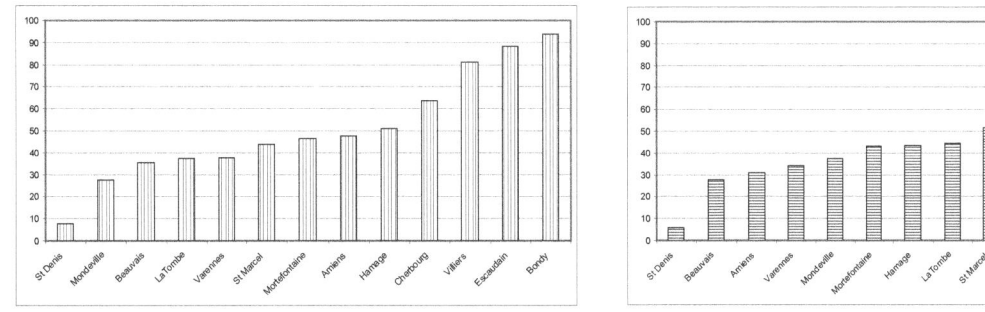

Figure 176 : Indice de stress non spécifiques par ordre croissant selon le sexe (sexe masculin à gauche ; sexe féminin à droite) (tableaux 21.2 p. 186 et 21.3 p. 187)

* INDICE INFECTIEUX

L'indice infectieux permet de refléter en partie les conditions de vie.

L'indice met en évidence le très fort risque infectieux présent sur le site d'Amiens (figure 177). Celui-ci est également très élevé à Bondy alors qu'il est plus faible sur de nombreux autres sites du *corpus*.

Quel que soit le sexe, l'indice indique un risque infectieux très élevé à Amiens, en particulier chez les femmes (figure 178). Pour les hommes, les taux sont également très élevés à Bondy. Les taux faibles restent plus difficiles à expliquer et peuvent être partiellement dus à la taille des échantillons étudiés.

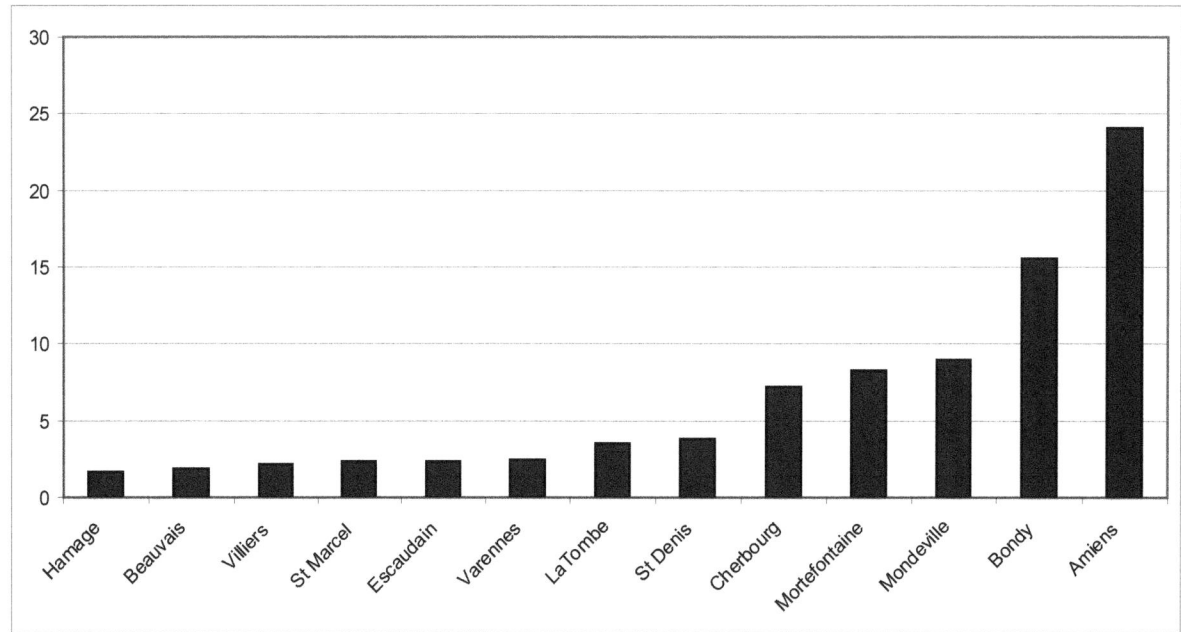

Figure 177 : Indice infectieux par ordre croissant sur l'ensemble de la population selon les sites (tableau 21.1 p. 186)

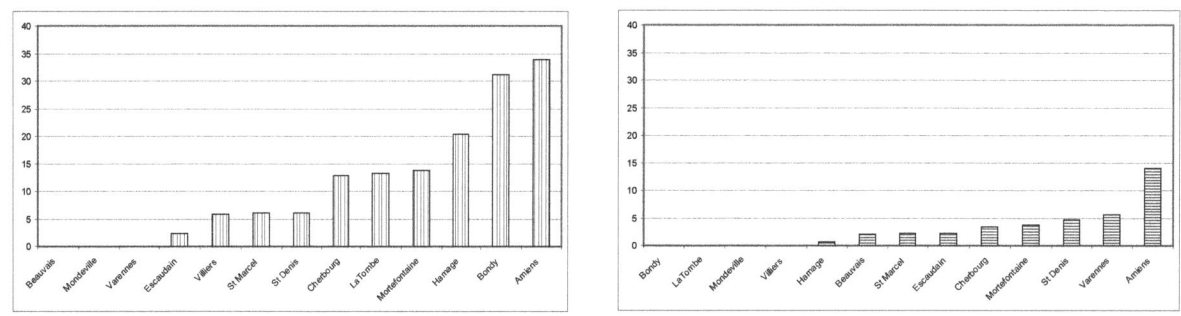

Figure 178 : Indice infectieux par ordre croissant selon le sexe (sexe masculin à gauche ; sexe féminin à droite)
(tableaux 21.2 p. 186 et 21.3 p. 187)

* INDICE TRAUMATIQUE

L'indice traumatique peut en partie révéler le risque accidentel auquel sont soumises les populations.

Les sites présentent un risque traumatique légèrement différent avec l'approche indiciaire (figure 179). En effet, le site d'Amiens a une nouvelle fois le taux le plus élevé. Les sites d'Hamage et Villiers-le-Sec ont quant à eux les taux les plus bas.

Les répartitions par sexe montrent selon la méthode indiciaire un risque traumatique nettement accru pour le sexe féminin à Mondeville, le site d'Amiens ayant cette fois-ci un taux relativement faible (figure 180).

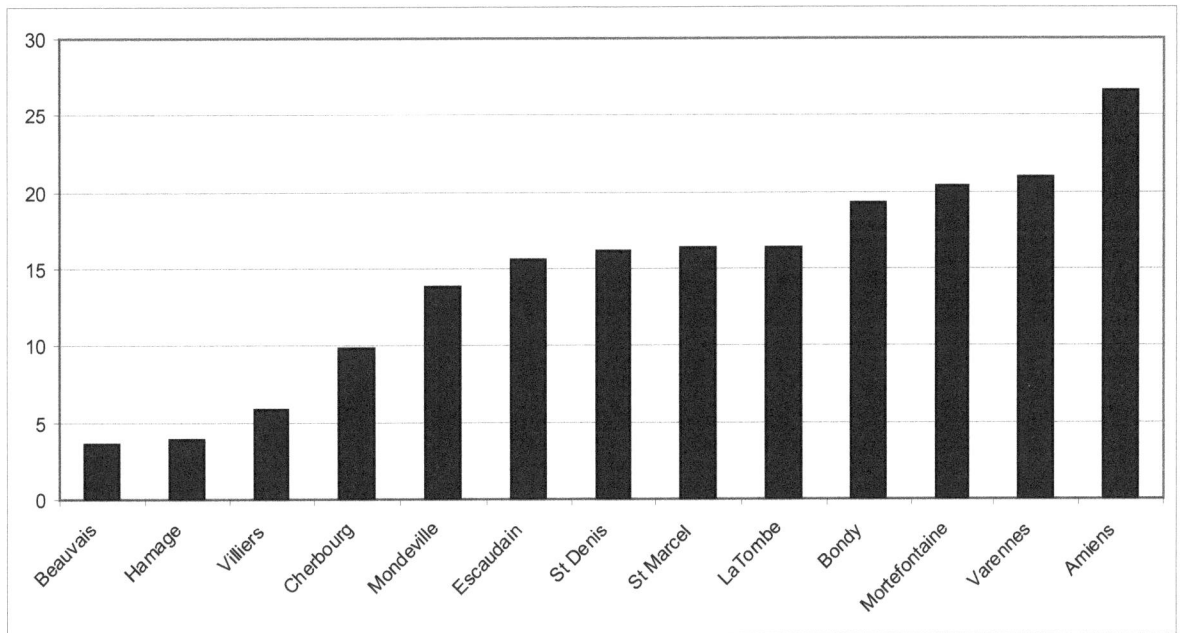

Figure 179 : Indice traumatique par ordre croissant sur l'ensemble de la population selon les sites (tableau 21.1 p. 186)

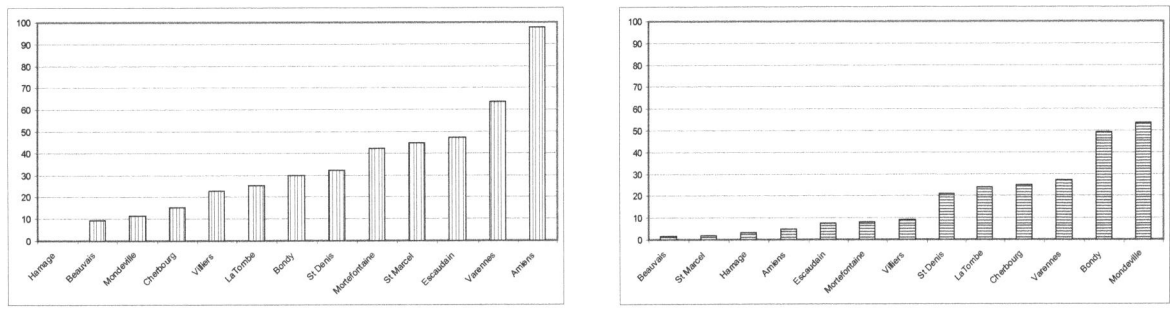

Figure 180 : Indice traumatique par ordre croissant selon le sexe (sexe masculin à gauche ; sexe féminin à droite)
(tableaux 21.2 p. 186 et 21.3 p. 187)

* INDICE D'ACTIVITÉ

L'activité dépendant également de l'âge et son observation de la conservation osseuse, son analyse sous forme d'indice a aussi été effectuée.

D'après le calcul indiciaire, l'activité est à nouveau très prononcée sur le site de Bondy alors qu'elle est très faible à Hamage et Villiers-le-Sec (figure 181).

Les répartitions selon le sexe sont très proches de celles de l'ensemble des individus des sites, le site de Bondy ayant toujours les taux les plus élevés, les taux étant presque toujours plus faibles chez les femmes (figure 182).

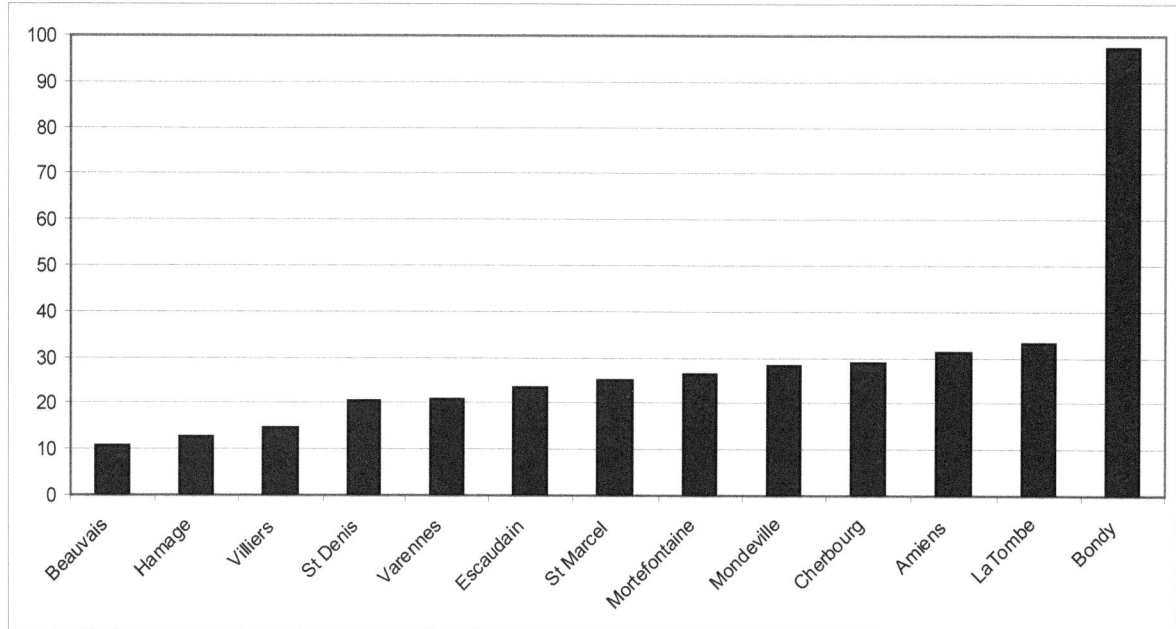

Figure 181 : Indice d'activité par ordre croissant sur l'ensemble de la population selon les sites (tableau 21.1 p. 186)

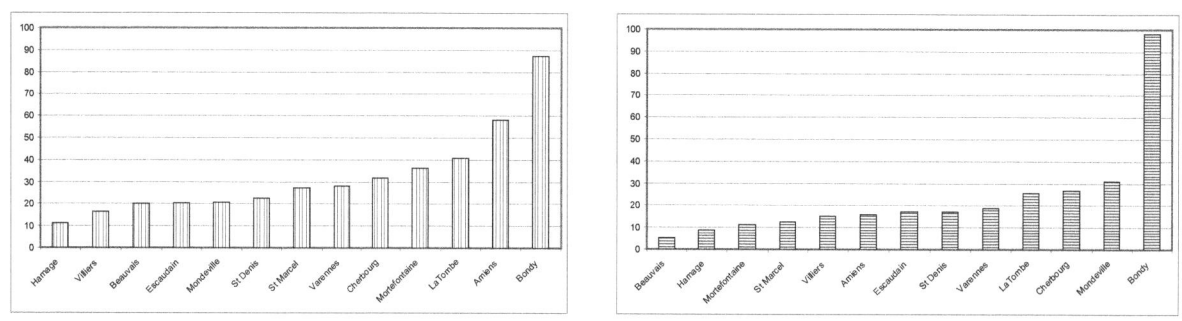

Figure 182 : Indice d'activité par ordre croissant selon le sexe (sexe masculin à gauche ; sexe féminin à droite)
(tableaux 21.2 p. 186 et 21.3 p. 187)

* INDICE GLOBAL

A titre expérimental, un indice a été réalisé à partir de tous les paramètres indiciaires, celui-ci étant calculé à partir de la moyenne de tous les indices. Statistiquement, les moyennes de moyennes ne sont pas toujours des indicateurs fiables mais cela permet de donner des indications d'ordre général (figure 183).

Cet indice semble regrouper les sites monastiques de Hamage et Saint-Denis et isoler le site de Bondy, ce dernier ayant un taux beaucoup plus élevé que les autres sites. Le site d'Amiens ressort moins qu'avec les indices individuels, l'activité étant prise en compte. D'autres calculs ont été effectués pour approfondir l'approche indiciaire.

Si les observations sont effectuées selon le sexe, des différences plus notables peuvent s'observer : les sites monastiques présentent les taux les plus faibles, particulièrement pour Hamage. Par contre, si Bondy a toujours l'indice de plus élévé chez les femmes, c'est le site d'Amiens qui se démarque nettement par sa forte valeur chez les hommes.

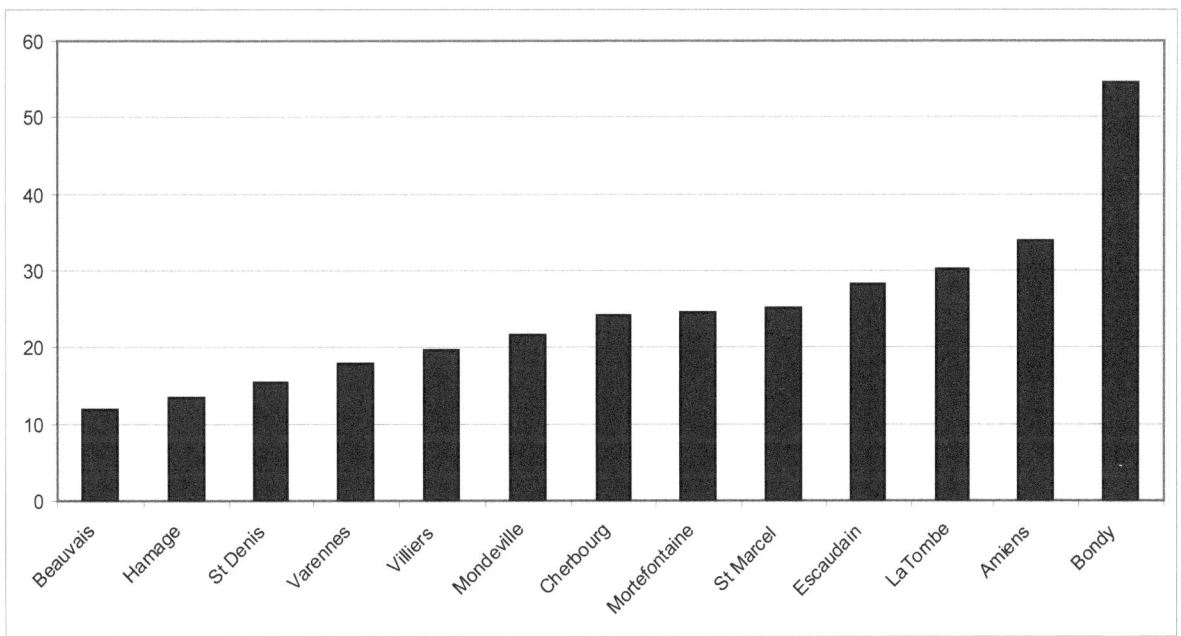

Figure 183 : Indice global par ordre croissant sur l'ensemble de la population selon les sites (tableau 21.1 p. 186)

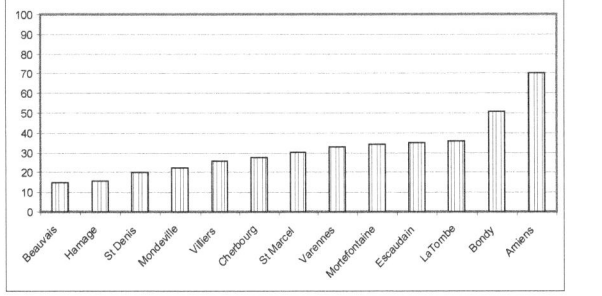
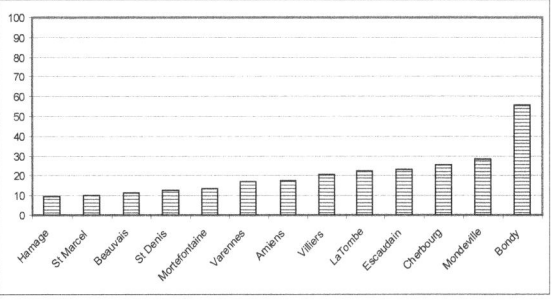

Figure 184 : Indice global par ordre croissant selon le sexe (sexe masculin à gauche ; sexe féminin à droite)
(tableaux 21.2 p. 186 et 21.3 p. 187)

II.7.3 Proximité et éloignement des sites selon les indices

Plusieurs classifications hiérarchiques ascendantes avec critère de Ward[79] ont été réalisées pour regrouper les différents sites sous forme de classes. Ces classifications ont été effectuées avec une matrice de distances euclidiennes des sites entre eux calculée à partir des cinq indices liés à l'état de santé, ajoutés parfois de l'indice d'activité, préalablement centrés et réduits[80]. Une telle analyse a semblé la plus pertinente bien qu'un échantillon de treize sites soit statistiquement assez faible.

Après examen du dendrogramme et des indicateurs graphiques (en particulier du R² semi-partiel en fonction du nombre de classes), un découpage en trois classes a été retenu[81] (figure 185).

La répartition des sites en trois groupes est la suivante :

- Amiens et Bondy
- Beauvais, Hamage et Villiers-le-Sec
- Cherbourg, Mondeville, Escaudain, La Tombe, Mortefontaine, Saint-Marcel, Saint-Denis et Varennes-sur-Seine.

Cette analyse ne paraît pas montrer que certaines populations sont très privilégiées du point de vue sanitaire. En revanche, les sites de Bondy et Amiens sont nettement regroupés : grâce aux analyses précédentes, il est logique de penser que ce lien provient du très mauvais état sanitaire dans lequel se trouvent ces populations. D'autres groupes sont plus difficiles à expliquer comme celui qui relie Hamage à Villiers-le-Sec : dans l'analyse des caractères individuels, ils ne présentent que peu de points communs alors que les valeurs indiciaires les rapprochent souvent.

---

79 Le critère de Ward consiste à rendre minimale la perte d'inertie inter-classes résultant de l'agrégation de deux éléments (objets à classer ou classes). Le résumé statistique des indices se trouve dans le tableau 23 des annexes.

80 Les moyennes et les variances des variables considérées étant hétérogènes, il a été nécessaire de normaliser ces variables.

81 D'après le calcul du R² semi-partiel, pour trois clusters, la proportion de variance est de l'ordre de 64 %.

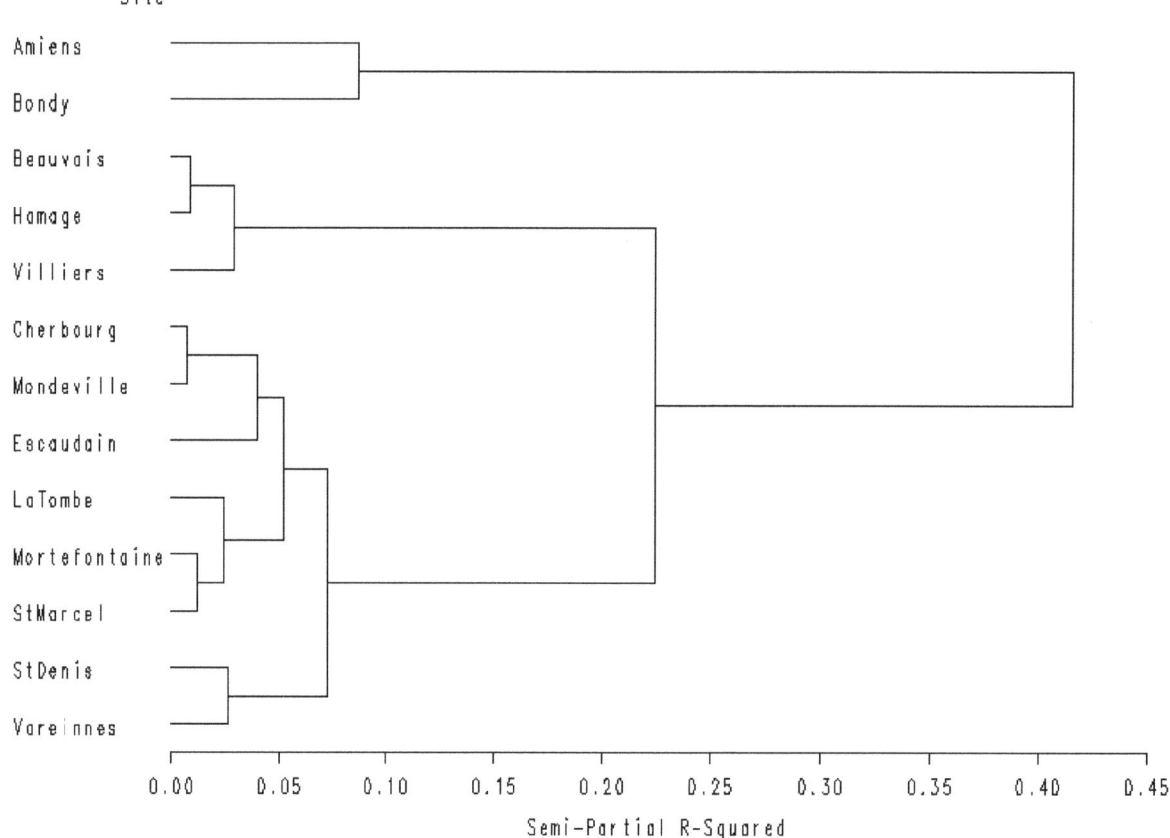

Figure 185 : Classification ascendante hiérarchique calculée à partir des cinq indices d'état sanitaire, ensemble des sites (indice de stress non spécifiques, indice arthrosique, indice traumatique, indice infectieux, indice pathologique autre) (réalisation B. Saliba-Serre)

Lorsque l'activité est prise en compte, la classification des sites se révèle sensiblement identique et seules quelques petites différences sont observables au niveau des sous-groupes (figure 186).

L'activité ne semble ainsi avoir que peu d'incidence par rapport à l'état sanitaire général des populations à moins qu'elle ne reflète grandement l'état général et/ou sanitaire des populations.

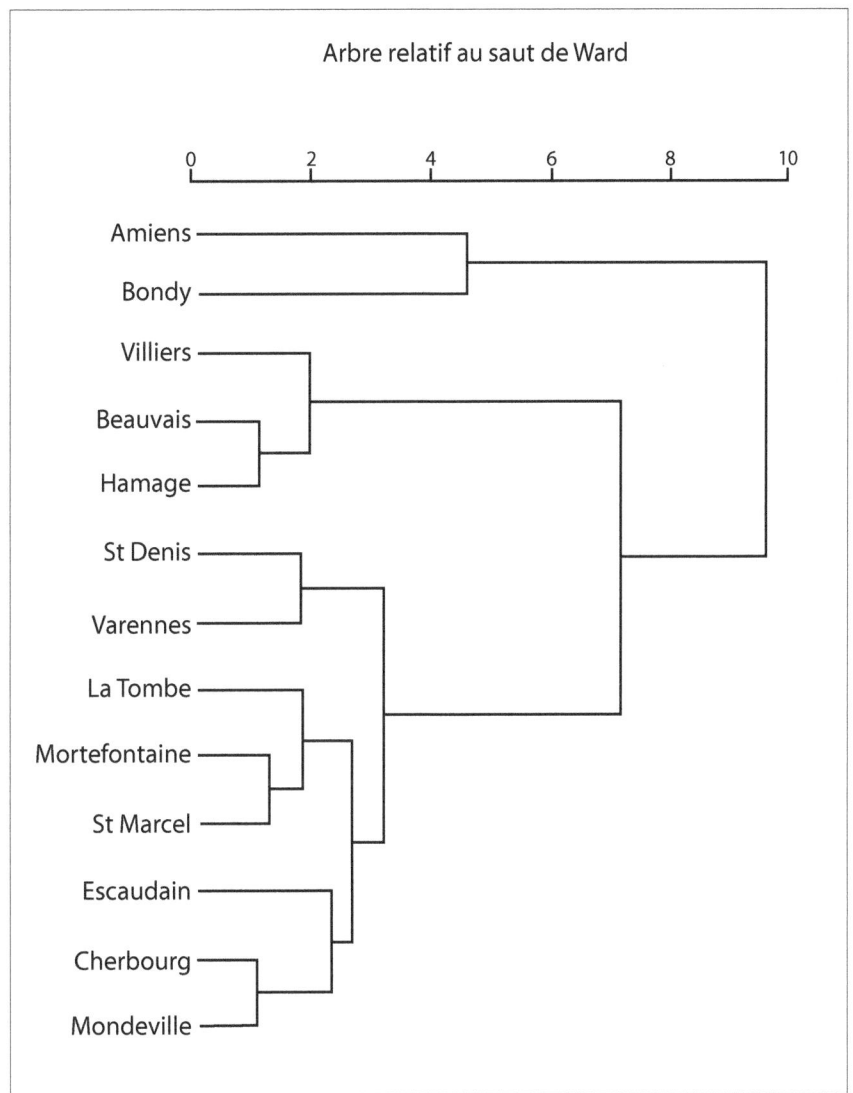

Figure 186 : Classification ascendante hiérarchique calculée à partir des cinq indices d'état sanitaire (indice de stress non spécifiques, indice arthrosique, indice traumatique, indice infectieux, indice pathologique autre) et de l'indice d'activité (CAH réalisée d'après un script R de B. Saliba-Serre)

Lorsque seule la population masculine est analysée, la classification change et le site d'Amiens se distingue nettement (figure 187). Le site de Bondy est quant à lui moins à l'écart que précédemment mais les sites ne semblent pas se regrouper selon le milieu. Plusieurs groupes apparaissent :

- Amiens, Bondy
- Escaudain, Villiers-le-Sec, Cherbourg, Hamage
- La Tombe, Varennes-sur-Seine, Mortefontaine, Saint-Marcel
- Mondeville, Beauvais, Saint-Denis.

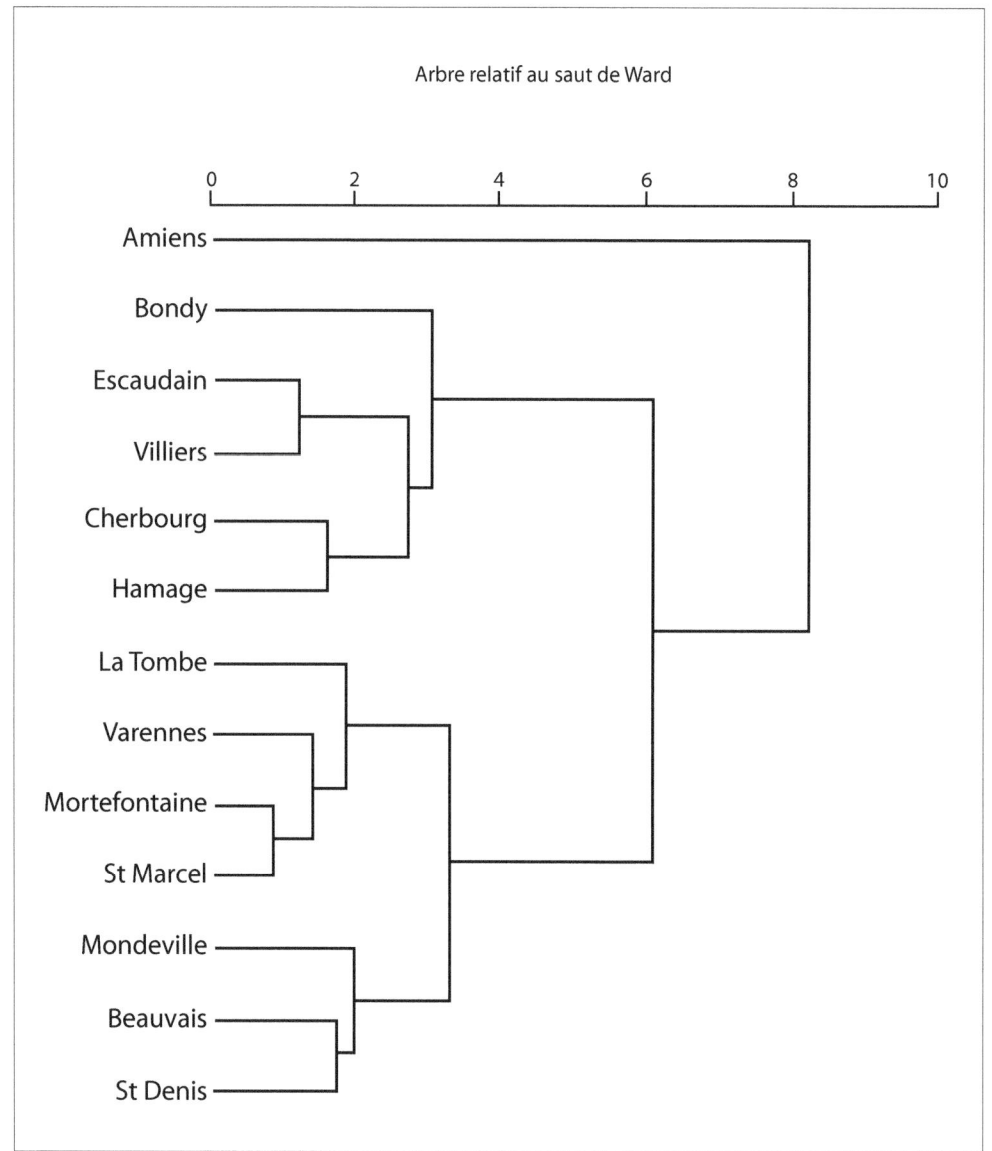

Figure 187 : Classification ascendante hiérarchique en fonction des cinq indices de l'état sanitaire (indice de stress non spécifiques, indice arthrosique, indice traumatique, indice infectieux, indice pathologique autre), sexe masculin (CAH réalisée d'après un script R de B. Saliba-Serre)

Pour le sexe masculin, l'ajout de l'activité change la répartition par groupes mais celle-ci ne se fait toujours pas selon le milieu, seuls les sites de Bondy et d'Amiens paraissent avoir d'importants points communs (figure 188) :

- Amiens, Bondy
- Escaudain, Villiers-le-Sec, Cherbourg, Hamage
- La Tombe, Varennes-sur-Seine, Mortefontaine, Saint-Marcel, Mondeville, Beauvais, Saint-Denis.

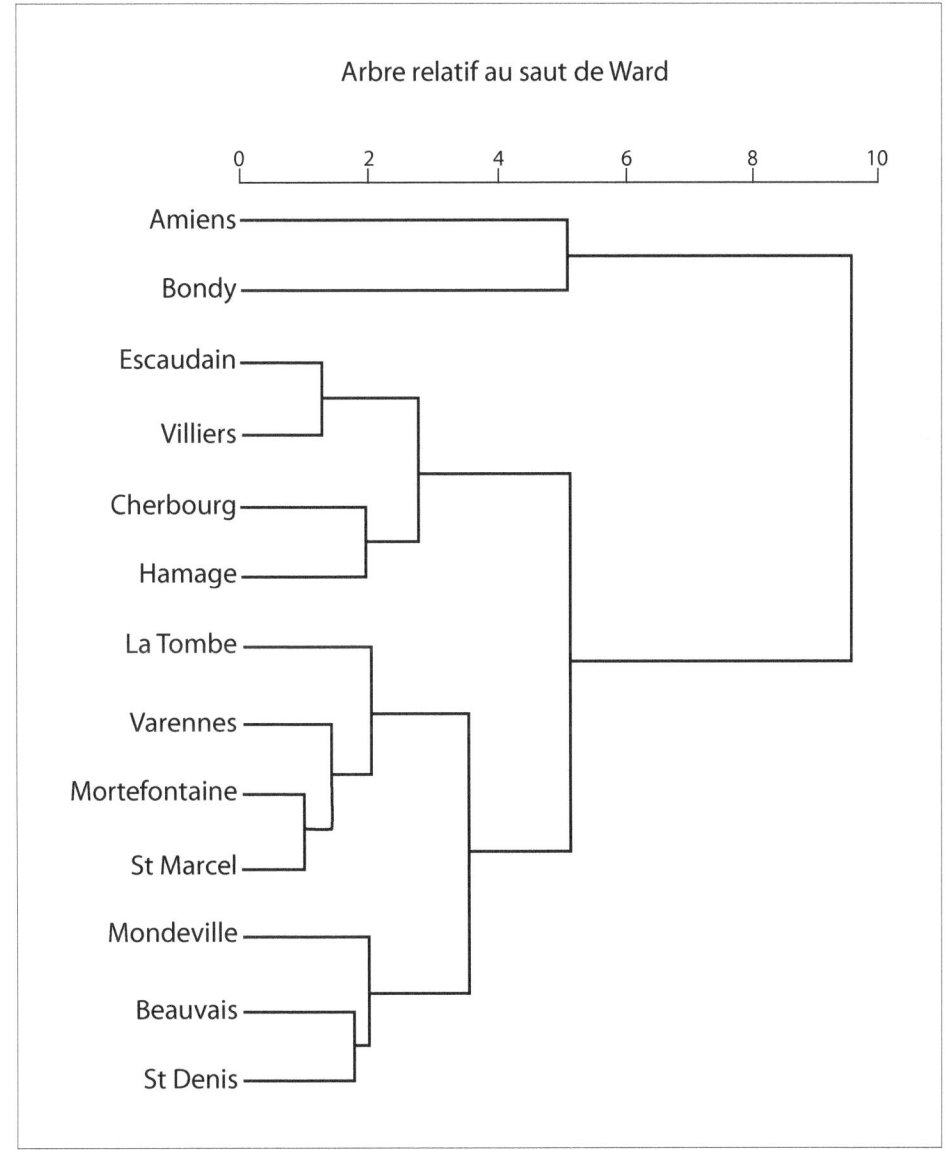

Figure 188 : Classification ascendante hiérarchique en fonction des cinq indices de l'état sanitaire et l'activité (indice de stress non spécifiques, indice arthrosique, indice traumatique, indice infectieux, indice pathologique autre, indice d'activité), sexe masculin (CAH réalisée d'après un script R de B. Saliba-Serre)

La classification, réalisée sur la population féminine, permet de regrouper les différents sites en quatre classes, que l'activité soit prise en compte ou non (le résultat est identique avec celle-ci ou sans) (figure 189).

- Villiers-le-Sec, Hamage, Saint-Marcel, Beauvais, Mortefontaine
- Amiens, Saint-Denis, Varennes-sur-Seine
- Bondy
- Mondeville, Escaudain, Cherbourg, La Tombe.

La classification par groupe fait ressortir la distinction qui s'opère entre le site de Bondy et les autres. Sur ce dernier, cela semble mettre en évidence le fait que la population est extrêmement défavorisée. Les liens qui apparaissent entre les populations féminines de Saint-Denis et Amiens paraissent au premier abord plus difficiles à expliquer. Pourtant les deux sites correspondent à une population urbaine. Les autres regroupements sont plus ardus à interpréter.

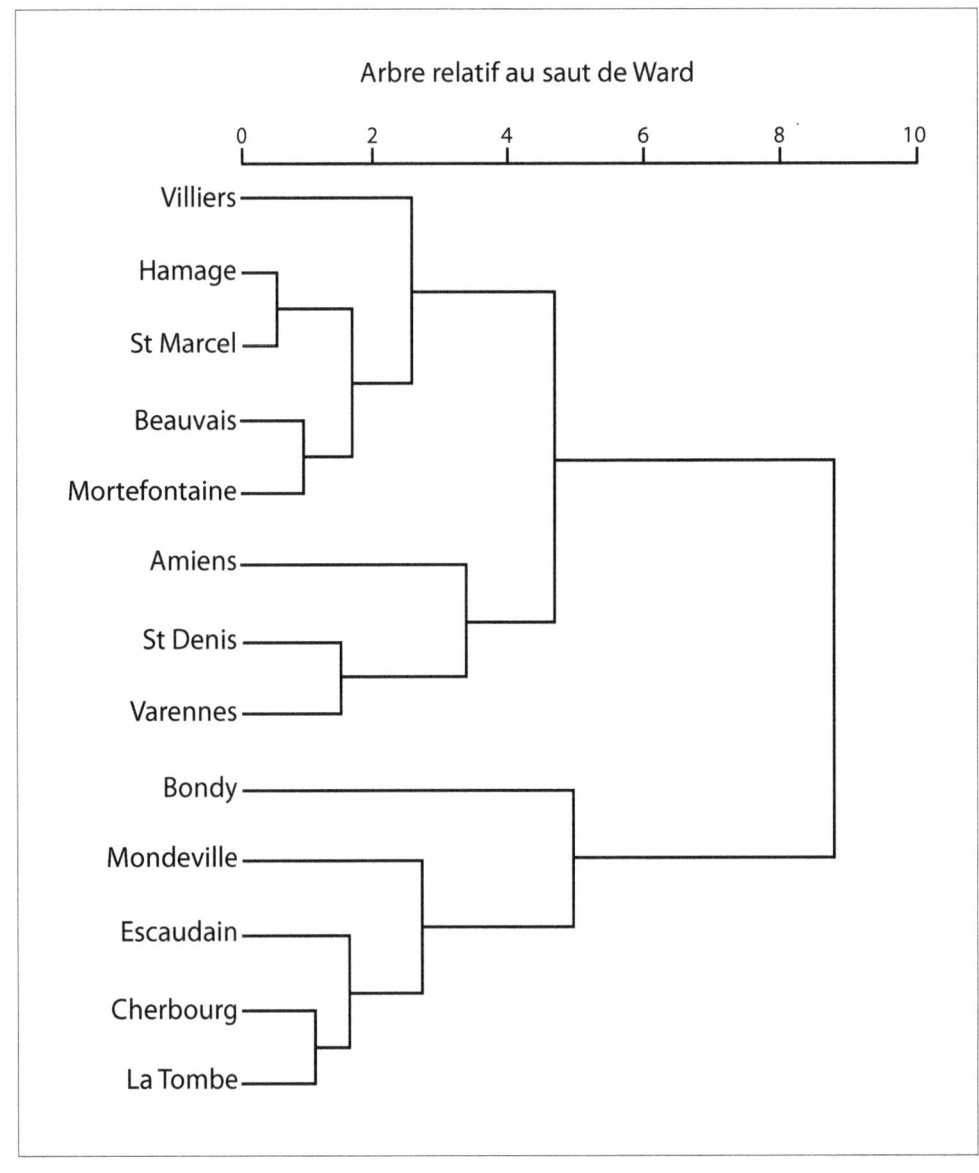

Figure 189 : Classification ascendante hiérarchique en fonction des cinq indices de l'état sanitaire et l'activité (indice de stress non spécifiques, indice arthrosique, indice traumatique, indice infectieux, indice pathologique autre, indice d'activité), sexe féminin (CAH réalisée d'après un script R de B. Saliba-Serre)

Les classifications hiérarchiques ascendantes mettent ainsi en évidence essentiellement la spécificité du site de Bondy. En effet, celui-ci se distingue fréquemment, quels que soient les groupes étudiés : ceci est sans doute en lien avec le mauvais état de santé de sa population. Le site d'Amiens lui est souvent associé sans doute pour la même raison. Les autres sites ne semblent pas se regrouper selon leurs contextes. Toutefois, les sites monastiques paraissent parfois s'isoler davantage : Hamage n'est que rarement dans le même sous-groupe, en fonction de la partie étudiée de sa population (intégralité ou non, sexe féminin seulement), ce qui est probablement lié à sa composition «mixte» avec un recrutement spécifique du point de vue des femmes. Le site de Saint-Denis a, quant à lui, un recrutement encore plus complexe mais, si les observations sont faites sur la population masculine, avec ou sans l'indice d'activité, il se trouve à une extrémité de l'arbre, avec les sites de Beauvais et Mondeville où l'effectif d'étude est insuffisant pour permettre de faire des conclusions. Pour les sites ruraux ou urbains, aucune règle ne paraît se dégager dans les regroupements.

Les sites funéraires proposent donc une gamme de recrutement et un état sanitaire extrêmement variables. Ils ne présentent que peu de points communs, illustrant ainsi, dans une certaine mesure, ce que peuvent être les différentes populations carolingiennes, dans leurs états sanitaires, leurs activités, et finalement dans leurs ressemblances et dissemblances.

III. Une approche des populations carolingiennes du Nord-Ouest de la France

Personne ne te rachètera après ta mort, si tu n'as pas voulu te racheter.

Saint Augustin
Cité par Concile de Mayence 847 (M.G.H. Concilia II p. 182-183) ; Capitulaire de Quierzy 857 (M.G.H. Capitularia II p. 249), Concile de Tribur 895 (M.G.H. Concilia II p. 231) (traduction J. Chélini, 1991)

III.1 Introduction

L'uniformisation des pratiques funéraires, la disparition presque totale des dépôts associés aux défunts, rendent difficile la compréhension des populations inhumées au sein des nécropoles carolingiennes. L'absence de dépôt ne permet pas de conclure à la présence d'une société égalitaire (Testart A., 2004, p. 312) et l'analyse des pratiques funéraires révèle des modes plutôt uniformes excepté en ce qui concerne la nature des contenants. Seule la localisation des sépultures au sein des ensembles funéraires permet de faire des distinctions entre individus ; et de déterminer parfois une possible appartenance à des catégories sociales.

« *Sous l'hypothèse que les classes sociales représentent la variation de l'environnement au sens large, on voit alors que lorsque l'on descend l'échelle sociale (et donc que l'environnement se dégrade), la fonction de survie prend des valeurs de plus en plus basses dans la population. Il y a donc un effet environnemental sur les paramètres vitaux.* » (Bocquet-Appel J.P., 2008, p. 21)
La position sociale des individus peut donc, au moins partiellement, se refléter biologiquement. Mais les catégories sociales carolingiennes ont des limites perméables. Il est possible par exemple de devenir moine et de changer de mode de vie en même temps que d'état social ; nombreux sont également ceux qui perdent tout, même leur statut de libre, suite à un événement climatique, une guerre. Par contre, il existe une réelle difficulté pour s'élever dans les classes sociales supérieures. La perméabilité sociale semble assez grande sauf en ce qui concerne les plus hauts et les plus bas statuts. Elle complexifie la détermination de la population recrutée dans chaque site, tant celle-ci est le résultat de multiples paramètres. Le fait que les nécropoles n'ont souvent été fouillées que partiellement, que l'échantillon qui les compose n'est pas représentatif, et qu'elles ne présentent qu'une infime portion des populations carolingiennes, complique de surcroît tout raisonnement effectué à partir de celles-ci. L'échantillonnage ne garantit nullement une représentation exhaustive des ensembles populationnels et cela d'autant plus que certains sites se sont révélés difficilement étudiables du fait de leur conservation osseuse et/ou de leurs effectifs. La réflexion est en outre obscurcie par le fait que les individus inhumés dans les nécropoles n'appartiennent pas exclusivement à une partie de la population nettement caractérisable mais au contraire à un ensemble plus vaste. En tenant compte de ces écueils, l'analyse biologique permet cependant une première approche des populations. Elle est fondée sur des données précises, sur des échantillons multiples, et, en ce sens, moins soumise à la conservation aléatoire des textes.

III.2 Paramètres populationnels

« *Rather than seeking simple correspondences between biological "status" and social "status", it is better to attempt a more nuanced reading of the data which will contribute a detailed picture of past communities in the great majority of cases in which such a simple correspondence will probably be lacking.* » (Robb J., et al., 2001, p. 214)
Plusieurs paramètres biologiques populationnels peuvent permettre de décrire les populations. Il est ainsi parfois possible d'obtenir des indices sur le type d'alimentation, l'état de santé ou le niveau d'activité de différents groupes humains par l'étude de leurs ossements.

III.2.1 L'alimentation

Diverses sources, archéologiques et textuelles (pénitentiels, capitulaires, annales et chroniques) permettent d'étudier l'alimentation des populations altomédiévales ; elles présentent toutefois les données sous des angles différents.

* Des quantités suffisantes ?

- Des différences en fonction de l'âge ou du sexe ?

Les modèles alimentaires varient en fonction de l'activité, de l'âge et du sexe des individus selon E. Birlouez : « *il est clairement établi que la femme doit toujours manger moins que son conjoint* » (Birlouez E., 2009, p. 7). M. Rouche utilisant les règles, documents comptables et prébendes monastiques, estime que les moniales ont par exemple des rations inférieures d'un quart à un cinquième à celles des hommes (Rouche M., 1973, p. 310). D'après les données obtenues par l'analyse biologique, les femmes ne paraissent cependant pas avoir subi davantage de carences que les hommes, quel que soit le type de sites. Les moniales d'Hamage semblent même être particulièrement privilégiées de ce point de vue, bien que cela soit lié à leur enfance en milieu favorisé : la « carrière » de moniale pouvait également commencer très tôt, dès l'âge de six ans (Parisse M., 1983, p. 126). L'analyse biologique, quant à elle, ne révèle pas de différences importantes entre les sexes, du point de vue des manques alimentaires.
Les enfants, selon P. G. Sotres d'après les textes des régimes de santé médiévaux tardifs et «normatifs», étaient relativement bien nourris, la durée moyenne d'allaitement étant de trois ans (Sotres P.G., 1995, p. 278). Celui-ci était d'ailleurs complété par des aliments semi-solides dès l'apparition des premières dents tels que du pain trempé dans de l'eau avec du miel, du bouillon de viande et des bouillies de froment (p. 278). Cette alimentation relativement complète expliquerait que les fréquences de signes de stress non spécifiques sont moyennes.

- Des famines ?

Une image très négative de l'alimentation de ces périodes est assez répandue parmi les historiens : « *La sous-alimentation enfin, cause majeure de mortalité, transparaît déjà dans le tableau que donnent les Pénitentiels de l'homme disputant sa nourriture aux animaux, se résignant à consommer des aliments déjà à demi dévorés par eux. »* (Bonnassie P., 1989, p. 1042) Mais, bien que la nourriture constitue souvent un réel problème de nature économique et sociale, ces visions peuvent être nuancées par des notions de qualité et de quantité selon M. Montanari se fondant alors sur les récits narratifs, les capitulaires ainsi que les textes normatifs (Montanari M., 1983). De même, si famines et disettes ont marqué les esprits, c'est d'abord par leurs fréquences mais leurs amplitudes réelles restent difficiles à déterminer et cela d'autant qu'elles ne présentent pas toutes les mêmes périls et les mêmes intensités dans le manque (Bonnassie P., 1989, p. 1042-1043). Pour M. Rouche, à la lecture des annales, elles n'avaient que peu d'ampleur et étaient exagérées par les chroniqueurs mais évoquaient de réelles peurs (Rouche M., 1973, p. 296 ; Rouche M., 1987, p. 75). C'était cependant un souci de santé publique pour Charlemagne puisqu'il a édicté, dans un capitulaire, des mesures préventives contre les famines (constitution de stocks céréaliers et redistribution caritative) (Rouche M., 1973, p. 462). La notion de disette avait alors une signification « *multiforme et complexe* » regroupant un ensemble de symptômes de manques alimentaires ou de facteurs les initiant (Montanari M., 1999, p. 23). Les textes indiquent des épisodes de crise frumentaire et de multiples atteintes sporadiques (Devroey J.-P., 2003, p. 77). La deuxième moitié du VIIIᵉ et le IXᵉ siècle en présentent le plus grand nombre, une accalmie se produisant au Xᵉ siècle pour P. Bonnassie après analyse des annales et chroniques ainsi que des textes historiographiques (Bonnassie P., 1989, p. 1044).

Il paraît alors légitime de penser que la fréquence et l'intensité de ces phénomènes ont marqué les ossements. En effet, les signes de stress non spécifiques, en particulier les hypoplasies de l'émail dentaire, sont susceptibles d'enregistrer ostéologiquement ce type d'insuffisance chez les enfants. Le fait que presque toutes les populations étudiées en présentent, et souvent avec une intensité moyenne ou forte, paraît illustrer l'état de manque partiel et fréquent dans lequel se trouvaient ces populations. Les prévalences n'atteignent toutefois que rarement des valeurs très élevées, sauf à Bondy. Cela sous-entend donc que si une sous-alimentation était présente à l'état latent, elle n'atteignait pas une intensité extrêmement élevée, sauf à de rares exceptions comme sur ce dernier site. Toutes les sous-périodes chronologiques n'ont pas été atteintes avec les mêmes fréquences selon les analyses de P. Bonnassie d'après des textes historiographiques (Bonnassie P., 1989, p. 1044)[82] ; ceci peut expliquer que certains individus n'aient pas été touchés durant leur enfance. Les prévalences moyennes obtenues reflètent donc un accès à la nourriture presque toujours possible avec quelques périodes plus difficiles. La mortalité qu'auraient provoquée ces famines (Bonnassie P., 1989, p. 1043) reste par contre très difficile à mettre en évidence à partir des ossements : le manque soudain de nourriture peut avoir conduit au décès rapidement sans que cela ait eu le temps de marquer le squelette (selon le paradoxe de Wood). Cependant, presque tous les individus survivants en porteraient quelques traces, ce qui n'est pas le cas. Ces graves famines étaient alors soit extrêmement rares soit de moindre ampleur que dans les descriptions. Un tel phénomène, même exceptionnel, a pu toutefois marquer durablement et profondément les esprits sans avoir un impact réellement important sur la population. Le témoignage des ossements irait dans ce sens.

- Des différences de quantités ?

Pour M. Montanari, selon les indications des annales et chroniques ainsi que des capitulaires, les différenciations sociales se situent aussi à divers niveaux, notamment celui de la quantité et de la qualité de la nourriture (Montanari M., 1999, p. 23, p. 24). Cette différence, essentiellement quantitative, relève de la distinction sociale : les puissants doivent manger et boire beaucoup (Montanari M., 2002, p. 99, p. 100). La faim des pauvres est quant à elle un lieu commun des textes, les indigents ayant des difficultés aux périodes de jointures (p. 99, p. 100). Le *potens* mangerait plus et mieux, le *pauper* mange moins et plus mal. Cela devient même un devoir social pour le puissant que de manger en quantité (Montanari M., 1983).

D'après les analyses effectuées sur le *corpus* dans le présent travail, de grands écarts sont pourtant visibles entre les différents sites, surtout ceux ayant des prévalences extrêmes. Le site de Bondy est probablement celui qui présente le plus mauvais état sanitaire avec des signes de stress non spécifiques atteignant des fréquences très élevées notamment pour les *cribra orbitalia*. Sa population paraît avoir un accès limité aux ressources alimentaires, ce qui peut illustrer la mainmise de l'aristocratie qui se met progressivement en place à partir du IXᵉ siècle sur celles-ci (Montanari M., 2002). Un contexte local plus difficile peut éventuellement aussi expliquer cet état (crise environnementale, raids guerriers, etc). Concernant les autres nécropoles, les prévalences sont moins marquées. En conclusion, il semble donc que, d'une manière générale, les quantités de nourriture étaient suffisantes à la survie des populations étudiées, bien que certaines aient probablement subi des manques alimentaires importants.

* NATURE DE L'ALIMENTATION ET GROUPES POPULATIONNELS

- Des différences de qualité ?

Un changement se produit durant le haut Moyen Age, les traditions alimentaires gallo-romaines, constituées principalement de végétaux, et germaniques, davantage à base animale, évoluant progressivement pour se combiner (Montanari M., 1999 ; Plouvier L., 2007). Pour L. Plouvier, les sources amenant à cette conclusion sont multiples, d'origine variée et correspondent à des textes littéraires, législatifs, pharmaceutiques, agronomiques et scientifiques, diététiques et culinaires ou à des informations provenant de l'iconographie et de l'archéologie. M. Montanari a montré que les deux modèles s'opposent d'abord en tant que « *signes d'identité et de différenciation culturelle* » (Montanari M., 1999, p. 21). Puis, progressivement, les économies agricoles et sylvo-pastorales se marient et proposent l'alimentation mixte du haut Moyen Age où céréales et légumes coexistent avec viande et poisson (p. 21, p. 22). Cette variété dans l'alimentation semble bénéficier à tous, pauvres et riches et cela d'autant plus que « *les ressources environnementales et alimentaires étaient abondantes (et variées)* » (p. 22, p. 23). Selon cet auteur, au haut Moyen Age, tous exploitaient la forêt comme ressource alimentaire avec notamment le petit gibier ou le pacage (Montanari M., 2002, p. 99). Pour lui, les droits de chasse, de pêche, de pâturage et de cueillette sont communs et assurent la subsistance d'un grand nombre ainsi que peut-être une relative sécurité matérielle (Montanari M., 1996, p. 284 ; Montanari M., 1999, p. 23). La complémentarité des ressources animales et végétales permet alors une nourriture relativement équilibrée avec

---

82 L'auteur calcule une moyenne d'une famine tous les douze ans.

une certaine « *stabilité du régime alimentaire à l'exception de quelques périodes drastiques* » (Montanari M., 1996, p. 291). Elle pourrait expliquer pourquoi, biologiquement, aucune population ne paraît extrêmement défavorisée, exception faite de celle de Bondy. Les codes de comportement alimentaires sont alors « *assez élastiques* », « *le régime alimentaire du paysan n'était pas trop éloigné de celui du seigneur ou du moine. Bien entendu il y avait d'importantes différences : le seigneur et le moine mangeaient du pain blanc de froment, le paysan mangeait surtout des pains noirs (de seigle, d'orge, d'épeautre) et encore davantage des bouillies et des soupes (de millet, de légumes, d'avoine)* » (Montanari M., 2002, p. 98). Pourtant, suite aux déforestations, les classes privilégiées se réservent progressivement l'exploitation des ressources sylvo-pastorales en excluant les paysans, créant des déséquilibres alimentaires dans le monde rural (Montanari M., 1999, p. 24). Au IXe siècle, les rapports de force qui régissent l'alimentation changent donc, avec la fermeture de la forêt et de l'accès à ses ressources (Montanari M., 1996, p. 298 ; Montanari M., 2002, p. 100). Les différences alimentaires entre la paysannerie et l'aristocratie s'accentuent progressivement (Montanari M., 1996, p. 298) : une nouvelle fois, les carences constatées sur le site de Bondy pourraient en témoigner.

Le *potens* doit également manger de la viande car c'est un symbole de force, surtout pour l'aristocratie militaire (Montanari M., 1983). L'alimentation carnée prime donc sur l'alimentation végétale (Plouvier L., 2002, p. 1361). Les viandes différaient, le paysan mangeant les animaux d'élevage tandis que le gibier était préféré à la table aristocratique (Montanari M., p. 99). Les ressources alimentaires provenant de la chasse ont peut-être été très tôt « *réservées aux classes sociales privilégiées et dominantes* » (Yvinec J.-Y., 1988, p. 227).

Sur les sites du *corpus*, les données de l'hyperostose porotique crânienne sont discordantes par rapport à celles des deux autres signes de stress non spécifiques. Les pourcentages sont particulièrement difficiles à interpréter, et cela d'autant plus qu'ils proposent les taux les plus hauts sur deux sites archéologiques totalement différents : Saint-Denis et La Tombe. Les sites d'Escaudain et de Beauvais ont également des taux élevés. Mais une explication peut relier ces deux phénomènes : il est possible que l'étiologie de ce signe de stress non spécifique soit liée à une nutrition fortement protéinée (Stuart-Macadam P.L., p. 42). Or, la maladie hyperostosique, bien que liée à l'âge des individus et à leurs liens génétiques, peut également témoigner d'une telle alimentation. Les deux pathologies présentent également des taux élevés à Saint-Denis, La Tombe et Escaudain. L'analyse statistique montre une corrélation entre les deux atteintes et un lien peut donc exister entre l'hyperostose porotique et une nourriture fortement carnée[83]. L'alimentation protéinée pourrait ainsi se trouver davantage en zone rurale, surtout aux VII-VIIIe siècles, ou sur des sites correspondant à des populations favorisées.

- Des différences dans les monastères ?

Théoriquement, l'alimentation monastique est marquée par la trilogie pain/légumes/poisson note P. Brudy en étudiant divers textes d'origine monastique (Brudy P., 2005, p. 14). Les moines doivent manger peu, cela étant un signe de force spirituelle, et notamment s'abstenir de viande (Montanari M., 1983, p. 58). Les nonnes, par exemple, pour P. Parisse, devaient éviter de céder à la goinfrerie « *d'où le choix d'une nourriture suffisante, mais non recherchée* » (pain grossier, légumes verts et féculents, poisson et viande) ainsi que l'indiquent certains coutumiers relativement tardifs (Parisse M., 1983, p. 159). Le régime alimentaire des moines contribue d'ailleurs à définir leur identité ainsi que le montrent les *exempla* selon C. Caby : ceux-ci se caractérisent par leur « *état de renonçant* » (Caby C., 2008, p. 272). La privation de nourriture carnée est mise en exergue et cela d'autant plus qu'elle est liée au régime alimentaire aristocratique (p. 273, p. 275). Ainsi, en milieu monastique, la règle de saint Benoît, établie au VIe siècle, prescrit une alimentation proscrivant le vin et la viande pour les bien-portants ainsi que le remarque S. Racinet d'après les règles monastiques (Racinet S., 2006, p. 5). Cette recommandation touche essentiellement la viande des quadrupèdes ; les volailles et le poisson étaient davantage admis surtout pour les malades (Ervynck A., 1997, p. 73 ; Racinet S., 2006, p. 6). Les végétaux sont tenus en très haute considération, les moines devant atteindre la « *simplicité naturelle et originelle* » notamment à travers leur nourriture (Boulc'h S., 1997, p. 297). Les sources textuelles, notamment réglementaires ou narratives telles que les *exempla*, posent cependant problème et ne reflètent pas toujours la réalité en offrant un tableau idéal du rapport du moine à la nourriture (Treffort C., 2005). Les moines adoptent ainsi un comportement alimentaire bien plus proche de celui des aristocrates, « *non pas tellement en terme de faiblesse ou d'indignité personnelle qu'en signe d'intégration économique et politique du corps ecclésiastique (à son niveau le plus haut) dans les rangs de l'aristocratie* » (Montanari M., 1983, p. 60). Leurs rations sont ainsi assez importantes (Laurioux B., 1989, p. 26). Elles paraissent relativement complètes avec deux plats cuits et d'éventuels fruits ou légumes ainsi que du pain (Racinet S., 2006, p. 5). A Saint-Denis, d'après l'analyse des documents comptables du monastère, actes et chartes, effectuée par S. Tange, le domaine foncier et les exploitations de l'abbaye étant vastes, les revenus des moines comprennent des denrées alimentaires fournies et variées (Tange S., 1997). Le cycle prescrivant les différentes rations alimentaires est annuel avec des périodes de jeûnes, excepté pour les travailleurs et les malades (Racinet S., 2006, p. 5 ; Ervynck A., 1997, p. 73). Les repas de célébration qui jalonnent l'année offrent un complément alimentaire important (Caby C., 2008). A Hamage, la consommation de porc est pourtant dominante ce qui « *montre des affinités de comportement avec le milieu seigneurial et les autres milieux privilégiés* » (Clavel B. et Yvinec J.-Y., 2010, p. 80). La présence d'une plaque d'esturgeon témoigne également de la consommation d'animaux de prestige (p. 80) et renforce l'idée d'une alimentation de qualité pour les moniales. L'absence de maladie hyperostosique à Hamage peut alors illustrer la qualité de la diète, variée et peut-être peu riche en viande, plutôt que les quantités absorbées, vraisemblablement suffisantes. Les œufs et la viande d'élevage telle que celle des porcs engraissés semblent quant à eux davantage destinés au monastère de Saint-Denis dont dépend Villiers-le-Sec (Yvinec J-Y., 1988, p. 233 ; Yvinec J.-Y., 1997, p. 83). L'apport protéiné des moines pourrait provenir en partie de là, le lait et les œufs constituant un apport non négligeable en protéines dans l'alimentation altomédiévale (Yvinec J.-Y., 1988, p. 234). Il fallait en effet approvisionner en quantité de nourriture suffisante l'abbaye pour nourrir près de cent cinquante moines et cela se faisait probablement en majeure partie grâce aux prestations des tenanciers selon S. Tange (Tange S., 1997, p. 944, p. 945).

---

83 Le test de corrélation des rangs de Spearman est significatif au seuil de 5 % (rho = 0,487 ; hypothèse unilatérale).

- Quels animaux, quels végétaux ?

La part d'ossements provenant de gibier est élevée sur les sites urbains et seigneuriaux (5 à 10 %) mais ceux-ci comprennent également pour moitié des animaux de réforme (Yvinec J.-Y., 1988, p. 227 ; Yvinec J.-Y., 1997, p. 83). A la période carolingienne, pour les animaux d'élevage, la prédominance du bœuf est très nette suggérant une utilisation relativement importante des animaux en tant que moyens de traction et de transport (Yvinec J-Y., 1997, p. 82). A Saint-Denis, du VIIe au Xe siècle, la viande de bœuf est pourtant prioritaire (70 à 80 % de viande bovine) (Giovannini F., 1997, p. 32). Cela semble être le cas tous milieux confondus durant l'ensemble de la période médiévale (Clavel B. et Yvinec J.-Y., 2010, p. 80). Sur de nombreux sites altomédiévaux, la viande de cheval est également consommée (Bonnassie P., 1989, p. 1037).[84] A Villiers-le-Sec, les animaux ont probablement été prioritairement utilisés pour le transport mais sont mangés lorsqu'ils sont réformés (Yvinec J.-Y., 1988, p. 227, p. 231). Sur d'autres sites, le cheval paraît également avoir été élevé puis consommé comme au Grand-Langueron ou à Saleux (Catteddu I., 1997 ; Perrugot D., 2008). Cela pourrait s'expliquer par le développement général de son exploitation (Gentili F., 2010, p. 121). La présence de ces espèces, bovine et chevaline, témoigne donc de l'élevage d'animaux polyvalents servant à la fois comme moyens et comme source de nourriture. Cette priorité des capacités de travail de l'animal sur sa consommation indiquerait finalement que peu de viande d'élevage était consommée en milieu rural. Dans certains contextes, comme à Villiers-le-Sec, « *l'apport de la chasse et de la pêche semble complètement négligeable* » (Yvinec J.-Y., 1988, p. 226). L'alimentation d'origine animale provient alors essentiellement de l'élevage, le gibier étant celui chassé par des agriculteurs dans les champs (p. 227). Mais ce sont souvent des animaux réformés qui sont mangés après avoir fourni divers travaux (p. 231). La recherche de viande paraît dès lors moins importante et peut expliquer une alimentation faiblement carnée. Dans ce même site de Villiers-le-Sec, aucun cas de maladie hyperostosique n'a d'ailleurs été identifié.

Une alimentation ayant une large part végétale y est sans doute à privilégier. Des analyses ont montré que les Carolingiens cultivent, dans ce village, une grande variété de plantes à grande dominante céréalière comme le seigle, le blé, l'orge, l'avoine et la fève, le seigle étant probablement l'une des plus importantes essences cultivées (Ruas M-P., 1990, p. 38, p. 42 ; Marthon V., 2005). Ces plantes permettent probablement de diversifier la nourriture et ses goûts. Le choix des espèces cultivées est cependant surtout lié à des raisons pratiques : certaines céréales, comme par exemple l'épeautre, peu rentable, sont utilisées car pouvant être stockées (Devroey J.-P., 1990, p. 240). L'avoine, quant à elle, est absente des documents d'inventaire de Saint-Denis ce qui peut laisser penser qu'elle était surtout consommée par le milieu paysan pour son propre repas et/ou celui des équidés (Ruas M.-P., 1990, p. 39). Le milieu autour du village est probablement fortement anthropisé avec un paysage dégagé ponctué de quelques lieux boisés (p. 41), ceci diminuant encore l'accès aux ressources sylvo-pastorales de ces paysans.

Le type d'alimentation est donc fortement connoté aux périodes altomédiévales et induit des différences entre groupes. Il pourrait expliquer les variations de prévalences des signes de stress non spécifiques, ces derniers étant liés également à la qualité de l'alimentation.

- Différentes alimentations ?

A la période carolingienne, le type d'alimentation paraît donc hautement signifiant, particulièrement en ce qui concerne la viande. La maladie hyperostosique, bien que liée à l'âge des individus et à leurs liens génétiques, peut témoigner d'une alimentation fortement protéinée. La relation de cette dernière avec l'hyperostose porotique peut corroborer ces informations. Les deux atteintes présentent ainsi des taux élevés sur les sites de Saint-Denis, La Tombe et Escaudain. Le lien entre la maladie hyperostosique et une alimentation particulièrement protéinée a été établi sur des sites de type monastique (Rogers J. et Waldron T., 2001 ; Kacki S. et Villotte S., 2006 ; Waldron T., 2009, p. 75). Dans le *corpus*, le site de Saint-Denis propose l'un des taux les plus élevés. Sa population est au moins partiellement d'origine monastique et, probablement, *a minima*, légèrement favorisée. Les deux autres sites qui proposent des taux élevés se trouvent en milieu rural : il s'agit des sites d'Escaudain et de La Tombe. L'alimentation y avait sans doute une forte part protéinée et était donc nettement carnée. *A contrario*, l'absence de la pathologie peut relever d'une alimentation d'origine plus végétale. Pour être constatée, elle doit reposer sur un nombre d'individus suffisamment important. Ainsi la maladie est probablement absente du site de Villiers-le-Sec ainsi que de celui d'Hamage et a une faible incidence à Bondy. La population de ces sites avait sans doute une alimentation faiblement protéinée. A Hamage, le fait que la plupart des individus soient de sexe féminin relativise cette conclusion sans l'exclure, les femmes étant moins atteintes que les hommes d'après des données contemporaines[85].

Les données biologiques concordent donc au moins partiellement avec les données textuelles, montrant une alimentation particulièrement protéinée en milieu favorisé, et au contraire un faible apport carné pour les populations plus défavorisées. Elles paraissent également indiquer que le milieu extérieur avait un fort impact sur la nature des ressources alimentaires : l'accès à la forêt paraît favoriser une diète relativement protéinée alors que le milieu agricole rural avait moins de possibilités d'apports nutritifs carnés.

III.2.2 L'état de santé et les conditions de vie

* LES MALADIES

Personne n'est épargné par les maladies : les souverains carolingiens eux-mêmes sont fréquemment atteints par toutes sortes de pathologies (Chélini J., 1991, p. 355). Les sources textuelles n'informent que relativement peu sur l'état de santé des populations carolingiennes et même médiévales au sens large. Si elles abordent ces questions, c'est essentiellement au travers de cas particuliers des récits hagiographiques (voir par exemple Rassinier J-P., 1993). Les maladies dont sont atteints les gens sont nombreuses et variées : leur description dans ce type de contexte est quelquefois relativement précise mais, dans la plupart des cas, elle permet rarement l'identification rétrospective des pathologies (Rassinier J.-P., 1993). Les «*fièvres et pestilences*» sont fréquemment évoquées et les textes privilégient, pour leur signification, certaines maladies, d'autres n'étant presque jamais évoquées telles la lèpre et

---

84 La consommation de cette viande est en effet tolérée.

les ulcères (Rassinier J.-P., 1993, p. 143, p. 147)[86]. Selon J.-N. Biraben, ces récits témoignent vraisemblablement des soucis de santé constants de ces populations et des préoccupations qui les accompagnent, surtout face à une grande variété de maux (Biraben J.-N., 1995, p. 306). La présence des maladies serait même *« quotidienne et obsédante »* (Agrimi J. et Crisciani C., 1995, p. 153). Ces textes mettent en évidence le caractère symbolique des troubles de santé et notamment de certaines atteintes telles que la lèpre, sa forme corporelle reflétant une lèpre spirituelle (Pichon G., 1984, p. 332). Les épidémies, si elles sont redoutées, semblent relativement rares, les maladies étant plus endémiques comme la lèpre : cette maladie connaît une poussée au VIIIe siècle avant de régresser aux IXe-Xe siècles (Biraben J.-N., 1995, p. 302). La peste est, quant à elle, absente dans le nord de la France à partir du milieu du VIIIe siècle et ne réapparaît pas avant le XIVe siècle (Biraben J.-N., 1975). L'ergotisme ainsi que la grippe sévissent également, multipliant les sources possibles de contagion (Biraben J.-N., 1995). L'épidémie tuberculeuse semble se développer à partir du IXe siècle : dans une étude menée par J. Blondiaux sur une quinzaine de sites du IVe au XIIIe siècle, elle passe de 1,40 % aux VI-VIIIe siècles à 3,96 % pour les périodes ultérieures, la maladie semblant plus présente en milieu urbain que rural (J. P. Devroey (2003) citant une étude de J. Blondiaux). Les ouvrages médicaux évoquant la question sont encore plus rares que les récits hagiographiques et datent souvent de l'Antiquité ou proviennent des mondes arabes et orientaux. La médecine est alors essentiellement exercée par des médecins venus d'Orient, pour les grands (Patzelt E., 1974), ou par des moines et prêtres. Ces derniers ont en effet accès à la documentation livresque de leurs institutions. Ils suivent quelques règles d'hygiène suite à la règle de saint Benoît et sont le plus au fait de la médecine de leur époque (Sotres P.G., 1995). Les analyses d'E. Patzelt, d'après les récits des moines, montrent que ceux-ci usent de remèdes faits à partir de plantes mais les traitements détaillés n'ont pas été conservés (Patzelt E., 1974, p. 584, p. 585).

Les enfants sont rarement évoqués et semblent avoir un taux de survie relativement faible à la maladie, surtout ceux en bas-âge d'après les informations de textes antiques : le nombre de maux dont ils peuvent être affectés est élevé selon l'étude des *Histoires Naturelles* de Pline l'Ancien par V. Bonet (Bonet V., 1998, p. 185). Ce silence sur la mortalité des immatures est finalement lié à la normalité de celle-ci : les sources historiques n'évoquent pas ou très peu ce qui est ordinaire pour les vivants. En revanche, elles font état de crises qui se traduisent par des périodes de mortalité extraordinaire comme les famines ou les épidémies.

La source que représentent les archives biologiques paraît être, en ce domaine, l'une des plus fournies en informations. Elle doit bien évidemment être abordée avec précaution dans la mesure où elle est elle-même très lacunaire : les squelettes étudiés ne correspondent qu'à une infime portion des populations carolingiennes du nord-ouest de la France, peu représentative de leur ensemble. En outre, très peu de maladies marquent les os comparativement au nombre important d'atteintes existant, et, lorsque c'est le cas, les pathologies ne sont pas toujours identifiables. Les échantillons du *corpus* présentent toutefois quelques points communs. Ainsi, aucune des populations étudiées ne semble vivre dans un très bon état de santé. Cela paraît fréquent à cette période : la moyenne des hypoplasies sur douze autres populations médiévales est de 66 % en Belgique (Polet C. et Orban R., 2001, p. 140). A Saleux,

les carences et maladies infectieuses sont assez répandues (Catteddu I., 1997, p. 147). Toutes les populations du *corpus* portent les signes d'atteintes dégénératives, à divers degrés. Mais ces atteintes sont extrêmement fréquentes sur de nombreux sites, comme à Bréal-sous-Vitré (Colleter R., 2006, p. 18, p. 19). Certaines pathologies et notamment les tumeurs ne paraissent que très peu atteindre les individus, suite peut-être à leur faible longévité[87]. D'autres, telles les atteintes d'origine développementale, sont également peu présentes conséquence peut-être des difficultés de survie qu'elles entraînent.

Certains champs nosographiques sont par contre nettement plus observables car ayant une évolution lente et touchant davantage l'os. Les fractures peuvent ainsi être facilement identifiées. Elles atteignent tous les types de populations et toutes les classes d'âge. Il est d'ailleurs difficile d'établir des modèles à partir de leurs prévalences sans doute suite à leur caractère accidentel. Elles semblent autant liées à l'activité qu'à la santé. Il est tout au plus possible de remarquer que la plupart sont stabilisées et ont probablement été réduites, témoignage d'un minimum de soins. Les signes de stress non spécifiques et les maladies d'origine infectieuse paraissent quant à eux mieux témoigner des conditions sanitaires. Deux sites ressortent ainsi de ce point de vue : les sites de Bondy et d'Amiens. Appartenant à la même tranche chronologique, ils montrent des individus dans un très mauvais état de santé, soumis, à Bondy, à des conditions de vie particulièrement difficiles, et présentant, à Amiens, des prévalences de maladies infectieuses particulièrement élevées.

D'une manière générale, la vie en groupes étroits semble favoriser le développement des maladies infectieuses, ce qui a déjà pu être constaté depuis longtemps (Molleson T., 1988). Les données obtenues sur les sites permettent de mettre cela en évidence, particulièrement à l'aide de l'observation des prévalences de la tuberculose. La maladie est très présente au sein des communautés regroupées surtout en milieu urbain et est absente de nombreuses communautés rurales : elle n'a été identifiée, pour les sites ruraux, qu'à Villiers-le-Sec mais exclusivement au sein de la nécropole et à Mortefontaine. Sur ce dernier site, sa présence s'est révélée inattendue au vu du contexte archéologique. Elle semble sous-entendre qu'une partie des individus vivait regroupée. Cette pathologie paraît donc primordiale pour comprendre la nature des sites. Sa faible fréquence témoignerait peut-être de conditions d'habitat plus dispersé : son absence au sein des sépultures situées en contexte d'habitat, à Villiers-le-Sec, pourrait indiquer que ceux qui y sont inhumés ne vivaient pas forcément au sein du village[88].

Certains sites ont des taux moins élevés de pathologies diverses, paraissant indiquer des populations en état de santé légèrement plus favorable comme à Cherbourg, Hamage ou Escaudain[89]. Ces sites ne semblent avoir que peu de points communs entre eux et seule la nature de leur population peut expliquer ces différences : population enfantine n'ayant alors pas eu le temps de développer des signes osseux de maladie à Cherbourg, population monastique privilégiée à Hamage et population très rurale à Escaudain. L'état sanitaire des différents ensembles

---

86 Elles sont évoquées dans un sens plus métaphorique (p. 148).

87 Pour les populations mérovingiennes, le taux de lésions tumorales est également très faible bien que certains individus soient âgés (Blondiaux J., 1988, p. 457).

88 La conservation osseuse des sépultures isolées nuance toutefois cette remarque : il est possible qu'aucun cas de tuberculose n'ait été identifié car les os n'étaient pas suffisamment bien préservés pour en présenter les signes. En outre, la densité de l'habitat n'étant pas très élevée, la promiscuité était faible au sein de celui-ci et ne favorisait donc pas le développement de la tuberculose.

89 Les profils paléodémographiques d'Escaudain et Hamage montrent des populations légèrement favorisées avec un nombre important d'individus âgés, ce qui limite les implications du paradoxe de Wood.

étudiés est donc intimement lié à leur origine. La nature des populations paraît totalement influencer leur état sanitaire, par leur accès aux ressources vitales et leurs conditions de vie, bien qu'aucune ne présente jamais un état extrêmement favorable.

* LIEUX DE SOINS SPÉCIALISÉS

De nombreux individus peuvent être concernés par les soins hospitaliers, des malades aux indigents et orphelins en passant par les vieillards et les infirmes mais il s'avère très difficile de les distinguer en catégories très nettes. Les lieux hospitaliers médiévaux avaient de multiples fonctions, outre celle de soigner les malades, telles que l'accueil des pèlerins, des femmes seules et des vieillards, le soin des indigents et infirmes. Le *xenodochium*, terme le plus fréquemment employé à l'époque carolingienne, désigne alors l'établissement qui reçoit les malades, les pauvres, les pèlerins et les voyageurs (Mollat M., 1982, p. 15 ; Dinet-Lecomte M.-C. et Montaubain P., 2010). Pour M. Mollat, ces établissements sont très utilisés et Charlemagne incite fortement à la mise en place de tels hospices dans ses capitulaires (Mollat M., 1982, p. 24)[90]. Au sein de ces maisons, les malades étaient fréquemment logés à l'infirmerie des moines et non dans des locaux distincts (Mollat M., 1982, p. 29). Peu de lieux sont dévolus spécifiquement aux infirmes mais l'hospice est évoqué pour ceux qui sont physiquement atteints (Agrimi J. et Crisciani C., 1995, p. 154 ; Pichon G., 1984, p. 342). Les infirmeries apparaissent dans l'Europe chrétienne dès le VIe siècle et se développent au VIIe siècle (Patzelt E., 1974, p. 582 ; Pichon G., 1984, p. 349). Ces établissements sont placés sous le patronage des évêques et fondés par les membres du clergé, séculier ou monastique, ou par la très haute aristocratie (Pichon G., 1984, p. 349). L'Eglise, qui se préoccupe du sort des pauvres et des malades, met ainsi en place des formes d'assistance (p. 353). Très rapidement les établissements de charité se développent pour notamment apporter le soin aux malades souvent sous l'injonction du souverain (Patzelt E., 1974, p. 580 ; Le Jan-Hennebicque R., 1968) : les capitulaires carolingiens rappellent fréquemment qu'il faut protéger les malades, veuves, orphelins et autres *pauperes* (Devroey J-P., 2006, p. 332). L'hôpital est aussi destiné à accueillir les individus de passage qui doivent être reçus avec charité ainsi que l'ordonne Louis le Pieux (Le Jan-Hennebicque R., 1968, p. 178). Pourtant, pour Le Jan-Hennebicque R., au IXe siècle, la tendance à aménager un deuxième hôpital pour les riches et hôtes de marque se développe comme en témoignent les conciles (p. 179). L'affluence conduit progressivement à la création d'un service régulier d'hôtellerie et la nécessité d'accueillir les malades augmente, amenant les moines à se former pour assurer le service (Patzelt E., 1974, p. 82, p. 583). Ceux-ci doivent également veiller sur leurs propres malades conformément à la règle de saint Benoît ce qui nécessite une infirmerie et une chapelle qui leur sont dédiées (Davril A. et Palazzo E., 2000, p. 113). Ces établissements se situent souvent au centre des villes, à proximité de la cathédrale, ou en dehors des murs, le long des axes de communication (Touati F.-O., 2004 ; Mollat M., 1982, p. 15). Rares sont les bâtiments qui semblent spécifiquement dévolus aux lépreux et ceux-ci jouissent d'une certaine liberté pour se déplacer bien que les évêques soient enjoints de leur porter assistance pour éviter tout vagabondage (Pichon G., 1984, p. 349). Des mesures de ségrégation plus spécifiques apparaissent au VIIIe siècle, les empêchant de se mêler au peuple, une plus grande sévérité paraissant se mettre en

place et se poursuivre au IXe siècle (p. 349, p. 350). Les léproseries leur sont ensuite spécifiquement dédiées.

L'étude d'une population exhumée dans la nécropole d'un établissement hospitalier datant des X-XIe siècles à Orléans révèle peu de caractéristiques dans les populations inhumées en rapport avec des établissements hospitaliers notamment du point de vue paléopathologique (Blanchard P., *et al.*, 2010). En effet, les individus ne présentent pas un état de santé extrêmement mauvais avec une faible fréquence de lésions arthrosiques et très peu de pathologies invalidantes. Les auteurs relèvent également la faible présence des pathologies d'ordre infectieux avec des fréquences avoisinant les 10 % : cette prévalence basse peut être liée au fait que les individus ont pu décéder rapidement des suites des maladies et ne pas avoir eu le temps d'en développer les signes (p. 312). Les lésions traumatiques, qui approchent les 20 %, ont quant à elles des taux élevés reflétant les risques accidentels que peut connaître toute population (p. 312). Seul un déficit semble apparaître dans les répartitions par classes d'âge avec peu d'immatures et d'individus âgés : pour P. Blanchard et ses co-auteurs, les enfants sont fréquemment en sous-effectif dans les populations médiévales ce qui peut expliquer leur faible représentation au sein de l'échantillon. L'absence des individus âgés est plus difficile à expliquer pour les auteurs : ces derniers pensent qu'elle pourrait soit être liée à une anomalie les fragilisant soit la conséquence d'un biais méthodologique (p. 314, p. 315)[91]. Les individus âgés ne sont toutefois « *pas particulièrement nombreux* » au sein des contextes funéraires hospitaliers et cela se retrouve également sur d'autres sites (Réveillas H. et Castex D., 2010, p. 78). Ceci peut paraître logique compte tenu du fait que la nécropole « hospitalière » va rassembler toutes les tranches d'âges, les individus pouvant être atteints à toutes les périodes de la vie, les individus âgés étant en conséquence proportionnellement moins nombreux. Au contraire, une nécropole plus classique rassemblerait davantage d'individus âgés et présenterait alors des profils de population de type plus naturel ou favorisé. L'établissement hospitalier d'Orléans avait probablement une vocation d'assistance et d'accueil, comme le terme « *hospital* » le laisse entendre au haut Moyen Age. Il était sans doute tourné vers le milieu rural et les pèlerins sans exclure que certains soins aient pu être apportés aux malades (Blanchard P., *et al.*, 2010, p. 316, p. 318-319). Le cimetière serait alors celui des pauvres et/ou étrangers qui ne pourraient accéder aux nécropoles situées dans les murs et serait en ce sens un cimetière d'indigents (p. 320). Le même phénomène semble se produire hors des murs du *castrum* de Tours avec développement d'une zone d'accueil et d'une aire funéraire (p. 321). Pour les cimetières hospitaliers, peu d'individus présentent des pathologies invalidantes et les pourcentages de fractures sont proches de ceux observables dans les cimetières médiévaux et modernes (Réveillas H. et Castex D., 2010, p. 79). Des cas de tuberculose sont en revanche probables. La lèpre est quant à elle beaucoup plus rare : même à Reims où l'établissement est considéré comme une léproserie, aucun cas n'a été identifié de façon macroscopique ou par recherche moléculaire (Réveillas H. et Castex D., 2010, p. 79).

Des lieux hospitaliers sont donc très clairement mis en place durant la période carolingienne. S'ils présentent une telle importance, c'est avant tout parce qu'ils sont une matérialisation de la condition de « malade ». Or cette dernière se traduit biologiquement. Très peu d'indices paraissent toutefois définir ce type de site : population comportant peu d'individus âgés et pathologies n'ayant pas toujours des taux élevés. A Amiens, une institution d'assistance liée à la cathédrale se développe probablement

---

90 Il préconise notamment de les pourvoir de suffisamment de revenus pour leur permettre de fonctionner.

91 La préférence des auteurs va à cette dernière hypothèse.

depuis l'Antiquité mais elle n'est attestée que depuis le XIIe siècle et une maladrerie existait hors les murs depuis 1152 (Dinet-Lecomte M.-C. et Montaubain P., 2010, p. 100). La situation du site de la rue Caudron à Amiens, immédiatement hors les murs, à l'une des portes de la ville, semble compatible avec la possible existence d'un édifice ayant des fonctions d'accueil. Les taux anormalement élevés de pathologies, toutes étiologies confondues, calculés sur le site semblent difficilement avoir d'autres explications. Le fait que la population adulte soit jeune concorde avec les données relevées sur les autres sites. Cela semble aussi exclure le fait que les taux élevés sont liés au paradoxe de Wood, les lésions n'ayant pas encore eu le temps de se réparer. L'hypothèse paraît donc recevable et pourrait expliquer les caractéristiques particulières de la population inhumée sur le site.

III.2.3 L'activité, les activités et le travail

* LE TRAVAIL ET L'ACTIVITÉ

Le travail et l'activité sont deux notions corrélées mais distinctes, le travail correspondant à une suite d'actions dans un but de production, matérielle ou spirituelle, l'activité étant quant à elle la mise en mouvement du corps, sans nécessité de production finale. Par exemple, le prêtre, lorsqu'il célèbre la messe, n'est pas très actif physiquement et n'exerce pas forcément un dur labeur. L'aristocrate, quant à lui, lorsqu'il chasse, ne travaille pas mais est très actif. Ces notions vont donc se traduire différemment selon que la source est textuelle ou biologique. Percevoir une activité spécifique sur le squelette est aussi très ardu. En effet, seuls quelques gestes très précis peuvent parfois le marquer lorsqu'ils sont répétés. Une première approche a été tentée pour déterminer le niveau général d'activité des populations. Celle-ci doit être relativisée : elle ne fait que traduire des tendances, et cela d'autant plus que, plus la population est âgée, plus elle va développer des signes d'activités. Elle présente toutefois des informations qui semblent pertinentes.

Le travail a une certaine valeur au haut Moyen Age d'après les textes. La tripartition théorique *oratores/bellatores/laboratores* illustre la vision de ses différents aspects à cette période qui vont de la prière à la guerre. Il ressort ainsi une image positive du paysan et de son labeur : les moines et abbés paraissent fiers de leur travail mais celui-ci est obligatoire selon la règle de saint Benoît (Montanari M., 2002, p. 98). L'artisan a quant à lui un statut relativement élevé dans le système de pensée germanique (Le Goff J., 1990). Les activités des paysans sont multiples et mises en évidence par les travaux interdits le dimanche : *« ils (les hommes) ne cultiveront pas la vigne, ne laboureront pas les champs, ne moissonneront pas, ne feront pas les foins, ne dresseront pas les haies, ne défricheront pas les forêts, ne couperont pas d'arbres, ne tailleront pas de pierres, ne construiront pas de maisons, ne travailleront pas à leurs jardins, ne se rendront pas à des procès, et ne chasseront pas (...). Les femmes ne doivent pas non plus faire de travaux textiles. »*[92]

Les types d'artisanat, de métier, sont également très variés : ouvriers pour le fer, l'or et l'argent, cordonniers, tourneurs, charpentiers, fabricants d'écus, pêcheurs, oiseleurs, fabricants de savon, de boissons, boulangers pâtissiers,

sont cités dans le capitulaire *De villis* de Charlemagne[93]. A ces activités s'ajoutaient celles du négoce, de la chasse et de la cueillette (Perrugot D., 2008). L'essentiel des travaux des paysans était lié aux besoins de l'alimentation (p. 201). *« La plupart des artisans sont des ruraux, des esclaves puis des serfs domaniaux »*, note J. Le Goff (Le Goff J., 1971, p. 116). Pour cet auteur, d'après les témoignages juridiques, la réglementation du travail et les sources littéraires et artistiques, les défrichements et l'extension des surfaces cultivées que connaît la période illustrent le poids que prend la valeur du travail durant la renaissance carolingienne (p. 121, p. 122) : l'épuisement des terres cultivées peut également conduire à un surcroît d'activité avec l'abandon d'anciens villages mérovingiens à partir du IXe siècle et la création de nouveaux (Bernard V., 1998, p. 131).

Le travail de la femme semble moins reconnu que celui de l'homme et il faut attendre le VIIIe siècle pour voir les *opera servilia* interdits le dimanche (l'interdiction du travail rural dominical s'était faite pour les hommes au VIe siècle) (Devroey J.-P., 2006, p.398). Les travaux textiles sont parmi les plus répandus (Braunstein O., 1999, p. 69). Les femmes ont des journées de travail réparties selon le statut qu'elles occupent (Devroey J.-P., 2006, p. 405). Les hommes quant à eux doivent également des journées aux terres domaniales (p. 535).

Le poids du travail sur le paysan semble élevé, l'ajout de corvées au IXe siècle l'alourdissant encore : ces lourdes charges paraissent même avoir créé des tensions entre seigneurs et dépendants (Devroey J.-P., 2006, p. 536). Plus tardivement, selon J.-P. Leguay, l'activité peut également se percevoir au travers des accidents, les conditions d'exercice professionnel n'étaient pas idéales au Moyen Age (Leguay J.-P., 1981, p. 223). Les horaires des ouvriers sont longs même avec un rythme d'activité relativement lent et l'outillage est mal adapté (p. 223). Certains travaux, telle la poterie, peuvent se révéler très dangereux à cause des émanations qu'ils produisent. Les ouvriers du bâtiment sont également soumis à un fort risque accidentel avec de nombreuses chutes accompagnées de fractures des membres supérieurs et inférieurs (Leguay J.-P., 1981, p. 224, p. 225). Pour les citadins, la ville offre, outre l'artisanat, des activités diversifiées et montre, au haut Moyen Age, un paysage relativement ouvert, avec des zones de cultures agricoles mais aussi des constructions (Lebecq S., 1996, p. 296). Une attitude négative existe parallèlement à la vision favorable du labeur des Carolingiens, conséquence surtout du poids élevé de la liaison entre travail et esclavage (*opus servile*) et des habitudes de la noblesse franque (Le Goff J., 1971, p. 111-113). L'activité de l'aristocratie est alors réduite, selon les coutumes germaniques, à la chasse et surtout à l'oisiveté, lorsqu'elle n'est pas occupée à guerroyer (p. 113). Ces valeurs s'expriment nettement à la période mérovingienne. L'analyse des ossements semble corroborer cette vision des choses, notamment en ce qui concerne les pratiques cavalière et guerrière (voir *infra*).

En milieu monastique, les activités agricoles permettent des exemptions du jeûne car fatigant et donnant un surcroît de travail d'après les règles étudiées par S. Racinet (Racinet S., 2006). Le travail monacal est alors fréquemment vécu comme une pénitence bien qu'il fasse partie intégrante de l'acitivité du moine selon la règle de saint Benoît (Le Goff J., 1971, p. 119). Les grands travaux sont toutefois exceptionnels et il n'existe pas de réelle obligation du travail intensif comme l'indique J. Dubois en se référant aux règles monastiques (Dubois J., 1990, p. 78). Les moines délaissent ainsi progressivement les tâches moins honorables et plus fatigantes pour des plus spécialisées (boulangerie, jardinerie, brasserie par

---

92 Source : capitulaire *De villis* (Wolff P., *et al.*, 1960, p. 72).

93 Source : capitulaire *De villis* (Wolff P., *et al.*, 1960, p. 74).

exemple) (Le Goff J., 1971, p. 123). Il est également difficile d'imaginer les moniales faire d'importants travaux de manutention et il est probable que des domestiques aient effectué ces tâches (Parisse M., 1983, p. 105). Un gestionnaire masculin s'occupait des biens temporels (p. 140). Une bonne domesticité devait également les seconder même si elles assuraient la plupart ou la totalité des travaux du monastère (p. 141). Les nonnes avaient trois occupations : la prière, la méditation, le travail manuel (p. 153). Celui-ci était imposé par les nécessités quotidiennes, par le travail aux différents postes : tissage, cuisine, service à table, nettoyage des locaux, entretien du jardin (p. 153). A Hamage, le taux d'activité paraît relativement faible ce qui semble corroborer ces informations. Il est également bas et moyen à Saint-Denis, selon les différents secteurs étudiés, mais particulièrement au sein de la nécropole réunissant probablement les individus d'une communauté religieuse. Les sources textuelles et biologiques concordent donc dans une certaine mesure en indiquant une faible activité physique en milieu monastique.

En ce qui concerne les taux d'activité calculés lors de l'étude biologique, la population de Bondy a les plus élevés, bien qu'elle soit jeune, dénotant de trop fortes charges de travail. Hormis les populations aux ossements mal conservés, les taux les plus faibles se trouvent à Amiens et à La Tombe ce qui peut correspondre au jeune âge de la population. Aucune caractéristique ne paraît réellement distinguer les autres sites bien que des nuances puissent être apportées. Concernant la population féminine, les femmes d'Escaudain sont les plus actives, immédiatement suivies par celles de Bondy. Cette activité des femmes se trouve d'ailleurs mise en évidence à travers la pratique équestre.

L'arthrose, qui est liée au vieillissement, peut aussi témoigner d'une sur-sollicitation des articulations suite à de multiples travaux. Elle est très prononcée sur le site d'Escaudain et dénote probablement une nouvelle fois de la forte activité de cette population. Elle semble toutefois étroitement corrélée à l'âge puisqu'elle est faible à Bondy alors que le site présente le taux d'activité le plus haut. Pour le sexe masculin, les résultats sont similaires, le site de Cherbourg ayant toutefois également un taux élevé. Chez les femmes, elle est également nettement liée à l'âge puisque l'un des pourcentages les plus faibles est à Bondy tandis que l'un des plus élevés est à Hamage. Toutefois, à Escaudain, le taux vraiment très élevé, indique ainsi des charges sur les articulations très importantes et probablement liées à des travaux. Pour ce site, l'ensemble des articulations sans distinction est touché mais les taux d'atteintes sont anormaux. L'autre fait notable du point de vue des pathologies articulaires est le pourcentage inhabituel d'arthrose du coude à La Tombe, cette lésion se développant suite à une sur-sollicitation de l'articulation.

Les traumatismes sont aussi fréquemment des signes d'activité mais leur interprétation est plus délicate du fait de leur caractère accidentel. Les taux de fractures peuvent être très variables sur les populations mérovingiennes allant de 2,9 % à 17,4 % : ils sont peut-être directement liés à des conditions d'existence plus précaires et peut-être plus dangereuses sur certains sites (Blondiaux J., 1988, p. 456). Ainsi les taux élevés de Mortefontaine peuvent probablement être reliés au taux de pratique cavalière mais également à la nature des activités pratiquées par les individus (voir *infra*). Les forts pourcentages reconnus à Amiens découlent peut-être quant à eux de la nature hospitalière du site tandis que les faibles taux d'Hamage et Cherbourg montrent une population moins soumise au risque accidentel.

Il apparaît donc que le niveau d'activité était très variable selon les différentes populations étudiées. Ainsi alors que la population de Bondy se révèle surmenée, les populations de milieu urbain ou monastique semblent avoir une vie moins active physiquement, plus calme. Pourtant elles ne sont pas totalement oisives. Mais leurs activités paraissent être en lien avec leur nature.

* Pratique cavalière, pratique guerrière

La pratique cavalière intensive va mettre en jeu des groupes musculaires précis qui, rassemblés, permettent d'en témoigner. Les signes de violences interpersonnelles, souvent déterminés grâce à de multiples fractures, dont certaines sont réalisées par des armes tranchantes, peuvent quant à eux être des indices de pratique guerrière : cette dernière peut d'autant plus être mise en évidence que les individus pratiquent l'équitation de manière intensive, ces deux activités étant fortement liées à la période carolingienne.

L'équitation joue un rôle important au sein de la société carolingienne car elle est majoritairement réservée aux élites. Ainsi, militairement, une distinction se fit rapidement entre ceux qui servaient à cheval, l'élite, et ceux qui servaient à pied, pour la majorité des petits propriétaires libres (Werner K.F., 1985, p. 50). Le cheval fait l'objet d'une attention particulière de la part des éleveurs en tant qu'animal de guerre et de prestige, comme signe de richesse (Arbogast R.-M., *et al.*, 2002, p. 50). Le cavalier est « *socialement consacré* » et le statut de noble est symbolisé par les armes et les chevaux comme le note D. Barthélemy en analysant les champs lexicaux utilisés dans les textes carolingiens (Barthélemy D., 1998, p. 161). Le chevalier se distingue toutefois du cavalier, ce dernier terme ayant un sens davantage technique et militaire (p. 161). Aux VIII-IXe siècles, de nombreux indices montrent que la cavalerie se développe et s'identifie progressivement à la noblesse (p. 175). La nécessité de pratiquer l'équitation pour l'adolescent aristocrate paraît importante (Devroey J-P., 2006, p. 276). La chasse, à cheval, compte également beaucoup aux yeux de l'aristocratie : son coût élevé en fait une activité de prestige (p. 277). « *Dès l'époque mérovingienne, l'usage du cheval tend à distinguer les nantis, parmi les combattants et les voyageurs.* » (p. 277)

Cet animal tient donc une grande place dans le système de représentation du pouvoir et « *participait à la ritualisation de la guerre* » en isolant les membres de la *militia* (Le Jan R., 1995). Il s'insère pourtant dans des systèmes de production divergents : son rôle militaire mais aussi son usage pour le transport permet de distinguer les hommes (Devroey J.-P., 2003, p. 95, p. 96). Des paysans étaient également chargés des chevaux et des services de messagerie (p. 97). Il semble parallèlement que l'utilisation du cheval comme animal de labour ne se fasse pas dans l'Europe du Nord-ouest avant le XIe siècle (p. 97). Les cavaliers ne servaient pas seulement dans l'armée, mais se trouvaient également parmi les membres de l'élite rurale : ils avaient pour fonction première de « chevaucher » ; autrement dit, ils portaient des messages, fournissaient des escortes, protégeaient les abbayes. Ils tenaient de vastes tenures mais étaient astreints à des corvées qu'ils faisaient exécuter par leurs dépendants (Le Jan R., 2003, p. 198).

D'une manière générale, l'équitation semble fortement pratiquée à Escaudain, Mortefontaine, Hamage et Bondy tandis qu'elle est absente ou presque d'autres sites tels qu'Amiens. Elle est faiblement exercée à Villiers-le-Sec, Saint-Denis, Cherbourg et moyennement à La Tombe. La répartition selon les sexes est cependant nettement différente de l'approche générale. Ainsi l'équitation masculine est beaucoup exercée à Bondy et Mortefontaine, les sites de La Tombe, Cherbourg et Escaudain ayant des taux non négligeables alors qu'ils sont proportionnellement plus faibles à Amiens, Villiers-le-Sec et Saint-Denis. La répartition féminine met en évidence d'autres modes de vie avec des taux élevés à Escaudain et Hamage et nuls ou faibles à Amiens, Cherbourg, Saint-Denis, Bondy et Mortefontaine. Les modes de vie des diverses populations sont donc différents et l'équitation, hautement significative pour la période carolingienne, semble effectivement caractériser en partie au moins les populations privilégiées : ainsi, à Hamage, les femmes la pratiquent beaucoup tandis qu'elle est absente à Amiens. Mais l'activité cavalière est également vraisemblablement l'héritière de pratiques culturelles : elle est fortement exercée par les femmes d'Escaudain, dans une nécropole proche des types mérovingiens.

Plusieurs facteurs paraissent donc influencer la prévalence de l'équitation sur les sites archéologiques. Elle paraît tout d'abord nettement liée à la période mérovingienne, ou du moins à son héritage, surtout dans les populations de tradition germanique. Dans les populations légèrement plus tardives, elle semble davantage réservée à l'aristocratie : elle atteint ainsi des taux très élevés dans les populations privilégiées notamment chez les femmes. La pratique cavalière intensive est aussi présente à de faibles taux sur les sites ruraux, sans doute exercée par quelques individus qui possédaient des chevaux pour leur force de travail ou pour se déplacer. Enfin, elle est sans doute présente parmi les populations militaires qui servent probablement dans la cavalerie et qui n'appartiennent pas forcément à l'aristocratie la plus élevée.

L'adolescent s'entraînait très tôt au maniement des armes, pratiquait l'équitation et se renforçait musculairement pour la guerre. Il devait aussi se raffermir pour supporter la chaleur, le froid et la faim. Il se préparait aussi psychologiquement pour vaincre la peur et la panique, en s'habituant aux morts sur les champs de bataille et en participant à des joutes (Sotres P.G., 1995, p. 279). Au VIIIe siècle, la spécialisation du métier des armes est liée à l'utilisation croissante du cheval pour la guerre : la hausse des coûts tend alors à démilitariser une partie de la société (Cardini F., 1989, p. 89). Pour répondre à leurs obligations militaires, au IXe siècle, certaines abbayes entretenaient également des guerriers professionnels et il en allait de même pour les *potentes* laïques (Le Jan R., 1995). Ceux-ci provenaient probablement des couches inférieures de l'aristocratie (Le Jan R., 1995). Les individus de Mortefontaine paraissent correspondre pour partie à cette définition par la présence, sur la population, de signes d'équitation et de violences interpersonnelles, notamment par arme tranchante, et par un état sanitaire relativement moyen. Il est donc envisageable qu'une fraction de la population de ce site ait pratiqué des activités guerrières.

III.3 L'image biologique de la société carolingienne du Nord-Ouest de la France

III.3.1 Les sites archéologiques et leur population

L'état sanitaire des populations ne montre finalement que les ennuis de santé que celles-ci ont rencontrés au cours de leur vie. En effet, les aspects négatifs de leur état, à travers des pathologies diverses et variées, évoquent

seulement leurs problèmes et ce quels que soient les sites. Les comparaisons se font ainsi des populations qui vont le plus mal à celles qui vont un peu mieux. Et c'est l'anomalie, dans sa présence ou son intensité, qui permet d'appréhender la réalité des sites archéologiques.

* LES SITES RURAUX

Ces sites se sont révélés très différents, que la présence d'une église soit envisageable ou non.

A Mondeville, dès les premiers résultats, la nature de la population inhumée a suscité plusieurs questions. Tout d'abord, la faible conservation osseuse a induit des difficultés d'analyse : c'est en effet le site le plus mal conservé en termes de quantité et qualité osseuse. Celui-ci a montré une forte sélection selon le sexe, avec une grande majorité d'individus féminins, et selon l'âge des adultes avec des pourcentages élevés dans les classes d'âge jeunes : ce dernier point témoigne parfois d'une population défavorisée. Le site paraît proposer des taux moyens voire légers de stress non spécifiques lorsque les effectifs ne sont pas trop faibles pour être observés. Il a l'un des pourcentages les plus bas d'arthrose mais ceci est probablement dû à l'âge peu avancé de sa population. Pour les autres pathologies, il présente également presque toujours les prévalences les plus faibles que ce soit pour les atteintes infectieuses, tumorales et développementales, métaboliques et traumatiques. De même, le taux d'activité est le plus bas et la pratique cavalière se révèle faible, excepté en ce qui concerne les femmes pour lesquelles le pourcentage est parmi les plus élevés.

Sans le biais de la conservation osseuse, le site pourrait apparaître comme privilégié excepté en ce qui concerne l'analyse paléodémographique. Mais, lorsque les taux sont corrigés par les classes d'âge et la conservation, toutes les informations changent. La nécessité d'avoir des os bien conservés pour comprendre la nature d'une série ostéologique semble être l'une des indications principales résultant de l'analyse des données de Mondeville. Seule la sélection selon le sexe paraît être suffisamment établie. Mais elle reste difficile à expliquer sans autres indications relativement certaines.

Sur le site de La Tombe, bien conservé, les informations paraissent nettement différentes malgré un pourcentage élevé de femmes relativement jeunes. Les signes de stress non spécifiques ont des taux plutôt élevés, sauf en ce qui concerne l'hypoplasie de l'émail dentaire : ceci pourrait indiquer que ces individus ont subi quelques carences alimentaires durant l'enfance sans que celles-ci soient généralisées. En ce qui concerne l'arthrose, des taux anormalement hauts sur le coude ont été observés tant sur les hommes que sur les femmes : cette atteinte aurait une prévalence élevée par surmenage chez les bûcherons, forgerons, tailleurs de pierre (Commandré F., 1977 ; Kihlberg S. et Hagberg M., 1997). L'analyse de l'enthésopathie du tendon du muscle triceps brachial, qui se développe notamment chez les bûcherons (Dutour O., 1986), montre également les fréquences les plus hautes du *corpus* (figure 190). La prévalence très élevée des nodules de Schmörl indique également que de très fortes tensions s'exerçaient sur la colonne vertébrale. Par contre, les prévalences des maladies infectieuses sont faibles, témoignage possible d'une population vivant dans un grand espace. De manière relativement inexplicable, le site présente aussi des fréquences assez élevées de maladie hyperostosique, surtout chez les femmes. L'origine génétique de la maladie pourrait expliquer ce phénomène si les individus sont relativement proches familialement. L'accès aux ressources sylvo-pastorales,

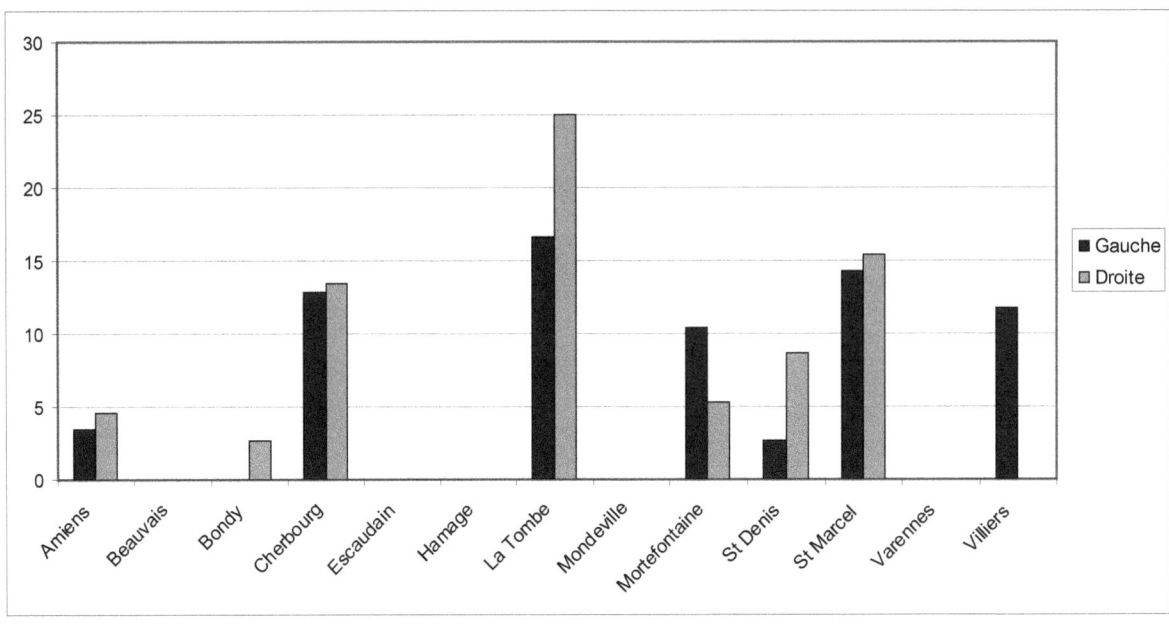

Figure 190 : Fréquence de présence de l'enthésopathie du tendon du muscle triceps brachial
(tableau 22 p. 187)

et en particulier la possibilité de chasser, peut aussi avoir fourni un apport carné important dans la nourriture. Les maladies développementales et tumorales ont également des taux plutôt hauts, peut-être en liaison à nouveau avec des liens génétiques partagés au sein de la population. Les pathologies traumatiques et l'activité ont des valeurs peu élevées mais cela pourrait être directement relié à la prédominance féminine ainsi qu'au jeune âge des individus. La pratique cavalière paraît quant à elle relativement répandue, surtout chez les hommes : il faut pourtant nuancer cette constatation dans la mesure où les effectifs de comparaison sont relativement faibles (deux individus sur huit en présentent les signes).

Tous ces éléments peuvent paraître, de prime abord, disparates. Pourtant il semble qu'une hypothèse, difficile à vérifier, pourrait les assembler. En effet, la création d'un essart et de l'habitat associé expliquerait plusieurs caractéristiques des inhumés. Tout d'abord, les populations de migrants ont en général des profils paléodémographiques « jeunes » comparables à celui du site. Cette création aurait nécessité d'importants travaux d'essartage et de défrichement comme c'est souvent le cas à la période carolingienne : ceci expliquerait la prévalence anormalement élevée de l'arthrose du coude. D'ailleurs les hommes, un peu plus âgés que les femmes, présentent un taux d'activité élevé. Les liens génétiques possibles reliant les individus indiqueraient que la population a une origine commune, l'importance de la maladie hyperostosique pouvant être liée soit à cette origine soit à une alimentation fortement protéinée due à des activités cynégétiques. Du point de vue des informations d'origine textuelle, cette hypothèse n'est pas en contradiction avec les données reconnues : en effet, une création *ex nihilo* pourrait expliquer pourquoi le village n'est pas cité dans le polyptyque d'Irminon alors que les agglomérations alentour le sont (Gouge P., *et al.*, 1994). Il n'est d'ailleurs pas exclu que les nouveaux arrivants soient originaires de l'une d'elles. L'habitat n'ayant pas reçu d'église lors du développement du réseau paroissial, il n'a peut-être pas été pérennisé sur le long terme. Dès lors, il n'en resterait que peu de traces, à part celles de ses morts.

A Varennes-sur-Seine, les ossements étaient très mal conservés, compliquant l'analyse et rendant les données obtenues incertaines quant à leur interprétation, avec les mêmes effets qu'à Mondeville. Ainsi, il apparaît que la population est assez jeune, sans réelle sélection selon le sexe. Elle présente des taux de stress non spécifiques, d'arthrose, d'infection, d'atteinte métabolique, très faibles. Seuls les traumatismes, plus facilement observables sur des os mal conservés, ont des pourcentages relativement moyens avec notamment une très forte prévalence de fractures masculines sur les pieds, peut-être témoignage de marche sur des terrains difficiles. L'activité et la pratique cavalière ont aussi de très faibles taux, conséquence vraisemblable à nouveau de la conservation. Il n'est donc guère possible d'émettre d'hypothèse sur ce site : il pourrait même servir de contre-exemple, son effectif et sa conservation n'étant pas suffisants pour approcher réellement son état sanitaire et informer sa nature.

Le site d'Escaudain a un effectif relativement important et une conservation moyenne. Cela permet d'appréhender la population qui y était inhumée. Plusieurs points paraissent la caractériser fortement. Elle ne présente pas beaucoup d'enfants et les adultes sont relativement âgés mais il ne semble pas y avoir de réelle sélection selon le sexe. Les signes de stress non spécifiques ont des taux assez moyens, exception faite de l'hypoplasie de l'émail dentaire qui présente des taux très élevés, peut-être synonymes de carences alimentaires durant l'enfance. L'arthrose est très fréquente ce qui peut être en lien avec l'âge : les pourcentages sont toutefois trop élevés pour que cela soit la seule explication, particulièrement chez les femmes, les localisations anatomiques étant cependant peu signifiantes. Les infections généralisées sont absentes, indiquant probablement des individus disposant de beaucoup d'espace pour vivre. Par contre, les infections plus localisées, souvent témoignages de petits traumatismes, sont nombreuses. La maladie hyperostosique est relativement prononcée au sein de l'échantillon, en lien probablement avec son âge, ses liens génétiques et peut-être aussi son alimentation. En revanche, très peu de signes osseux d'atteinte tumorale ont été identifiés alors que les atteintes développementales ont de forts taux. Les signes de traumatismes sont très nombreux, surtout au niveau des mains et des pieds. De même, l'activité présente des taux élevés, surtout chez les femmes, la pratique cavalière étant fréquente au sein de la population (le site a le pourcentage le plus haut en ce domaine pour le sexe féminin).

La population d'Escaudain est donc très marquée par certains paramètres : les individus sont très actifs, en particulier les femmes qui pratiquent beaucoup l'équitation. En outre, des traumatismes liés à des activités guerrières ont pu être observés (notamment une fracture causée par arme tranchante sur le crâne). La nécropole, d'après ses caractéristiques archéologiques, paraît être l'héritière des nécropoles mérovingiennes rurales. La population qui y est inhumée correspond sans doute à cela, avec des femmes très actives et cavalières, des hommes participant à des actes guerriers, une alimentation peut-être partiellement carencée mais fortement carnée.

A Mortefontaine, les os sont bien conservés et nombreux. Les individus adultes se répartissent entre toutes les classes d'âge, avec toutefois une légère tendance à être plus nombreux parmi les plus âgées. Il semble exister une sélection selon le sexe, avec davantage d'hommes, bien que la différence ne soit pas statistiquement significative. Les individus ont des taux relativement faibles de signes de stress non spécifiques excepté en ce qui concerne l'hypoplasie qui est plutôt moyenne. L'arthrose s'exprime également de manière modérée contrairement aux infections qui sont très développées au sein de la population, qu'elles soient localisées ou généralisées. La tuberculose atteint en particulier des prévalences élevées suggérant des populations vivant dans un espace restreint et dans de mauvaises conditions sanitaires. La maladie hyperostosique est très présente, témoignage possible d'un lien génétique mais aussi d'une alimentation protéinée. Les pathologies d'origine développementale et tumorale ont des scores relativement moyens mais cela peut être dû à l'important effectif de l'échantillon ainsi qu'à sa bonne conservation, ces maladies étant relativement rares sur le squelette. Les traumatismes présentent les taux les plus forts du *corpus*, témoignages possibles de chutes mais aussi de la pratique guerrière, le nombre de fractures du crâne par arme tranchante étant très important au regard de l'ensemble des échantillons. Le niveau d'activité des individus est d'ailleurs particulièrement élevé, surtout chez les hommes. Il est plus moyen chez les femmes. De même, la pratique cavalière est particulièrement répandue, notamment au sein de la population masculine.

Plusieurs indices peuvent permettre d'émettre des hypothèses quant à la population de la nécropole. Tout d'abord, la population masculine présente des caractéristiques très particulières : fractures du crâne par armes tranchantes, pratique cavalière intensive, vie regroupée d'après les prévalences de tuberculose, pourcentages prononcés de maladie hyperostosique et donc peut-être alimentation carnée. Tout ceci semble désigner une population militaire. Pourtant cela ne permet pas d'expliquer pourquoi autant de femmes sont inhumées au sein de la population, ces dernières présentant un état sanitaire relativement moyen. D'après les données archéologiques, l'occupation de la nécropole se divise en trois phases : il paraîtrait envisageable que l'une des phases rassemble l'essentiel de la population militaire, les autres correspondant davantage à la population locale.

Le site de Villiers-le-Sec propose des ossements relativement bien préservés mais une différence est visible entre ceux de la nécropole, en relativement bon état, et ceux des sépultures de l'habitat, nettement moins bien conservés. Le profil général de la population adulte dans l'approche paléodémographique tend à indiquer qu'elle comprenait plutôt des individus relativement âgés, surtout chez les femmes. Ces dernières sont plus nombreuses parmi les défunts de l'habitat tandis que les hommes sont proportionnellement plus représentés dans la nécropole. Les données fournies par les indicateurs de stress non spécifiques sont hétérogènes (prévalences faible des *cribra orbitalia*, moyenne de l'hyperostose porotique crânienne, forte de l'hypoplasie) : l'état pourrait être qualifié de moyen bien que cela paraisse réducteur. Par contre, les individus de l'habitat ont nettement tendance à avoir des prévalences plus élevées que ceux de la nécropole, exception faite de l'hyperostose porotique crânienne où l'inverse se produit mais avec moins d'écart entre les taux. L'arthrose est relativement prononcée sur le site surtout en ce qui concerne les individus de la nécropole mais ceux-ci sont légèrement plus âgés que ceux de l'habitat. Concernant les pathologies infectieuses, localisées ou généralisées, elles paraissent peu présentes excepté pour la tuberculose qui atteint des prévalences assez fortes, signe peut-être d'un habitat groupé[94]. La maladie hyperostosique est, quant à elle, absente du site, les prévalences des atteintes tumorales et développementales sont également faibles. Les traumatismes atteignent des taux moyens et sont localisés sur la partie supérieure du corps. Les individus sont relativement actifs, surtout dans la nécropole par rapport aux sépultures isolées mais cela peut être dû aux *sex-ratio* différents dans chaque zone[95]. L'équitation intensive est un peu pratiquée au sein du site, tant chez les hommes que chez les femmes mais exclusivement par des individus de la nécropole.

Le site révèle donc une population « moyenne » si elle est prise dans son ensemble, vivant sans doute principalement de l'agriculture, cause probable de la plupart de ses travaux (Ruas M.-P., 1988). En effet, les différents indices montrent que l'activité est soutenue sans être extrêmement intense. Les quelques carences sous-entendues par les prévalences des signes de stress non spécifiques ainsi que l'absence de maladie hyperostosique peuvent peut-être indiquer une alimentation peu variée, surtout d'origine végétale. Ceci caractérise d'ailleurs probablement encore davantage les individus de l'habitat qui paraissent avoir vécu dans des conditions plus défavorables. En parallèle, les défunts de la nécropole pratiquaient l'équitation ce qui les différenciait encore de ceux de l'habitat, et une fracture crânienne par arme blanche y a été observée. Etre inhumé dans la nécropole commune pourrait peut-être ainsi témoigner d'un statut différent, bien qu'il soit difficile d'estimer l'importance de cette différence. L'éloignement semble au contraire davantage réservé aux individus un peu moins bien lotis et peut-être également aux femmes. Les données des fouilles archéologiques des habitats paraissent corroborer cela, dans la mesure où un habitat de statut plus éminent a été identifié (Gentili F. et Valais A., 2007, p. 144). Il est donc plausible que ses individus soient inhumés dans la nécropole : il est même possible d'envisager qu'ils correspondaient à ceux qui pratiquaient l'équitation, sans que cela puisse être prouvé[96].

---

94 Il est d'ailleurs intéressant de remarquer que tous les individus atteints sont inhumés au sein de la nécropole.

95 Suite aux effectifs relativement faibles des femmes dans la nécropole et des hommes dans les sépultures isolées, il est difficile de comparer selon les sexes : les tendances indiquent que les femmes des sépultures isolées sont plus actives que les femmes de la nécropole, tandis que l'inverse se produit pour les hommes. Ce dernier point peut être lié à la pratique cavalière mais cela n'est pas avéré.

96 Il paraît utile de noter que la concordance des données n'a été constatée qu'*a posteriori*.

Les sites ruraux proposent donc une grande variété de modèles. Ils ne présentent finalement que peu de points communs entre eux que ce soit dans leurs natures archéologiques ou dans leurs populations. La présence d'un édifice de culte semble parfois s'accompagner de différences, notamment dans les recrutements selon l'état sanitaire. La nature des implantations peut impliquer d'autres variations biologiques et regrouper des individus plus ou moins défavorisés.

* LES SITES D'AGGLOMÉRATION

De même que les sites ruraux, les sites d'agglomération n'ont présenté que peu de points communs au cours de cette étude.

A Bondy, où les ossements sont extrêmement bien conservés, pratiquement autant d'hommes que de femmes sont inhumés dans la partie fouillée de la nécropole. Les profils paléodémographiques montrent en revanche que les individus adultes relèvent pour la plupart des classes d'âge les plus jeunes, témoignage possible d'appartenance à des milieux défavorisés. Les signes des stress non spécifiques vont dans le même sens, le site présentant les prévalences les plus élevées de *cribra orbitalia* et d'hypoplasie de l'émail dentaire, l'hyperostose porotique crânienne ayant toutefois des taux très bas. L'arthrose est peu prononcée tant chez les hommes que chez les femmes mais cela est très probablement dû à leur jeune âge. Les infections localisées, souvent consécutives à des plaies, ont de fortes prévalences, alors que les infections généralisées ont des taux plus faibles. La tuberculose est cependant relativement présente ce qui est d'autant plus notable vu la jeunesse de l'échantillon[97]. Elle pourrait indiquer une population vivant dans de mauvaises conditions sanitaires et dans un espace restreint. La maladie hyperostosique a, quant à elle, de faibles prévalences, son taux pouvant être lié à sa présence latente au sein de tout groupe humain. Les atteintes développementales paraissent nombreuses à Bondy ce qui pourrait s'expliquer par le caractère probablement endogame de la population[98], les atteintes tumorales ayant des fréquences peu élevées. Le site présente des taux moyens de traumatismes dont les localisations anatomiques ne paraissent que peu caractéristiques, à part peut-être sur le crâne où les pourcentages sont élevés. Par contre, les valeurs les plus fortes de taux d'activité se trouvent à Bondy, malgré la jeunesse de la population, surtout chez les hommes, les femmes étant légèrement moins actives que celles d'Escaudain. La pratique cavalière semble quant à elle particulièrement développée, surtout parmi les individus masculins. Le site présente donc une population particulièrement défavorisée, souffrant de carences très importantes durant l'enfance, vivant dans de mauvaises conditions sanitaires et travaillant beaucoup. Mais ceci n'en est que l'approche générale. Il semble que des individus se démarquent au sein de cet ensemble, par leurs activités telles que la pratique cavalière, attestée, et peut-être la pratique guerrière mise en évidence par les traumatismes crâniens. Il n'est toutefois pas réellement possible de les isoler au sein de leur groupe, sans doute parce qu'ils sont minoritaires.

Le site de Beauvais s'est révélé particulièrement difficile à étudier. En effet, non seulement il a le plus petit effectif

du *corpus* mais, en outre, les sépultures étaient parfois recoupées, abaissant son état de conservation. Aucune sélection n'apparaît selon l'âge ou le sexe au sein du faible échantillon étudié. Les signes de stress non spécifiques indiquent des valeurs basses excepté peut-être en ce qui concerne l'hyperostose porotique crânienne. L'arthrose atteint les taux les plus petits du *corpus* sauf pour les hommes où les valeurs sont légèrement plus élevées, les localisations anatomiques ne pouvant pas être étudiées de manière satisfaisante au vu de l'effectif. Les atteintes localisées infectieuses ont une prévalence assez faible tandis que les infections généralisées, la maladie hyperostosique, les atteintes développementales et tumorales sont absentes de l'échantillon. Peu de traumatismes ont été identifiés et aucun sur un individu de sexe déterminé. Les squelettes portent également peu de signes d'activité surtout les femmes et seuls quelques signes de la pratique cavalière ont été reconnus. Il paraît difficile d'émettre des conclusions sur le site au vu de la petite taille de l'échantillon. En effet, il n'est guère possible de déterminer si la faiblesse de ses taux est liée à une réalité biologique ou si les restes osseux ne présentent pas d'atteinte car trop peu nombreux.

A Cherbourg, la conservation osseuse est relativement bonne. Le site comprend beaucoup d'enfants mais aucune sélection n'apparaît chez les adultes d'après le profil paléodémographique. Il en va d'ailleurs de même pour le sexe. Les signes de stress non spécifiques proposent des taux moyens, l'hypoplasie étant cependant fortement prononcée. L'arthrose a l'un des taux les plus élevés, juste après celui d'Amiens, surtout pour le sexe masculin. Les localisations arthrosiques n'ont chez les hommes aucune particularité tandis que les femmes proposent des taux très élevés sur les genoux et les pieds. Les atteintes localisées d'origine infectieuse atteignent la prévalence la plus élevée du *corpus*, les atteintes généralisées ayant également des taux élevés. La tuberculose est partiellement présente sur le site. La maladie hyperostosique est relativement fréquente mais exclusivement au stade débutant, compliquant ainsi son interprétation. Sa prévalence peut être seulement liée à sa présence latente au sein de toute population. Les atteintes d'origine développementale sont fréquentes sur le site tandis que celles d'origine tumorale sont totalement absentes malgré l'effectif important[99]. Le nombre de traumatismes est quant à lui relativement faible comparativement aux autres sites et surtout localisé sur les mains et les tibias pour les femmes et les pieds pour les hommes. Le niveau d'activité paraît très haut surtout chez les hommes. Le taux de pratique cavalière semble moyen d'une manière générale mais relativement élevé chez les hommes alors qu'il est faible chez les femmes. L'analyse des résultats est complexe et peu d'éléments paraissent révélateurs, la plupart des valeurs étant moyennes. Cette constatation est peut-être l'une des caractéristiques du site en ce sens qu'il pourrait rassembler divers groupes humains, certains défavorisés et d'autres non, certains très actifs et d'autres moins. Les localisations particulières des arthroses et traumatismes ne permettent pas de suggérer d'hypothèses plus précises. La présence de tuberculose peut témoigner quant à elle d'une vie en communauté. Ce « rassemblement » de population paraît plus clair si les répartitions par périodes sont examinées.

En effet, des différences sont visibles entre les VII-VIIIᵉ siècles et les IX-XIᵉ siècles : les premiers siècles proposent une population adulte globalement jeune, surtout chez les hommes tandis qu'à la période suivante les individus se répartissent selon toutes les classes d'âge de manière

---

97 La population étant jeune, elle a disposé de moins de temps pour développer les signes osseux de la maladie.

98 L'endogamie est fortement suggérée sur l'ensemble du site, de la fin du IIIᵉ au XIᵉ siècle, par l'analyse biologique complète de la population (Poignant S., en cours).

99 A ce propos, il paraît utile de rappeler que les pièces pathologiques les plus intéressantes du site ont été prélevées et n'ont pu être examinées, du moins jusqu'à l'individu 187.

relativement identique, les hommes étant plutôt âgés et les femmes jeunes. D'une manière générale, la première période a des taux nettement plus élevés de signes de stress non spécifiques, la différence étant seulement moins visible en ce qui concerne l'hypoplasie de l'émail dentaire. Les pourcentages d'arthrose sont également plus faibles lors de la deuxième période. Les individus sont moins actifs durant la première période excepté pour les hommes. L'équitation paraît nettement plus pratiquée aux VII-VIIIe siècles qu'aux IX-XIe siècles, les hommes présentant même la valeur la plus haute du *corpus*, les femmes ayant l'une des plus faibles. Les deux périodes ont donc des profils nettement différents, particulièrement chez les hommes où les effectifs sont suffisants pour permettre les comparaisons. Ceux-ci paraissent en relativement mauvaise santé, très actifs et pratiquent beaucoup l'équitation lors des VII-VIIIe siècles. Ils se rapprochent en ce sens des populations mérovingiennes. La période suivante voit une population moins active, adoptant probablement un rythme de vie plus citadin.

A Saint-Marcel, l'effectif étudiable est très faible et la conservation osseuse relativement moyenne. Le site comprend un grand nombre d'individus immatures et les classes d'âge adultes ont surtout des taux élevés parmi les plus jeunes. Les signes de stress non spécifiques ont des prévalences faibles excepté en ce qui concerne l'hyperostose porotique crânienne qui a au contraire des valeurs très élevées. Les pourcentages d'arthrose sont les plus faibles du *corpus*, surtout chez les femmes ce qui est peut-être en lien avec l'âge de la population. Leurs localisations n'indiquent que peu de valeurs anormales exception faite de l'arthrose du genou qui est proportionnellement fréquente. Les atteintes infectieuses locales ont un taux moyen tandis que les généralisées sont absentes. Aucun cas de pathologie métabolique, développementale ou tumorale n'a été identifié et les traumatismes présentent de faibles pourcentages excepté en ce qui concerne les fractures vertébrales qui sont anormalement nombreuses. Le site a un taux assez faible d'activité et même très faible chez les femmes, avec une pratique cavalière assez peu fréquente chez les hommes et absente pour les femmes. L'hétérogénéité des données obtenues semble illustrer la faiblesse de l'échantillonnage : il paraît difficile de conclure. La population paraît peu défavorisée d'après les indicateurs sanitaires mais le profil paléodémographique va dans le sens contraire en indiquant qu'un grand nombre d'individus adultes sont morts jeunes.

Le site d'Amiens propose des ossements bien conservés dont un certain nombre ont toutefois été retrouvés en réduction. Relativement peu d'individus se trouvent dans les classes d'âge immatures. Les adultes sont plus nombreux dans les classes d'âge les plus jeunes d'après l'approche paléodémographique. Les individus matures sont peut-être également sélectionnés selon le sexe : le site présente beaucoup plus d'hommes que de femmes mais la différence n'est pas statistiquement significative. Les profils paléodémographiques selon ce paramètre sont d'ailleurs nettement différents, le profil des hommes proposant une population jeune alors que les femmes se répartissent dans toutes les classes d'âge selon des pourcentages relativement proches. Les signes de stress non spécifiques présentent des taux moyens voire faibles chez les hommes et élevés chez les femmes sauf pour l'hypoplasie de l'émail dentaire où les tendances selon les sexes sont légèrement inversées. Les pourcentages d'arthrose sont relativement moyens et les localisations anatomiques ne montrent pas de particularité excepté en ce qui concerne de forts taux d'arthrose du genou chez les hommes. Les pourcentages

d'atteintes infectieuses localisées sont très prononcés tandis que ceux d'atteintes généralisées ont les valeurs les plus hautes et des prévalences qui paraissent anormales : ces mêmes constatations se retrouvent d'ailleurs en ce qui concerne la tuberculose. La maladie hyperostosique s'avère relativement présente. De même les pathologies d'origine développementale ont les taux les plus élevés du *corpus*, les atteintes tumorales ayant aussi des prévalences très fortes. Les pourcentages de traumatismes sont également particulièrement élevés, ceux-ci se situant essentiellement sur la partie supérieure du corps. Le taux d'activité est quant à lui relativement faible. La pratique cavalière intensive est pratiquement inexistante.

Le recrutement du site possède donc plusieurs caractéristiques qui le différencient nettement des autres. Tout d'abord, il est difficile à particulariser selon le sexe. La prédominance masculine suggérerait que la nécropole était en partie celle d'un cimetière de communauté monastique ou prieurale, ce qui peut être possible car un prieuré se trouvait à proximité postérieurement. A ces individus se serait ajoutée une population plus paroissiale mêlant hommes, femmes et enfants. En effet, les populations de type paroissial ou mendiant se trouvent parfois inhumées au sein des cimetières monastiques (Catalo J., *et al.*, 2002). Ainsi, « *à l'époque carolingienne, le souci de la sépulture des pauvres était toujours envisagé comme un acte de piété, souvent mis en œuvre par les évêques, mais aussi au sein des établissements monastiques* » : il existait même des cimetières destinés aux pauvres (Lauwers M., 2005, p. 40, p. 41). Pourtant, les forts taux atteints par pratiquement toutes les pathologies, notamment les maladies infectieuses posent question.[100] Les prévalences nettement plus élevées que toutes les autres dans de nombreux cas suggèrent l'hypothèse d'une nécropole liée à la présence d'un hôpital, d'une infirmerie ou du moins d'un établissement de type hospitalier. Celui-ci fonctionnerait justement grâce à une communauté religieuse. Ces éléments pourraient expliquer la jeunesse de l'échantillon, son taux bas d'activité physique et son absence de pratique cavalière tout en pouvant être reliés aux faibles taux des signes de stress non spécifiques et aux différences constatées selon les sexes. En effet, les signes de stress ne témoignent que des conditions de vie durant l'enfance et non du devenir des individus. La localisation du site, à l'une des sorties de la ville mais à l'extérieur de l'enceinte, pourrait aller dans le même sens. Toutefois, en l'absence de textes, les indications biologiques sont insuffisantes pour permettre de l'affirmer.

Les sites correspondant à des agglomérations regroupent différents types de populations très diversifiés. Le seul point commun semble être la pathologie infectieuse qui a souvent des taux élevés. Ils comprennent des recrutements très variés selon le sexe, l'âge et surtout selon l'état sanitaire, certains étant particulièrement défavorisés. Ils paraissent difficiles à caractériser dans quelques cas tant leur recrutement est large, surtout en milieu nettement urbain, ces sites rassemblant justement divers groupes humains.

* LES SITES MONASTIQUES

Seuls deux sites monastiques ont pu être étudiés, l'un correspondant à une communauté féminine et l'autre à une masculine.

---

100 La diversité des atteintes paraît également notable : le site présente une grande variété pathologique et notamment le seul cas de lèpre identifié au sein du *corpus*.

A Hamage, les ossements sont relativement bien conservés mais de nombreuses sépultures sont recoupées. Il existe clairement une sélection selon l'âge et le sexe : très peu d'individus immatures ont été retrouvés et la plupart des adultes sont féminins, le profil paléodémographique indiquant que la majorité d'entre eux est relativement âgée. Ce dernier fait indique parfois une population favorisée. Les signes de stress non spécifiques présentent des taux moyens, plutôt élevés chez les quelques hommes étudiables, sauf pour l'hyperostose porotique crânienne, et tous faibles chez les femmes. Le taux d'arthrose est moyen sur l'ensemble de la population mais élevé chez les femmes ce qui est probablement en rapport avec l'âge avancé de ces dernières. Les localisations arthrosiques ne sont pas anormales au regard de l'ensemble du *corpus* sauf en ce qui concerne les chevilles et les pieds où aucune trace n'en a été trouvée. Très peu d'atteintes infectieuses localisées, souvent signes de petits traumatismes, ont été identifiées. Les atteintes infectieuses généralisées sont également peu nombreuses mais la tuberculose atteint des prévalences révélant sa présence assez nette au sein de la population. La maladie hyperostosique est quant à elle absente de l'échantillon. Les atteintes d'origine développementale sont présentes à bas pourcentages tandis que celles d'origine tumorale sont absentes. Le site a également l'une des plus faibles prévalences de traumatismes, ces derniers atteignant essentiellement les avant-bras ce qui présente une localisation peu originale. Le taux d'activité est moyen surtout chez les femmes. Par contre le site a une fréquence très haute de pratique cavalière féminine. Plusieurs éléments paraissent indiquer que les femmes étaient relativement favorisées, que ce soient le profil paléodémographique ou les signes de stress spécifiques. La présence d'arthrose paraît quant à elle essentiellement reliée à l'âge, en notant toutefois que l'absence d'arthrose des chevilles et pieds indiquerait une population marchant peu, la localisation sur la cheville ayant essentiellement une origine traumatique. La tuberculose témoigne probablement de la vie en communauté des religieuses, l'absence de la maladie hyperostosique pouvant être liée à la nature féminine de l'échantillon mais peut-être également aussi à son alimentation, sans doute variée et peu carnée. Le faible taux de traumatismes, d'infections localisées pourrait témoigner d'une population peu active excepté en ce qui concerne la pratique cavalière (pour celle-ci, la pratique a pu être exercée durant la jeunesse des individus et laisser des marques osseuses) : cette dernière activité mobilisant de nombreux muscles, elle pourrait expliquer le taux élevé de l'activité non spécifique.

Le site de Saint-Denis propose des ossements bien conservés et nombreux. Chez les adultes, le profil paléodémographique présente légèrement plus d'individus dans les classes d'âge matures et âgées que dans les plus jeunes, aucune répartition par sexe n'étant visible. Les taux des signes de stress non spécifiques sont élevés voire très élevés sauf en ce qui concerne les *cribra orbitalia* qui ont des pourcentages moyens et même faibles pour les femmes. Les prévalences d'arthrose sont relativement fortes sur le site quoique légèrement moyennes chez les femmes, les répartitions de l'atteinte selon les localisations n'étant pas informatives. Les taux d'infections localisées sont moyens et ceux des généralisées sont faibles, la prévalence brute de la tuberculose étant très faible. La maladie hyperostosique a quant à elle une fréquence très haute. Les pourcentages des atteintes développementales sont relativement moyens, aucune atteinte tumorale n'ayant été identifiée. Les traumatismes ont des prévalences moyennes presque élevées, ces derniers étant localisés sur l'ensemble du squelette. Le taux d'activité est moyen, presque faible. L'équitation est moyennement pratiquée,

tant chez les hommes que chez les femmes. Le site, dans une approche générale, présente souvent des fréquences moyennes mais pas toujours. La population semble avoir eu un état sanitaire globalement bon avec un certain nombre d'individus relativement âgés, des taux d'activité peu élevés excepté en ce qui concerne la pratique cavalière et peu de signes négatifs sanitaires marqués à part en ce qui concerne l'hyperostose porotique crânienne et une forte prévalence de la maladie hyperostosique. Cette dernière témoigne peut-être de l'âge avancé de la population, du nombre important d'individus de sexe masculin mais aussi d'une alimentation fortement protéinée. La variété du recrutement paraît pourtant montrer que la population inhumée ne relève pas exclusivement du monastère, il est même probable que ce n'en soit qu'une partie : Saint-Denis est d'ailleurs souvent considéré davantage comme une ville que comme un monastère et peut accueillir des défunts venus de l'extérieur.

La répartition par période paraît apporter des informations complémentaires. Les profils paléodémographiques sont différents : alors qu'ils présentent durant les périodes C1 et C2 des pourcentages plus élevés dans les classes âgées, ils ont pour la période R1 des taux plus élevés dans les classes d'âge les plus jeunes. Seule la première période paraît avoir une sélection selon le sexe avec une différence nette statistiquement en faveur des hommes. Les taux de *cribra orbitalia* et hyperostose porotique sont faibles et moyens pour les périodes C1 et C2 et forts pour la période R1 (exception faible des *cribra orbitalia* chez les hommes de R1 et de l'hyperostose porotique chez les femmes de C1), l'hypoplasie de l'émail dentaire est quant à elle moyenne en C1 et C2. L'arthrose est très élevée en période C1 surtout chez les hommes alors qu'elle est faible chez les femmes. Elle est basse en C2 (moyenne chez les femmes) et moyenne en R1. L'activité est moyenne sur toutes les périodes, mais légèrement plus faible en période R1 et même faible en période C1 chez les femmes. Peu de différences sont visibles en ce qui concerne la pratique équestre entre les périodes C1, C2 et R1, cette dernière étant peu prononcée chez les femmes en C1 et R1 et nettement plus présente en C2. La première période paraît présenter une population davantage monastique avec une nette prédominance masculine, en relativement bon état de santé. En période C2, cet état est toujours bon tandis que plus de femmes paraissent accueillies au sein de la nécropole. Puis la période R1 voit une nette dégradation de l'état de santé général, alors que la nécropole paraît accueillir davantage la population locale et paroissiale.

Les différentes zones du site présentent diverses répartitions selon l'âge. Les taux d'individus immatures sont très différents ; ceux-ci sont très peu nombreux en zone 1, un peu plus représentés dans la zone à l'écart, moyennement présents en zone 4 et 2 tandis que leur pourcentage est très fort en zone 3. Les profils paléodémographiques des individus adultes indiquent des taux plus élevés chez les individus âgés pour les zones à l'écart, la zone 2 et la zone 3 tandis que la zone 1 présente des pourcentages légèrement plus hauts dans les classes d'âge les plus jeunes. Les secteurs montrent également des répartitions différentes suivant le sexe : la zone à l'écart ne présente aucun individu féminin et il semble y avoir clairement une sélection selon ce critère. Les zones 1, 2 et 3 n'ont pas de différence statistiquement significative, la zone 3 ne présentant toutefois que 26 % d'individus féminins. La zone 1 a quant à elle des profils paléodémographiques variant selon le sexe, les hommes étant un peu plus nombreux dans les classes d'âge un peu plus âgées alors que les femmes paraissent plus représentées dans les classes d'âge les plus jeunes. Tandis que les *cribra orbitalia* ont des taux moyens en zone 1, faibles en zone 3 et élevés en zone 2, ceux-ci sont élevés en zone 3 et zone 1, surtout chez les hommes de cette dernière zone, l'hypoplasie étant quant à elle plus prononcée en zone 1 qu'en zone 2. Les taux d'arthrose sont relativement moyens en zone 1, et même bas chez les femmes, alors qu'ils sont très élevés en zone 2 et zone 3. L'activité est très faible dans la zone à l'écart, faible en zone 1 (très faible chez les femmes), moyenne en zone 2 et forte en zone 3. La pratique équestre est absente de la zone à l'écart, moindre en zone 1, moyenne en zone 2 et très prononcée en zone 3. La zone à l'écart est probablement le lieu d'inhumation d'une communauté monastique avec une absence d'individus féminins et peu d'individus immatures, les défunts semblant en bon état de santé et très peu actifs. La zone 1 paraît davantage proposer un recrutement de type paroissial avec quelques individus immatures, des adultes plutôt jeunes, pas de sélection selon les sexes bien que les profils paléodémographiques soient différents selon ce critère, avec des taux moyens sauf en ce qui concerne l'activité et la pratique cavalière qui sont faibles. En zone 2, il est plus difficile de caractériser la population qui ne semble pas particulièrement favorisée ou défavorisée. La zone 3 a beaucoup d'individus immatures mais peu de sexe féminin, ceux-ci paraissant globalement en bonne santé et très actifs, notamment en ce qui concerne la pratique cavalière. La zone 4 ne présente quant à elle pas un effectif suffisant pour permettre des comparaisons.

Les deux sites monastiques s'avèrent très différents l'un de l'autre. En effet, alors qu'Hamage recrute nettement au sein d'une population féminine manifestement favorisée, à Saint-Denis, les individus paraissent provenir d'un spectre plus large de la population. Le recrutement de ce site se rapproche alors de celui des sites urbains et seules différentes périodes ou zones de la nécropole semblent rassembler les individus appartenant à des communautés monastiques.

III.3.2 Quelle image de la société carolingienne ?

Au travers de cette étude, un statut « biologique » semble se dessiner au sein des sites archéologiques. L'alimentation, l'état de santé et l'activité des populations relèvent de leurs conditions de vie. Celles-ci définissent des groupes, des ensembles de populations qui ne correspondent pas nécessairement aux catégories sociales carolingiennes. Celles-ci sont perceptibles dans les sources textuelles mais leur caractérisation y est difficile. Ainsi que l'indique R. Le Jan-Hennebicque, il n'existe pourtant que deux catégories juridiques : libres et non-libres (Le Jan-Hennebicque R., 1968, p. 170). Ces derniers sont en nombre variables sur le territoire mais représentent environ 10 % de la population (Devroey J.-P., 2006, p. 373). Ce type de statut n'est malheureusement absolument pas perceptible à travers l'analyse de leurs ossements et leur définition ne peut être biologique. Les conditions de vie sont toutefois fortement conditionnées par le groupe d'appartenance des individus.
Plusieurs éléments vont biologiquement les influencer. Tout d'abord, le milieu, rural ou urbain, semble avoir une importance relative. Ensuite, la présence d'un édifice de culte et son type influencent également en partie la nature des sites archéologiques. Le cimetière est ainsi un espace collectif devant rassembler théoriquement la plupart des individus d'une paroisse. Celle-ci a des limites mouvantes et mal définies aux VIII-IXᵉ siècles mais bien établies plus tardivement (Lauwers M., 2005) ; le droit paroissial n'est d'ailleurs pas totalemnt acquis à la période carolingienne (Treffort, 1996). Et toutes les implantations ne s'intègrent pas au réseau paroissial. A cela s'ajoute une certaine mobilité

des individus, souvent entre les différents domaines ainsi que l'analyse J.-P. Devroey d'après les polyptyques (Devroey J.-P., 2003, p. 56-58). En ce sens, la population que réunit le cimetière ne peut totalement caractériser des groupes socio-culturels. Pourtant, « *les sociétés paysannes du haut Moyen Age sont des collectivités socialement et économiquement différenciées*» qui se situent au sein de plus vastes ensembles et notamment des domaines (Feller L., 2008, p. 257).

* MILIEU RURAL ET URBAIN, MILIEU MONASTIQUE

Durant la période mérovingienne, un grand nombre de sites funéraires se situent en plein champ (Rassart V., 2007, p. 206) bien que des sépultures trouvent également place dans l'habitat ou autour de certains lieux de culte. Un changement se produit à l'époque carolingienne avec la disparition progressive de ce type d'implantation. La conception de la nécropole se modifie. De nouveaux habitats sont fondés au détriment de la forêt au VIIIᵉ siècle suite à l'appauvrissement des terres cultivées et à la mise en place de jachères : ils impliquent une nouvelle organisation territoriale (Bernard V., 1998, p. 131). La paroisse se met alors très progressivement en place, avec son église et son cimetière associé, sans pour autant être totalement définie. La nature des sites, liée à leur topographie religieuse, est donc particulièrement utile à leur définition ainsi qu'à celle de leur population (Lorans E., 2007). Cette topographie semble d'autant plus importante que les lieux d'inhumations sont extrêmement variés, durant tout le haut Moyen Age, avant que l'église ne concentre les sépultures (p. 68-69). Mais la nature religieuse des sites s'avère fréquemment difficile à établir. Les paramètres biologiques paraissent quant à eux varier selon les sites et le genre des groupements humains qui leur sont associés. Les milieux, ville ou campagne, se révèlent jouer un rôle essentiel dans la distinction des sites. Les comparaisons entre eux restent toutefois difficiles. En effet, l'évaluation du nombre de migrants, particulièrement en milieu urbain, n'est pas réalisable (Mays S., 1997) : les populations sont ainsi des «mélanges» d'individus de toutes origines. A ces deux types s'ajoutent les sites monastiques qui se caractérisent davantage par la vocation religieuse de leurs populations.

A cette période, la ville carolingienne est particulièrement malaisée à analyser : héritière de cités plus anciennes, elle a été maintes fois reconstruite après le haut Moyen Age et ses traces n'en sont que plus faibles. Il en va de même pour les nécropoles dont le phasage archéologique est souvent ardu et ne permet que difficilement d'analyser des ensembles urbains. Ceux-ci se révèlent souvent trop petits pour obtenir des données exploitables comme à Beauvais ou Saint-Marcel. Les cimetières s'installent en divers endroits de la ville, à proximité des églises comme à Cherbourg ou au contraire à la sortie de la ville, lorsqu'ils regroupent une population d'indigents comme à Amiens. D'autres sites, tels que Saint-Denis, paraissent comporter au moins partiellement une population urbaine très variée : les foires en région parisienne rassemblent une grande diversité de population, paysans et seigneurs, laïques et ecclésiastiques (Devroey J.-P., 2003, p. 223). La nature de la cité peut changer, comme à Rouen, au IXᵉ siècle qui, auparavant résidentielle et semi-rurale, devient progressivement « *un lieu de production et d'échange, rassemblant une population d'artisans et de marchands jusque-là reléguée à l'extérieur des remparts.* » (E. Lorans (2007, p. 89) évoque les travaux de J. Le Maho.) En ville, le recrutement funéraire est donc très large, la nécropole, lorsqu'elle regroupant un large spectre des populations citadines lorsqu'elle n'est pas spécialisée. Mais il peut aussi sélectionner une partie de la population comme à Amiens. En comparaison, les communautés rurales paraissent moins éclectiques. En ce sens, l'analyse biologique a montré d'importantes différences entre le milieu urbain et le milieu rural. Les sites ruraux, correspondant en majorité à une population vivant aux alentours, proposent en effet souvent une population plus homogène que les sites urbains. Bien que tous soumis à des carences, ils ne paraissent pas vivre dans les mêmes conditions. Les populations sont légèrement plus défavorisées en milieu rural exception faite du site d'Amiens qui paraît rassembler des *pauperes*. En contrepartie, les individus demeurant en ville sont davantage soumis au risque infectieux. En zone rurale, il est difficile de déterminer si la présence d'un édifice de culte influence la nature du recrutement funéraire. Mais, à Villiers-le-Sec, la population probablement inhumée dans la zone cémétériale centrale paraît plus favorisée que celle qui est enterrée dans l'habitat.

Les établissements monastiques se distinguent dans la mesure où ils regroupent des populations religieuses. Leur recrutement se fait essentiellement au sein de la noblesse (Milis L.J.R., 2002, p. 44). Les moniales sont presque toutes issues de l'aristocratie et proviennent vraisemblablement de milieux privilégiés. Il règne ainsi un élitisme certain au sein des monastères (Parisse M., 1983, p. 131). Les enfants de l'aristocratie peuvent y être placés relativement tôt : l'oblation est courante au IXe siècle et les enfants entrent fréquemment au sein des établissements entre 5 et 7 ans (p. 136). Ces établissements assuraient un avenir aux veuves ou aux jeunes filles de la noblesse qui n'étaient pas mariées (Parisse M., 1983, p. 132 ; Gaillard M., 1990, p. 9). Les abbayes sont ainsi les refuges des filles des grandes familles (Parisse M., 1974, p. 257). La plupart sont dédiées à l'un ou l'autre sexe : l'existence de véritables abbayes doubles est rare. Pour les monastères féminins, la présence masculine devait être réduite à l'effectif minimum pour assurer le service religieux et les relations avec l'extérieur (Gaillard M., 1990, p. 18) : l'abbaye d'Hamage, avec un très grand nombre de femmes et un petit nombre d'hommes semble correspondre à ce modèle. Les types de monastères féminins paraissent relativement variés et Hamage n'est pas représentatif de tous (Dubreucq A., 1994). Les moniales qui y entraient le faisaient avec des revenus suffisants (Parisse M., 2004, p. 116). Leur domesticité devait également leur assurer une vie confortable. Elles avaient fréquemment au moins une servante ce qui indiquerait que « *les femmes nobles ne voulaient pas rompre avec le mode de vie qu'elles avaient toujours connu dans leur famille* » (Parisse M., 2004, p. 117). L'importante sélection effectuée à l'entrée des monastères se retrouve ainsi au sein des nécropoles, confirmant les données fournies par les textes. En effet, l'analyse de la nécropole d'Hamage montre clairement que la population féminine qui y est inhumée est favorisée. Son activité est réduite mais elle pratique beaucoup l'équitation au moins durant sa jeunesse. Ceci indiquerait que la majeure partie de celle-ci est issue de l'aristocratie. Son état sanitaire général le confirme. A Saint-Denis, les caractéristiques du monastère en complexifient l'interprétation. Il semble que la zone située à l'écart des édifices ait effectivement correspondu à un cimetière de communauté religieuse : au sein de cet espace également, les individus semblent appartenir à un groupe favorisé et peu actif.

* Influence socio-culturelle sur les conditions de vie : les données biologiques

Les conditions de vie découlent fréquemment, et dans la société carolingienne particulièrement, du groupe d'appartenance d'un individu. Elles semblent aussi dépendre du sexe de celui-ci. Ainsi, les contraintes sociales peuvent avoir également agi sur la condition des femmes. Les données biologiques ne montrent pourtant pas de différences dans l'apport nutritif. En effet, aucun des signes de stress non spécifiques ne paraît avoir de prévalences plus fortes chez celles-ci. Les femmes deviennent toutefois peut-être moins actives physiquement après la période mérovingienne, sans doute suite à des changements culturels carolingiens, comme en témoignent les sites d'Escaudain et de Cherbourg. A Saint-Denis, les subdivisions chronologiques apportent une réponse moins claire, l'activité augmentant dans une première phase puis diminuant entre la fin de la deuxième période carolingienne et le Xe siècle. Il est plus difficile de conclure sur ce site dans la mesure où une part importante de la population féminine pratiquait l'équitation, faisant ainsi augmenter le taux d'activité. Cette activité, semble d'ailleurs répandue au sein de l'aristocratie féminine carolingienne, la caractérisant même, alors qu'elle était plus courante dans les populations antérieures de culture germanique.

Au sein des nécropoles, « *les critères archéologiques permettant d'identifier la hiérarchisation sociale (...) sont peu nombreux.* » (Boissavit-Camus B. et Zadora-Rio E., 1996, p. 50) Mais les contraintes sociales déterminent partiellement les conditions de vie d'un individu. Son alimentation va dépendre de son accès aux différentes ressources, et ce dès son plus jeune âge. Il est nécessaire que la ségrégation sociale soit installée dès l'enfance pour que les catégories sociales soient lisibles à l'aide des prévalences des signes de stress non spécifiques (Polet C. et Orban R., 2001, p. 122). L'état de santé ne correspond pas toutefois strictement avec les catégories sociales, et, au sein d'un espace funéraire, les analyses sont complexifiées car le mobilier associé aux défunts en est souvent le seul indicateur. Par exemple, à Pontecagnano, il n'existe pas de corrélation entre les pratiques funéraires et l'état de santé (Robb J., *et al.*, 2001, p. 220).

La société carolingienne du nord-ouest de la France, héritière des sociétés franques, propose pourtant un contexte favorable pour l'analyse des critères socio-culturels (Verslype L., 2007). L'économie, bien que majoritairement sylvo-pastorale, est également tournée vers l'agriculture (Farnoux C., 2007). Les hommes peuvent avoir des statuts très différents, de l'aristocrate à l'esclave (Le Jan R., 1995 ; Farnoux C., 2007). Les sources distinguent trois catégories au VIIIe siècle : les premiers, les moyens et les inférieurs (Devroey J.-P., 2006, p. 203). Dans les faits, le monde carolingien semble davantage être une société de rangs (p. 207). Mais la plupart des groupes semblent vivre dans une relative proximité comme en témoignent les mariages mixtes (Feller L., 2007, p. 44). La Neustrie présente alors une grande hétérogénéité de modèles de gestion et de répartition des différentes catégories socio-culturelles. La société n'est pas figée et il est possible de passer d'un groupe de statut à un autre (Feller L., 2007, p. 93). Cette hétérogénéité se reflète semble-t-il très bien à travers les divers sites ruraux. La grande disparité constatée au sein des groupes populationnels formés par les nécropoles paraît rendre compte de la variété des habitats et modes de vie de cette période. Ainsi, il est possible de supposer l'existence de petites communautés vivant pratiquement en autarcie, peut-être à l'occasion de la création d'essarts, comme à La Tombe, et ayant un accès relativement large aux ressources sylvo-pastorales. D'autres collectivités semblent davantage hiérarchisées comme à Villiers-le-Sec où le lieu d'inhumation paraît au moins partiellement lié au groupe d'appartenance des individus. L'héritage culturel se traduit également visiblement au sein de ces nécropoles comme à Escaudain où les traditions germaniques montrent de probables signes de pratique guerrière et une population très active tant pour les hommes que pour les femmes notamment en ce qui concerne l'équitation.

Pour la société carolingienne, les pauvres ne le sont pas au sens économique du terme mais ce sont des marginaux misérables exclus de la société (Montanari M., 2002, p. 100). La notion de *pauperes* et d'*infirmitas* naît à cette période : la création de cette catégorie sociale correspond à une nouvelle partie de la population dont il faut s'occuper. Il s'agit essentiellement des faibles : ils peuvent être libres et posséder un ou plusieurs alleux d'après les données fournies par les conciles et capitulaires étudiés par J. Le Jan-Hennebicque (Le Jan-Hennebicque R., 1968, p. 169, p. 170). Le terme paraît davantage s'opposer à celui de puissant qu'à celui de riche (Devroey J.-P., 2006, p. 331). Le *pauper* peut d'ailleurs posséder des esclaves et être convoqué au plaid mais n'être pas assez riche pour s'y rendre seul (Le Jan-Hennebicque R., 1968, p. 171). La *paupertas* est ainsi caractérisée par la privation des moyens de la puissance et la considération sociale (Devroey J.-P., 2006, p. 332-333). Juridiquement, toutefois, certains, pour échapper à la pauvreté, vont perdre leur liberté et sortir techniquement de cette classe (Le Jan-Hennebicque R., 1968, p. 174). Le problème paraît surtout se poser au nord de la Loire bien qu'avec une intensité plus ou moins grande selon les périodes (p.172-174). La naissance des établissements d'hospitalité tenus par des moines correspond à ce nouveau groupe. Les pauvres présentent alors environ 10 % de la population urbaine (Fossier R., 1995, p. 99). Le regroupement de ces derniers au sein de nécropoles n'est pas extraordinaire, analyse M. Lauwers : « *Le souci de la sépulture des pauvres était toujours envisagé comme un acte de piété, souvent mis en œuvre par les évêques, mais aussi au sein des établissements monastiques, avec le soutien du pouvoir souverain.* » (Lauwers M., 2005, p. 40) L'existence de cimetières de pauvres a bien été identifié (p. 41). « *L'existence de « lieux publics » destinés à la sépulture (...) acquérait, sous l'égide de l'église du IXᵉ siècle, le statut de modèle social.* » (p. 45) Le site d'Amiens semble regrouper certains des individus de ce groupe. La population de la nécropole est probablement au moins en partie d'origine hospitalière, provenant sans doute d'un hôpital ou d'un établissement ayant une fonction relativement proche. Souvent, les *pauperes* souffrent en temps de disette (Le Jan-Hennebicque R., 1968, p. 172). Certains sont très pauvres (p. 171) et des différences dans la « *paupertas* » se traduisent au moins partiellement dans les dissemblances de conditions de vie constatées au sein des sites archéologiques. La présence de populations défavorisées apparaît en effet nettement dans le *corpus*. Celles-ci peuvent correspondre à des groupes de *servi* sur lesquels pèsent de lourdes charges, notamment en terme de corvées, et souffrant de sous-alimentation, comme à Bondy. Les serfs existent dès le IXᵉ siècle tandis que l'esclavage au sens antique du terme disparaît, un rapprochement progressif se faisant entre *servi* et *pauperes* (Fossier R., 1995, p. 97, p. 100 ; Bonnassie P., 1985, p. 324). Les fréquents manques alimentaires dont ils sont victimes sont visibles à travers l'omniprésence sur la plupart des populations des signes de stress non spécifiques. La faible valeur de ces derniers, par contraste, ne fait que mettre en évidence les relativement bonnes conditions de vie dont jouissent certaines communautés, à travers leurs accès aux ressources alimentaires, un état de santé supérieur et une activité moins soutenue.

La société est dirigée par une aristocratie foncière pour qui la guerre et ses activités corollaires comme la chasse font partie des modes de vie (Farnoux C., 2007 ; Verslype L., 2007). Ses élites paraissent se définir par leur rôle politique, économique et social avec plusieurs caractéristiques : liberté de résidence ; possession de terres et droit d'en disposer ; aptitude à participer à des assemblées politiques et judiciaires, d'ester et d'être reçu comme témoin au tribunal ; droit et obligation de porter les armes et d'assurer le service royal (Devroey J.-P., 2006, p. 239). L'accès aux ressources, l'alimentation et l'activité distinguent l'aristocrate des autres. Le noble carolingien se conçoit comme un guerrier, un chef. Le fait de servir à l'ost à cheval contribue à le définir (Le Jan R., 1995). Les hommes sont passionnés par leurs chevaux (Farnoux C., 2007, p. 57). L'aristocratie, à laquelle appartiennent les individus privilégiés, est difficile à identifier au sein des sites funéraires excepté dans les sites monastiques où la population est très majoritairement favorisée. Ces ensembles présentent des groupes nettement avantagés et peu actifs, bénéficiant d'une alimentation complète, probablement fortement carnée pour les hommes, et d'un accès aux ressources qui paraît, selon les indices biologiques analysés, aisé. Ces derniers montrent aussi que l'aristocratie pratiquait probablement fréquemment l'équitation. Cette dernière caractéristique, bien qu'elle ne soit pas une marque exclusive de cette catégorie, paraît déterminante dans la compréhension des populations. Elle semble être un marqueur culturel d'héritage germanique mais également un signe d'appartenance aux élites. Sa présence, conjuguée à des signes de violences interpersonnelles, pourrait permettre d'identifier certains membres appartenant à des groupes militaires. La caractérisation de ceux qui participent à la guerre se révèle pourtant difficile : certains paysans peuvent contribuer à l'infanterie et les guerriers ne sont pas exclusivement des cavaliers aguerris (Renard E., 2006, p. 320). Ils peuvent aussi occasionnellement participer au guet sur des sites fortifiés sous l'autorité de guerriers professionnels (p. 322). Lorsqu'ils reviennent de leur service, ces hommes ne vont en outre pas se démarquer de la masse paysanne et il est impossible de mettre en évidence leur présence au sein d'une nécropole. Au début du IXᵉ siècle, ils semblent moins fréquemment convoqués à l'ost que ceux possédant l'équipement des cavaliers mais, rapidement, les levées sélectives de simples libres se font plus nombreuses d'après les capitulaires (Renard E., 2006, p. 321). A Mortefontaine, le nombre élevé de squelettes présentant des caractéristiques de population militaire paraît les désigner. De même, il est possible que certains aient résidé à Villiers-le-Sec : une part des individus de la nécropole, appartenant peut-être à un habitat de statut plus éminent que les autres, pratiquait l'équitation de manière intensive et une fracture crânienne par arme blanche y a été observée. Les cavaliers de Bondy pouvaient également appartenir un tel groupe, ce que peut laisser supposer la présence d'un traumatisme crânien par arme tranchante. Pourtant, ils n'appartenaient pas forcément aux élites les plus élevées hiérarchiquement. D'ailleurs, à la fin du Xᵉ siècle, l'armée devient presque totalement professionnelle et composée quasiment exclusivement de cavaliers (Renard E., 2006, p. 330). Les comparaisons des pourcentages de présence de maladie hyperostosique et de pratique cavalière montrent que les deux facteurs ne sont pas liés au sein des sites archéologiques : statistiquement, il est probable que ce ne soient pas forcément les mêmes populations qui pratiquent l'équitation et qui portent les signes de maladie hyperostosique[101]. La relation aurait pu exister car cette pathologie, en lien avec une alimentation fortement

---

101 D'après le résultat du test de corrélation des rangs de Spearman (rho=0,381 ; seuil de 5 % hypothèse unilatérale).

carnée, paraît caractériser en partie les populations les plus privilégiées. Le fait que ce ne sont pas uniquement des individus appartenant aux élites extrêmement favorisées qui pratiquent l'équitation, surtout dans le cadre d'activités guerrières, pourrait l'expliquer.

Les sources textuelles soulignent souvent la forte hiérarchisation de la société carolingienne, tout en ignorant certaines parties de sa population. Les données biologiques semblent confirmer la présence de grands écarts dans l'accès aux ressources, probables reflets de cette stratification sociale. Elles montrent, alliées aux informations archéologiques, qu'il existe une grande variété de sites et de situations. L'absence de cadre rigide apparaît pourtant progressivement au sein de cette étude, les hiérarchies et les populations qui leur sont associées étant vraisemblablement différentes selon les lieux et les temps.

Conclusion
et
perspectives

Des nombreux paramètres qui constituent une population, seuls quelques-uns sont perceptibles à l'historien, quelle que soit la source qu'il utilise, biologique, textuelle, iconographique ou autre. L'étude biologique menée sur les ossements humains de treize sites archéologiques a pu amener de nouvelles informations sur les populations carolingiennes du nord-ouest de la France. Elle a permis d'avancer des hypothèses sur les sites étudiés et de mieux comprendre qui étaient les populations inhumées au sein des ensembles funéraires. Mais les squelettes ne sont qu'un reflet déformé de la vie des individus : ils n'en sont que le témoignage biologique final et donc non exhaustif. L'analyse biologique se heurte à de nombreuses difficultés qu'il faut constamment garder à l'esprit. Il semble n'exister que très peu de sites révélateurs d'un état social. En effet, si la majeure partie d'une nécropole peut être caractérisée, elle comprend fréquemment des individus de diverses origines. Souvent, il n'est possible d'entrevoir que le groupe majoritaire de la population inhumée, lorsque celui-ci est suffisamment représentatif de l'ensemble. En effet, dès que le recrutement s'élargit, les ensembles sont immédiatement plus difficile à caractériser. Ainsi, en milieu urbain, les données se révèlent difficilement interprétables. Par contraste, en milieu rural ou monastique, les populations se montrent davantage caractérisables. A l'appui des synthèses historiques, il semble plus aisé de les comprendre. Une gradation apparaît alors en filigrane au sein de la société carolingienne. Certaines populations s'avèrent privilégiées tandis que d'autres sont dans un niveau intermédiaire ou très défavorisées, les populations monastiques semblant jouir des meilleures conditions de vie.

Des changements populationnels sont également perceptibles au cours du temps au sein du *corpus* étudié. Les populations les plus anciennes semblent être très actives à Escaudain, tant chez les hommes que chez les femmes. Le mode de vie sylvo-pastorale paraît se traduire à travers une alimentation carnée. Une certaine violence, axée sur des pratiques guerrières, les particularise sans doute. A Cherbourg, la période ancienne présente des taux particulièrement élevés de pratique cavalière qui peuvent également être en lien avec cet héritage culturel. La période carolingienne semble, quant à elle, se marquer par une légère amélioration des situations, que ce soit à Cherbourg ou à Saint-Denis. Puis au Xe siècle, vraisemblablement parallèlement au renforcement du fonctionnement des hiérarchies sociales, les conditions de vie paraissent se durcir pour toute une partie de la population. Cette dégradation se perçoit nettement à Saint-Denis mais elle se traduit surtout sur les sites de Bondy et d'Amiens. Ceux-ci, datés des Xe-XIe siècles, présentent des individus nettement défavorisés, appartenant probablement à des groupes de *servi* et/ou de *pauperes*. L'analyse biologique permet donc de percevoir un changement dans l'état général des populations. Mais elle rend également possible la caractérisation partielle des populations carolingiennes.

« *L'ordo fondamental (le « grand Ordre » de Grégoire le Grand) était en même temps un système de classification et un ordre hiérarchique.* » (Devroey J.-P., 2006, p. 36) Une tripartition théorique de la société carolingienne en trois ordres apparaît au IXe siècle, correspondant peut-être au moins partiellement aux classes sociales. Sa signification est ambiguë mais elle se précise rapidement (Devroey J.-P., 2006, p. 41). Le schéma, mis en place par les religieux a pour but de valoriser les moines et ecclésiastiques pour justifier et mettre en évidence leur rôle au sein de la société. Cela est nécessaire pour ces derniers car ils ne produisent théoriquement que des valeurs spirituelles (Savigni R., 2002, p. 56). Cette idée imagine une société répartie en trois ordres : les travailleurs (*laboratores*), les combattants (*bellatores*) et les prêtres (*oratores*). Les termes sont toutefois multiples (Iogna-Prat D., 1986). Les *laboratores* produisent de la nourriture, les *bellatores* combattent et les *oratores* intercèdent auprès de Dieu pour tous. Chaque ordre a donc une fonction particulière : les *laboratores* doivent donc essentiellement travailler, et surtout produire de la nourriture (Montanari M., 2002, p. 103). Mais cela diffère de la réalité carolingienne : la tripartition n'est que très légèrement perceptible au sein des sites archéologiques. En effet, la classe des *bellatores* ne représente que très peu d'individus, probablement disséminés au sein d'autres nécropoles. Si sa présence peut être envisagée sur certains sites, elle reste difficile à prouver et cela d'autant que seul un petit nombre d'indices peut permettre de la révéler. La grande diversité des sites archéologiques observés semble sous-entendre au moins partiellement leur présence. Pourtant ils se mêlent aux autres ordres, dans le monde des morts et celui des vivants, dès qu'ils sortent du cadre guerrier. Les autres types de populations apparaissent également, les pauvres, les religieux. Tous ces éléments laissent finalement percevoir une société hiérarchisée avec de nombreuses classes intermédiaires entre les extrêmes sociaux, aux conditions de vie très favorisées ou au contraire très difficiles.

L'analyse biologique des sites étudiés reflète cette société mais de manière déformée. L'absence de cadre rigide mise en évidence par la diversité des sites indique à quel point la tripartition est une reconstruction théorique. Son schéma ne semble ainsi correspondre que partiellement à la société. L'étude des données biologiques illustre la part de liberté qu'il existait à cette période mais aussi la part de contrainte. Elle propose des différences de statuts entre les individus. Ceux-ci sont partiellement hérités de la période mérovingienne. Mais elle montre surtout une société qui a sa propre identité, avant qu'elle ne connaisse de nouveaux changements amenant la société féodale. Et, finalement, une image originale se dessine des populations carolingiennes.

Perspectives

A travers ce travail, de multiples perspectives apparaissent. En effet, le nombre de sites archéologiques dégagés s'accroît sans cesse consécutivement au développement de l'archéologie préventive. Leur grande diversité, observée lors de cette étude, ne fait que refléter la multiplicité des fouilles. Ainsi, la variété des ensembles funéraires, auparavant imperceptible, devient manifeste. Le potentiel de sites étudiables ne fait qu'augmenter, laissant imaginer de nouvelles situations topographiques et environnementales. Mais la compréhension des populations ne passe pas seulement par la multiplication des cas de figures, elle requiert également une extension de l'aire géographique et de la période chronologique. En effet, comparer les résultats de cette analyse avec les informations dégagées dans des zones limitrophes pourrait compléter utilement ce travail. Cela permettrait de comprendre dans quelle mesure la variabilité des situations se prolonge sur l'ensemble du territoire carolingien. En outre, les premières informations recueillies aux bornes chronologiques du sujet indiquent une variation dans le temps de l'état sanitaire et l'activité des populations : l'extension des analyses aux époques mérovingiennes et féodales apporterait probablement de nouveaux éléments. Pourtant, si l'échelle d'étude géographique et chronologique peut être étendue, il est également possible de la réduire aux sites eux-mêmes. Les éléments dégagés à Saint-Denis mettent clairement en évidence l'existence de différents recrutements en fonction des zones de l'ensemble funéraire. Ces espaces étaient préalablement définis par les données archéologiques mais il est possible de proposer un cheminement inverse, de partir d'informations biologiques détaillées selon l'état sanitaire et l'activité pour définir des zones à recrutements distincts : l'application de cette analyse à de nombreux sites archéologiques funéraires permettrait probablement de mieux les comprendre. En ce sens, les propositions méthodologiques indiquées ici pour estimer les taux d'arthrose, d'activité ou pour calculer un indice permettant les comparaisons entre les sites semblent pouvoir s'adapter à de nombreuses situations. Leur définition simple permet une application aisée et reproductible. La mesure de l'erreur inter-observateur devrait toutefois être envisagée et permettrait de compléter la recherche méthodologique. Le degré de l'applicabilité du protocole utilisé dans cette étude à d'autres circonstances géographiques ou chronologiques paraît intéressante à analyser et offre aussi d'importantes possibilités. La variété des perspectives anthropologiques, archéologiques et historiques est donc très vaste : ces dernières peuvent s'étendre à de multiples champs qui offrent de nombreux éléments de compréhension des sociétés du passé.

Addenda

Suite à cette étude, un site de même chronologie mais situé dans une zone géographique différente a été comparé aux données obtenues dans ce travail, le site d'Ichtratzheim (Bas-Rhin) (Fossurier, 2013). Son replacement au sein du *corpus* a permis de caractériser une population villageoise rurale aux habitudes fortement héritées des traditions mérovingiennes. Une opération archéologique ultérieure a montré que le village se situait en effet à proximité (Fossurier, 2014).

La recherche n'est ainsi pas figée dans le temps, particulièrement lorsqu'elle utilise des données en constante évolution comme celles de l'archéologie préventive.

Bibliographie

Adalian P., 2001, *Evaluation multiparamétrique de la croissance fœtale. Application à la détermination de l'âge et du sexe.*, Université Aix-Marseille II, thèse de sciences, spécialité Anthropologie biologique, Marseille, 260 p., dactyl.

Agrimi J. et Crisciani C., 1995, « Charité et assistance dans la civilisation médiévale chrétienne », *in* Grmek M.D. (Ed), *Histoire de la pensée médicale en Occident. Tome I, Antiquité et Moyen Age*, Editions du Seuil, Paris, p. 151-174.

Alduc-Le Bagousse A., 1988, « Estimation de l'âge des non-adultes : maturation dentaire et croissance osseuse. Données comparatives pour deux populations médiévales bas-normandes », *in* Buchet L. (Ed), *Anthropologie et Histoire ou Anthropologie Historique ? Actes des 3èmes Journées Anthropologiques de Valbonne, juin 1986*, CNRS Editions, Paris, p. 81-103.

Alduc-Le Bagousse A., 1994, « Maturation osseuse - Majorité légale : La place des adolescentes en paléoanthropologie », *in* Buchet L. (Ed), *La femme pendant le Moyen Age et l'Epoque Moderne*, CNRS Editions, Paris, p. 31-39.

Alduc-Le Bagousse A. et Sansibano-Collilieux M., 1991, « Milieu urbain, milieu rural : le monde des vivants et des morts au Moyen Age au Poitou et en basse Normandie. Apports de l'Anthropologie », *in* Buchet L. (Ed), *Ville et campagne en Europe occidentale (Ve-XIIIe siècle) Actes des 5ème journées anthropologiques*, Editions du CNRS, Paris, p. 83-101.

Alexandre-Bidon D. et Treffort C., 1993, *A réveiller les morts. La mort au quotidien dans l'occident médiéval*, Presses Universitaires Lyonnaises, Lyon, 334 p.

Alonso M., Duchesne S., Rougé D. et Crubézy E., 2006, « La pathologie traumatique », *in* Crubézy E., Duchesne S. et Arlaud C. (Ed), *La mort, les morts et la ville (Montpellier - Xe-XVIe siècles)*, Editions Errance, Paris, p. 406-410.

Anderson J.A.D., Duthie J.J.R. et Moody B.P., 1962, « Social and economic effects rheumatic diseases in a mining population », *Annals of the Rheumatic Diseases*, 21: 342-352.

Aptel M. et Gaudez C., 2006, *Affections de l'appareil locomoteur en rapport avec l'exercice d'une profession*, Encyclopédie Médico-Chirugicale (Elsevier Masson SAS), Appareil locomoteur, 15-912-A-10, Paris, 17 p.

Arbogast R.-M., Clavel B., Lepetz S., Méniel P. et Yvinec J.-Y., 2002, *Archéologie du cheval*, Errance, Paris, 128 p.

Ari I., Oygucu I.H. et Sendemir E., 2003, « The squatting facets on the tibia of Byzantine (13th) skeletons », *European Journal of Anatomy*, 7: 143-146.

Bailly-Maître M.-C., Simonel B., Barré N. et Boulle E.-L., 1996, « Travail et milieu - Incidences sur une population au Moyen Age », *in L'identité des populations archéologiques - XVIe Rencontres Internationales d'Archéologie et d'Histoire d'Antibes*, Editions APDCA, Sophia Antipolis, p. 211-243.

Banos G. et Fernàndez M., 2002, *Hyperostose vertébrale ankylosante*, Encyclopédie Médico-Chirugicale, (Elsevier Masson SAS), Appareil locomoteur, 15-861-A-10, Paris, 8 p.

Barbier J., 1988, « Le fisc en Parisis et les dotations sandionysiennes », *in* Cuisenier J. et Guadagnin R. (Ed), *Un village au temps de Charlemagne : moines et paysans de Saint-Denis du VIIe siècle à l'an Mil - Exposition Paris, Musée nationale des arts et traditions populaires 1988-1989*, Réunion des Musées Nationaux, Paris, p. 82-93.

Barthélemy D., 1998, « La chevalerie carolingienne : prélude au XIe siècle », *in* Le Jan R. (Ed), *La royauté et les élites dans l'Europe carolingienne (du début du IXe siècle aux environs de 920)*, Centre d'histoire de l'Europe du Nord-Ouest, Lille, p. 159-175.

Baud C.-A., 1991, « *Urbs in rure* : paléopathologie et paléonutrition des populations rurales », *in* Buchet L. (Ed), *Ville et campagne en Europe occidentale (Ve-XIIIe siècle) Actes des 5ème journées anthropologiques*, Editions du CNRS, Paris, p. 153-154.

Bello S., Thomann A., Rabino Massa E. et Dutour O., 2003, « Quantification de l'état de conservation des collections ostéoarchéologiques et ses champs d'application en anthropologie », *Antropo*, 5: 21-37.

Bernard V., 1998, *L'homme, le bois et la forêt dans la France du Nord entre le Mésolithique et le Haut Moyen-Age*, British Archaeological Reports, Oxford (Angleterre), 190 p.

Billard M., 1994, « Les lignes de Harris en ostéoarchéologie : évolution d'un stigmate événementiel au cours de la croissance et du vieillissement squelettique : implications en paléo-épidémiologie », *in* Buchet L. (Ed), *La femme pendant le Moyen Age et l'Epoque Moderne*, CNRS Editions, Paris, p. 135-155.

Billard M., 2007, *Paléoépidémiologie de l'arthrose sur les séries ostéo-archéologiques néolithiques et protohistoriques d'Auvergne*, Université Claude Bernard Lyon I, thèse de médecine, Lyon, 332 p., dactyl.

Biraben J.-N., 1975, *Les hommes et la peste en France et dans les pays européens et méditerranéens*, E.H.E.S.S., Centre de Recherches Historiques, Mouton, Paris, 871 p.

Biraben J.-N., 1995, « Les maladies en Europe : équilibres et ruptures de la pathocénose », *in* Grmek M.D. (Ed), *Histoire de la pensée médicale en Occident. Tome I : Antiquité et Moyen Age*, Editions du Seuil, Paris, p. 282-310.

Birlouez E., 2009, *A la table des seigneurs, des moines et des paysans du Moyen Age*, Editions Ouest-France, Rennes, 127 p.

Blanchard P., Kacki S. et Rouquet J., 2010, « L'établissement hospitalier des Xe-XIe siècles de la Madeleine à Orléans. Essai sur la caractérisation des espaces et de la population », *in* Le Clech-Chartron S. (Ed), *Les établissements hospitaliers en France du Moyen Âge au XIXe siècle : espaces, objets et populations*, Editions universitaires de Dijon, Dijon, p. 301-322.

Blondiaux J., 1988, *Essai d'anthropologie physique et de paléopathologie des populations du nord de la Gaule au haut Moyen Age*, Université Lille III, thèse de sciences humaines, spécialité Histoire, Lille, 512 p., dactyl.

Blondiaux J., 1994, « A propos de la dame d'Hochfelden et de la pratique cavalière : discussion autour des sites fonctionnels fémoraux », *in* Buchet L. (Ed), *La femme pendant le Moyen Age et l'Epoque Moderne*, CNRS Editions, Paris, p. 97-109.

Blondiaux J. et Buchet L., 1990, « La place de l'anthropologie morphologique dans l'étude des nécropoles », *Bulletins et Mémoires de la Société d'Anthropologie de Paris*, 2: 191-200.

Bocquet-Appel J.P., 2008, *La paléodémographie - 99,99 % de l'histoire des hommes ou la démographie de la Préhistoire*, Errance, Paris, 192 p.

Boissavit-Camus B. et Zadora-Rio E., 1996, « L'organisation spatiale des cimetières paroissiaux », *in* Galinié H. et Zadora-Rio E. (Ed), *Archéologie du cimetière chrétien - Actes du 2ème colloque A.R.C.H.E.A. Orléans, 29 septembre-1er octobre 1994*, 11e supplément à la *Revue Archéologique de Centre de la France* - Conseil Régional du Centre, Tours, p. 49-53.

Bonet V., 1998, « Les maladies des enfants et leur traitement d'après le témoignage de Pline l'Ancien », *in* Deroux C. (Ed), *Maladie et maladies dans les textes latins antiques et médiévaux - Colloque international "Textes médicaux latins" (mai 1995 ; Bruxelles, Belgique)*, Latomus, Bruxelles (Belgique), p. 184-198.

Bonnassie P., 1985, « Survie et extinction du régime esclavagiste dans l'Occident du haut Moyen Age (IVe-XIe s.) », *Cahiers de civilisation médiévale*, 28: 307-343.

Bonnassie P., 1989, « Consommation d'aliments immondes et cannibalisme de survie dans l'Occident du haut Moyen Age », *Annales Economies, Sociétés, Civilisations*, 5: 1035-1056.

Boulc'h S., 1997, « Le repas quotidien des moines occidentaux du haut Moyen Age », *Revue belge de philologie et d'histoire*, 75: 287-328.

Bourbon C., 2006, « Infectious conditions observed on Greek skeletal series (6th-7th centuries AD, 11th century AD) », *in* Buchet L., Dauphin C. et Séguy I. (Ed), *La paléodémographie. Mémoire d'os, mémoire d'hommes*, Editions APDCA, Antibes, p. 85-99.

Braunstein O., 1999, « Artisans », *in* Le Goff J. et Schmitt J.-C. (Ed), *Dictionnaire raisonné de l'Occident médiéval*, Fayard, Paris, p. 67-75.

Bridges P.S., 1991, « Degenerative joint disease in hunter-gatherers and agriculturalists from the southeastern United States », *American Journal of Physical Anthropology*, 85: 379-393.

Bridges P.S., 1993, « The effect of variation in methodology on the outcome of osteoarthritic studies », *International journal of osteoarcheology*, 3: 289-295.

Bridges P.S., 1994, « Vertebral arthritis and physical activities in the Prehistoric southeastern United States », *American Journal of Physical Anthropology*, 93: 83-93.

Brothwell D.R., 1972, *Digging up bones*, British Museum (National History), Londres (Angleterre), 196 p.

Brudy P., 2005, « Images contrastées de l'alimentation monastique », *in* Normand E. et Treffort C. (Ed), *A la table des moines charentais - Archéologie de l'alimentation monastique en Charente et Charente-Maritime au Moyen Age*, Geste éditions, La Crèche, p. 14-15.

Bruzek J., 1992, « Fiabilité des fonctions discriminantes dans la détermination sexuelle de l'os coxal. Critiques et propositions », *Bulletins et Mémoires de la Société d'Anthropologie de Paris*, 4: 67-104.

Bruzek J., Schmitt A. et Murail P., 2004, « Identification biologique individuelle en paléodémographie. Détermination du sexe et estimation de l'âge au décès à partir du squelette », *in* Dutour O., Hublin J.-J. et Vandermeerch B. (Ed), *Objets et méthodes en paléoanthropologie*, Comité des Travaux Historiques et Scientifiques, Toulouse, p. 217-246.

Buchet L., 1988, « La déformation crânienne en Gaule et dans les régions limitrophes pendant le haut Moyen Age, son origine, sa valeur historique », *Archéologie médiévale*, 18: 55-71.

Buchet L., 1995, « La recherche des structures sociales et des conditions de vie par l'étude des squelettes », *Dossiers de l'archéologie*, 208: 60-67.

Buchet L., 1999, « Les incidences sanitaires du travail - L'identification d'activités par l'examen des restes humains archéologiques », *in Le travail : Recherches historiques - Table ronde de Besançon, 14 et 15 novembre 1997*, Presses universitaires franc-comtoises, Besançon, p. 205-226.

Buchet L. et Séguy I., 2002, « La paléodémographie : bilan et perspectives », *Annales de démographie historique*, 103: 161-212.

Buchet L. et Séguy I., 2008, « L'âge au décès des enfants : âge civil, âge biologique, âge social ? » *in* Gusi F., Muriel S. et Carme O. (Ed), *Nasciturus, infans, puerulus vobis mater terra - La muerte en la infancia/La mort dans l'enfance/La mort a l'infancia/The death in the childhood*, Servei d'Investigacions Arqueologiques i Prehistoriques, Castillo de la Plana (Italie), p. 25-39.

Buchet L., Séguy I., Boulle E.-L., Gallien V. et Wabont M., 2003, « Mort probable, mort certaine. Réflexions en paléodémographie à partir de squelettes modernes et contemporains », *Revue archéologique de Picardie*, 21: 101-111.

Buikstra J.E. et Cook D.C., 1980, « Palaeopathology : an American account », *Annual Review of Anthropology*, 9: 433-470.

Buikstra J.E. et Ubelaker D.H., 1994, « Standards for Data Collection from Human Skeletal Remains », *Arkansas Archaeological Survey Report, Fayetteville*, Arkansas (USA), p. 55-112.

Caby C., 2008, « Abstinence, jeûnes et pitances dans le monachisme médiéval », *in* Leclant J., Vauchez A. et Sartre M. (Ed), *Pratiques et discours alimentaires en Méditerranée de l'Antiquité à la Renaissance - Actes du 18ᵉ colloque de la Villa Kérylos à Beaulieu-sur-Mer les 4, 5 & 6 octobre 2007*, Académie des Inscriptions et Belles Lettres, Paris, p. 271-292.

Cardini F., 1989, « Le guerrier et le chevalier », *in* Le Goff J. (Ed), *L'Homme médiéval*, Editions du Seuil, Paris, p. 87-128.

Cardoso F.A. et Henderson C.Y., 2010, « Enthesopathy formation in the humerus : data from known age-at-death and known occupation skeletal collections », *American Journal of Physical Anthropology*, 141: 550-560.

Castex D., 1994, *Mortalité, morbidité et gestion de l'espace funéraire au cours du haut Moyen Age - Contribution spécifique de l'anthropologie biologique*, Université Bordeaux 1, thèse de sciences, spécialité Anthropologie, Bordeaux, 330 p., dactyl.

Catalo J., Duchesne S., Marlière P. et Callèle F., 2002, « Le couvent médiéval des Cordeliers de Castres (Tarn) », *Mémoires de la Société archéologique du Midi de la France*, 62: 117-154.

Catteddu I., 1997, « Le site médiéval de Saleux "Les Coutures" : habitat, nécropole et églises du haut Moyen Age », *in* De Boe G. et Verhaeghe F. (Ed), *Rural settlements in Medieval Europe : papers of the «Medieval Europe Brugge 1997» conference*, Instituut voor het Archeologisch Patrimonium, Zellik (Belgique), p. 143-148.

Chazel J.-C., Valcarcel J., Tramini P., Pelissier B. et Mafart B., 2005, « Coronal and apical lesions, environmental factors : study in a modern and archeological population », *Clinical oral investigation*, 9: 197-202.

Chélini J., 1991, *L'aube du Moyen Age - Naissance de la chrétienté occidentale : la vie religieuse des laïcs dans l'Europe carolingienne (750-900)*, Picard, Paris, 548 p.

Chenorkian P., 1996, *Pratique archéologique statistique et graphique*, Errance, Paris, 162 p.

Christmann D., Hansmann Y. et Staub-Schmidt T., 1997, « Les maladies infectieuses communautaires », *Médecine et maladies infectieuses*, 27: 14-17.

Churchill S.E. et Morris A.G., 1998, « Muscle making morphology and labour intensity in prehistoric Khoisan foragers », *International journal of osteoarcheology*, 8: 390-411.

Clavel B. et Yvinec J.-Y., 2010, « L'archéozoologie du Moyen Age au début de la période moderne dans la moitié nord de la France », *in* Chapelot J. (Ed), *Trente ans d'archéologie médiévale en France. Un bilan pour un avenir - Colloque de la Société d'Archéologie Médiévale*, Publications du CRAHM, Caen, p. 71-87.

Colardelle M., 1996, « Terminologie descriptive des sépultures antiques et médiévales », *in* Galinié H. et Zadora-Rio E. (Ed), *Archéologie du cimetière chrétien - Actes du 2ᵉ colloque A.R.C.H.E.A. (Orléans, 29 septembre-1ᵉʳ octobre 1994)*, 11ᵉ supplément à la *Revue Archéologique de Centre de la France* - Conseil Régional du Centre, Tours, p. 305-310.

Collet P., 2005, *Manifestations ostéoarticulaires des anémies*, Encyclopédie Médico-Chirugicale (Elsevier Masson SAS), Appareil locomoteur, 14-027-A-10, Paris, 12 p.

Colleter R., 2006, *Etude d'une population carolingienne aux marges de la Bretagne (Bréal-sous-Vitré, Ille-et-Vilaine)*, Université Paul Sabatier Toulouse III, mémoire de master 2, Toulouse, 80 p., dactyl.

Commandré F., 1977, *Pathologie abarticulaire*, Laboratoire Cétane, Maurecourt, 264 p.

Cooper C., Mcalindon T., Coggon D., Egger P. et Dieppe P., 1994, « Occupational activity and osteoarthritis of the knee », *Annals of the Rheumatic Diseases*, 53: 90-93.

Croft P., Coggon D., Cruddas M. et Cooper C., 1992, « Osteoarthritis of the hip : an occupational disease in farmers », *British medical journal*, 304: 1269-1272.

Crubézy E., 1996, « Les rapports de l'anthropologie et de l'histoire - Le cas de la haute Nubie aux premiers siècles de notre ère », *in L'identité des populations archéologiques - XVIᵉ Rencontres Internationales d'Archéologie et d'Histoire d'Antibes*, Editions APDCA, Sophia Antipolis, p. 127-140.

Crubézy E., 1999, *Microévolution d'une population historique*, numéro spécial des *Bulletins et Mémoires de la Société d'Anthropologie de Paris*, 213 p.

Crubézy E., 2000, « L'étude des sépultures, ou du monde des morts au monde des vivants », *in* Ferdière A. (Ed), *Archéologie funéraire*, Editions Errance, Paris, p. 8-54.

Crubézy E., Braga J. et Larrouy G., 2002, *Anthropobiologie*, Masson, Paris, 305 p.

Crubézy E., Causse L., Delmas J. et Ludes B., 1998, *Le paysan médiéval en Rouergue - Cimetière et église de Canac (Campagnac, Aveyron)*, Guide Archéologique n°5, Musée archéologique de Montrozier, supplément à *Aquitania* n°8, 263 p.

Crubézy E. et Crubézy-Ibanez E., 1993, « Evaluation sur une série de squelettes de critères diagnostics de la maladie hyperostosique. Implications épidémiologiques », *Revue du rhumatisme*, 69: 586-590.

Crubézy E., Goulet J., Bruzek J., Jelinek J. et Rougé D., 2002, « Epidémiologie de l'arthrose et des enthésopathies dans une population européenne d'il y a 7 700 ans », *Revue de Rhumatologie*, 69: 1217-1225.

Cuisenier J. et Guadagnin R., 1988, *Un village au temps de Charlemagne : moines et paysans de Saint-Denis du VIIᵉ siècle à l'an Mil - Exposition Paris, Musée nationale des arts et traditions populaires 1988-1989*, Réunion des Musées Nationaux, Paris, 357 p.

Cunha E., 1993, « Evolution de la maladie hyperostosique à Coimbra de l'époque médiévale à la fin du XIXᵉ siècle », *Bulletins et Mémoires de la Société d'Anthropologie de Paris*, 5: 319-330.

Danforth M.E., Shuler Herndon K. et Propst K., 1993, « A preliminary study of patterns of replication in scoring linear enamel hypoplasias », *International journal of osteoarcheology*, 3: 297-302.

Davril A. et Palazzo E., 2000, *La vie des moines au temps des grandes abbayes : Xᵉ-XIIIᵉ siècles*, Hachette littératures, Paris, 344 p.

Delahaye F., Courtay E., Le Gaillard L., Girardclos O. et Pilet-Lemière J., 1995, *Cherbourg, Rue Maréchal Foch (Manche)*, Document Final de Synthèse de sauvetage urgent, Caen, 53 p., dactyl.

Delattre V., 2002, « Le cimetière carolingien de Varennes-sur-Seine (Seine-et-Marne) », *in Actes des Journées Archéologiques 2001*, DRAC Ile-de-France, Paris, p. 95-101.

Delattre V., Ameye N., Bauchet O., Boitard E., De Mecquenem C. et Pihuit P., 2002, *Varennes-sur-Seine "Volsint" Ville-Saint-Jacques "Le Bois d'Echalas" (Seine-et-Marne) Le cimetière carolingien de Varennes-sur-Seine*, Document Final de Synthèse, Centre départemental d'Archéologie de la Bassée, 100 p., dactyl.

Desachy B., Bouali M. et Buchet L., 1991, « Les structures archéologiques de la place Clémenceau (Hôtel de ville de Beauvais, Oise) », *Revue Archéologique de Picardie*, 3/4: 47-70.

Devroey J.-P., 1990, « La céréaliculture dans le monde franc », *in* Settimane di studio del Centro italiano di studi sull'alto medievo (Ed), *L'ambiente vegetale nell'alto medievo*, Spolète (Italie), p. 221-253.

Devroey J.-P., 2003, *Economie rurale et société dans l'Europe franque (VIᵉ-IXᵉ siècles). Tome 1 : Fondements matériels, échanges et lien social*, Belin, Paris, 380 p.

Devroey J.-P., 2006, *Puissants et misérables : système social et monde paysan dans l'Europe des Francs (VIᵉ-IXᵉ siècles)*, Académie royale de Belgique, Classe des lettres, Bruxelles (Belgique), 727 p.

Dinet-Lecomte M.-C. et Montaubain P., 2010, « Un projet de répertoire-atlas des hôpitaux en Picardie du Moyen Age à 1800 », *in* Le Clech-Chartron S. (Ed), *Les établissements hospitaliers en France du Moyen Âge au XIXᵉ siècle : espaces, objets et populations*, Éditions universitaires de Dijon, Dijon, p. 91-109.

Doherty M., 2000, « Genetics of hand osteoarthritis », *Osteoarthritis and cartilage*, 8: 8-10.

Dubois J., 1990, « Le travail des moines au Moyen Age », *in* Hamesse J. et Muraille-Samaran C. (Ed), *Le travail au Moyen Age : une approche interdisciplinaire - Actes du Colloque international de Louvain-La-Neuve, 21-23 mai 1987*, Institut d'études médiévales de Louvain-La-Neuve, Louvain-La-Neuve (Belgique), p. 61-100.

Dubreucq A., 1994, « Le monachisme féminin dans le nord de la Gaule à l'époque carolingienne », *in* Bouter N. (Ed), *Les Religieuses dans le cloître et dans le monde des origines à nos jours - Actes du deuxième colloque international du C. E. R. C. O. R. (Poitiers, 29 septembre-2 octobre 1988)*, Publications de l'Université de Saint-Etienne, Saint-Etienne, p. 55-71.

Ducher G. et Courteix D., 2007, « Réponses et adaptations osseuses à l'exercice au cours de la croissance », *in* Van Praagh E. (Ed), *Physiologie du sport : enfant et adolescent*, De Boeck, Bruxelles (Belgique), p.97-126.

Dumontier C., 2007, « Traumatismes de l'articulation sternoclaviculaire chez le joueur de rugby », *Journal de Traumatologie du Sport*, 24: 157-160.

Durand M., 1998, *Archéologie du cimetière médiéval au sud-est de l'Oise - Relations avec l'habitat et évolution des rites funéraires du VIème au XVIème siècle*, supplément à la Revue archéologique de Picardie, 275 p.

Duray S.M., 1996, « Dental indicators of stress and reduced age at death in prehistoric native americans », *American Journal of Physical Anthropology*, 99: 275-286.

Dutour O., 1986, « Enthesopathies (lesions of muscular insertions) as indicators of the activities of neolithic Saharan populations », *American Journal of Physical Anthropology*, 71: 221-224.

Dutour O., 1989, *Hommes fossiles du Sahara : peuplements holocènes du Mali septentrional*, Editions du CNRS, Paris, 342 p.

Dutour O., 1993, « Les marqueurs osseux d'activités sur l'os humain fossile. Une tracéologie paléoanthropologique ? » *in Traces et fonctions : les gestes humains - Colloque international de Liège*, Editions ERAUL, Liège (Bruxelles), p.59-66.

El-Najjar M.Y., Desanti M.V. et Ozebek L., 1978, « Prevalence and possible etiology of dental enamel hypoplasia », *American Journal of Physical Anthropology*, 48: 185-192.

Ervynck A., 1997, « Following the Rule ? Fish and meat consumption in Monastic Communities in Flanders (Belgium) », *in* De Boe G. et Verhaeghe F. (Ed), *Environment and subsistence in Medieval Europe : papers of the « Medieval Europe Brugge 1997 » conference*, Instituut voor het Archeologisch Patrimonium, Zellik (Belgique), p. 67-81.

Farnoux C., 2007, « "De la Loire à la Charbonnière" - Témoins d'une culture rurale franque », *in* Verslype L. (Ed), *Villes et campagnes en Neustrie - Sociétés-Economie-Territoires-Christianisation - Actes de XXVe journées de l'A.F.A.M.*, Editions Monique Mergoil, Montagnac, p. 53-61.

Favier J., 1993, *Dictionnaire de la France médiévale*, Fayard, Paris, 982 p.

Feller L., 2007, *Paysans et seigneurs au Moyen âge - VIIIe-XVe siècles*, Armand Colin, Paris, 301 p.

Feller L., 2008, « Les hiérarchies dans le monde rural du haut Moyen Age : statuts, fortunes et fonctions », *in* Bougard F., Iogna-Prat D. et Le Jan R. (Ed), *Hiérarchie et stratification sociale dans l'Occident médiéval (400-1100)*, Brepols, Turnhout (Belgique), p .257-276.

Ferembach D., Schwidetzky I. et Sloutkal M., 1979, « Recommandations pour déterminer l'âge et le sexe sur le squelette », *Bulletins et Mémoires de la Société d'Anthropologie de Paris*, 6: 7-45.

Fossier R., 1995, « Aperçus sur la démographie médiévale », *in* Guyotjeannin O. (Ed), *Population et démographie au Moyen âge - 118e congrès national des sociétés historiques et scientifiques (1993 ; Pau)*, CTHS, Paris, p. 9-23.

Fossier R., 1995, *L'Occident médiéval - Ve-XIIIe siècle*, Hachette Supérieur, Paris, 160 p.

Fossurier C., 2005, *Etude anthropologique du site d'Escaudain - VIIème-XIème siècle (Nord)*, Université de la Méditerranée, mémoire de Master 2, Marseille, 43 p., dactyl.

Fossurier C., 2011, *Anthropologie et archéologie des sites funéraires carolingiens dans le nord-ouest de la France. Une approche des populations des VIIIe-Xe siècles*, Université de Poitiers, thèse de sciences humaines, spécialité Civilisation médiévale, Poitiers, 365 p., dactyl.

Fossurier C., 2013, *Habitat âge du Bronze, parcellaire antique et nécropole altomédiévale. Occupation humaine à Ichtratzheim de la fin du Bronze final au Xe siècle de notre ère (Ichtratzheim, Bas-Rhin, ZAC Niederfeld)*, rapport de fouille, Inrap, Strasbourg, 363 p., dactyl.

Fossurier C., 2014, *Nécropole et habitat altomédiévaux ; de multiples occupations Bonze final, Hallstatt / La Tène ancienne, Bas-Empire, haut Moyen Age et Moyen Age classique (Ichtratzheim, Bas-Rhin, ZAC Niederfeld - tranche 2)*, rapport de diagnostic, Inrap, Strasbourg, 80 p., dactyl.

Foucray B. et Gentili F., 1993, « Nécropoles et inhumations d'époque carolingienne », *in* Musée Départemental du Val d'Oise (Ed), *L'Ile-de-France de Clovis à Hugues Capet, du Ve au Xe siècle - Exposition à Gury-en-Vexin*, Valhermeil, Saint-Ouen-L'Aumône, p. 226-230.

Gaillard M., 1990, « Les fondations d'abbayes féminines dans le nord et l'est de la Gaule de la fin VIe siècle », *Revue d'histoire de l'Eglise de France*, 76: 5-20.

Gallien V., 1995, « La paléodémographie des populations médiévales du Nord de la France », *Dossiers de l'archéologie*, 208: 68-77.

Gallien V., 1996, « Identité d'une population dionysienne du haut Moyen Age : rupture ou continuité ? » *in L'identité des populations archéologiques - XVIe Rencontres Internationales d'Archéologie et d'Histoire d'Antibes*, Editions APDCA, Sophia Antipolis, p. 183-195.

Gallien V., 2006, « Le cimetière des chanoines de la cathédrale de Coutance (Manche) », *in* Buchet L., Dauphin C. et Séguy I. (Ed), *La paléodémographie. Mémoire d'os, mémoire d'hommes*, Editions APDCA, Antibes, p. 239-248.

Gallien V. et Langlois J.-Y., 1996, « Exemple d'une gestion de cimetière au Moyen Age : le cimetière de la basilique de Saint-Denis (Seine-Saint-Denis) », *Bulletins et Mémoires de la Société d'Anthropologie de Paris*, 8: 397-412.

Glamiche T. et Robin N., 2013, *Mortefontaine (Aisne) « Ferme de Pouy »*, Rapport de sondages, Pôle archéologique du département, Laon, 53 p., dactyl.

Galmiche T. et Robin N., 2015, « Aménagement et gestion du cimetière carolingien de la "Ferme de Pouy" à Mortefontaine (Aisne, France) », *in* Gaultier M., Dietrich A. et Corrochano A. (Ed), *Rencontre autour des paysages du cimetière médiéval et moderne*, 60e supplément à la Révue Archéologique du centre de la France, Publication du Gaaf n°4, p. 185-190.

Galmiche T., Robin N, Buccio V., Desplanque G., Normant S., Jouanin, G. et Gambier P., 2013, *Mortefontaine, Laversine, Montigny-Lengrain (Aisne), « Ferme du Pouy »*, Rapport de fouille, Pôle archéologique du département de l'Aisne, Laon, 124 p., dactyl.

Garcin V., 2009, *Bioarchéologie des sujets immatures de quatre nécropoles du haut Moyen Age européen : méthodes d'étude du développement et des interactions biologie/culture*, Université Bordeaux 1, thèse de sciences, spécialité Anthropologie biologique, Bordeaux, 438 p., dactyl.

Gentili F., 2010, « L'organisation spatiale des habitats ruraux du haut Moyen Age : l'apport des grandes fouilles préventives. Deux exemples franciliens : Serris "Les Ruelles" (Seine-et-Marne) et Villiers-le-Sec (Val-d'Oise) », *in* Chapelot J. (Ed), *Trente ans d'archéologie médiévale en France. Un bilan pour un avenir - Colloque de la Société d'Archéologie Médiévale*, Publications du CRAHM, Caen, p. 119-131.

Gentili F. et Valais A., 2007, « Composantes aristocratiques et organisation de l'espace au sein de grands habitats ruraux du haut Moyen Age », *in* Depreux P., Bougard F. et Le Jan R. (Ed), *Les élites et leurs espaces : mobilité, rayonnement, domination du VIe au XIe siècle - Actes de la rencontre de Göttingen des 3, 4 et 5 mars 2005*, Brepols, Turnhout (Belgique), p. 99-134.

Giovannini F., 1997, « L'importanza del bovino nell'europa occidentale medievale : allevamento, forza-lavoro, contributo alimentare », *in* De Boe G. et Verhaeghe F. (Ed), *Environment and subsistence in Medieval Europe : papers of the « Medieval Europe Brugge 1997 » conference*, Instituut voor het Archeologisch Patrimonium, Zellik (Belgique), p. 31-43.

Gleize Y., 2006, *Gestion de corps, gestion de morts. Analyse archéo-anthropologique de réutilisations de tombes et de manipulations d'ossements en contexte funéraire au début du Moyen Age (entre Loire et Garonne, Ve-VIIIe siècle)*, Université Bordeaux 1, thèse de sciences, spécialité Anthropologie biologique, Bordeaux, 644 p., dactyl.

Goodman A.H., Allen L.H., Hernandez G.P., Amador A., Arriola L.V., Chàvez A. et Pelto G.H., 1987, « Prevalence and age at development of enamel hypoplasias in mexican children », *American Journal of Physical Anthropology*, 72: 7-19.

Goodman A.H. et Armelagos G.J., 1985, « Factors affecting the distribution of enamel hypoplasias within the human permanent dentition », *American Journal of Physical Anthropology*, 68: 479-493.

Goodman A.H., Armelagos G.J. et Rose J.C., 1980, « Enamel hypoplasias as indicators of stress in three prehistoric populations from Illinois », *Human Biology*, 52: 515-528.

Goodman A.H. et Martin D.L., 2002, « Reconstructing health profiles from skeletal remains », *in* Steckel R.H. et Rose J.C. (Ed), *The backbone of history - Health and nutrition in the Western hemisphere*, Cambridge University Press, Cambridge (USA), p. 11-60.

Goodman A.H., Thomas R.B., Swedlund A.C. et Armelagos G.J., 1988, « Biocultural perspectives on stress in prehistoric, historical, and contemporary population research », *Yearbook of Physical Anthropology*, 31: 169-202.

Gouge P., Delattre V. et Pihuit P., 1994, *La Tombe, La Cour des Lions (Sablière De Pretto)*, Document final de synthèse, Centre archéologique de la Bassée - Bazoches-les-Bray, 90 p., dactyl.

Grauer A.L., 1993, « Patterns of anemia and infection from medieval York, England », *American Journal of Physical Anthropology*, 91: 230-213.

Grauer A.L. et Roberts C., 1996, « Paleoepidemiology, healing and possible treatment of trauma in the medieval cemetery population of St. Helen-on-the-Walls, York, England », *American Journal of Physical Anthropology*, 100: 531-544.

Grmek M.D., 1969, « Préliminaires d'une étude historique des maladies », *Annales Economies, Sociétés, Civilisations*, 24: 1473-1483.

Guadagnin R., 1987, « Notice - Villiers-le-Sec (Val-d'Oise) », *in* Barral I. et Altet X. (Ed), *Le paysage monumental de la France autour de l'an mil*, Picard, Paris, p. 379-380.

Guadagnin R., 1988, « Archéologie de l'habitat rural du haut Moyen Age », *in* Cuisenier J. et Guadagnin R. (Ed), *Un village au temps de Charlemagne : moines et paysans de Saint-Denis du VIIe siècle à l'an Mil - Exposition Paris, Musée nationale des arts et traditions populaires 1988-1989*, Réunion des Musées Nationaux, Paris, p. 142-144.

Guadagnin R., 1988, « Le cimetière de la *villa* de Villiers-le-Sec », *in* Cuisenier J. et Guadagnin R. (Ed), *Un village au temps de Charlemagne : moines et paysans de Saint-Denis du VIIe siècle à l'an Mil - Exposition Paris, Musée nationale des arts et traditions populaires 1988-1989*, Réunion des Musées Nationaux, Paris, p. 166-176.

Guibeat P., 1988, « L'environnement - Le milieu naturel et les cultures du VIIe au Xe siècle », *in* Cuisenier J. et Guadagnin R. (Ed), *Un village au temps de Charlemagne : moines et paysans de Saint-Denis du VIIe siècle à l'an Mil - Exposition Paris, Musée nationale des arts et traditions populaires 1988-1989*, Réunion des Musées Nationaux, Paris, p. 196-198.

Guillon M., 2004, « Représentativité des échantillons archéologiques lors de la fouille des gisements funéraires », *in* Baray L. (Ed), *Archéologie des pratiques funéraires. Approches critiques. Actes de la table ronde des 7 et 9 juin 2001 (Glux-en-Glenne)*, Bibracte, Dijon, p. 93-111.

Guy H. et Masset C., 1997, « Particularités taphonomiques des os d'enfants », *in* Buchet L. (Ed), *L'enfant, son corps, son histoire*, Editions APDCA, Valbonne, p. 35-43.

Hawkey D.E. et Merbs C.F., 1995, « Activity-induced musculoskeletal stress markers (MSM) and subsistence strategy changes among ancient Hudson Bay Eskimos », *International journal of osteoarcheology*, 5: 324-338.

Héron C., Meyer O. et Wyss M., 1988, « L'environnement urbain du monastère de Saint-Denis à l'époque carolingienne », *in* Cuisenier J. et Guadagnin R. (Ed), *Un village au temps de Charlemagne : moines et paysans de Saint-Denis du VIIe siècle à l'an Mil - Exposition Paris, Musée nationale des arts et traditions populaires 1988-1989*, Réunion des Musées Nationaux, Paris, p. 60-69.

Herrscher E., Valentin F., Bocherens H. et Colardelle R., 2007, « Les squelettes de Saint-Laurent de Grenoble, des témoins de l'alimentation et de la santé au Moyen Age (XIIIe-XVe siècles, France) », *in* Audouin-Rouzeau F. et Sabban F. (Ed), *Un aliment sain dans un corps sain : perspectives historiques - Colloque de l'Institut européen d'histoire et des cultures de l'alimentation (2002, Tours)*, Presses Universitaires François-Rabelais, Tours, p. 123-138.

Hershkovitz I., Bedford L., Jellema L.M. et Latimer B., 1996, « Injuries to the skeleton due to prolonged activity in hand-to-hand combat », *International journal of osteoarcheology*, 6: 167-178.

Holocomb S.M.C. et Konigsberg L.W., 1995, « Statistical study of sexual dimorphism in the human fetal sciatic notch », *American Journal of Physical Anthropology*, 97: 113-125.

Hugo V., 1877, *La légende des siècles*, Gallimard, réédité 2002, Paris, 1030 p.

Iogna-Prat D., 1986, « Le "baptême" du schéma des trois ordres fonctionnels - L'apport de l'école d'Auxerre dans la seconde moitié du IXe siècle », *Annales Economies, Sociétés, Civilisations*, 1: 101-126.

Judd M.A. et Roberts C.A., 1999, « Fracture trauma in a medieval british farming village », *American Journal of Physical Anthropology*, 109: 229-243.

Jurmain R., 1980, « The pattern of involvement of appendicular degenerative joint disease », *American Journal of Physical Anthropology*, 53: 143-150.

Jurmain R., Bartelink E.J., Leventhal A., Bellifemine V., Nechayev I., Atwodd M. et Digiuseppe D., 2009, « Paleoepidemiological patterns of interpersonal agression in a prehistoric central California population from CA-ALA-329 », *American Journal of Physical Anthropology*, 139: 462-473.

Jurmain R.D., 1977, « Stress and etiology of osteoarthritis », *American Journal of Physical Anthropology*, 46: 353-366.

Kacki S. et Villotte S., 2006, « Maladie hyperostosique et mode de vie : intérêt d'une démarche bio-archéologique - Exemple du couvent des Sœurs Grises de Beauvais (Oise), XVe-XVIIIe siècles », *Bulletins et Mémoires de la Société d'Anthropologie de Paris*, 12: 55-64.

Kelley M.A. et Micozzi M.S., 1984, « Rib lesions in chronic pulmonary tuberculosis », *American Journal of Physical Anthropology*, 65: 381-386.

Kennedy K.A.R., 1989, « Skeletal markers of occupational stress », *in* Iscan M.Y. et Kennedy K.A.R. (Ed), *Reconstruction of life from the skeleton*, Alan R. Liss, New York (USA), p. 129-160.

Kihlberg S. et Hagberg M., 1997, « Hand-arm symptoms related to impact and nonimpact hand-held power tools », *International archives of occupational and environmental health*, 69: 282-288.

Klaus H.D., Larsen C.S. et Tam M.E., 2009, « Economic intensification and degenerative joint disease : life and labor on the postcontact north coast of Peru », *American Journal of Physical Anthropology*, 139: 204-221.

Knüsel C.J., 1993, « On the biomechanical and osteoarthritic differencies between hunter-gatherers and agriculturalists », *American Journal of Physical Anthropology*, 91: 523-527.

Knüsel C.J., Göggel S. et Lucy D., 1997, «Comparative degenerative joint disease of the vertebral column in the medieval monastic cemetery of the gilbertine priory of St Andrew, Fishergate, York, England», *American Journal of Physical Anthropology*, 103: 481-495.

Kramar C., 1990, «L'étude de l'état sanitaire des populations anciennes est-elle un rêve ?», *Bulletins et Mémoires de la Société d'Anthropologie de Paris*, 2: 159-162.

Kramar C. et Simon C., 1988, «Impact de la structure de mortalité par âge dans l'étude de l'état sanitaire des populations anciennes», *in* Buchet L. (Ed), *Anthropologie et histoire ou anthropologie historique ? Actes des 3èmes Journées Anthropologiques - Notes et monographies techniques n°24*, Editions du CNRS, Paris, p. 123-133.

Labhardt J., 1974, «Caractères dentaires non métriques d'une population du haut Moyen Age», *Archives suisses d'anthropologie générale*, 38: 81-118.

Lagier R., 1987a, «L'approche du concept d'arthrose par l'anatomo-pathologie», *Lyon Méditerranée médical, médecine du sud-est*, 23: 11098-11100.

Lagier R., 1987b, «L'arthrose vue par le pathologiste», *Médecine et hygiène*, 45: 448-450.

Lagier R., 1996, «Les arthropathies professionnelles - Approche anatomopathologique au service des archéologues», *in L'identité des populations archéologiques - XVIe Rencontres Internationales d'Archéologie et d'Histoire d'Antibes*, Editions APDCA, Sophia Antipolis, p. 197-210.

Lai P. et Lovell N.C., 1992, «Skeletal markers of occupational stress in the fur trade : a case study from a Hudson's Bay company fur trade post», *International journal of osteoarcheology*, 2: 221-234.

Langelin-Leroy E., 2005, *Escaudain (Nord) - Fouilles préventives*, Rapport de fouille, Douai, 123 p., dactyl.

Langlois J.-Y. et Gallien V., 2006, «L'église de Notre-Dame-de-Bondeville et sa population (VIIe-IXe, Seine-Maritime)», *in* Buchet L., Dauphin C. et Séguy I. (Ed), *La paléodémographie. Mémoire d'os, mémoire d'hommes*, Editions APDCA, Antibes, p. 249-257.

Larsen C.S., 1997, *Bioarchaelogy - Interpreting behavior from the human skeleton*, Cambridge University Press, Cambridge (USA), 461 p.

Laurioux B., 1989, *Le Moyen Age à table*, Adam Biro, Paris, 154 p.

Lauwers M., 1996, «Le "sépulcre des pères" et les "ancêtres". Notes sur le culte des défunts à l'âge seigneurial», *Médiévales*, 31: 67-78.

Lauwers M., 2005, *Naissance du cimetière chrétien - Lieux sacrés et terre des morts dans l'Occident médiéval*, Aubier, Floch, 393 p.

Lauwers M., 2005, «Paroisse, paroissiens et territoire. Remarques sur *parochia* dans les textes latins du Moyen Age», *Médiévales*, 49: 11-31.

Le Forestier C., 2000, «Les sépultures. Cimetière villageois et inhumations isolées», *in* Gentili F. (Ed), *Villiers-le-Sec (Val-d'Oise), La place de la ville, Document Final de Synthèse*, p. 456-524, dactyl.

Le Forestier C., à paraître, *Bondy, rue Jules Guesdes*, Rapport Final d'opération : surveillance de travaux, Inrap, Bureau du Patrimoine archéologique de Seine-Saint-Denis, Service Régional de l'Archéologie, Pantin, dactyl.

Le Goff J., 1971, «Travail, techniques et artisans dans les systèmes de valeur du haut Moyen Age (V^e-Xe siècle)», *in* Settimane di studio del Centro italiano di studi sull'alto medievo (Ed), *Artigianato e tecnica nella società dell'alto Medievo occidentale*, Spolète (Italie), p. 239-266.

Le Goff J., 1990, «Le travail dans les systèmes de valeur de l'Occident médiéval», *in* Hamesse J. et Muraille-Samaran C. (Ed), *Le travail au Moyen Age : une approche interdisciplinaire - Actes du Colloque international de Louvain-La-Neuve, 21-23 mai 1987*, Institut d'études médiévales, Louvain-La-Neuve (Belgique), p. 7-21.

Le Ho Y., 1994, *Saint-Martin de Trainecourt (Mondeville-Calvados) - Etude Anthropologique*, Université de Caen, mémoire de maîtrise, Caen, 50 p., dactyl.

Le Jan R., 1995, *Famille et pouvoir dans le monde franc (VIIe-Xe siècle) : essai d'anthropologie sociale*, Publications de la Sorbonne, Paris, 571 p.

Le Jan R., 2003, *La société du haut Moyen Age - VIe-IXe siècle*, Armand Colin, Paris, 304 p.

Le Jan-Hennebicque R., 1968, «"*Pauperes*" et "*paupertas*" dans l'Occident carolingien aux IXe et Xe siècles», *Revue du Nord*, 50: 169-187.

Lebecq S., 1996, «Le devenir économique de la cité dans la Gaule des Ve-IXe siècles», *in* Lepelley C. (Ed), *La fin de la cité antique et le début de la cité médiévale : de la fin du IIIe siècle à l'avènement de Charlemagne - Actes du colloque tenu à l'Université de Paris X-Nanterre les 1, 2 et 3 avril 1993*, Edipuglia, Bari (Italie), p. 287-309.

Leclerc J., 1990, « La notion de sépulture », *in* Crubézy E., Duday H., Sellier P. et Tillier A.-M. (Ed), *Anthropologie et archéologie : dialogue sur les ensembles funéraires*, numéro spécial, *Bulletins et Mémoires de la Société d'Anthropologie de Paris*, p. 13-18.

Leguay J.-P., 1981, « Accidents du travail et maladies professionnelles au Moyen Age », *L'Information Historique*, 43: 223-233.

Lelong Charles, 1995, *Grégoire de Tours*, CLD, Chambray-lès-Tours, 142 p.

Lemière J., 1978, *Cherbourg (Manche) Parking Notre-Dame - 1978 Site du château médiévale et de l'agglomération antique*, Rapport de fouilles, Caen, dactyl.

Lemière J., 1979, *Cherbourg (Manche) Parking Notre-Dame - 1979 Site du château médiévale et de l'agglomération antique*, Rapport de fouilles, Caen, dactyl.

Lemière J., 1980, *Cherbourg (Manche) Parking Notre-Dame - 1980 Site du château médiévale et de l'agglomération antique*, Rapport de fouilles, Caen, 30 p., dactyl.

Lemière J., 1981, *Cherbourg (Manche) Parking Notre-Dame - 1981 Site du château médiévale et de l'agglomération antique*, Rapport de fouilles, Caen, dactyl.

Lorans E., 2007, « Les élites et l'espace urbain : approches archéologique et morphologique (France du Nord et Angleterre, du VIIIe au Xe siècle) », *in* Depreux P., Bougard F. et Le Jan R. (Ed), *Les élites et leurs espaces : mobilité, rayonnement, domination du VIe au XIe siècle - Actes de la rencontre de Göttingen des 3, 4 et 5 mars 2005*, Brepols, Turnhout (Belgique), p. 67-97.

Lorren C., 1982, « L'église Saint-Martin de Mondeville (Calvados) - Quelques questions », *in Mélanges d'Archéologie et d'Histoire médiévales*, Ecole des Chartres, Genève (Suisse), p. 251-276.

Louis E., 1997, « Archéologie des bâtiments, VIIème-IXème siècles. Le cas d'Hamage (France, Département du Nord) », *in* De Boe G. et Verhaeghe F. (Ed), *Death and burial in medieval Europe : papers of the « Medieval Europe Brugge 1997 » conference*, Instituut voor het Archeologisch Patrimonium, Zellik (Belgique), p. 55-63.

Louis E. et Blondiaux J., 2009, « L'abbaye mérovingienne et carolingienne de Hamage (Nord) - Vie, mort et sépulture dans une communauté monastique féminine », *in* Alduc-Le Bagousse A. (Ed), *Inhumations de prestige ou prestige de l'inhumation ?*, Editions du CRAHM, Caen, p. 117-149.

Lovejoy C.O., Meindl R.S., Pryzbeck T.R. et Mensforth R.P., 1985, « Chronological metamorphosis of the auricular surface of the ilium : a new method for the determination of adult skeletal age at death », *American Journal of Physical Anthropology*, 68: 15-28.

Lovell N.C., 1997, « Trauma analysis in paleopathology », *Yearbook of physical anthropology*, 40: 139-170.

Lovell N.C. et Whyte I., 1999, « Patterns of dental enamel defects at Ancient Mendes, Egypt », *American Journal of Physical Anthropology*, 110: 69-80.

Mac Kern T.W. et Stewart T.D., 1957, *Skeletal changes in young American males*, Quatermaster Research and Developement Command, Natick, Massassuchets (USA), 203 p.

Manchester K., 1992, « The paleopathology of urban infections », *in* Bassett S. (Ed), *Death in towns : urban responses to the dying and the dead, 100-1600*, Leicester university press, Leicester (Angleterre), p. 8-14.

Mansat P., 2007, *Arthrose du coude*, Encyclopédie Médico-Chirugicale (Elsevier Masson SAS), Appareil locomoteur, 14-361-A-10, Paris, 9 p.

Marcsik A. et Palfi G.Y., 1992, « Problèmes du diagnostic différentiel de la tuberculose des squelettes », *Munibe*, 8: 95-98.

Mariage F., 2007, « Les *portus* de la vallée de l'Escaut à l'époque carolingienne : des dynamiques urbaines contrastées », *in* Verslype L (Ed), *Villes et campagnes en Neustrie - Sociétés-Economie-Territoires-Christianisation - Actes de XXVe journées de l'A.F.A.M.*, Editions Monique Mergoil, Montagnac, p. 249-259.

Mariotti V., Facchini F. et Belcastro M.G., 2004, « Enthesopathies - Proposal of a standardized method and applications », *Collegium anthropologicum*, 28: 145-159.

Masset C., 1973, « La démographie des populations inhumées - Essai de paléodémographie », *L'homme*, 13: 95-131.

Masset C., 1982, *Estimation de l'âge au décès par les sutures crâniennes*, thèse de Sciences, spécialité Sciences Naturelles, Université Paris VII, Paris, 301 p., dactyl.

Masset C., 1994, « Démographie des cimetières ou "paléodémographie" », *in Archéologie funéraire et actualité régionale - Actes des Journées Archéologiques d'Ile-de-France*, D.R.A.C. Ile de France, Paris, p. 5-7.

Matos V., 2009, « Broken ribs : paleopathological analysis of costal fractures in the human identified skeletal collection from the museu Bocage, Lisbon, Portugal (Late 19th to middle 20th centuries) », *American Journal of Physical Anthropology*, 140: 25-38.

Mays S., 1997, « Life and dead in a medieval village », *in* De Boe G. et Verhaeghe F. (Ed), *Death and burial in medieval Europe : papers of the « Medieval Europe Brugge 1997 » conference*, Instituut voor het Archeologisch Patrimonium, Zellik (Belgique), p. 121-125.

Mays S., 1998, *The Archaeology of Human Bones*, Routledge, New York (USA), 256 p.

Mays S., Brickley M. et Ives R., 2006, « Skeletal manifestations of rickets in infants and young children in a historic population from England », *American Journal of Physical Anthropology*, 129: 362-374.

Merbs C.F., 1989, « Spondylolysis : its nature and anthropological significance », *International journal of anthropology*, 4: 163-169.

Milis L.J.R., 2002, *Les moines et le peuple dans l'Europe du Moyen Age*, Belin, Paris, 159 p.

Mollat M., 1982, « Les premiers hôpitaux - VIe-XIe siècles », *in* Imbert J. (Ed), *Histoire des hôpitaux*, Privat, Toulouse, p. 13-32.

Molleson T., 1988, « Urban bones : the skeletal evidence for environmental change », *in* Buchet L. (Ed), *Anthropologie et histoire ou anthropologie historique ? Actes des 3èmes Journées Anthropologiques - Notes et monographies techniques n°24*, Editions du CNRS, Paris, p. 143-158.

Montanari M., 1983, « Valeurs, symboles, messages alimentaires durant le haut Moyen Age », *Médiévales*, 5: 57-66.

Montanari M., 1996, « Les paysans, les guerriers et les prêtres : image de la société et styles d'alimentation », *in* Flandrin S.-L. et Montanari M. (Ed), *Histoire de l'alimentation*, Fayard, Paris, p. 295-303.

Montanari M., 1996, « Structures de production et systèmes alimentaires », *in* Flandrin, S.-L. et Montanari M. (Ed), *Histoire de l'alimentation*, Fayard, Paris, p. 283-293.

Montanari M., 1999, « Alimentation », *in* Le Goff J. et Schmitt J.-C. (Ed), *Dictionnaire raisonné de l'Occident médiéval*, Fayard, Paris, p. 20-31.

Montanari M., 2002, « L'image du paysan et les codes de comportement alimentaire », *in* Boglioni P., Delort R. et Gauvard C. (Ed), *Le petit peuple dans l'Occident médiéval : terminologies, perceptions, réalités. Actes du congrès international tenu à l'Université de Montréal, 18-23 octobre 1999*, Publications de la Sorbonne, Paris, p. 97-112.

Moorrees C.F.A., Fanning E.A. et Hunt E.E.J.R., 1963a, « Formation and resorption of three deciduous teeth in children », *American Journal of Physical Anthropology*, 21: 205-213.

Moorrees C.F.A., Fanning E.A. et Hunt E.E.J.R., 1963b, « Age variation of formation stages for ten permanent teeth », *Journal of dental research*, 42: 1490-1502.

Moskowitz R.W., 1989, « Clinical and laboratory findings in osteoarthritis », *in* Mccarty D.-J. (Ed), *Arthritis and allied conditions*, Lea and Febiger, Philadelphie (USA), p. 1605-1630.

Murail P., Bruzek J., Houët F. et Cunha E., 2005, « DSP : a tool for probabilistic sex diagnosis using worldwide variability in hip-bone measurements », *Bulletins et Mémoires de la Société d'Anthropologie de Paris*, 17: 167-176.

Nakagawa Y., Hyakuna K., Otani S., Hashitani M. et Nakamura T., 1999, « Epidemiological study of glenohumeral osteoarthritis with plain radiography », *Journal of shoulder and elbow surgery*, 8: 580-584.

Noble J.S., 2003, « Degenerative sternoclavicular arthritis and hyperostosis », *Clinics in sports medicine*, 22: 407-422.

Olsen Kelley J. et Angel J.L., 1987, « Life stresses of slavery », *American Journal of Physical Anthropology*, 74: 199-211.

Palfi G.Y., 1989, « Etude paléopathologique des tumeurs osseuses malignes du VIIIème siècle », *Paleobios*, 5: 69-76.

Palfi G.Y., 1992, « Traces des activités sur les squelettes des anciens Hongrois », *Bulletins et Mémoires de la Société d'Anthropologie de Paris*, 4: 209-231.

Palfi G.Y., 1997, *Maladies dans l'Antiquité et au Moyen Age - Paléopathologie comparée des anciens Gallo-romains et Hongrois*, numéro spécial des *Bulletins et Mémoires de la Société d'Anthropologie de Paris*, 206 p.

Palfi G.Y. et Dutour O., 1996, « Les marqueurs d'activité sur le squelette humain - Aspects théorique et application à des séries ostéoarchéologiques européennes », *in L'identité des populations archéologiques - XVIe Rencontres Internationales d'Archéologie et d'Histoire d'Antibes*, Editions APDCA, Sophia Antipolis, p. 211-243.

Palfi G.Y., Dutour O. et Berato J., 1993, « Etude paléopathologique de la série gallo-romaine de Costobelle (Hyères, Var) », *Paleobios*, 9: 1-27.

Palfi G.Y., Dutour O., Berato J. et Marcsik A., 1994, « Paléopathologie comparée de l'arthrose vertébrale dans plusieurs séries gallo-romaines et une série hongroise », *Paleobios*, 7: 67-80.

Parisse M., 1974, « Les chanoinesses séculières », *in* Société des historiens médiévistes de l'enseignement supérieur public (Ed), *Aspects de la vie conventuelle aux XIe-XIIe siècles - Congrès de Saint-Etienne (7-9 juin 1974), Cahiers d'Histoire*, p. 253-258.

Parisse M., 1983, *Les Nonnes au Moyen Age*, C. Bonneton, Le Puy, 271 p.

Parisse M., 2004, « La tradition du monachisme féminin au haut Moyen Age », *in* Dalarun J. (Ed), *Robert d'Arbrissel et la vie religieuse dans l'ouest de la France - Actes du colloque de Fontevraud (13-16 décembre 2001)*, Brepols, Turnhout (Belgique), p. 107-120.

Patzelt E., 1974, « Moines-médecins », *in Études de civilisation médiévale, IXe-XIIe siècles : mélanges offerts à Edmond-René Labande à l'occasion de son départ à la retraite et du XXe anniversaire du C.E.S.C.M. par ses amis, ses collègues, ses élèves*, C.E.S.C.M., Poitiers, p. 577-588.

Pecqueur L., 2003, « Des morts chez les vivants. Les inhumations dans les habitats ruraux du haut Moyen Age en Ile-de-France », *Archéologie médiévale*, 33: 1-31.

Perrenoud A., 1997, « La mortalité », *in* Bardet J.-P. et Dupâquier J. (Ed), *Histoire des populations de l'Europe. T1 Des origines aux prémices de la révolution démographique*, Fayard, Paris, p. 286-315.

Perrot R. et Besnard A.C., 2000, « Le concept de pathocènose testé sur des populations européennes d'époque médiévale », *Paleobios*, 12: 54-66.

Perrugot D., 2008, *L'habitat carolingien du Grand-Longueron (Champlay, Yonne) : origine et mutation d'un grand domaine foncier au haut Moyen âge, VIIIe-IXe siècles*, Editions Monique Mergoil, Montagnac, 238 p.

Pertuiset E., 2004, *Tuberculose osseuse et articulaire des membres*, Encyclopédie Médico-Chirugicale (Elsevier Masson SAS), Appareil locomoteur, 14-185-A-10, Paris, 16 p.

Peytremann E., 2003, *Archéologie de l'habitat rural dans le nord de la France du IVe au XIIe siècle*, AFAM, Saint-Germain-en-Laye, 442 p.

Pichon G., 1984, « Essai sur la lèpre du haut Moyen Age », *Le Moyen Age - Revue d'histoire et de philologie*, 90: 331-356.

Pilardeau P., Richard R., Pignel R., Massi R. et Tellas T., 1990, « Le syndrome de Lucy », *Journal de traumatologie du sport*, 4: 171-175.

Pilet C., 1994, *La nécropole de Saint-Martin-de-Fontenay (Calvados)*, CNRS Editions, Paris, 550 p.

Platzer W., 1998, *Anatomie 1 - Appareil locomoteur*, Flammarion, Paris, 435 p.

Plouvier L., 2002, « L'alimentation carnée au haut Moyen Age d'après *De observatione ciborum* d'Anthime et les *Excerpta* de Vinidarius », *Revue belge de philologie et d'histoire*, 80: 1357-1369.

Plouvier L., 2007, « A la table des premiers mérovingiens », *in* Verslype L. (Ed), *Villes et campagnes en Neustrie - Sociétés-Economie-Territoires-Christianisation - Actes de XXVe journées de l'A.F.A.M.*, Editions Monique Mergoil, Montagnac, p. 121-138.

Poignant S., 2013, « Morphogénèse des villages : réflexions autour de l'exemple de Bondy (Seine-Saint-Denis) », *in* Mahé-Hourlier N. et Poignant S. (Ed), *Archéologie du village, archéologie dans le village dans le nord de la France (Ve-XIIIe siècles). Actes de la table-ronde, 22-24 novembre 2007, M.A.N., Saint-Germain-en-Laye*, A.F.A.M. Musée d'Archéologie Nationale, Saint-Germain-en-Laye, p. 199-206.

Poignant S., en cours, *Bondy Rue Jules Guesde, Rue Polissard - Opération Coeur de ville (Seine-Saint-Denis)*, Rapport de fouille, Paris, dactyl.

Polet C. et Orban R., 2001, *Les dents et les ossements humains - Que mangeait-on au Moyen-Age ?*, Brepols, Turnhout (Belgique), 183 p.

Pratchett T., 1989, *Pyramides*, traduction Couton P., 2000, Pocket, Paris, 312 p.

Racinet S., 2006, « Les prescriptions concernant l'alimentation et la boisson dans les règles monastiques médiévales (jusqu'à la règle de saint Benoît) », *in* Schwerdroffer J. (Ed), *Production alimentaire et lieux de consommation dans les établissements religieux au Moyen Age et à l'époque moderne - Actes du colloque de Lille, 16, 17 et 18 octobre 2003, Tome 1*, CAHMER, Amiens, p. 3-7.

Rassart V., 2007, « Aperçu de l'archéologie funéraire mérovingienne dans le département du Nord », *in* Verslype L. (Ed), *Villes et campagnes en Neustrie - Sociétés-Economie-Territoires-Christianisation - Actes de XXVe journées de l'A.F.A.M.*, Editions Monique Mergoil, Montagnac, p. 205-210.

Rassinier J.-P., 1993, « Miracles et pathologie dans l'œuvre de saint Augustin », *in* Ribémont B. (Ed), *Le corps et ses énigmes au Moyen âge - Actes du colloque d'Orléans (15-16 mai 1992)*, Paradigme, Caen, p. 133-156.

Ravaud P. et Dougados M., 2000, « Définition et épidémiologie de la gonarthrose », *Revue de Rhumatologie*, 67: 130-137.

Raynaud C., 2006, « Le monde des morts », *Gallia*, 63: 137-156.

Renard E., 2006, « Une élite paysanne en crise ? Le poids des charges militaires pour les petits alleutiers entre Loire et Rhin au IXe siècle », *in* Bougard F., Feller L. et Le Jan R. (Ed), *Les élites au haut Moyen Âge : crises et renouvellements*, Brepols, Turnhout (Belgique), p. 315-336.

Réveillas H. et Castex D., 2010, « Biologie et coutumes funéraires. Les établissements hospitaliers du Moyen Age et de l'époque moderne : état d'une recherche en cours », *Bulletins et Mémoires de la Société d'Anthropologie de Paris*, 22: 73-83.

Reynaud J.-F., 1996, « Les morts dans les cités épiscopales de Gaule du IVe au XIe siècle », *in* Galinié H. et Zadora-Rio E. (Ed), *Archéologie du cimetière chrétien - Actes du 2e colloque A.R.C.H.E.A. (Orléans, 29 septembre-1er octobre 1994)*, 11e supplément à la Revue Archéologique de Centre de la France - Conseil Régional du Centre, p. 23-30.

Ribot I. et Roberts C., 1996, « A study of non-specific stress indicators and skeletal growth in two mediaeval subadult populations », *Journal of archaeological science*, 23: 67-79.

Robb J., Bigazzi R., Lazzarini L., Scarsini C. et Sonego F., 2001, « Social "status" and biological "status" : a comparison of grave goods and skeletal indicators from Pontecagnano », *American Journal of Physical Anthropology*, 115: 213-222.

Robb J.E., 1998, « The interpretation of skeletal muscle sites : a statistical approach », *International journal of osteoarcheology*, 8: 363-377.

Roberts C., 2009, *Human remains in archaeology : a handbook*, Council for British Archaeology, York (Angleterre), 292 p.

Roberts C. et Manchester K., 2005, *The archaeology of disease*, Cornell University Press, Ithaca (Angleterre), 256 p.

Rochcongar P., 1999, *Lésions chroniques de l'appareil locomoteur chez le sportif*, Encyclopédie Médico-Chirugicale (Elsevier Masson SAS), Appareil locomoteur, 15-902-A-10, Paris, 8 p.

Rogers J. et Waldron T., 2001, « DISH and the monastic way of life », *International journal of osteoarcheology*, 11: 357-365.

Rogers J., Waldron T., Dieppe P. et Watt I., 1987, « Arthropathies in palaeopathology : the basis of classification according to most probable cause », *Journal of archaeological science*, 14: 179-193.

Roiseux J., 1993, « La nécropole du village médiéval de Poigny - Essai de synthèse sur les rites et les pratiques funéraires du VIIIe au XVIIIe siècle », *Bulletin du Groupement Archéologique de Seine-et-Marne*, 32-34: 259-277.

Rojas-Sepulveda C.-M., 2009, *Relations Homme-Environnement en Amérique du Sud précolombienne, Approche paléoépidémiologique de la maladie articulaire dégénérative et des marqueurs osseux d'activité chez des populations anciennes des régions andines septentrionales et panaméennes*, Université de la Méditerranée, thèse de sciences, spécialité Anthropologie biologique, Marseille, 369 p., dactyl.

Rojas-Sepulveda C.-M. et Dutour O., 2009, « Première évaluation paléoépidémiologique d'une série ostéo-archéologique de la Côte Centrale Péruvienne : le site d'Ancon I », *Bulletins et Mémoires de la Société d'Anthropologie de Paris*, 21: 113-139.

Rothschild B.M., 1997, « Porosity : a curiosity without diagnostic significance », *American Journal of Physical Anthropology*, 104: 529-533.

Rouche M., 1973, « La faim à l'époque carolingienne : essai sur quelques types de rations alimentaires », *Revue Historique*, 508: 295-320.

Rouche M., 1985, « Atlas historique », *in* Périn P. et Feffer L.-C. (Ed), *La Neustrie. Les pays au nord de la Loire de Dagobert à Charles le Chauve (VIIe-IXe siècles)*, Musées départementaux de la Seine-Maritime, Rouen, p. 431-454.

Rouche M., 1987, « Partie I (V^e-Xe s.) : Un dieu de barbarie », *in* Lequin Y. et Delumeau J. (Ed), *Les malheurs des temps : histoire des fléaux et des calamités en France*, Larousse, Paris, p. 27-116.

Roux M. et Buchet L., 1988, « Analyse des données, applications à l'anthropologie », *in* Buchet L. (Ed), *Anthropologie et histoire ou anthropologie historique ? Actes des 3èmes Journées Anthropologiques - Notes et monographies techniques n°24*, Editions du CNRS, Paris, p. 241-250.

Ruas M.-P., 1988, « Alimentation végétale, pratiques agricoles et environnement du VIIe au Xe siècle », *in* Cuisenier J. et Guadagnin R. (Ed), *Un village au temps de Charlemagne : moines et paysans de Saint-Denis du VIIe siècle à l'an Mil - Exposition Paris, Musée nationale des arts et traditions populaires 1988-1989*, Réunion des Musées Nationaux, Paris, p. 203-217.

Ruas M.-P., 1990, « Alimentation végétale, pratiques agricoles et environnement du VIIe au Xe siècle », *in* Mathon C.-C. (Ed), *Les plantes cultivées chez les Carolingiens au IXème siècle : Alimentation végétale, pratiques agricoles et environnement (fascicule)*, Université de Poitiers Faculté des Sciences, Poitiers, p. 37-43, dactyl.

Santinelli E., 2007, « Femmes et structuration des groupes familiaux dans la Neustrie mérovingienne », *in* Verslype L. (Ed), *Villes et campagnes en Neustrie - Sociétés-Economie-Territoires-Christianisation - Actes de XXVe journées de l'A.F.A.M.*, Editions Monique Mergoil, Montagnac, p. 63-72.

Santos A.L. et Roberts C.A., 2001, «A picture of tuberculosis in young Portuguese people in the early 20th century : a multidisciplinary study of the skeletal and historical evidence», *American Journal of Physical Anthropology*, 115: 38-49.

Sapin C. et Treffort C., 2004, «Inhumations et édifices religieux au Moyen Age - Bilan d'une rencontre et pistes de réflexion», *in* Alduc-Le Bagousse A. (Ed), *Inhumations et édifices religieux au Moyen Age entre Loire et Seine*, Publications du CRAHM, Caen, p. 3-11.

Saraux A. et Le Nen D., 2009, *Arthrose de la main et du poignet*, Encyclopédie Médico-Chirugicale (Elsevier Masson SAS), Appareil locomoteur, 14-066-A-10, Paris, 810 p.

Savigni R., 2002, «Les laïcs dans l'ecclésiologie carolingienne : normes statutaires et idéal de "conversion"», *in* Lauwers M. (Ed), *Guerriers et moines : conversion et sainteté aristocratiques dans l'Occident médiéval (IXe-XIIe siècle)*, Editions APDCA, Antibes, p. 41-92.

Schmitt A., 2002, «Estimation de l'âge au décès des sujets adultes à partir du squelette : des raisons d'espérer», *Bulletins et Mémoires de la Société d'Anthropologie de Paris*, 14: 51-73.

Schmitt A., 2005, «Une nouvelle méthode pour estimer l'âge au décès des adultes à partir de la surface sacro-pelvienne iliaque», *Bulletins et Mémoires de la Société d'Anthropologie de Paris*, 17: 89-101.

Schour I. et Massler M., 1941, «The development of the human dentition», *Journal american dental association*, 28: 1153-1160.

Schwartz D., 2000, *Méthodes statistiques à l'usage des médecins et des biologiques*, Flammarion, Paris, 315 p.

Séguy I., 2006, «Introduction», *in* Buchet L., Dauphin C. et Séguy I. (Ed), *La paléodémographie. Mémoire d'os, mémoire d'hommes*, Editions APDCA, Antibes, p. 173-175.

Séguy I. et Buchet L., 2002, *Age biologique, âge civil, âge social - Estimation de l'âge des enfants inhumés et analyse paléodémographique*, *in Actes du colloque d'AIDELF (Dakar, 2002)*, www.aidelf-ined.fr/colloques/seance1/t_seguy.pdf, 8p.

Sellier P., 1996, «Paléodémographie et organisation du tumulus», *in* Piningre J.F. (Ed), *Nécropoles et sociétés au premier Age du Fer : le tumulus de Courtesault (Haute-Saône) - Document d'archéologie française*, Editions de la Maison des Sciences de l'Homme, Paris, p. 137-142, p.188-202.

Signoli M., Séguy I. et Buchet L., 2005, «Les populations historiques - Le recrutement funéraire des adultes à travers trois échantillons paléodémographiques», *in* Dutour O., Hublin J.-J. et Vandermeerch B. (Ed), *Origine et évolution des populations humaines*, Editions du comité des travaux historiques et scientifiques, Paris, p. 241-257.

Silberberg M., Frank E.L., Jarrtet S. et Silberberg R., 1959, «Aging and osteoarthritis of the human sterno-clavicular joint», *American Journal of Pathology*, 35: 851-865.

Soafer Derevenski J.R., 2000, «Sex differences in activity-related osseous change in the spine and the gendered division of labor at Ensay and Wharram Percy, UK», *American Journal of Physical Anthropology*, 111: 333-354.

Sotres P.G., 1995, «Les régimes de santé», *in* Grmek M.D. (Ed), *Histoire de la pensée médicale en Occident. Tome I, Antiquité et Moyen Age*, Editions du Seuil, Paris, p. 257-281.

Spector T.D., Hart D.J. et Doyle D.V., 1994, «Incidence and progression of osteoarthritis in women with unilateral knee disease in the general population : the effect of obsesity», *Annals of the Rheumatic Diseases*, 53: 565-568.

Spector T.D. et Hochberg M.C., 1994, «Methodological problems in the epidemiological study of osteoarthritis», *Annals of the Rheumatic Diseases*, 53: 143-146.

Steckel R.H. et Rose J.C., 2002, *The backbone of history - Health and nutrition in the Western hemisphere*, Cambridge University Press, Cambridge (USA), 654 p.

Stenlund B., Goldie I., Hagberg M., Hogstedt C. et Marions O., 1992, «Radiographic osteoarthrosis in the acromioclavicular joint resulting from manual work or exposure to vibration», *British Journal of Industrial Medicine*, 49: 588-593.

Stirland A., 1996, «Patterns of trauma in a unique medieval Parish cemetery», *International journal of osteoarcheology*, 6: 92-100.

Stirland A.J., 1998, «Musculoskeletal Evidence for Activity : problems of evaluation», *International journal of osteoarcheology*, 8: 354-362.

Stloukal M. et Hanáková M., 1978, «Die Länge der Langsknochen altslawischer Bevölkerungen - Unter besonderer Berücksichtigung von Wachstumsfragen», *Homo*, 29: 53-69.

Stuart-Macadam P.L., 1985, «Porotic hyperostosis : representative of a childhood condition», *American Journal of Physical Anthropology*, 66: 391-398.

Stuart-Macadam P.L., 1989, « Porotic hyperostosis : relationship between orbital and vault lesions », *American Journal of Physical Anthropology*, 80: 187-193.

Stuart-Macadam P.L., 1992, « Porotic hyperostosis : a new perspective », *American Journal of Physical Anthropology*, 87: 39-47.

Tange S., 1997, « Production et circulation dans un domaine monastique à l'époque carolingienne : l'exemple de l'abbaye de Saint-Denis », *Revue belge de philologie et d'histoire*, 75: 943-955.

Testart A., 2004, « Deux politiques funéraires, Dépôt ou distribution », *in* Baray L. (Ed), *Archéologie des pratiques funéraires. Approches critiques. Actes de la table ronde des 7 et 9 juin 2001 (Glux-en-Glenne)*, Bibracte, Dijon, p. 303-316.

Theiler R., 2002, « Arthrose : épidémiologie, diagnostic et diagnostic différentiel, examens et documentation », *Forum médical suisse*, 23: 555-561.

Thelier N. et Claudepierre P., 2007, *Maladies de l'enthèse*, Encyclopédie Médico-Chirugicale (Elsevier Masson SAS), Appareil locomoteur, 15-148-A-10, Paris, 5 p.

Thomann A., 2004, *Pratiques funéraires et anthropologie biologique d'une population en contexte rural au haut Moyen Age en Provence. Le site de Saint-Estève le Pont (Berre l'Etang, Bouches-du Rhône)*, Université de la Méditerranée, thèse de sciences, spécialité Anthropologie biologique, Marseille, 289 p., dactyl.

Thuet A., 2002, *Amiens « 7-9, rue Caudron » 13/07/01 - 10/08/01*, Rapport de fouille, Amiens, 130 p., dactyl.

Tillier A.-M., 2004, « La croissance des enfants dans les populations du passé. Questions méthodologiques et perspectives en paléoanthropologie », *in* Dutour O., Hublin J.-J. et Vandermeerch B. (Ed), *Objets et méthodes en paléoanthropologie*, Comité des Travaux Historiques et Scientifiques, Toulouse, p. 247-269.

Touati F.-O., 2004, « De l'infirmerie à l'hôpital moderne : lieux, édifices et formes de l'assistance dans la France du Centre et de l'Ouest », *in* Touati F.-O. (Ed), *Archéologie et architecture hospitalière de l'Antiquité tardive à l'aube des temps modernes*, La Boutique de l'Histoire, Paris, p. 391-437.

Treffort C., 1996a, « Du *cimiterium christianorum* au cimetière paroissial : évolution des espaces funéraires en Gaule du VIe au Xe siècle », *in* Galinié H. et Zadora-Rio E. (Ed), *Archéologie du cimetière chrétien - Actes du 2e colloque A.R.C.H.E.A. (Orléans, 29 septembre-1er octobre 1994)*, 11e supplément à la *Revue Archéologique du Centre de la France* - Conseil Régional du Centre, Tours, p. 55-63.

Treffort C., 1996b, *L'Eglise carolingienne et la mort*, Presses Universitaires de Lyon, Lyon, 219 p.

Treffort C., 2004, « L'interprétation historique des sépultures atypiques - Le cas du haut Moyen Age », *in* Baray L. (Ed), *Archéologie des pratiques funéraires. Approches critiques. Actes de la table ronde des 7 et 9 juin 2001 (Glux-en-Glenne)*, Bibracte, Dijon, p. 131-140.

Treffort C., 2005, « Etudier l'alimentation monastique : un problème de source », *in* Normand E. et Treffort C. (Ed), *A la table des moines charentais - Archéologie de l'alimentation monastique en Charente et Charente-Maritime au Moyen Age*, Geste éditions, La Crèche, p. 48-49.

Turkel S.J., 1989, « Congenital abnormalities in skeletal populations », *in* Iscan M.Y. et Kennedy K.A.R. (Ed), *Reconstruction of life from the skeleton*, Wiley-Liss, New York (USA), p. 109-127.

Ubelaker D.H., 1978, *Human skeletal remains : excavation, analysis, interpretation*, Aldine Publishing company, Chicago (USA), 116 p.

Ubelaker D.H., 1989, « The estimation of age at death from immature human bone », *in* Iscan M.Y. (Ed), *Age markers in human skeletons*, Charles C. Thomas, Springfield (USA), p.55-70.

Usher B.M. et Norregaard Christensen M., 2000, « A sequential developmental field defect of the vertebrae, ribs, and sternum, in a young woman of the 12th century AD », *American Journal of Physical Anthropology*, 111: 355-367.

Van Staa T.P., Dennison E.M., Leufkens H.G.M. et Cooper C., 2001, « Epidemiology of fractures in England and Wales », *Bone*, 29: 517-522.

Verbrugghe G. et Carron D., 2007, « Dizy (Marne, France), "Les Rechignons" - Un exemple champenois de sépultures dispersées dans et aux abords d'un habitat du haut Moyen Age », *in* Verslype L. (Ed), *Villes et campagnes en Neustrie - Sociétés-Economie-Territoires-Christianisation - Actes de XXVe journées de l'A.F.A.M.*, Editions Monique Mergoil, Montagnac, p. 167-173.

Verslype L., 2007, « Editorial - Identités et communautés en Neustrie mérovingienne », *in* Verslype L. (Ed), *Villes et campagnes en Neustrie - Sociétés-Economie-Territoires-Christianisation - Actes de XXVe journées de l'A.F.A.M.*, Editions Monique Mergoil, Montagnac, p. 11-24.

Verslype L. (Ed), 2007, *Villes et campagnes en Neustrie - Sociétés-Economie-Territoires-Christianisation - Actes de XXVe journées de l'A.F.A.M.*, Editions Monique Mergoil, Montagnac, 312 p.

Vidal P., 2000, «Approche paléo-épidémiologique de la maladie hyperostosique», *Revue de Rhumatologie*, 67: 214-218.

Villotte S., 2008, «Les marqueurs ostéoarticulaires d'activité», *in* Charlier P. (Ed), *Ostéo-archéologie et techniques medico-légales : tendances et perspectives. Pour un manuel pratique de paléopathologie humaine*, Editions De Broccard, Paris, p. 383-389.

Vital J.-M. et Pedram M., 2005, *Spondylolysthésis par lyse isthmique*, Encyclopédie Médico-Chirugicale (Elsevier Masson SAS), Appareil locomoteur, 15-835-A-10, Paris, 20 p.

Waldron A.H., 1993, «The health of the adults», *in* Molleson T. et Cox M. (Ed), *The Spitalfields project : volume 2. The anthropology. The midding sort*, Council for British archaelogy, volume 86, p. 67-89.

Waldron T., 1991, «Rates for the job. Measures of disease frequency in palaeopathology», *International journal of osteoarcheology*, 1: 17-25.

Waldron T., 1995, «Changes in the distribution of osteoarthritis over historical time», *International journal of osteoarcheology*, 5: 385-389.

Waldron T., 1997, «Osteoarthritis of the hip in past populations», *International journal of osteoarcheology*, 7: 186-189.

Waldron T., 2006, «Some general principles of palaeoepidemiology», *in* Buchet L., Dauphin C. et Séguy I. (Ed), *La paléodémographie. Mémoire d'os, mémoire d'hommes*, Editions APDCA, Antibes, p. 77-84.

Waldron T., 2007, *Palaeoepidemiology - The Epidemiology of Human Remains*, Left Coast Press, Walnut Creek (USA), 149 p.

Waldron T., 2009, *Palaeopathology*, Cambridge University Press, Cambridge (Angleterre), 279 p.

Waldron T. et Rogers J., 1991, «Inter-observer variation in coding osteoarthritis in human skeletal remains», *International journal of osteoarcheology*, 1: 49-56.

Walker P.L., Bathurst R.R., Richman R. et Gjerdrum T., 2009, «The causes of porotic hyperostosis and *cribra orbitalia* : a reappraisal of the iron-deficiency-anemia hypothesis», *American Journal of Physical Anthropology*, 139: 109-125.

Walker P.L., Johnson J.R. et Lambert P.M., 1988, «Age and sex biases in the preservation of human skeletal remains», *American Journal of Physical Anthropology*, 76: 183-188.

Wapler U., Crubézy E. et Schultz M., 2004, «Is *cribra orbitalia* synonymous with anemia ? Analysis and interpretation of cranial pathology in Sudan», *American Journal of Physical Anthropology*, 123: 333-339.

Weiss E., 2007, «Muscle markers revisited : activity pattern reconstruction with controls in a central California Amerind population», *American Journal of Physical Anthropology*, 133: 931-340.

Weiss K.E. et Rodner C.M., 2007, «Osteoarthritis of the wrist», *Journal of hand surgery*, 32: 725-746.

Wells C., 1967, «Weaver, tailor or shoemaker ? An osteological detective story», *Medical and Biological Illustration*, 17: 39-47.

Werner K.F., 1985, «Armées et guerres en Neustrie», *in* Périn P. et Feffer L.-C. (Ed), *La Neustrie. Les pays au nord de la Loire de Dagobert à Charles le Chauve (VIIᵉ-IXᵉ siècles)*, Musées départementaux de la Seine-Maritime, Rouen, p. 49-52.

Werner K.F., 1988, «Saint-Denis et les Carolingiens», *in* Cuisenier J. et Guadagnin R. (Ed), *Un village au temps de Charlemagne : moines et paysans de Saint-Denis du VIIᵉ siècle à l'an Mil - Exposition Paris, Musée nationale des arts et traditions populaires 1988-1989*, Réunion des Musées Nationaux, Paris, p. 40-49.

Wilczak C.A., 1998, «Consideration of sexual dimorphism, age, and asymmetry in quantitative measurements of muscle insertion sites», *International journal of osteoarcheology*, 8: 311-325.

Wittwer-Backofen U., Buckberry J., Czarnetzki A., Doppler S., Grupe G., Hotz G., Kemkes A., Larsen C.S., Prince D., Wahl J., Fabig A. et Weise S., 2008, «Basics in paleodemography : a comparison of age indicators applied to the early medieval skeletal sample of Lauchheim», *American Journal of Physical Anthropology*, 137: 38-396.

Wolff J., 1892, *Das Gesetz der Transformation der Knochen*, Royal Academy of Sciences in Berlin et A. Hirschwald, Berlin (Allemagne).

Wolff P., Mauro F. et Parias L.-H., 1960, *Histoire générale du travail - II L'âge de l'artisanat (Vᵉ-XVIIIᵉ siècles)*, Nouvelle Librairie de France, Paris, 373 p.

Wood W., Milner G.R., Harpending H.C. et Weiss K.M., 1992, «The osteological paradox - Problems of inferring health from skeletal samples», *Current anthropology*, 33: 343-370.

Wyss M., 1996, *Atlas historique de la ville de Saint-Denis. Des origines au XVIIIᵉ siècle*, Document d'Archéologie Française n°59, Maison des Sciences de l'Homme, Paris, 444 p.

Wyss M., 1997, «Saint-Denis (France) : Du mausolée hypothétique du Bas-Empire à l'ensemble basilical carolingien», *in* De Boe G.

et Verhaeghe F. (Ed), *Death and burial in medieval Europe : papers of the « Medieval Europe Brugge 1997 » conférence*, Instituut voor het Archeologisch Patrimonium, Zellik (Belgique), p. 111-114.

Wyss M., 1999, « Saint-Denis (Seine-Saint-Denis) - L'ensemble monumental du haut Moyen-Age », *in* Service Régional de l'Archéologie Ile-De-France (Ed), *Religions, rites et cultes en Ile-de-France, Actes des Journées archéologiques d'lle-de-France*, Ministère de la Culture et de la Communication, Paris, p. 123-126.

Wyss M., 2003, « Saint-Denis », *in* Gauthiez B., Zadora-Rio E. et Galinié H. (Ed), *Village et ville au Moyen Age : les dynamiques morphologiques*, Presses Universitaires François-Rabelais - Maison des Sciences de l'Homme, Paris, p. 257-241.

Wyss M., 2004, *3, rue Franklin Saint-Denis (Seine-Saint-Denis)*, Document Final de Synthèse d'une opération de sondage archéologique 08/01/2003-30/04/2003, Saint-Denis, 25 p., dactyl.

Yvinec J.-Y., 1988, « L'élevage et la chasse », *in* Cuisenier J. et Guadagnin R. (Ed), *Un village au temps de Charlemagne : moines et paysans de Saint-Denis du VII*e* siècle à l'an Mil - Exposition Paris, Musée nationale des arts et traditions populaires 1988-1989*, Réunion des Musées Nationaux, Paris, p. 226-241.

Yvinec J.-Y., 1997, « L'élevage au haut Moyen Age en France du nord et de l'est - Témoignages archéozoologiques », *Journal d'Etude de la Ethnozootechnie*, 59: 79-86.

Zerner-Chardavoine M., 1981, « Enfants et jeunes au IX*e* siècle - La démographie du polyptyque de Marseille 813-814 », *Provence Historique*, 31: 355-384.

Annexes
Tableaux source

1. Pourcentages de conservation osseuse des différentes séries ostéoarchéologiques, ensemble, sexe masculin, sexe féminin, adultes, immatures

Site	Ensemble	Masculin	Féminin	Adultes	Immatures
Amiens	0,41	0,55	0,51	0,41	0,42
Beauvais	0,45	0,58	0,72	0,48	0,39
Bondy	0,64	0,76	0,83	0,73	0,53
Cherbourg	0,37	0,57	0,57	0,36	0,39
Escaudain	0,28	0,59	0,40	0,32	0,16
Hamage	0,24	0,29	0,32	0,25	0,12
La Tombe	0,42	0,57	0,53	0,54	0,16
Mondeville	0,18	0,42	0,30	0,24	0,13
Mortefontaine	0,49	0,63	0,58	0,49	0,47
St Denis	0,41	0,54	0,56	0,44	0,34
St Marcel	0,53	0,63	0,65	0,56	0,48
Varennes	0,21	0,40	0,31	0,30	0,05
Villiers	0,36	0,62	0,56	0,41	0,24

2. Répartition individuelle par sexe et par classes d'âge, en effectifs, selon les sites et leurs subdivisions

- Mondeville

Classes d'âge \ Sexe	Masculin	Féminin	Indéterminé	Total
0-1 an	0	0	2	2
1-4 ans	0	0	7	7
5-9 ans	0	0	9	9
10-14 ans	0	0	5	5
15-19 ans	0	0	8	8
Immatures indéterminés	0	0	8	8
Total immatures	*0*	*0*	*39*	*39*
Jeunes	2	1	1	4
Jeunes-matures	0	1	0	1
Matures	4	12	2	18
Matures-âgés	1	5	0	6
Âgés	0	0	0	0
Adultes indéterminés	0	0	14	14
Total adultes	*7*	*19*	*17*	*43*
Indéterminés	0	0	1	1
Total	**7**	**19**	**57**	**83**

- La Tombe

Classes d'âge \ Sexe	Masculin	Féminin	Indéterminé	Total
0-1 an	0	0	0	0
1-4 ans	0	0	7	7
5-9 ans	0	0	3	3
10-14 ans	0	0	2	2
15-19 ans	0	0	1	1
Immatures indéterminés	0	0	2	2
Total immatures	*0*	*0*	*15*	*15*
Jeunes	0	0	0	0
Jeunes-matures	0	3	0	3
Matures	2	3	1	6
Matures-âgés	7	14	0	21
Âgés	2	1	0	3
Adultes indéterminés	0	0	1	1
Total adultes	*11*	*21*	*2*	*34*
Indéterminés	0	0	0	0
Total	**11**	**21**	**17**	**49**

- Varennes-sur-Seine

Sexe / Classes d'âge	Masculin	Féminin	Indéterminé	Total
0-1 an	0	0	0	0
1-4 ans	0	0	9	9
5-9 ans	0	0	2	2
10-14 ans	0	0	2	2
15-19 ans	0	0	1	1
Immatures indéterminés	0	0	2	2
Total immatures	*0*	*0*	*16*	*16*
Jeunes	0	1	0	1
Jeunes-matures	1	1	0	2
Matures	3	3	0	6
Matures-âgés	5	10	2	17
Agés	0	1	0	1
Adultes indéterminés	1	1	6	8
Total adultes	*10*	*17*	*8*	*35*
Indéterminés	0	0	1	1
Total	**10**	**17**	**25**	**52**

- Escaudain

Sexe / Classes d'âge	Masculin	Féminin	Indéterminé	Total
0-1 an	0	0	3	3
1-4 ans	0	0	7	7
5-9 ans	0	0	12	12
10-14 ans	0	0	6	6
15-19 ans	0	1	2	3
Immatures indéterminés	0	0	1	1
Total immatures	*0*	*1*	*31*	*32*
Jeunes	2	0	3	5
Jeunes-matures	1	0	0	1
Matures	13	14	33	60
Matures-âgés	7	5	2	14
Agés	4	2	0	6
Adultes indéterminés	0	0	2	2
Total adultes	*27*	*21*	*40*	*88*
Indéterminés	0	0	0	0
Total	**27**	**22**	**71**	**120**

- Mortefontaine

Sexe / Classes d'âge	Masculin	Féminin	Indéterminé	Total
0-1 an	0	0	1	1
1-4 ans	0	0	6	6
5-9 ans	0	0	6	6
10-14 ans	0	0	6	6
15-19 ans	3	0	11	14
Immatures indéterminés	0	0	7	7
Total immatures	*3*	*0*	*37*	*40*
Jeunes	1	3	4	8
Jeunes-matures	3	6	0	9
Matures	41	12	3	56
Matures-âgés	15	21	2	38
Agés	1	1	0	2
Adultes indéterminés	1	0	32	33
Total adultes	*62*	*43*	*41*	*146*
Indéterminés	0	0	0	0
Total	**65**	**43**	**78**	**186**

- Villiers-le-Sec

Classes d'âge	Masculin Nécropole	Masculin Isolées	Féminin Nécropole	Féminin Isolées	Indéterminé Nécropole	Indéterminé Isolées	Total Nécropole	Total Isolées
0-1 an	0		0		2		2	
	0	0	0	0	2	0	2	0
1-4 ans	0		0		8		8	
	0	0	0	0	6	2	6	2
5-9 ans	0		0		5		5	
	0	0	0	0	2	3	2	3
10-14 ans	0		0		4		4	
	0	0	0	0	2	2	2	2
15-19 ans	0		0		4		4	
	0	0	0	0	1	3	1	3
Immatures indéterminés	0		0		1		1	
	0	0	0	0	1	0	1	0
Total immatures	*0*		*0*		*24*		*24*	
	0	*0*	*0*	*0*	*14*	*10*	*14*	*10*
Jeunes	0		0		3		3	
	0	0	0	0	2	1	2	1
Jeunes-matures	0		0		0		1	
	0	0	0	1	0	0	0	1
Matures	5		4		1		10	
	5	0	2	2	1	0	8	2
Matures-âgés	8		4		0		12	
	5	3	2	2	0	0	7	5
Agés	1		4		0		5	
	1	0	1	3	0	0	2	3
Adultes indéterminés	2		1		21		24	
	0	2	0	1	6	15	6	18
Total adultes	*16*		*14*		*25*		*55*	
	11	*5*	*5*	*9*	*9*	*16*	*25*	*30*
Indéterminés	0		0		0		0	
	0	0	0	0	0	0	0	0
Total	**16**		**14**		**49**		**79**	
	11	**5**	**5**	**9**	**23**	**26**	**39**	**40**

- Bondy

Classes d'âge	Masculin	Féminin	Indéterminé	Total
0-1 an	0	0	1	**1**
1-4 ans	0	0	13	**13**
5-9 ans	0	0	9	**9**
10-14 ans	0	0	5	**5**
15-19 ans	1	0	3	**4**
Immatures indéterminés	0	0	2	**2**
Total immatures	*1*	*0*	*33*	**34**
Jeunes	0	0	1	**1**
Jeunes-matures	1	3	0	**4**
Matures	10	7	0	**17**
Matures-âgés	11	9	1	**21**
Agés	3	1	0	**4**
Adultes indéterminés	0	0	3	**3**
Total adultes	*25*	*20*	*5*	**50**
Indéterminés	0	0	0	**0**
Total	**26**	**20**	**38**	**84**

- Beauvais

Classes d'âge	Masculin	Féminin	Indéterminé	Total
0-1 an	0	0	1	**1**
1-4 ans	0	0	2	**2**
5-9 ans	0	0	4	**4**
10-14 ans	0	0	5	**5**
15-19 ans	0	0	0	**0**
Immatures indéterminés	0	0	2	**2**
Total immatures	*0*	*0*	*14*	**14**
Jeunes	0	2	0	**2**
Jeunes-matures	0	0	0	**0**
Matures	3	2	1	**6**
Matures-âgés	2	1	1	**4**
Agés	0	1	0	**1**
Adultes indéterminés	0	0	5	**5**
Total adultes	*5*	*6*	*7*	**18**
Indéterminés	0	0	0	**0**
Total	**5**	**6**	**21**	**32**

- Cherbourg

Classes d'âge	Masculin VIIe-VIIIe	Masculin IXe-XIe	Féminin VIIe-VIIIe	Féminin IXe-XIe	Indéterminé VIIe-VIIIe	Indéterminé IXe-XIe	Total VIIe-VIIIe	Total IXe-XIe
0-1 an	0		0		12		12	
	0	0	0	0	3	9	3	9
1-4 ans	0		0		30		30	
	0	0	0	0	3	27	3	27
5-9 ans	0		0		21		21	
	0	0	0	0	4	17	4	17
10-14 ans	0		0		4		4	
	0	0	0	0	2	2	2	2
15-19 ans	0		0		5		5	
	0	0	0	0	3	2	3	2
Immatures indéterminés	0		0		9		9	
	0	0	0	0	3	6	3	6
Total immatures	*0*		*0*		*81*		*81*	
	0	*0*	*0*	*0*	*18*	*63*	*18*	*63*
Jeunes	0		3		2		5	
	0	0	0	3	0	2	0	5
Jeunes-matures	3		3		1		7	
	1	2	1	2	1	0	3	4
Matures	10		11		5		26	
	5	5	5	6	0	5	10	16
Matures-âgés	11		7		2		20	
	3	8	3	4	1	1	7	13
Agés	0		1		2		3	
	0	0	1	0	0	2	1	2
Adultes indéterminés	2		1		45		58	
	0	2	0	1	23	22	23	25
Total adultes	*26*		*26*		*57*		*109*	
	9	*17*	*10*	*16*	*25*	*32*	*44*	*65*
Indéterminés	0		0		1		1	
	0	0	0	0	0	1	0	1
Total	**26**		**26**		**139**		**191**	
	9	**17**	**10**	**16**	**43**	**96**	**62**	**129**

- Saint-Marcel

Classes d'âge	Masculin	Féminin	Indéterminé	Total
0-1 an	0	0	1	**1**
1-4 ans	0	0	4	**4**
5-9 ans	0	0	3	**3**
10-14 ans	0	0	5	**5**
15-19 ans	0	0	2	**2**
Immatures indéterminés	0	0	2	**2**
Total immatures	*0*	*0*	*17*	**17**
Jeunes	2	0	0	**2**
Jeunes-matures	0	0	0	**0**
Matures	2	3	0	**5**
Matures-âgés	5	4	0	**9**
Agés	1	1	0	**2**
Adultes indéterminés	0	0	5	**5**
Total adultes	*10*	*8*	*5*	**23**
Indéterminés	0	0	0	**0**
Total	**10**	**8**	**22**	**40**

- Amiens

Classes d'âge	Masculin	Féminin	Indéterminé	Total
0-1 an	0	0	0	**0**
1-4 ans	0	0	5	**5**
5-9 ans	0	0	8	**8**
10-14 ans	0	0	5	**5**
15-19 ans	1	0	3	**4**
Immatures indéterminés	0	0	0	**0**
Total immatures	*1*	*0*	*21*	**22**
Jeunes	0	0	1	**1**
Jeunes-matures	3	1	1	**5**
Matures	6	8	1	**15**
Matures-âgés	10	5	1	**16**
Agés	4	2	0	**6**
Adultes indéterminés	1	0	13	**14**
Total adultes	*24*	*16*	*17*	**57**
Indéterminés	0	0	0	**0**
Total	**25**	**16**	**38**	**79**

- Hamage

Classes d'âge \ Sexe	Masculin	Féminin	Indéterminé	Total
0-1 an	0	0	14	14
1-4 ans	0	0	23	23
5-9 ans	0	0	10	10
10-14 ans	0	0	5	5
15-19 ans	0	0	6	6
Immatures indéterminés	0	0	6	6
Total immatures	*0*	*0*	*64*	*64*
Jeunes	5	4	2	11
Jeunes-matures	5	6	4	15
Matures	21	14	5	40
Matures-âgés	26	21	3	50
Âgés	6	6	0	12
Adultes indéterminés	2	0	38	40
Total adultes	*65*	*51*	*52*	*168*
Indéterminés	0	0	1	1
Total	**65**	**51**	**117**	**233**

- Saint-Denis - périodes

Classes d'âge \ Sexe	Masculin				Féminin				Indéterminé				Total			
	C1	C2	R1	Total	C1	C2	R1	Total	C1	C2	R1	Total	C1	C2	R1	Total
0-1 an	0	0	0	0	0	0	0	0	3	3	8	14	3	3	8	14
1-4 ans	0	0	0	0	0	0	0	0	7	9	6	22	7	9	6	22
5-9 ans	0	0	0	0	0	0	0	0	2	4	3	9	2	4	3	9
10-14 ans	0	0	0	0	0	0	0	0	3	0	1	4	3	0	1	4
15-19 ans	0	0	0	0	0	0	0	0	2	1	2	5	2	1	2	5
Immatures indéterminés	0	0	0	0	0	0	0	0	5	1	0	6	5	1	0	6
Total immatures	*0*	*0*	*0*	*0*	*0*	*0*	*0*	*0*	*22*	*18*	*20*	*60*	*22*	*18*	*20*	*60*
Jeunes	1	1	1	3	2	2	0	4	1	1	0	2	4	4	1	9
Jeunes-matures	2	1	0	3	3	0	1	5	3	0	1	4	5	2	6	13
Matures	7	3	6	16	3	6	5	14	0	2	3	5	10	11	14	35
Matures-âgés	13	4	9	26	6	5	10	21	1	2	0	3	20	11	19	50
Âgés	4	1	1	6	1	2	3	6	0	0	0	0	5	3	4	12
Adultes indéterminés	0	0	0	0	0	0	0	0	18	11	8	37	18	11	8	37
Total adultes	*27*	*10*	*17*	*54*	*12*	*16*	*23*	*51*	*23*	*16*	*12*	*51*	*62*	*42*	*52*	*156*
Indéterminés	0	0	0	0	0	0	0	0	0	0	0	0	0	0	0	0
Total	**27**	**10**	**17**	**54**	**12**	**16**	**23**	**51**	**45**	**34**	**32**	**111**	**84**	**60**	**72**	**216**

(17 individus non attribués à une période ; 11 masculins 6 indéterminés)

- Saint-Denis - zonage

Age \ Sexe	Masculin					Féminin					Indéterminé					Total				
	E	1	2	3	4	E	1	2	3	4	E	1	2	3	4	E	1	2	3	4
0-1 an	0	0	0	0	0	0	0	0	0	0	0	4	2	8	0	0	4	2	8	0
1-4 ans	0	0	0	0	0	0	0	0	0	0	1	4	10	7	1	1	4	10	7	1
5-9 ans	0	0	0	0	0	0	0	0	0	0	1	1	5	2	1	1	1	5	2	1
10-14 ans	0	0	0	0	0	0	0	0	0	0	1	1	2	0	1	1	1	2	0	1
15-19 ans	0	0	0	0	0	0	0	0	0	0	1	3	1	0	0	1	3	1	0	0
Immatures indéterminés	0	0	0	0	0	0	0	0	0	0	0	1	4	1	0	0	1	4	1	0
Total immatures	*0*	*0*	*0*	*0*	*0*	*0*	*0*	*0*	*0*	*0*	*4*	*14*	*24*	*18*	*3*	*4*	*14*	*24*	*18*	*3*
Jeunes	2	1	2	0	0	0	2	2	0	0	0	1	1	0	0	2	4	5	0	0
Jeunes-matures	2	2	1	0	0	0	5	0	1	0	0	2	1	0	0	2	9	2	1	0
Matures	0	11	2	3	0	0	7	6	0	0	0	2	1	1	1	0	20	9	4	1
Mature-âgés	5	11	7	7	1	0	7	9	3	1	0	1	2	0	0	5	19	18	10	2
Âgés	0	4	1	1	0	0	2	2	0	0	0	0	0	0	0	0	6	3	1	0
Adultes indéterminés	2	0	0	0	0	0	0	0	0	0	1	16	12	4	4	3	16	12	4	4
Total adultes	*11*	*29*	*13*	*11*	*1*	*0*	*23*	*19*	*4*	*1*	*1*	*22*	*17*	*5*	*5*	*12*	*74*	*49*	*20*	*7*
Indéterminés	0	0	0	0	0	0	0	0	0	0	1	0	0	0	0	1	0	0	0	0
Total	**11**	**29**	**13**	**11**	**1**	**0**	**23**	**19**	**4**	**1**	**6**	**36**	**41**	**23**	**8**	**17**	**88**	**73**	**38**	**10**
	65					**47**					**114**					**226**				

Zones : E- zone à l'écart ; 1-zone 1 ; 2-zone 2 ; 3-zone 3 ; 4-zone 4

(7 individus non attribués à une zone ; 4 féminins 3 indéterminés)

3. Répartition par classes d'âge selon l'approche probabiliste, individus immatures

Sites	Effectifs	0-1 an	1-4 ans	5-9 ans	10-14 ans	15-19 ans
Amiens	22	0	29,75	38,68	23,87	7,69
Beauvais	7	0	15,20	41,85	40,76	2,19
Bondy	21	0	46,29	37,86	11,09	4,76
Cherbourg	60	10,13	45,64	34,84	8,26	1,13
Escaudain	23	0,72	42,73	34,43	17,58	4,55
La Tombe	11	1,44	61,52	29,35	6,30	1,40
Mortefontaine	12	0	17,58	54,57	18,24	9,61
Mondeville	24	6,14	30,28	40,23	22,71	0,64
St Denis	28	14,66	55,21	21,86	4,69	3,57
St Marcel	12	8,33	23,92	28,60	26,98	12,17
Varennes	10	1,58	48,30	24,53	15,59	10,00
Villiers	17	6,81	39,86	22,79	17,87	12,67

4. Répartition par classes d'âge selon l'approche probabiliste, méthode des vecteurs de probabilité, individus adultes, ensemble des sites et subdivisions évoquées

Sites	Effectifs	18-29 ans	30-39 ans	40-49 ans	50-59 ans	60-69 ans	70-79 ans	plus de 80 ans
Amiens	43	21,6406	17,0195	15,7634	14,4434	12,8039	12,4448	5,8860
Beauvais	10	11,5955	17,6377	16,2288	15,7777	14,3322	15,2	9,2333
Bondy	33	21,1930	17,3221	16,9421	14,8418	12,4848	13,4506	3,7657
Cherbourg	59	16,1354	15,0905	15,8154	14,9449	14,4540	15,9259	7,6367
Cherbourg VIIe-VIIIe	20	17,85	16,0115	16,73	14,1805	13,1975	14,9585	7,077
Cherbourg IXe-XIe	39	15,2561	14,6182	15,3464	15,3369	15,0984	16,4220	7,9238
Cherbourg hommes VIIe-VIIIe	4	22,2	17,32	18,425	12,895	12,625	11,655	4,88
Cherbourg hommes IXe-XIe	11	13,4645	12,6427	14,2445	15,8518	16,8790	17,8954	9,0209
Cherbourg femmes IXe-XIe	16	20,25	15,83	16,9043	14,2143	11,4325	14,7256	6,645
Escaudain	42	11,6057	14,0352	13,935	16,9888	19,3378	17,1090	6,9883
Hamage	56	10,3928	13,9944	13,9280	16,7233	19,1496	17,2453	8,5685
La Tombe	25	18,4376	16,8552	15,058	16,018	14,8244	13,3412	5,4684
La Tombe hommes	8	13,8987	11,555	14,8062	17,1287	19,76	17,97	4,88
La Tombe femmes	17	20,5735	19,3494	15,1764	15,4952	12,5017	11,1629	5,7452
Mortefontaine	96	14,6208	15,2010	15,3979	15,6935	16,0217	15,8039	7,2614
Mondeville	20	27,3185	17,4815	13,75	13,1655	12,2765	8,9545	7,0545
St Denis	71	14,7218	14,0943	14,9712	15,3783	16,1090	17,2430	7,4840
St Denis C1	33	10,7930	13,5518	14,7175	15,9854	17,1784	19,3196	8,4575
St Denis C2	10	10,173	13,259	14,946	16,422	18,773	18,811	7,621
St Denis R1	18	26,52	16,3	15,9305	12,9277	10,6705	12,4533	5,1983
St Denis Zécart hommes	5	13,616	13,262	16,17	16,402	17,34	17,354	5,856
St Denis Z1	31	18,7787	14,8854	14,8648	14,7061	14,1841	15,7829	6,7996
St Denis Z1 hommes	12	14,0908	12,7683	14,8166	14,9908	14,8975	20,3025	8,1333
St Denis Z1 femmes	11	24,8254	17,0836	15,16818	14,5045	12,1909	11,1727	5,0590
St Denis Z2	19	11,3680	13,2142	15,0871	15,1547	16,7423	19,0547	9,3809
St Denis Z3	12	10,4516	12,715	15,0566	17,6866	19,2275	18,735	6,1283
St Marcel	16	17,525	18,3737	15,1518	14,02	14,4993	12,4531	7,9787
Varennes	25	20,1444	13,522	15,1744	13,6456	14,7204	15,3816	7,4104
Villiers	16	11,4825	12,3806	13,44	16,2025	18,6893	17,3987	10,4043
Villiers nécropole	10	10,545	13,361	13,757	16,195	18,424	16,679	11,035
Villiers habitat	6	13,045	10,7466	12,9116	16,215	19,1316	18,5983	9,3533

5. Répartition par sexe des individus adultes selon les sites

Sites	Masculin	Féminin	Indéterminé
Amiens	24	16	17
Beauvais	5	6	7
Bondy	26	20	5
Cherbourg	26	26	57
Escaudain	27	22	40
Hamage	6	27	42
La Tombe	11	21	2
Mortefontaine	62	43	41
Mondeville	7	19	17
St Denis	65	51	52
St Marcel	10	8	5
Varennes	10	17	8
Villiers	16	14	25

6. Pourcentages de présence des *cribra orbitalia* selon les sites et leurs subdivisions, ensemble, sexe masculin, sexe féminin

Sites	Ensemble			Sexe masculin			Sexe féminin		
	Effectif présence	Effectif observable	Pourcentage présence	Effectif présence	Effectif observable	Pourcentage présence	Effectif présence	Effectif observable	Pourcentage présence
Amiens	6	37	16,2	2	17	11,8	2	8	25,0
Beauvais	1	13	7,7	0	2	0,0	0	4	0
Bondy	19	46	41,3	6	18	33,3	5	12	41,7
Cherbourg	15	88	17,0	2	17	11,8	2	14	14,3
Cherbourg IXᵉ-XIᵉ	6	57	10,5	1	12	8,3	1	9	11,1
Cherbourg VIIᵉ-VIIIᵉ	9	31	29,0	1	5	20,0	1	5	20,0
Escaudain	9	51	17,6	3	22	13,6	0	12	0
Hamage	5	38	13,2	1	3	33,3	1	13	7,7
La Tombe	6	28	21,4	2	7	28,6	3	18	16,7
Mondeville	4	24	16,7	0	4	0	1	19	5,3
Mortefontaine	4	86	4,7	2	33	6,1	2	27	7,4
St Denis	11	84	13,1	5	29	17,2	3	21	14,3
St Denis C1	4	40	10,0	3	14	21,4	0	7	0
St Denis C2	0	15	0	0	4	0	0	5	0
St Denis R1	6	23	26,1	2	7	28,6	3	9	33,3
St Denis Z1	4	32	12,5	2	13	15,4	1	9	11,1
St Denis Z2	5	27	18,5	3	6	50,0	1	7	14,3
St Denis Z3	1	15	6,7	0	6	0	1	3	33,3
St Denis Zécart	1	6	16,7	0	4	0	n.o.	n.o.	n.o;
St Marcel	6	24	25,0	0	7	0	1	6	16,7
Varennes	1	16	6,3	1	5	20,0	0	8	0,0
Villiers	3	27	11,1	1	7	14,3	2	8	25,0
Villiers isolée	2	7	28,6	1	2	50,0	1	4	25,0
Villiers nécropole	1	20	5	0	5	0,0	1	4	25

n.o. : non observé (aucun cas observable)

7. Pourcentages de présence des hyperostoses porotiques crâniennes selon les sites et leurs subdivisions, ensemble, sexe masculin, sexe féminin

Sites	Ensemble			Sexe masculin			Sexe féminin		
	Effectif présence	Effectif observable	Pourcentage présence	Effectif présence	Effectif observable	Pourcentage présence	Effectif présence	Effectif observable	Pourcentage présence
Amiens	6	40	15,0	3	19	15,8	2	7	28,6
Beauvais	5	17	29,4	1	2	50,0	3	5	60,0
Bondy	5	55	9,1	2	22	9,1	1	14	7,1
Cherbourg	12	105	11,4	3	14	21,4	4	17	23,5
Cherbourg IXe-XIe	7	79	8,9	0	8	0	3	11	27,3
Cherbourg VIIe-VIIIe	5	26	19,2	3	6	50,0	1	6	16,7
Escaudain	6	33	18,2	4	18	22,2	1	7	14,3
Hamage	3	32	9,4	1	3	33,3	1	12	8,3
La Tombe	6	21	28,6	1	5	20,0	4	13	30,8
Mondeville	0	4	0	0	0	non calculé	0	2	0
Mortefontaine	6	90	6,7	5	36	13,9	1	27	3,7
St Denis	33	88	37,5	14	29	48,3	8	23	34,8
St Denis C1	10	37	27,0	6	13	46,2	1	6	16,7
St Denis C2	6	19	31,6	2	4	50,0	0	5	0
St Denis R1	14	25	56,0	4	7	57,1	7	12	58,3
St Denis Z1	14	33	42,4	6	12	50,0	4	10	40,0
St Denis Z2	7	28	25,0	3	6	50,0	1	7	14,3
St Denis Z3	6	15	40,0	3	6	50,0	1	4	25,0
St Denis Zécart	3	7	42,9	2	5	40,0	1	6	16,7
St Marcel	4	27	14,8	3	7	42,9	0	8	0
Varennes	0	14	0	2	9	22,2	0	4	0
Villiers	4	24	16,7	0	5	0	0	3	0
Villiers isolée	1	7	14,3	1	3	33,3	0	1	0
Villiers nécropole	3	17	17,6	1	6	16,7	2	7	28,6

8.1 Effectifs et pourcentages de présence et d'intensité d'hypoplasie selon les sites

Sites	Effectif absente	Effectif faible	Effectif moyenne	Effectif forte	*Effectif total*	Pourcentage absente	Pourcentage légère	Pourcentage moyenne	Pourcentage forte
Amiens	18	7	6	1	*32*	56,3	21,9	18,8	3,1
Beauvais	5	4	1	0	*10*	50,0	40,0	10,0	0
Bondy	5	7	26	9	*47*	10,6	14,9	55,3	19,1
Cherbourg	19	15	23	2	*59*	32,2	25,4	39,0	3,4
Cherbourg IXe-XIe	13	9	15	1	*38*	34,2	23,7	39,5	2,6
Cherbourg VIIe-VIIIe	6	6	8	1	*21*	28,6	28,6	38,1	4,8
Escaudain	9	6	18	7	*40*	22,5	15,0	45,0	17,5
Hamage	11	10	8	1	*30*	36,7	33,3	26,7	3,3
La Tombe	10	11	2	0	*23*	43,5	47,8	8,7	0
Mondeville	17	12	10	1	*40*	42,5	30,0	25,0	2,5
Mortefontaine	24	17	20	3	*64*	37,5	26,6	31,3	4,7
St Denis	19	15	30	2	*66*	28,8	22,7	45,5	3,0
St Denis C1	11	4	12	1	*28*	39,3	14,3	42,9	3,6
St Denis C2	4	3	5	0	*12*	33,3	25,0	41,7	0
St Denis R1	4	5	9	0	*18*	22,2	27,8	50,0	0
St Denis Z1	6	8	17	0	*31*	19,4	25,8	54,8	0
St Denis Z2	9	1	5	0	*15*	60,0	6,7	33,3	0
St Denis Z3	3	2	4	1	*10*	30,0	20,0	40,0	10,0
St Denis Z4	1	1	0	0	*2*	50,0	50,0	0	0
St Denis ZE	0	3	4	1	*8*	0	37,5	50,0	12,5
St Marcel	6	2	4	0	*12*	50,0	16,7	33,3	0
Varennes	7	4	5	1	*17*	41,2	23,5	29,4	5,9
Villiers	6	5	12	7	*30*	20,0	16,7	40,0	23,3
Villiers isolées	2	3	6	5	*16*	12,5	18,8	37,5	31,3
Villiers nécropole	4	2	6	2	*14*	28,6	14,3	42,9	14,3

8.2 Effectifs et pourcentages de présence et d'intensité d'hypoplasie selon les sites, sexe masculin

Site	Effectif absente	Effectif faible	Effectif moyenne	Effectif forte	*Effectif total*	Pourcentage absente	Pourcentage légère	Pourcentage moyenne	Pourcentage forte
Amiens	4	3	4	1	*12*	33,3	25,0	33,3	8,3
Beauvais	1	1	0	0	*2*	50,0	50,0	0	0
Bondy	2	4	9	5	*20*	10,0	20,0	45,0	25,0
Cherbourg	3	4	6	1	*14*	21,4	28,6	42,9	7,1
Cherbourg IXᵉ-XIᵉ	3	3	3	1	*10*	30,0	30,0	30,0	10,0
Cherbourg VIIᵉ-VIIIᵉ	0	1	3	0	*4*	0	25,0	75,0	0
Escaudain	2	2	11	4	*19*	10,5	10,5	57,9	21,1
Hamage	1	1	0	0	*2*	50,0	50,0	0	0
La Tombe	4	2	0	0	*6*	66,7	33,3	0	0
Mondeville	3	1	2	0	*6*	50,0	16,7	33,3	0
Mortefontaine	9	8	12	0	*29*	31,0	27,6	41,4	0
St Denis	5	9	13	2	*29*	17,2	31,0	44,8	6,9
St Denis C1	2	3	5	1	*11*	18,2	27,3	45,5	9,1
St Denis C2	1	2	2	0	*5*	20,0	40,0	40,0	0
St Denis R1	2	1	3	0	*6*	33,3	16,7	50,0	0
St Denis Z1	2	3	6	0	*11*	18,2	27,3	54,5	0
St Denis Z2	1	1	3	0	*5*	20,0	20,0	60,0	0
St Denis Z3	2	2	1	1	*6*	33,3	33,3	16,7	16,7
St Denis Z4	0	3	3	1	*7*	0	42,9	42,9	14,3
St Denis ZE	2	1	1	0	*4*	50,0	25,0	25,0	0
St Marcel	2	2	1	0	*5*	40,0	40,0	20,0	0
Varennes	1	2	2	2	*7*	14,3	28,6	28,6	28,6
Villiers	0	0	1	1	*2*	0	0	50,0	50,0
Villiers isolées	1	2	1	1	*5*	20,0	40,0	20,0	20,0
Villiers nécropole	4	3	4	1	***12***	33,3	25,0	33,3	8,3

8.3 Effectifs et pourcentages de présence et d'intensité d'hypoplasie selon les sites, sexe féminin

Site	Effectif absente	Effectif faible	Effectif moyenne	Effectif forte	*Effectif total*	Pourcentage absente	Pourcentage légère	Pourcentage moyenne	Pourcentage forte
Amiens	5	1	1	0	*7*	71,4	14,3	14,3	0
Beauvais	2	2	1	0	*5*	40,0	40,0	20,0	0
Bondy	0	2	11	1	*14*	0	14,3	78,6	7,1
Cherbourg	7	5	7	0	*19*	36,8	26,3	36,8	0
Cherbourg IXᵉ-XIᵉ	4	3	6	0	*13*	30,8	23,1	46,2	0
Cherbourg VIIᵉ-VIIIᵉ	3	2	1	0	*6*	50,0	33,3	16,7	0
Escaudain	3	3	5	3	*14*	21,4	21,4	35,7	21,4
Hamage	5	5	2	0	*12*	41,7	41,7	16,7	0
La Tombe	6	8	1	0	*15*	40,0	53,3	6,7	0
Mondeville	4	6	4	0	*14*	28,6	42,9	28,6	0
Mortefontaine	8	7	4	3	*22*	36,4	31,8	18,2	13,6
St Denis	8	2	7	0	*17*	47,1	11,8	41,2	0
St Denis C1	5	0	1	0	*6*	83,3	0	16,7	0
St Denis C2	1	0	2	0	*3*	33,3	0	66,7	0
St Denis R1	2	2	4	0	*8*	25,0	25,0	50,0	0
St Denis Z1	4	2	4	0	*10*	40,0	20,0	40,0	0
St Denis Z2	4	0	1	0	*5*	80,0	0	20,0	0
St Denis Z3	0	0	2	0	*2*	0	0	100,0	0
St Marcel	2	1	0	0	*3*	66,7	33,3	0,0	0
Varennes	4	2	2	1	*9*	44,4	22,2	22,2	11,1
Villiers	3	1	6	3	*13*	23,1	7,7	46,2	23,1
Villiers isolées	1	1	4	3	*9*	11,1	11,1	44,4	33,3
Villiers nécropole	2	0	2	0	*4*	50,0	0,0	50,0	0

163

9. Répartition selon le sexe de présence des trois signes de stress non spécifiques en pourcentages et effectifs (*cribra orbitalia*, hyperostose porotique, hypoplasie de l'émail dentaire)

Sites	Cribra orbitalia				Hyperostose porotique				Hypoplasie			
	Hommes		Femmes		Hommes		Femmes		Hommes		Femmes	
	%	Effectif	%	Effectif	%	Effectif	%	Effectif	%	Effectif	%	Effectif
Amiens	12	2	25	2	16	3	29	2	5	5	1	1
Beauvais	0	0	0	0	50	1	60	3	0	0	1	1
Bondy	33	6	42	5	9	2	7	1	14	14	12	12
Cherbourg	12	2	14	2	21	3	24	4	7	7	7	7
Escaudain	14	3	0	0	22	4	14	1	15	5	8	8
Hamage	33	1	8	1	33	1	8	1	0	0	2	2
La Tombe	29	2	17	3	20	1	31	4	0	0	1	1
Mondeville	0	0	5	1	n.o.	0	0	0	2	2	4	4
Mortefontaine	6	2	7	2	14	5	4	1	12	12	7	7
St Denis	17	5	14	3	48	14	35	8	15	15	7	7
St Marcel	0	0	17	1	43	3	17	1	1	1	0	0
Varennes	20	1	0	0	22	2	0	0	1	1	3	3
Villiers	14	1	25	2	0	0	0	0	4	4	9	9

n.o. : non observé (aucun cas observable)

10. Pourcentages et effectifs de présence d'arthrose selon les sites et leurs subdivisions suivant l'ensemble des localisations anatomiques, ensemble, sexe masculin, sexe féminin

Site	Ensemble			Sexe masculin			Sexe féminin		
	%	Effectif présence	Effectif observable	%	Effectif présence	Effectif observable	%	Effectif présence	Effectif observable
Amiens	21,2	211	997	24,5	150	612	15,8	61	385
Beauvais	9,2	30	327	17,7	22	124	3,9	8	203
Bondy	14,6	243	1667	17,9	155	866	11,0	88	801
Cherbourg	25,4	360	1418	32,1	230	716	18,5	130	702
Cherbourg IXe-XIe	25,1	244	971	33,3	161	484	17,0	83	487
Cherbourg VIIe-VIIIe	26,0	116	447	29,7	69	232	21,9	47	215
Escaudain	34,2	313	915	33,4	206	617	35,9	107	298
Hamage	23,3	81	347	15,4	10	65	25,2	71	282
La Tombe	19,8	122	615	29,9	66	221	14,2	56	394
Mondeville	13,2	27	205	7,9	6	76	16,3	21	129
Mortefontaine	23,6	624	2654	28,4	432	1523	16,4	170	1039
St Denis	24,8	727	2927	29,9	464	1554	19,1	262	1369
St Denis C1	30,2	291	963	36,1	247	684	15,8	44	279
St Denis C2	20,7	137	662	22,3	63	282	19,5	74	380
St Denis R1	24,8	280	1131	32,3	136	421	20,3	144	710
St Denis Z1	22,4	320	1428	30,5	226	742	13,7	94	686
St Denis Z2	28,1	208	741	34,1	108	317	23,6	100	424
St Denis Z3	32,9	156	474	34,3	111	324	n.o.	n.o.	n.o.
St Denis Zécart	11,1	19	171	n.o.	n.o.	n.o.	n.o.	n.o.	n.o.
St Marcel	23,2	116	501	24,4	67	275	21,7	49	226
Varennes	15,1	38	251	14,7	16	109	15,5	22	142
Villiers	24,2	176	728	26,3	113	429	21,1	63	299
Villiers isolées	21,4	61	285	n.o.	n.o.	n.o.	17,4	31	178
Villiers nécropole	26,0	115	443	25,8	83	322	n.o.	n.o.	n.o.

n.o. : non observé (aucun cas observable)

11.1 Répartition de l'arthrose en pourcentages selon les localisations anatomiques, sexe masculin

Sites	Vertèbres cervicales	Vertèbres thoraciques	Vertèbres lombaires	Epaules	Coudes	Poignets	Mains	Hanches	Genoux	Chevilles	Pieds
Amiens	50,0 % 8 / 16	40,0 % 6 / 15	64,7 % 11 / 17	44,7 % 17 38/	25,0 % 9 / 36	33,3 % 12 / 36	26,9 % 7 / 26	39,0 % 16 / 41	48,6 % 17 / 35	4,0 % 1 / 25	7,1 % 1 / 14
Beauvais	33,3 % 1 / 3	100,0 % 3 / 3	66,7 % 2 / 3	20,0 % 1 / 5	0,0 % 0 / 5	33,3 % 3 / 9	0,0 % 0 / 6	0,0 % 0 / 10	40,0 % 4 / 10	14,3 % 1 / 5	33,3 % 1 / 3
Bondy	64,7 % 11 / 17	83,3 % 15 / 18	85,0 % 17 / 20	62,8 % 27 / 43	19,0 % 8 / 42	2,5 % 1 / 40	12,5 % 5 / 40	27,3 % 12 / 44	24,4 % 10 / 41	0,0 % 0 / 39	8,1 % 3 / 37
Cherbourg	18,8 % 3 / 16	73,3 % 11 / 15	33,3 % 4 / 12	71,4 % 30 / 42	46,5 % 20 / 43	36,1 % 13 / 36	23,5 % 8 / 34	52,5 % 21 / 40	51,3 % 20 / 39	29,7 % 11 / 37	34,3 % 12 / 35
Escaudain	33,3 % 5 / 15	50,0 % 9 / 18	31,6 % 6 / 19	55,3 % 21 / 38	41,2 % 14 / 34	51,6 % 16 / 31	32,0 % 8 / 25	61,4 % 27 / 44	47,7 % 21 / 44	20,0 % 8 / 40	25,0 % 8 / 32
Hamage	50,0 % 1 / 2	100,0 % 1 / 1	50,0 % 1 / 2	0,0 % 0 / 5	0,0 % 0 / 7	0,0 % 0 / 6	n.o.	22,2 % 2 / 9	0,0 % 0 / 3	0,0 % 0 / 4	0,0 % 0 / 1
La Tombe	60,0 % 6 / 10	25,0 % 2 / 8	50,0 % 4 / 8	38,5 % 5 / 13	50,0 % 6 / 12	13,3 % 2 / 15	46,7 % 7 / 15	38,9 % 7 / 18	9,1 % 1 / 11	0,0 % 0 / 6	0,0 % 0 / 4
Mondeville	33,3 % 2 / 6	50,0 % 2 / 4	0,0 % 0 / 3	20,0 % 1 / 5	0,0 % 0 / 3	0,0 % 0 / 5	20,0 % 1 / 5	0,0 % 0 / 9	0,0 % 0 / 3	0,0 % 0 / 3	0,0 % 0 / 1
Mortefontaine	65,4 % 17 / 26	69,0 % 20 / 29	60,6 % 20 / 33	54,9 % 50 / 91	34,7 % 34 / 98	26,0 % 25 / 96	29,0 % 20 / 69	58,0 % 65 / 112	34,4 % 32 / 93	15,4 % 12 / 78	19,2 % 10 / 52
St Denis	45,8 % 11 / 24	48,1 % 13 / 27	33,3 % 9 / 27	42,9 % 33 / 77	39,4 % 37 / 94	36,3 % 33 / 91	40,5 % 30 / 73	45,4 % 44 / 97	39,8 % 39 / 98	18,1 % 15 / 83	26,9 % 14 / 52
St Marcel	28,6 % 2 / 7	33,3 % 2 / 6	50,0 % 3 / 6	35,3 % 6 / 17	18,8 % 3 / 16	26,7 % 4 / 15	25,0 % 4 / 16	38,9 % 7 / 18	43,8 % 7 / 16	30,0 % 3 / 10	0,0 % 0 / 7
Varennes	33,3 % 2 / 9	40,0 % 2 / 5	50,0 % 3 / 6	0,0 % 0 / 5	0,0 % 0 / 4	0,0 % 0 / 9	0,0 % 0 / 7	0,0 % 0 / 13	0,0 % 0 / 2	0,0 % 0 / 3	0,0 % 0 / 2
Villiers	33,3 % 4 / 12	53,8 % 7 / 13	50,0 % 6 / 12	56,0 % 14 / 25	40,0 % 10 / 25	27,3 % 6 / 22	35,7 % 5 / 14	37,0 % 10 / 27	10,7 % 3 / 28	26,9 % 7 / 26	45,5 % 10 / 22

n.o. : non observé (aucun cas observable) ; en gris : effectif présence / effectif observable

11.2 Répartition de l'arthrose en pourcentages selon les localisations anatomiques, sexe féminin

Sites	Vertèbres cervicales	Vertèbres thoraciques	Vertèbres lombaires	Epaules	Coudes	Poignets	Mains	Hanches	Genoux	Chevilles	Pieds
Amiens	30,0 % 3 / 10	33,3 % 3 / 19	55,6 % 5 / 9	41,2 % 7 / 17	20,0 % 4 / 20	11,8 % 2 / 17	7,1 % 1 / 14	33,3 % 9 / 27	16,0 % 4 / 25	10,0 % 2 / 20	16,7 % 2 / 12
Beauvais	20,0 % 1 / 5	20,0 % 1 / 5	0,0 % 0 / 5	9,1 % 1 / 11	0,0 % 0 / 11	0,0 % 0 / 11	0,0 % 0 / 4	0,0 % 0 / 12	0,0 % 0 / 12	0,0 % 0 / 12	0,0 % 0 / 4
Bondy	47,1 % 8 / 17	73,7 % 14 / 19	35,3 % 6 / 17	32,4 % 12 / 37	5,4 % 2 / 37	2,7 % 1 / 37	12,1 % 4 / 33	17,9 % 7 / 39	17,9 % 7 / 39	0,0 % 0 / 35	0,0 % 0 / 31
Cherbourg	23,1 % 3 / 13	27,3 % 3 / 11	18,8 % 3 / 16	21,1 % 8 / 38	20,5 % 8 / 39	18,9 % 7 / 37	27,0 % 10 / 37	30,6 % 11 / 36	36,4 % 16 / 44	11,6 % 5 / 43	44,7 % 17 / 38
Escaudain	33,3 % 2 / 6	83,3 % 5 / 6	57,1 % 4 / 7	70,6 % 12 / 17	40,0 % 8 / 20	41,2 % 7 / 17	15,4 % 2 / 13	80,0 % 16 / 20	50,0 % 9 / 18	26,1 % 6 / 23	26,7 % 4 / 15
Hamage	60,0 % 6 / 10	66,7 % 8 / 12	72,7 % 8 / 11	30,8 % 8 / 26	10,0 % 2 / 20	10,6 % 2 / 19	20,0 % 2 / 10	57,7 % 15 / 26	33,3 % 4 / 12	0,0 % 0 / 13	0,0 % 0 / 3
La Tombe	33,3 % 6 / 18	44,4 % 8 / 18	27,8 % 5 / 18	8,3 % 2 / 24	21,7 % 5 / 23	3,4 % 1 / 29	11,5 % 3 / 26	26,7 % 8 / 30	15,8 % 3 / 19	10,0 % 2 / 20	0,0 % 0 / 10
Mondeville	9,1 % 1 / 11	20,0 % 2 / 10	42,9 % 3 / 7	16,7 % 2 / 12	0,0 % 0 / 3	16,7 % 1 / 6	0,0 % 0 / 7	29,4 % 5 / 17	50,0 % 2 / 4	0,0 % 0 / 9	33,3 % 1 / 3
Mortefontaine	32,0 % 8 / 25	43,5 % 10 / 23	55,6 % 15 / 27	28,8 % 17 / 59	19,4 % 12 / 62	6,5 % 4 / 62	17,1 % 4 / 41	39,4 % 26 / 66	13,6 % 8 / 59	1,9 % 1 / 54	12,2 % 5 / 41
St Denis	34,5 % 10 / 29	52,9 % 18 / 34	38,2 % 13 / 34	31,7 % 20 / 63	11,8 % 9 / 76	16,4 % 12 / 73	20,9 % 14 / 67	43,8 % 35 / 80	32,9 % 27 / 82	1,5 % 1 / 66	17,5 % 7 / 40
St Marcel	33,3 % 2 / 6	57,1 % 4 / 7	71,4 % 5 / 7	28,6 % 4 / 14	16,7 % 2 / 12	36,4 % 4 / 11	28,6 % 2 / 7	28,6 % 4 / 14	30,0 % 3 / 10	0,0 % 0 / 12	20,0 % 1 / 5
Varennes	11,1 % 1 / 9	28,6 % 2 / 7	55,6 % 5 / 9	16,7 % 1 / 6	0,0 % 0 / 6	0,0 % 0 / 10	0,0 % 0 / 9	20,0 % 3 / 15	0,0 % 0 / 6	0,0 % 0 / 3	0,0 % 0 / 3
Villiers	0,0 % 0 / 8	50,0 % 5 / 10	20,0 % 2 / 10	47,4 % 9 / 19	22,2 % 2 / 9	14,3 % 2 / 14	9,1 % 1 / 11	50,0 % 9 / 18	41,2 % 7 / 17	9,5 % 2 / 21	5,9 % 1 / 17

En gris : effectif présence / effectif observable

12. Prévalences brutes en pourcentages des atteintes infectieuses générales, locales et tuberculeuses selon les sites

Sites	Générale	Locale	Tuberculose
Amiens	8,86 % 7 / 79	8,86 % 7 / 79	7,59 % 6 / 79
Beauvais	0 % 0 / 32	3,13 % 1 / 32	0 % 0 / 32
Bondy	1,19 % 1 / 84	8,33 % 7 / 84	1,19 % 1 / 84
Cherbourg	2,09 % 4 / 191	8,90 % 17 / 191	1,05 % 2 / 191
Escaudain	0 % 0 / 120	5,83 % 7 / 120	0 % 0 / 120
Hamage	1,23 % 1 / 81	1,23 % 1 / 81	1,23 % 1 / 81
La Tombe	2,04 % 1 / 49	2,04 % 1 / 49	0 % 0 / 49
Mondeville	0 % 0 / 83	4,82 % 4 / 83	0 % 0 / 83
Mortefontaine	3,76 % 7 / 186	8,60 % 16 / 186	3,23 % 6 / 186
St Denis	0,86 % 2 / 233	5,15 % 12 / 233	0,43 % 1 / 233
St Marcel	2,50 % 1 / 40	2,50 % 1 / 40	0 % 0 / 40
Varennes	0 % 0 / 42	2,38 % 1 / 42	0 % 0 / 42
Villiers	1,27 % 1 / 79	2,53 % 2 / 79	1,27 % 1 / 79

En gris : effectif présence / effectif observable

13. Prévalences corrigées en pourcentages à partir de la population adulte de la maladie hyperostosique, débutante et prononcée, selon les sites

Sites	Débutante	Prononcée
Amiens	7,41 % 2 / 27	7,41 % 2 / 27
Beauvais	0 % 0 / 7	0 % 0 / 7
Bondy	0 % 0 / 36	5,56 % 2 / 36
Cherbourg	15,00 % 3 / 20	0 % 0 / 20
Escaudain	4,35 % 1 / 23	21,74 % 5 / 23
Hamage	0 % 0 / 10	0 % 0 / 10
La Tombe	11,54 % 3 / 26	7,69 % 2 / 26
Mondeville	0 % 0 / 8	0 % 0 / 8
Mortefontaine	4,35 % 3 / 69	8,70 % 6 / 69
St Denis	12,90 % 8 / 62	8,06 % 5 / 62
St Marcel	0 % 0 / 14	7,14 % 1 / 14
Varennes	0 % 0 / 8	0 % 0 / 8
Villiers	0 % 0 / 20	0 % 0 / 20

En gris : effectif présence / effectif observable

14. Prévalences brutes en pourcentages des atteintes d'origines développementale et tumorale selon les sites

Sites	Développementale	Tumorale
Amiens	2,53 % 2 / 79	3,80 % 3 / 79
Beauvais	0 % 0 / 32	0 % 0 / 32
Bondy	2,38 % 2 / 84	1,19 % 1 / 84
Cherbourg	2,09 % 4 / 191	0 % 0 / 191
Escaudain	1,67 % 2 / 120	4,17 % 5 / 120
Hamage	1,23 % 1 / 81	0 % 0 / 81
La Tombe	2,04 % 1 / 49	2,04 % 1 / 49
Mondeville	0 % 0 / 83	0 % 0 / 83
Mortefontaine	2,15 % 4 / 186	0,54 % 1 / 186
St Denis	1,29 % 3 / 233	0 % 0 / 233
St Marcel	2,50 % 1 / 40	0 % 0 / 40
Varennes	0 % 0 / 42	0 % 0 / 42
Villiers	1,27 % 1 / 79	0 % 0 / 79

En gris : effectif présence / effectif observable

15. Prévalences brutes en pourcentages des atteintes traumatiques selon les sites

Sites	Fractures	Entorses, hernies, plaies
Amiens	11,39 % 9 / 79	20,25 % 16 / 79
Beauvais	6,25 % 2 / 32	6,25 % 2 / 32
Bondy	19,05 % 16 / 84	3,57 % 3 / 84
Cherbourg	8,90 % 17 / 191	7,33 % 14 / 191
Escaudain	15,83 % 19 / 120	10,83 % 13 / 120
Hamage	6,17 % 5 / 81	1,23 % 1 / 81
La Tombe	12,24 % 6 / 49	4,08 % 2 / 49
Mondeville	6,02 % 5 / 83	0 % 0 /83
Mortefontaine	30,65 % 57 / 186	2,15 % 4 / 186
St Denis	21,46 % 50 / 233	2,15 % 5 / 233
St Marcel	30,00 % 12 / 40	0 % 0 / 40
Varennes	19,05 % 8 / 42	0 % 0 / 42
Villiers	13,92 % 11 / 79	3,80 % 3 / 79

En gris : effectif présence / effectif observable

16.1 Répartition des fractures en pourcentages selon les localisations anatomiques, sexe masculin

	Amiens	Beauvais	Bondy	Cherbourg	Escaudain	Hamage	La Tombe	Mondeville	Mortefontaine	St Denis	St Marcel	Varennes	Villiers
Crâne	4,17 % 1 / 24	0 % 0 / 5	7,69 % 0 / 26	0 % 0 / 26	0 % 0 / 27	0 % 0 / 6	0 % 0 / 11	0 % 0 / 7	4,84 % 3 / 62	0 % 0 / 65	0 % 0 / 10	0 % 0 / 10	6,25 % 1 / 16
Vertèbres	0 % 0 / 24	0 % 0 / 5	0 % 0 / 26	0 % 0 / 26	3,70 % 1 / 27	0 % 0 / 6	0 % 0 / 11	0 % 0 / 7	0 % 0 / 62	1,54 % 1 / 65	20,00 % 2 / 10	0 % 0 / 10	0 % 0 / 16
Côtes	8,33 % 2 / 24	0 % 0 / 5	15,38 % 4 / 26	3,85 % 1 / 26	0 % 0 / 27	0 % 0 / 6	9,09 % 1 / 11	0 % 0 / 7	17,74 % 11 / 62	12,31 % 8 / 65	10,00 % 1 / 10	0 % 0 / 10	18,75 % 3 / 16
Clavicules	4,17 % 1 / 24	0 % 0 / 5	3,85 % 1 / 26	0 % 0 / 26	3,70 % 1 / 27	0 % 0 / 6	9,09 % 1 / 11	0 % 0 / 7	1,61 % 1 / 62	1,54 % 1 / 65	0 % 0 / 10	0 % 0 / 10	0 % 0 / 16
Scapulas	0 % 0 / 24	0 % 0 / 5	0 % 0 / 26	0 % 0 / 26	0 % 0 / 27	0 % 0 / 6	0 % 0 / 11	0 % 0 / 7	1,61 % 1 / 62	0 % 0 / 65	0 % 0 / 10	0 % 0 / 10	0 % 0 / 16
Humérus	0 % 0 / 24	0 % 0 / 5	0 % 0 / 26	0 % 0 / 26	3,70 % 1 / 27	0 % 0 / 6	0 % 0 / 11	0 % 0 / 7	4,84 % 3 / 62	1,54 % 1 / 65	0 % 0 / 10	0 % 0 / 10	12,50 % 2 / 16
Ulnas	8,33 % 2 / 24	0 % 0 / 5	0 % 0 / 26	0 % 0 / 26	7,41 % 2 / 27	0 % 0 / 6	0 % 0 / 11	0 % 0 / 7	6,45 % 4 / 62	9,23 % 6 / 65	20,00 % 2 / 10	0 % 0 / 10	0 % 0 / 16
Radius	4,17 % 1 / 24	0 % 0 / 5	0 % 0 / 26	0 % 0 / 26	7,41 % 2 / 27	0 % 0 / 6	0 % 0 / 11	0 % 0 / 7	4,84 % 3 / 62	3,08 % 2 / 65	20,00 % 2 / 10	10,00 % 1 / 10	0 % 0 / 16
Mains	0 % 0 / 24	0 % 0 / 5	0 % 0 / 26	0 % 0 / 26	14,81 % 4 / 27	0 % 0 / 6	9,09 % 1 / 11	0 % 0 / 7	6,45 % 4 / 62	1,54 % 1 / 65	10,00 % 1 / 10	0 % 0 / 10	0 % 0 / 16
Sacrum	0 % 0 / 24	0 % 0 / 5	0 % 0 / 26	0 % 0 / 26	0 % 0 / 27	0 % 0 / 6	0 % 0 / 11	0 % 0 / 7	0 % 0 / 62	0 % 0 / 65	0 % 0 / 10	0 % 0 / 10	0 % 0 / 16
Coxaux	0 % 0 / 24	0 % 0 / 5	0 % 0 / 26	0 % 0 / 26	0 % 0 / 27	0 % 0 / 6	0 % 0 / 11	0 % 0 / 7	0 % 0 / 62	0 % 0 / 65	0 % 0 / 10	0 % 0 / 10	0 % 0 / 16
Fémurs	0 % 0 / 24	0 % 0 / 5	0 % 0 / 26	0 % 0 / 26	0 % 0 / 27	0 % 0 / 6	0 % 0 / 11	0 % 0 / 7	3,23 % 2 / 62	4,62 % 3 / 65	0 % 0 / 10	0 % 0 / 10	0 % 0 / 16
Patellas	0 % 0 / 24	0 % 0 / 5	7,69 % 2 / 26	0 % 0 / 26	0 % 0 / 27	0 % 0 / 6	0 % 0 / 11	0 % 0 / 7	0 % 0 / 62	0 % 0 / 65	0 % 0 / 10	0 % 0 / 10	0 % 0 / 16
Tibias	0 % 0 / 24	0 % 0 / 5	0 % 0 / 26	0 % 0 / 26	0 % 0 / 27	0 % 0 / 6	0 % 0 / 11	0 % 0 / 7	0 % 0 / 62	0 % 0 / 65	0 % 0 / 10	0 % 0 / 10	0 % 0 / 16
Fibulas	0 % 0 / 24	0 % 0 / 5	0 % 0 / 26	0 % 0 / 26	7,41 % 2 / 27	0 % 0 / 6	0 % 0 / 11	0 % 0 / 7	1,61 % 1 / 62	0 % 0 / 65	0 % 0 / 10	0 % 0 / 10	0 % 0 / 16
Pieds	0 % 0 / 24	0 % 0 / 5	0 % 0 / 26	3,85 % 1 / 26	11,11 % 3 / 27	0 % 0 / 6	0 % 0 / 11	0 % 0 / 7	1,61 % 1 / 62	4,62 % 3 / 65	0 % 0 / 10	20,00 % 2 / 10	0 % 0 / 16

En gris : effectif présence / effectif observable

16.2 Répartition des fractures en pourcentages selon les localisations anatomiques, sexe féminin

	Amiens	Beauvais	Bondy	Cherbourg	Escaudain	Hamage	La Tombe	Mondeville	Mortefontaine	St Denis	St Marcel	Varennes	Villiers
Crâne	6,25 % 1 / 16	0 % 0 / 6	5,00 % 1 / 20	0 % 0 / 26	0 % 0 / 22	0 % 0 / 27	0 % 0 / 21	0 % 0 / 19	0 % 0 / 43	1,96 % 1 / 51	0 % 0 / 8	0 % 0 / 17	7,14 % 1 / 14
Vertèbres	0 % 0 / 16	0 % 0 / 6	0 % 0 / 20	0 % 0 / 26	0 % 0 / 22	0 % 0 / 27	0 % 0 / 21	0 % 0 / 19	2,33 % 1 / 43	1,96 % 1 / 51	12,50 % 1 / 8	0 % 0 / 17	0 % 0 / 14
Côtes	0 % 0 / 16	0 % 0 / 6	5,00 % 1 / 20	0 % 0 / 26	4,55 % 1 / 22	0 % 0 / 27	4,76 % 1 / 21	5,26 % 1 / 19	0 % 0 / 43	9,80 % 5 / 51	0 % 0 / 8	5,88 % 1 / 17	0 % 0 / 14
Clavicules	0 % 0 / 16	0 % 0 / 6	0 % 0 / 20	0 % 0 / 26	0 % 0 / 22	0 % 0 / 27	0 % 0 / 21	0 % 0 / 19	0 % 0 / 43	0 % 0 / 51	0 % 0 / 8	0 % 0 / 17	0 % 0 / 14
Scapulas	0 % 0 / 16	0 % 0 / 6	0 % 0 / 20	0 % 0 / 26	0 % 0 / 22	0 % 0 / 27 ·	0 % 0 / 21	0 % 0 / 19	0 % 0 / 43	0 % 0 / 51	0 % 0 / 8	0 % 0 / 17	0 % 0 / 14
Humérus	0 % 0 / 16	0 % 0 / 6	5,00 % 1 / 20	0 % 0 / 26	0 % 0 / 22	0 % 0 / 27	0 % 0 / 21	0 % 0 / 19	0 % 0 / 43	0 % 0 / 51	0 % 0 / 8	0 % 0 / 17	0 % 0 / 14
Ulnas	0 % 0 / 16	0 % 0 / 6	10,00 % 2 / 20	0 % 0 / 26	0 % 0 / 22	3,70 % 1 / 27	0 % 0 / 21	5,26 % 1 / 19	6,98 % 3 / 43	5,88 % 3 / 51	0 % 0 / 8	5,88 % 1 / 17	7,14 % 1 / 14
Radius	0 % 0 / 16	0 % 0 / 6	10,00 % 2 / 20	0 % 0 / 26	0 % 0 / 22	3,70 % 1 / 27	4,76 % 1 / 21	5,26 % 1 / 19	4,65 % 2 / 43	3,92 % 2 / 51	0 % 0 / 8	11,76 % 2 / 17	7,14 % 1 / 14
Mains	0 % 0 / 16	0 % 0 / 6	0 % 0 / 20	11,54 % 3 / 26	0 % 0 / 22	0 % 0 / 27	0 % 0 / 21	0 % 0 / 19	2,33 % 1 / 43	3,92 % 2 / 51	0 % 0 / 8	0 % 0 / 17	0 % 0 / 14
Sacrum	0 % 0 / 16	0 % 0 / 6	0 % 0 / 20	3,85 % 1 / 26	0 % 0 / 22	0 % 0 / 27	0 % 0 / 21	0 % 0 / 19	2,33 % 1 / 43	0 % 0 / 51	0 % 0 / 8	0 % 0 / 17	0 % 0 / 14
Coxaux	0 % 0 / 16	0 % 0 / 6	0 % 0 / 20	0 % 0 / 26	0 % 0 / 22	0 % 0 / 27	0 % 0 / 21	0 % 0 / 19	0 % 0 / 43	0 % 0 / 51	0 % 0 / 8	0 % 0 / 17	0 % 0 / 14
Fémurs	0 % 0 / 16	0 % 0 / 6	0 % 0 / 20	0 % 0 / 26	4,55 % 1 / 22	0 % 0 / 27	0 % 0 / 21	0 % 0 / 19	0 % 0 / 43	0 % 0 / 51	0 % 0 / 8	0 % 0 / 17	0 % 0 / 14
Patellas	0 % 0 / 16	0 % 0 / 6	0 % 0 / 20	0 % 0 / 26	0 % 0 / 22	0 % 0 / 27	0 % 0 / 21	0 % 0 / 19	0 % 0 / 43	3,92 % 2 / 51	0 % 0 / 8	0 % 0 / 17	0 % 0 / 14
Tibias	0 % 0 / 16	0 % 0 / 6	0 % 0 / 20	7,69 % 2 / 26	0 % 0 / 22	0 % 0 / 27	0 % 0 / 21	5,26 % 1 / 19	0 % 0 / 43	0 % 0 / 51	0 % 0 / 8	0 % 0 / 17	0 % 0 / 14
Fibulas	0 % 0 / 16	0 % 0 / 6	5,00 % 1 / 20	0 % 0 / 26	0 % 0 / 22	0 % 0 / 27	4,76 % 1 / 20	5,26 % 1 / 20	0 % 0 / 43	1,96 % 1 / 20	0 % 0 / 8	0 % 0 / 17	0 % 0 / 14
Pieds	0 % 0 / 16	0 % 0 / 6	0 % 0 / 20	0 % 0 / 26	0 % 0 / 22	0 % 0 / 27	0 % 0 / 21	0 % 0 / 19	0 % 0 / 43	0 % 0 / 51	0 % 0 / 8	0 % 0 / 17	0 % 0 / 14

En gris : effectif présence / effectif observable

16.3 Répartition des fractures en pourcentages selon les localisations anatomiques, sexe indéterminé

	Amiens	Beauvais	Bondy	Cherbourg	Escaudain	Hamage	La Tombe	Mondeville	Mortefontaine	St Denis	St Marcel	Varennes	Villiers
Crâne	0 % 0 / 39	0 % 0 / 21	0 % 0 / 38	0 % 0 / 138	0 % 0 / 71	0 % 0 / 48	0 % 0 / 17	0 % 0 / 57	2,47 % 2 / 81	0 % 0 / 117	0 % 0 / 22	0 % 0 / 25	0 % 0 / 49
Vertèbres	2,56 % 1 / 39	0 % 0 / 21	0 % 0 / 38	0 % 0 / 138	0 % 0 / 71	0 % 0 / 48	0 % 0 / 17	0 % 0 / 57	0 % 0 / 81	0 % 0 / 117	4,55 % 1 / 22	0 % 0 / 25	0 % 0 / 49
Côtes	0 % 0 / 39	0 % 0 / 21	2,63 % 1 / 38	2,88 % 4 / 138	0 % 0 / 71	0 % 0 / 48	0 % 0 / 17	0 % 0 / 57	0 % 0 / 81	3,42 % 4 / 117	0 % 0 / 22	0 % 0 / 25	0 % 0 / 49
Clavicules	0 % 0 / 39	0 % 0 / 21	0 % 0 / 38	1,44 % 2 / 138	0 % 0 / 71	0 % 0 / 48	0 % 0 / 17	0 % 0 / 57	1,23 % 1 / 81	0,85 % 1 / 117	0 % 0 / 22	4,00 % 1 / 25	2,04 % 1 / 49
Scapulas	0 % 0 / 39	4,76 % 1 / 21	0 % 0 / 38	0 % 0 / 138	0 % 0 / 71	0 % 0 / 48	0 % 0 / 17	0 % 0 / 57	0 % 0 / 81	0 % 0 / 117	0 % 0 / 22	0 % 0 / 25	0 % 0 / 49
Humérus	0 % 0 / 39	0 % 0 / 21	0 % 0 / 38	0 % 0 / 138	1,41 % 1 / 71	2,08 % 1 / 48	0 % 0 / 17	0 % 0 / 57	2,47 % 2 / 81	0 % 0 / 117	0 % 0 / 22	0 % 0 / 25	0 % 0 / 49
Ulnas	0 % 0 / 39	0 % 0 / 21	0 % 0 / 38	0,72 % 1 / 138	0 % 0 / 71	0 % 0 / 48	0 % 0 / 17	0 % 0 / 57	1,23 % 1 / 81	0,85 % 1 / 117	0 % 0 / 22	0 % 0 / 25	0 % 0 / 49
Radius	0 % 0 / 39	0 % 0 / 21	0 % 0 / 38	0 % 0 / 138	0 % 0 / 71	0 % 0 / 48	0 % 0 / 17	0 % 0 / 57	2,47 % 2 / 81	0 % 0 / 117	0 % 0 / 22	0 % 0 / 25	2,04 % 1 / 49
Mains	0 % 0 / 49	4,76 % 1 / 21	0 % 0 / 38	0 % 0 / 138	0 % 0 / 71	0 % 0 / 48	0 % 0 / 17	0 % 0 / 57	3,70 % 3 / 81	0 % 0 / 117	0 % 0 / 22	0 % 0 / 25	0 % 0 / 49
Sacrum	0 % 0 / 39	0 % 0 / 21	0 % 0 / 38	0 % 0 / 138	0 % 0 / 71	0 % 0 / 48	0 % 0 / 17	0 % 0 / 57	0 % 0 / 81	0 % 0 / 117	0 % 0 / 22	0 % 0 / 25	0 % 0 / 49
Coxaux	0 % 0 / 39	0 % 0 / 21	0 % 0 / 38	0 % 0 / 138	0 % 0 / 71	0 % 0 / 48	0 % 0 / 17	0 % 0 / 57	0 % 0 / 81	0 % 0 / 117	0 % 0 / 22	0 % 0 / 25	0 % 0 / 49
Fémurs	0 % 0 / 39	0 % 0 / 21	0 % 0 / 38	1,44 % 2 / 138	0 % 0 / 71	2,08 % 1 / 48	0 % 0 / 17	0 % 0 / 57	1,23 % 1 / 81	0 % 0 / 117	0 % 0 / 22	0 % 0 / 25	0 % 0 / 49
Patellas	0 % 0 / 39	0 % 0 / 21	0 % 0 / 38	0 % 0 / 138	0 % 0 / 71	2,08 % 1 / 48	0 % 0 / 17	0 % 0 / 57	0 % 0 / 81	0 % 0 / 117	0 % 0 / 22	0 % 0 / 25	0 % 0 / 49
Tibias	0 % 0 / 39	0 % 0 / 21	0 % 0 / 38	0 % 0 / 138	0 % 0 / 71	0 % 0 / 48	0 % 0 / 17	0 % 0 / 57	1,23 % 1 / 81	0 % 0 / 117	4,55 % 1 / 22	0 % 0 / 25	0 % 0 / 49
Fibulas	0 % 0 / 39	0 % 0 / 21	0 % 0 / 38	0 % 0 / 138	0 % 0 / 71	0 % 0 / 48	0 % 0 / 17	0 % 0 / 57	0 % 0 / 81	0,85 % 1 / 117	4,55 % 1 / 22	0 % 0 / 25	0 % 0 / 49
Pieds	0 % 0 / 39	0 % 0 / 21	0 % 0 / 38	0 % 0 / 138	0 % 0 / 71	0 % 0 / 48	0 % 0 / 17	0 % 0 / 57	2,47 % 2 / 81	0 % 0 / 117	0 % 0 / 22	0 % 0 / 25	0 % 0 / 49

En gris : effectif présence / effectif observable

17. Pourcentages de présence des signes d'activités par ordre croissant selon les sites et leurs subdivisions pour les individus adultes, ensemble, sexe masculin, sexe féminin

Sites	Ensemble			Sexe masculin			Sexe féminin		
	Pourcentage	Effectif présence	Effectif observable	Pourcentage	Effectif présence	Effectif observable	Pourcentage	Effectif présence	Effectif observable
Amiens	22,7	328	1145	23,6	204	865	21,4	124	580
Beauvais	23,1	117	506	30,2	60	199	18,6	57	307
Bondy	46,2	1042	2254	54,8	639	1167	37,1	403	1087
Cherbourg	36,5	710	1945	42,8	417	975	30,4	296	975
Cherbourg IXᵉ-XIᵉ	37,1	489	1318	40,7	263	646	33,6	226	672
Cherbourg VIIᵉ-VIIIᵉ	35,4	219	614	46,8	154	329	23,1	70	303
Escaudain	37,5	503	1340	35,6	320	900	39,8	175	440
Hamage	27,8	186	668	22,4	24	107	28,9	162	561
La Tombe	26,1	291	113	38,2	156	408	19,0	134	705
Mondeville	19,5	68	349	13,5	15	111	22,6	54	239
Mortefontaine	34,7	1403	4038	39,0	909	2330	28,3	445	1573
St Denis	27,8	1162	4185	32,0	715	2336	23,1	452	1954
St Denis C1	30,9	427	1384	35,5	351	990	19,3	76	394
St Denis C2	29,5	284	964	34,5	144	417	25,6	140	547
St Denis R1	26,2	417	1589	31,1	179	576	23,4	236	1013
St Denis Z1	23,9	474	1986	29,0	303	1044	18,2	171	941
St Denis Z2	33,0	379	1149	38,1	187	491	29,2	192	658
St Denis Z3	37,1	235	633	41,0	183	446	n.o.	n.o.	n.o.
St Denis Zécart	16,5	42	255	n.o.	n.o.	n.o.	n.o.	n.o.	n.o.
St Marcel	30,4	234	770	33,5	138	412	26,8	98	358
Varennes	20,4	84	411	15,7	30	191	24,5	54	220
Villiers	35,3	354	1003	35,8	218	609	34,7	136	392
Villiers isolées	33,8	121	358	n.o.	n.o.	n.o.	37,6	80	213
Villiers nécropole	36,1	233	645	38,1	177	465	n.o.	n.o.	n.o.

n.o. : non observé (aucun cas observable)

18. Pourcentages et effectifs de présence de nodules de Schmörl sur l'ensemble des individus

Sites	Effectif présence	Effectif observable	Pourcentage présence
Amiens	32	52	61,54
Beauvais	7	10	70,00
Bondy	10	12	83,33
Cherbourg	29	35	82,86
Escaudain	26	40	65,00
Hamage	19	30	63,33
La Tombe	16	18	88,89
Mondeville	15	23	65,22
Mortefontaine	83	129	64,34
St Denis	71	104	68,27
St Marcel	13	19	68,42
Varennes	14	24	58,33
Villiers	27	42	64,29

19.1 Pourcentages et effectifs de pratique cavalière selon les sites et leurs subdivisions

Sites	Intensive		Probable		Possible		Eventuelle		Absente		Effectif total
	%	Effectif présence	%	Effectif présence	%	Effectif présence	%	Effectif présence	%	Effectif présence	
Amiens	0,00	0	0,00	0	3,23	1	0,00	0	96,77	30	31
Beauvais	0,00	0	9,09	1	0,00	0	0,00	0	90,91	10	11
Bondy	20,00	8	2,50	1	10,00	4	5,00	2	62,50	25	40
Cherbourg	5,41	2	8,11	3	2,70	1	2,70	1	81,08	30	37
Cherbourg IXe-XIe	4,35	1	4,35	1	0,00	0	0,00	0	91,30	21	23
Cherbourg VIIe-VIIIe	7,14	1	14,29	2	7,14	1	7,14	1	64,29	9	14
Escaudain	7,14	2	17,86	5	0,00	0	7,14	2	67,86	19	28
Hamage	7,69	1	15,38	2	30,77	4	0,00	0	46,15	6	13
La Tombe	9,09	2	4,55	1	0,00	0	0,00	0	86,36	19	22
Mondeville	11,11	1	0,00	0	0,00	0	0,00	0	88,89	8	9
Mortefontaine	11,43	8	12,86	9	12,86	9	2,86	2	60,00	42	70
St Denis	6,98	6	4,65	4	5,81	5	3,49	3	79,07	68	86
St Denis C1	3,57	1	7,14	2	7,14	2	7,14	2	75,00	21	28
St Denis C2	10,00	2	5,00	1	15,00	3	0,00	0	70,00	14	20
St Denis R1	9,09	3	3,03	1	0,00	0	3,03	1	84,85	28	33
St Denis Z1	6,98	3	2,33	1	2,33	1	2,33	1	86,05	37	43
St Denis Z2	8,33	2	4,17	1	12,50	3	8,33	2	66,67	16	24
St Denis Z3	10,00	1	20,00	2	10,00	1	0,00	0	60,00	6	10
St Denis Zécart	0,00	0	0,00	0	0,00	0	0,00	0	100,00	5	5
St Marcel	0,00	0	0,00	0	6,67	1	6,67	1	86,67	13	15
Varennes	0,00	0	0,00	0	10,00	1	0,00	0	90,00	9	10
Villiers	10,00	2	0,00	0	5,00	1	0,00	0	85,00	17	20
Villiers isolées	0,00	0	0,00	0	0,00	0	0,00	0	100,00	7	7
Villiers nécropole	15,38	2	0,00	0	7,69	1	0,00	0	76,92	10	13

19.2 Pourcentages et effectifs de pratique cavalière selon les sites et leurs subdivisions, sexe masculin

Sites	Intensive		Probable		Possible		Eventuelle		Absente		Effectif total
	%	Effectif présence	%	Effectif présence	%	Effectif présence	%	Effectif présence	%	Effectif présence	
Amiens	0,00	0	0,00	0	5,88	1	0,00	0	94,12	16	17
Beauvais	0,00	0	20,00	1	0,00	0	0,00	0	80,00	4	5
Bondy	30,00	6	5,00	1	15,00	3	5,00	1	45,00	9	20
Cherbourg	11,11	2	11,11	2	5,56	1	5,56	1	66,67	12	18
Cherbourg IXᵉ-XIᵉ	10,00	1	0,00	0	0,00	0	0,00	0	90,00	9	8
Cherbourg VIIᵉ-VIIIᵉ	12,50	1	25,00	2	12,50	1	12,50	1	37,50	3	10
Escaudain	0,00	0	21,05	4	0,00	0	5,26	1	73,68	14	19
Hamage	0,00	0	0,00	0	0,00	0	0,00	0	100,00	2	2
La Tombe	12,50	1	12,50	1	0,00	0	0,00	0	75,00	6	8
Mondeville	0,00	0	0,00	0	0,00	0	0,00	0	100,00	4	4
Mortefontaine	15,56	7	15,56	7	11,11	5	2,22	1	55,56	25	45
St Denis	9,09	4	4,55	2	6,82	3	2,27	1	77,27	34	44
St Denis C1	5,26	1	10,53	2	5,26	1	5,26	1	73,68	14	19
St Denis C2	0,00	0	0,00	0	25,00	2	0,00	0	75,00	6	8
St Denis R1	25,00	3	0,00	0	0,00	0	0,00	0	75,00	9	12
St Denis Z1	13,04	3	0,00	0	4,35	1	4,35	1	78,26	18	23
St Denis Z2	0,00	0	11,11	1	11,11	1	0,00	0	77,78	7	9
St Denis Z3	14,29	1	14,29	1	14,29	1	0,00	0	57,14	4	7
St Denis Zécart	0,00	0	0,00	0	0,00	0	0,00	0	100,00	5	5
St Marcel	0,00	0	0,00	0	12,50	1	12,50	1	75,00	6	8
Varennes	0,00	0	0,00	0	0,00	0	0,00	0	100,00	5	5
Villiers	7,69	1	0,00	0	7,69	1	0,00	0	84,62	11	13
Villiers isolées	0,00	0	0,00	0	0,00	1	0,00	0	100,00	3	3
Villiers nécropole	10,00	1	0,00	0	10,00	0	0,00	0	80,00	8	10

19.3 Pourcentages et effectifs de pratique cavalière selon les sites et leurs subdivisions, sexe féminin

Sites	Intensive		Probable		Possible		Eventuelle		Absente		Effectif total
	%	Effectif présence	%	Effectif présence	%	Effectif présence	%	Effectif présence	%	Effectif présence	
Amiens	0,00	0	0,00	0	0,00	0	0,00	0	100,00	14	14
Beauvais	0,00	0	0,00	0	0,00	0	0,00	0	100,00	6	6
Bondy	10,00	2	0,00	0	5,00	1	5,00	1	80,00	16	20
Cherbourg	0,00	0	5,26	1	0,00	0	0,00	0	94,74	18	19
Cherbourg IXᵉ-XIᵉ	0,00	0	7,69	0	0,00	0	0,00	0	92,31	12	6
Cherbourg VIIᵉ-VIIIᵉ	0,00	0	0,00	1	0,00	0	0,00	0	100,00	6	13
Escaudain	22,22	2	11,11	1	0,00	0	11,11	1	55,56	5	9
Hamage	9,09	1	18,18	2	36,36	4	0,00	0	36,36	4	11
La Tombe	7,14	1	0,00	0	0,00	0	0,00	0	92,86	13	14
Mondeville	20,00	1	0,00	0	0,00	0	0,00	0	80,00	4	5
Mortefontaine	4,00	1	8,00	2	16,00	4	4,00	1	68,00	17	25
St Denis	4,76	2	4,76	2	4,76	2	4,76	2	80,95	34	42
St Denis C1	0,00	0	0,00	0	11,11	1	11,11	1	77,78	7	9
St Denis C2	16,67	2	8,33	1	8,33	1	0,00	0	66,67	8	12
St Denis R1	0,00	0	4,76	1	0,00	0	4,76	1	90,48	19	21
St Denis Z1	0,00	0	5,00	1	0,00	0	0,00	0	95,00	19	20
St Denis Z2	13,33	2	0,00	0	13,33	2	13,33	2	60,00	9	15
St Denis Z3	0,00	0	33,33	1	0,00	0	0,00	0	66,67	2	3
St Marcel	0,00	0	0,00	0	0,00	0	0,00	0	100,00	7	7
Varennes	0,00	0	0,00	0	20,00	1	0,00	0	80,00	4	5
Villiers	14,29	1	0,00	0	0,00	0	0,00	0	85,71	6	7
Villiers isolées	0,00	1	0,00	0	0,00	0	0,00	0	100,00	4	4
Villiers nécropole	33,33	0	0,00	0	0,00	0	0,00	0	66,67	2	3

20. Effectifs de fractures du crâne par armes tranchantes selon les sites

Sites	Effectifs
Amiens	1
Bondy	1
St Denis	1
Escaudain	1
Mortefontaine	3
Villiers	1

21.1 Indices calculés, ensemble des sites

Sites	Arthrose	Stress	Trauma	Infectieux	Activité	Autres Pathologies	Global
Amiens	40,11	37,48	26,57	24,02	31,26	43,51	33,83
Beauvais	5,94	35,74	3,64	1,90	10,88	12,76	11,81
Bondy	42,29	98,52	19,29	15,62	97,44	54,47	54,60
Cherbourg	27,65	54,90	9,81	7,19	28,89	16,19	24,10
Escaudain	38,85	73,30	15,54	2,36	23,35	16,31	28,28
Hamage	14,59	44,29	3,88	1,68	12,65	3,65	13,46
La Tombe	34,48	45,96	16,38	3,51	33,02	47,55	30,15
Mondeville	26,29	39,41	13,83	8,96	28,26	13,28	21,67
Mortefontaine	24,52	40,24	20,37	8,30	26,20	27,28	24,49
St Denis	25,18	7,47	16,18	3,81	20,46	18,88	15,33
St Marcel	26,21	52,07	16,34	2,29	25,00	29,02	25,15
Varennes	21,21	37,63	20,90	2,42	20,81	4,25	17,87
Villiers	13,75	75,29	5,87	2,11	14,59	6,81	19,74

21.2 Indices calculés, sexe masculin

Sites	Arthrose	Stress	Trauma	Infectieux	Activité	Autres Pathologies	Global
Amiens	83,12	47,82	97,85	33,96	58,11	99,74	70,10
Beauvais	16,20	35,29	9,39	0,00	20,01	7,88	14,80
Bondy	39,26	93,69	29,98	31,21	87,26	23,97	50,90
Cherbourg	33,03	63,77	15,24	12,82	31,96	9,84	27,78
Escaudain	26,61	88,19	47,48	2,35	20,59	24,40	34,94
Hamage	10,81	50,98	0,00	20,40	11,45	0,00	15,61
La Tombe	43,84	37,42	25,38	13,21	40,79	54,77	35,90
Mondeville	16,61	27,45	11,52	0,00	20,66	58,04	22,38
Mortefontaine	36,37	46,51	42,17	13,81	36,35	31,03	34,37
St Denis	29,25	7,71	32,20	6,09	22,76	22,46	20,08
St Marcel	27,33	43,70	44,82	6,05	27,30	33,45	30,44
Varennes	36,22	37,65	63,79	0,00	28,16	30,60	32,73
Villiers	16,81	81,05	22,87	5,85	16,59	12,12	25,88

21.3 Indices calculés, sexe féminin

Sites	Arthrose	Stress	Trauma	Infectieux	Activité	Autres Pathologies	Global
Amiens	16,16	44,54	4,93	13,96	15,84	11,03	17,74
Beauvais	1,56	51,76	1,70	2,06	5,35	5,70	11,36
Bondy	40,03	100,00	49,33	0,00	98,16	46,59	55,68
Cherbourg	22,55	53,35	24,99	3,37	26,86	20,98	25,35
Escaudain	32,74	62,75	7,33	2,22	17,10	16,91	23,17
Hamage	10,70	30,92	3,39	0,69	8,92	3,79	9,73
La Tombe	26,24	43,50	23,87	0,00	25,49	16,03	22,52
Mondeville	30,84	37,31	53,52	0,00	31,10	19,25	28,67
Mortefontaine	8,98	43,34	8,28	3,72	11,28	5,66	13,54
St Denis	19,49	5,77	21,05	4,71	17,12	9,30	12,91
St Marcel	14,16	27,45	1,81	2,20	12,72	3,04	10,23
Varennes	16,25	33,99	27,35	5,54	18,71	0,00	16,97
Villiers	12,65	79,19	9,06	0,00	15,13	8,69	20,79

22. Fréquences de présence de l'enthésopathie du tendon du muscle triceps brachial

Sites	Gauche			Droite		
	%	Effectif présence	Effectif observable	%	Effectif présence	Effectif observable
Amiens	3,45	1	29	4,55	1	22
Beauvais	0,00	0	7	0,00	0	7
Bondy	0,00	0	36	2,63	1	38
Cherbourg	12,82	3	39	13,51	5	37
Escaudain	0,00	0	9	0,00	0	9
Hamage	0,00	0	9	0,00	0	11
La Tombe	16,67	2	12	25,00	4	16
Mondeville	0,00	0	3	0,00	0	4
Mortefontaine	10,45	7	67	5,26	4	76
St Denis	2,67	2	75	8,70	6	69
St Marcel	14,29	2	14	15,38	2	13
Varennes	0,00	0	4	0,00	0	5
Villiers	11,76	2	17	0,00	0	21

23. Résumé statistique des six variables intervenant dans les différentes CAH pour treize sites

Indice	Minimum	Maximum	Moyenne	Ecart-type	Médiane	Intervalle interquartile [1er quartile ; 3ème quartile]
Arthrose	5,94	42,29	26,24	10,85	26,21	[21,21 ; 34,48]
Stress non spécifique	7,56	99,69	50,00	22,89	44,82	[38,08 ; 55,55]
Traumatique	3,64	26,57	14,51	6,97	16,18	[9,81 ; 19,29]
Infectieux	1,68	24,02	6,47	6,65	3,51	[2,29 ; 8,30]
Autre pathologies	3,65	54,47	22,61	16,74	16,31	[12,76 ; 29,02]
Activité	10,88	97,44	28,68	21,80	25,00	[20,46 ; 28,89]

Lightning Source UK Ltd.
Milton Keynes UK
UKHW050828120220
358595UK00004B/57